古代歷史文化 研究輯刊

八 編

王明蓀 主編

第 17 冊

清朝前期俄國駐華宗教傳道團研究

張雪峰 著

國家圖書館出版品預行編目資料

清朝前期俄國駐華宗教傳道團研究／張雪峰 著 ― 初版 ― 新
北市：花木蘭文化出版社，2012〔民101〕
序 2+ 目 4+258 面；19×26 公分
（古代歷史文化研究輯刊 八編；第 17 冊）
ISBN：978-986-254-977-3（精裝）
1. 宗教傳播 2. 中俄關係 3. 清代
618   101014974

ISBN-978-986-254-977-3

9 789862 549773

古代歷史文化研究輯刊
八 編 第十七冊   ISBN：978-986-254-977-3

清朝前期俄國駐華宗教傳道團研究

作　　者　張雪峰
主　　編　王明蓀
總 編 輯　杜潔祥
出　　版　花木蘭文化出版社
發 行 所　花木蘭文化出版社
發 行 人　高小娟
聯絡地址　新北市永和區中正路五九五號七樓
　　　　　電話：02-2923-1455／傳眞：02-2923-1452
網　　址　http://www.huamulan.tw 信箱 sut81518@gmail.com
印　　刷　普羅文化出版廣告事業
初　　版　2012 年 9 月
定　　價　八編 22 冊（精裝）新台幣 35,000 元

清朝前期俄國駐華宗教傳道團研究

張雪峰　著

作者簡介

張雪峰，籍貫內蒙古，農曆 1962 年 12 月生人。1988 年畢業於內蒙古師範大學外語系，獲文學學士學位。1990 年畢業於天津師範大學馬列所，獲法學碩士學位。2003 年畢業於南開大學歷史學院，獲歷史學博士學位。現為天津師範大學經濟學院教師，副教授職稱。科研方向為中俄關係史和區域經濟學。聯繫方式：cepke@163.com。通訊位址：天津市西青區賓水道延長線天津師範大學經濟學院，郵編：300387。

提　　要

　　清朝前期是中俄兩國關係在《尼布楚條約》簽訂後所處的一個相對和平的時期，俄國駐華宗教傳道團是在這一背景下於 1716 年開始駐留中國。俄國駐華宗教傳道團來華之初，主要的職能是為俄羅斯佐領和來京的俄國商隊提供宗教服務，同時也兼顧在中國人中間傳播東正教。整個十八世紀俄國駐華宗教傳道團在華的傳教效果都不理想，僅在俄羅斯佐領中勉強維持著東正教信仰活動。這種局面直到第九屆俄國駐華宗教傳道團修士大司祭比丘林放棄傳教而專注於對中國的語言文化學習和研究而暫告一個段落。俄國駐華宗教傳道團從事中國語言（滿、漢、蒙、藏）及其文化學習和研究的活動分為兩個階段，即駐華宗教傳道團在十八世紀對中國文化的自發性研究和在十九世紀上半葉對中國文化的自覺性研究。俄國駐華宗教傳道團的這種轉型使得從中走出了第一批俄羅斯的中國學家，奠定了俄羅斯的中國學在世界中國學中的地位。正是在這個意義上講，清朝前期的俄國駐華宗教傳道團的學習和研究活動促進了中俄文化之間的交流。

自　序

　　《清朝前期俄國駐華宗教傳道團研究》是我的博士論文。2000～2003 年，我就讀於天津南開大學歷史學院，師從於清史專家白新良先生。我以本課題通過博士論文的答辯，獲得了歷史學博士學位。

　　在研究本課題之初，本意是想將俄國駐華宗教傳道團在華的全部歷史做一個系統的梳理。研究工作開始後發現，俄國駐華宗教傳道團的歷史太長了（1715～1954 年），資料收集工作難度相當大。如果說俄國駐華宗教傳道團在清朝前期處在中國社會及中俄關係相對穩定的環境下，其活動的脈絡容易把握的話，那麼，從 19 世紀中期以後開始，中國社會陷入內外交困中。經歷了太平天國起義、第二次鴉片戰爭、甲午戰爭、庚子事變、清朝滅亡、中華民國建立、軍閥混戰、日本侵華、國共內戰、中華人民共和國建立等重大社會事件。而俄國方面也發生了十月社會主義革命，顛覆了沙皇俄國政府的統治，進入蘇共執政的時代。在這樣的歷史背景下，俄國駐華宗教傳道團的活動內容十分豐富，對資料的要求極高。想在攻讀博士學位的短短三年之內完成這項工作，幾無可能性。因此，當時的博士論文研究工作就將俄國駐華宗教傳道團的研究時間截止到 1850 年。這恰好是第十二屆俄國駐華宗教傳道團離華回國的時間，也是道光皇帝駕崩，咸豐皇帝即位的時間。

　　2004 年 4 月，由天津師範大學博士基金，天津師範大學國際交流處和天津師範大學經濟學院共同出資，我遠赴俄羅斯科學院遠東研究所作訪問學者，專門去那裏收集資料，爲後續的研究工作做準備。但是，現實的困難是我從事了經濟學科的教學和研究工作，雖然仍在堅持研究俄國駐華宗教傳道團的問題，但受精力和時間限制，不能按照研究之初的設想進行完整的研究，

心中時常糾結著，放心不下。如果日後時間允許，我當盡力完成夙願。

　　距離完成博士論文完成的時間已經過去了八年，卻一直沒有發表。這幾年中國學術界有關和俄國駐華宗教傳道團的學術研究成果頗多，一大批跨學科的年輕學者使俄國駐華宗教傳道團的研究工作更加細緻化，但都偏重於俄國駐華宗教傳道團成員的漢學成就方面的研究，如閻國棟的《俄國漢學史》（人民出版社，2006），蕭玉秋的《俄國傳教團與清代中俄文化交流》（2004年），李偉麗的《尼·雅·比丘林及其漢學研究》（學苑出版社，2007），陳開科的《巴拉第與晚清中、俄關係》（上海書店出版社，2008）是以俄國駐華宗教傳道團某個成員為研究視角對中俄關係的大背景展開研究。現在看來，本課題的研究成果還是具有獨特性，內含一定的學術價值，經受住了時間的考驗。因此，我沒有對論文做大的修改，保留了原貌。不當之處，懇請讀者批評指正！

　　被花木蘭文化出版社選中出版，榮幸之至，不勝感激！

張雪峰

2011 年 12 月 5 日於津門

目
次

前　言

　　俄國駐華宗教傳道團（Российская Духовная Миссия в Китае），也叫俄國宗教布道團、俄國東正教傳教士團、俄國東正教使團。因其在華傳教布道的活動範圍主要集中在北京，通常把它稱爲俄國駐北京傳道團（Российская Духовная Миссия в Пекине），簡稱俄國駐京傳道團。清朝前期，俄國政府爲了達到能夠派遣神職人員來華的目的，沒有將東正教作爲一種特殊宗教明確提出來，而是籠統地將之和中國的宗教相提並論。正因爲如此，它的神職人員也不像現在人們知道的那樣，有修士大司祭、修士司祭、修士輔祭等的區別，在清代文獻中，都被冠之爲達喇嘛、喇嘛，而他們也主動地要求清朝政府這樣稱謂自己，以掩蓋自己宗教的眞實性質，避免出現和清朝政府在意識形態上的糾紛，達到長期駐留中國的目的。因其在清朝前期傳教的效果不理想，在普通中國人的眼中，他們的教義更像中國的道德說教。因此，本文稱之爲宗教傳道團。從空間上來說，北京是中國的首都，如果將俄國宗教傳道團駐中國的歷史放在更加廣闊的背景去考察的話，它的活動又不僅僅限定在北京，尤其是在第二次鴉片戰爭期間及之後，俄國利用與中國簽訂的一系列不平等條約所獲得的特權，將傳道團的活動推廣到了中國的其他地區，故本課題將之定名爲俄國駐華宗教傳道團。而宗教傳道團這一詞組也符合俄文原意（Духовная Миссия。直譯：宗教使團）。從時間上來說，因本課題研究宗教傳道團活動的時間跨度選定在清朝的順康雍乾嘉道六朝，就將本課題定名爲「清朝前期俄國駐華宗教傳道團研究」。

一、選題的意義

中國與俄國的關係史，包含著複雜的內容。在長期的交往中，兩國之間發生了許多事件，留下了許多恩怨。弄清楚雙方交往的來龍去脈，廓清中俄兩國交往史中留下的疑點和問題，就要選擇一個較好的切入點進行研究。本課題將俄國宗教傳道團駐華史作為研究對象，基於以下幾個方面的原因：

鄧小平在 20 世紀 80 年代末會見前蘇聯共產黨總書記戈爾巴喬夫時說：近代史上，「從中國得利最多的國家，一個是日本，一個是沙俄，在一定時期一定問題上也包括蘇聯」。(《鄧小平文選》第 3 卷第 292～293 頁）戈爾巴喬夫的來訪，結束了中蘇兩國自上個世紀 60 年代以來發生在兩國之間的不愉快，改善了兩國之間的關係。1991 年蘇聯解體後，俄羅斯從前蘇聯中獨立出來，恢復了其獨立國家的歷史地位。在中俄兩國領導人的共同努力下，順應歷史潮流，兩國建立了睦鄰友好的戰略協作夥伴關係，並從各個方面開始恢復和發展中斷了幾十年的友好關係，在世界範圍內引起了廣泛的關注。那麼，中俄兩國過去的關係如何？在中俄關係史上發生的眾多事件，能為我們今天汲取什麼教訓？我們如何做才能不再讓喪權辱國、丟失領土的悲劇重演等等，這些都是本課題研究者長期思考的問題，試圖通過自己的研究找出答案。

進入 21 世紀後，中俄兩國建立了全面的戰略協作夥伴關係，兩國關係發展到歷史上最好的階段。在中俄兩國的外交關係中，一個重要且深層次的合作領域是精神文化領域的合作。正是因為這一點，俄羅斯東正教教會依據《中俄睦鄰友好合作條約》（2001 年簽訂）之第十六條規定「大力促進發展文化、教育、衛生、資訊、旅遊、體育和法制領域的交流與合作」，重拾歷史傳統，向中方提出了派遣神職人員為中國的東正教信眾提供宗教服務的請求。在遭到中方的婉拒之後，俄羅斯東正教教會甚至希望借助官方的力量來達到目的。本來是一個兩國教會合作的宗教問題，一下子就上陞到兩國外交關係的層面。由此可見，俄國駐華宗教傳道團的歷史在兩國關係中所居於的特殊地位。而以往的學術研究，尤其是中國方面的學者給予的關注非常不夠，留下了許多學術空白點。而且，中國學術界有關研究文章和著作，引用資料錯誤較多，影響了人們對中俄兩國關係史的準確認識，對俄國駐華宗教傳道團在華活動的歷史進行梳理顯得非常急迫。本課題希望能為學術界提供有價值的參考資料。

　　迄今爲止，在中國國內還沒有一部按照歷史年代專門論述俄國駐華宗教傳道團在北京活動的歷史著作。其他相關的論著，要麼語焉不詳，要麼以偏概全，都和俄國駐華宗教傳道團在華活動的眞實情況有一定的距離。這種情況的發生，有其客觀存在的基礎。一是和俄國駐華宗教傳道團在華活動所產生的影響甚微有關。在駐華傳教的歷史上，俄國駐華宗教傳道團沒有將東正教在中國人中間傳播開來，尤其是在清朝前期，駐華宗教傳道團所發展的教徒主要限定在清朝政府在雅克薩戰爭期間俘獲的俄國俘虜及其後裔中間；二是和十九世紀中葉以後俄國駐華宗教傳道團在中俄關係史上所扮演的不光彩的角色有關。本著實事求是的精神，本研究課題試圖按照時代順序將清朝前期歷屆俄國駐華宗教傳道團在華活動的情況作一個梳理，澄清一些與之相關的模糊的歷史問題，爲以後在這一領域展開深入研究打下一個階段性的牢固基礎。

二、本課題研究的難點及解決辦法

　　一旦開始進入具體的研究工作，馬上就面對兩大難題：一是如何給俄國駐華宗教傳道團定位；二是如何組織材料。

　　就定位問題而言，國內現有的許多研究成果眾口一詞，對俄國宗教傳道團駐華史持否定態度。從 19 世紀後半葉俄國瘋狂地搶奪中國領土的侵華史實出發，認爲俄國駐華宗教傳道團在中俄兩國關係史上扮演了俄國侵華先鋒部隊的角色。這樣，俄國駐華宗教傳道團便被放在了侵華的位置上。這種認識在中蘇關係惡化期間得到了強化，在某種程度上已經影響到了人們的正確思維。這種思維定式也影響到了本研究課題的立論。突破它需要實事求是的精神，更需要從各種紛繁複雜的資料中提取眞實的內容，遵循其中所描述的客觀歷史事件，得出客觀的歷史結論。

　　就組織材料而言，一是研究中俄關係史的中外資料紛繁複雜，既有大量的原始檔案資料，又有從不同角度對此研究的論著，組織這些紛繁複雜的資料爲本課題服務是讓人費腦筋的問題；二是直接和俄國駐華宗教傳道團有關的中文資料太少，尤其是清朝政府對俄國駐華宗教傳道團的活動歷史記載寥寥，零星地散落在各種檔案文獻中。在研究俄國駐華宗教傳道團內部活動情況時，只能更多地依賴外文資料，尤其是俄文資料。而所需的俄文資料在國內又往往不容易得到。既然找不到更多的資料，那就只有充分利用現有的資料進行整合，並挖掘其中盡可能多的有價值的東西爲本課題的立論服務。

三、中外學術界對俄國駐華宗教傳道團研究成果概述及在本課題的運用

中國原始檔案、歷史文獻關於俄國駐華宗教傳道團活動的具體情況記載的很少，而有關駐華宗教傳道團內部的活動情況的詳細記錄幾乎沒有。不僅清代學者沒有相關的研究成果，即使是清朝政府的官方記錄也是極爲簡略。但是，清代原始檔案資料的簡略記載卻具有非常重大的價值，可以說是字字珠璣，爲本課題研究清朝前期中俄關係及俄國駐華宗教傳道團在華活動發展的時間脈絡和重大歷史事件提供了強有力的支持。清代的何秋濤和俞正燮是研究清朝前期中俄關係史的著名學者，二人的研究成果從不同的側面爲本課題的研究提供了可以佐證的歷史資料，大大地增強了說服力。圖理琛的《異域錄》是第一份中國人零距離觀察俄國的眞實記錄，爲現代人瞭解那個時代的中俄關係留下了珍貴的資料。現代中國學者對俄國宗教傳道團駐華的歷史給予的關注比較少，研究中俄宏觀關係的人較多。中蘇珍寶島之戰後，在 20世紀整個 70 年代和 80 年代初，中蘇關係跌入了兩國有史以來的最低點，一大批帶有濃烈政治情緒的研究著作、歷史檔案紛紛出版，形成了相當可觀的研究和整理資料的成果；翻譯和介紹了眾多國外學者的著作。其中，俄國和蘇聯時期學者的學術著作和歷史檔案居多，有關中俄關係史的研究盛極一時，但其中專門研究俄國宗教傳道團駐華史的著作和檔案記載也是寥若晨星，大多散藏在不同的歷史文獻和著作中。

在這一時期眾多的中國歷史文獻和學術著作中，中國社會科學院近代史研究所編著的《沙俄侵華史》（四卷本）最有價值，書中引用大量中外歷史檔案、歷史文獻、專家學者的研究成果，論述得有理有據，爲後來者學習和研究中俄關係史提供了有效的索取資料和思索兩國關係史的路徑。不足之處是該書是中蘇兩國「冷戰」關係的產物，政治情緒化的色彩比較濃，觀點難免偏頗。如，在介紹俄國宗教傳道團在華活動的事件時，沒有一點好言辭，被冠上了「奸細」、「坐探」、「文化特務」、「吸血鬼」等詞語。而且，和本研究課題有關的資料介紹也不多。瑕不掩瑜，學術界前輩們在這一研究領域付出的辛勤勞動所產生的效果，令人不禁掩卷深思。

1981 年，中華書局出版了中國第一歷史檔案館編輯的《清代中俄關係檔案資料選編》（第一編、第三編）。第一編（上下冊）收錄了順治、康熙、雍正朝中俄兩國關係發生發展的原始檔案 285 件。這部歷史檔案最大的優點除

去眞實、客觀外，就是在每一件涉及中俄公文往來的原始檔案檔的後面盡可能地附錄俄國不同文本來文（滿、蒙、漢、俄、拉丁文）的譯文，日期標注明確，使這些原始檔案顯得十分厚實，使用起來十分方便。但和本課題直接相關的俄國駐華宗教傳道團在華活動具體情況的原始檔案明顯不足。2002 年暑假，我專門拜訪過該檔案文獻的編輯者之一朱金甫先生。他告訴我，有關康雍時期俄國宗教傳道團駐華史的原始檔案，都已收錄在該書中。這從另一個方面說明了清朝政府對俄國駐華宗教傳道團在華活動情況的重視程度不夠。但既有的這些原始檔案彌足珍貴，把駐華宗教傳道團的主要事件記錄在案。該書原計劃出版五編（順康雍三朝爲第一編，乾嘉道爲第二編，咸豐朝爲第三編，同治朝爲第四編，光緒、宣統兩朝爲第五編），但在出版了第一、第三編之後，其他三編就擱置起來沒有再出版，這給研究者帶來不少遺憾。這些缺憾只能靠研究者花費大量時間在其他歷史檔案文獻中彌補，如《清實錄》、《康熙朝滿文朱批奏摺全譯》、《道光朝籌辦夷務始末》等。往往所得甚少，但所得價值不菲，爲本課題提供了有說服力的證據。

　　20 世紀 80 年代中後期，中國學術界開始關注俄國駐華宗教傳道團在兩國文化交流中的作用。中國社會科學院文獻情報中心編輯的《俄蘇中國學手冊》（上、下兩卷，中國社會科學出版社，1986 年第一版）全面地收錄了歷屆俄國駐華宗教傳道團神職人員、留學生在研究中國方面所取得的成就。其資料的豐富性，令人驚歎。而孫越生先生對漢學在俄國的發生發展所作的分析，給人以啓迪。黑龍江社科院的一部分專家學者如宋嗣喜、徐昌漢等先生從經濟、文化交流的角度論述中俄關係史的論文頗有價值。單光鼐先生的《沙俄傳教士團與中俄外交關係》（《齊齊哈爾師範學院學報》1984 年第一期，第三期）洋洋兩萬多言，將有清一代的駐華宗教傳道團與中俄兩國外交關繫之間的聯繫清理了一遍，提出了一些有價值的觀點。楊玉林先生的《俄國傳教士團與十八世紀的中俄關係》（《齊齊哈爾師範學院學報》1987 年第二期）提出的「俄國東正教駐北京傳教士團在十八世紀初期的建立並非侵略活動的產物，它的產生是十八世紀中俄關係和平發展的結果」的觀點，增強了我在這一問題上得出相同判斷的信心。

　　20 世紀 90 年代以來，隨著蘇聯解體，俄羅斯又回到了獨立的歷史形態中，中國學術界有關中俄關係史的研究又有回溫的趨勢。這一時期專家學者的研究漸趨理性，出版發表的著作、論文學術性強。有關研究俄國駐華宗教傳道

團的著作當數中山大學蔡鴻生先生的《俄羅斯館紀事》。蔡先生二十年磨一劍，寫出來一本 18 多萬字的專著，記述了有清一代俄國駐華宗教傳道團的一些「雜事」，涉及中俄兩國商貿、外交和文化交往和交流等方面的內容，資料性強。南開大學歷史學院米鎮波、閻國棟等先生發表了一些和本課題相關的論文，頗有開創性，顯示出作者把握歷史研究課題的功力，對開拓我的思維和擷取資料都有幫助。寫作論文期間，有幸讀到了中國人民大學清史研究所郭成康等先生著的《康乾盛世——歷史報告》（中國言實出版社，2002 年 7 月第 1 版）一書。前輩們在著作中展現了康乾盛世的輝煌，也分析了中國衰落的原因，讓我悟出了什麼是以史為鑒的真實含義和從事歷史科學研究的意義。

自 20 世紀 70 年代以來，在中俄關係史研究領域展現出的另一重大成果是大量翻譯國外學者的著作，主要是俄國（蘇聯）專家學者的著作、有關中俄關係史的歷史檔案等。屬於歷史檔案文件的有蘇聯科學院遠東研究所編輯的《十七世紀俄中關係》（7 卷本），從 1608 年開始至 1689 年雙方簽訂尼布楚（涅爾琴斯克）條約止，收錄了幾乎整個 17 世紀俄國與中國之間發生關係的所有原始檔案，真實地記錄了俄國入侵者在中國黑龍江流域的侵略活動。尤其是 17 世紀俄國派出幾個訪華使者的出使報告，對研究早期中俄關係史有極大的幫助。

沙俄時期的古文獻學家班第什·卡緬斯基（1737～1814）編著的《俄中兩國外交文獻彙編（1619～1792 年）》，以原始檔案為基礎，按照中俄關係發展的時間順序，將橫跨 17、18 兩個世紀的重大歷史事件編撰起來，是一部難得的資料彙編。雖然他站在沙俄侵略的立場上敘述中俄兩國關係的發生發展，但記錄的歷史事件是真實可靠的，很多資料在中國第一歷史檔案館編輯的《清代中俄關係檔案資料選編》中能夠找到對應的資料佐證。其中所記錄的 18 世紀歷屆俄國宗教傳道團來華的過程，為本課題彌補了中文原始檔案記錄及其他俄文資料的不足。

19 世紀末 20 世紀初的俄國漢學家尼·維謝洛夫斯基編撰的《俄國駐北京傳道團史料》（第一冊），收錄的是第四屆駐華宗教傳道團修士司祭斯莫爾熱夫斯基、第八屆駐華宗教傳道團修士大司祭索夫羅尼、第十二屆駐華宗教傳道團學生、著名的漢學家瓦西里耶夫親身經歷的筆記。受各自所處歷史條件的限制，這些筆記沒有做到全面準確、詳細地敘述歷屆駐華宗教傳道團在京活動的具體情況，但其中所提供的資料是鮮活的，閱讀這些資料使讀者能夠感受到那個時代的氣息以及俄國宗教傳道團在京生活的氛圍。這些資料的使

用大大地豐富了本課題的內容，在某種程度上來說，使略顯枯燥的敍述變得
生動起來。

　　在中俄兩國學術界之外，法國、美國、英國歷史學家對中俄關係史的研
究成果也很有價值。法國歷史學家葛斯頓‧加恩的《彼得大帝時期的俄中關
係》，借助俄國國家歷史檔案館收藏的大量原始資料，對 17 世紀末和 18 世紀
初期的中俄關係進行了整理，附錄了大量的資料來源資訊，也對彼得大帝時
期的俄國宗教傳道團駐華史作了一定程度的探討。美國歷史學家弗‧阿‧戈
爾德的《俄國在太平洋的擴張》和喬治‧亞歷山大‧倫森的《俄國向東方的
擴張》對俄國的侵略本性作了很有意義的結論。英國歷史學家約‧巴德利所
著的《俄國‧蒙古‧中國》（上下兩卷共四冊，漢譯本）所收錄的大量俄文原
始資料，偏重於早期中俄關係史，收錄的資料和蘇聯科學院遠東研究所編輯
的《十七世紀俄中關係》及班第什‧卡緬斯基編著的《俄中兩國外交文獻彙
編（1619～1792 年）》所收錄的原始資料有許多重合的地方，涉及駐華宗教傳
道團的史料很少。但兩相對照，也能彌補《十七世紀俄中關係》和《俄中兩
國外交文獻彙編（1619～1792 年）》存在的不足，發現一些它們沒有公開或漏
掉的資料。介於中俄兩國之外的歷史學家的研究成果爲本課題消除盲點，充
實論據起到了積極的作用。

　　在研究俄國宗教傳道團駐華史方面，俄國學術界充分利用自己擁有資料
之所長，研究出了最有價值的成果。堪稱大家的是 19 世紀末期修士司祭尼古
拉‧阿朵拉茨基。他是沙俄時期第一位編撰俄國宗教傳道團駐華史的歷史學
家，他於 1887 年出版的《東正教傳教士團在中國二百年》，敍述的是從 1685
年至 1885 年俄國駐華宗教傳道團在華活動的歷史，書中依據大量的俄國原始
檔案資料將宗教傳道團在華活動的情況作了比較細緻的描述。遺憾的是，他
的這部著作沒有被翻譯成漢語，而且該書原版在中國目前最大的圖書館——
中國國家圖書館也沒有收藏。在論文集（СБОРНИК СТАТЕЙ：ИСТОРИЯ
РОССИЙСКОЙ ДУХОВНОЙ МИССИИ В КИТАЕ 俄國宗教傳道團駐華史
Москва. Издательство Свято——Владимирского Братства .1997г.）中，只選取
了阿朵拉茨基關於 1685～1745 年俄國宗教傳道團形成初期的研究成果。由於
阿朵拉茨基沒有看到過中文資料，限制了他更可能全面準確地觀察和研究俄
國宗教傳道團駐華的早期問題。如，他把俄國宗教傳道團活動的開始年頭定
爲 1685 年，而不是俄國政府正式派遣駐華宗教傳道團的 1715 年，就極不恰

當。俄國宗教傳道團和俄羅斯佐領的宗教活動是兩個不同的概念。前者代表俄國政府,後者是歸順中國的屬民。俄羅斯佐領的宗教活動祇是俄國政府派遣宗教傳道團的一個理由。將俄國駐華宗教傳道團在華活動視為俄羅斯佐領早期宗教活動的延續,在邏輯觀念上侵犯了中國的主權。這本論文集還收錄了當代著名漢學家齊赫文斯基、麥斯尼科夫等人紀念比丘林誕辰 220 周年的文章,為本課題研究的深化和豐富提供了十分珍貴的資料。

另一本論文集(Восточный факультет санкт-петербургского государственного университета,санкт-петербургская духовная академия : ПРАВОСЛАВИЕ НА ДАЛЬНЕМ ВОСТОКЕ——275летие российской духовной миссии в китае.東正教在遠東——紀念俄國宗教傳道團駐華 275 周年 санкт-петербург. АНДРЕЕВ И СЫНОВЬЯ 1993.)是 90 年代俄國學術界對俄國宗教傳道團駐華史研究的集大成,書中收錄了 17 位專家的 18 篇論文,從不同的角度研究了俄國宗教傳道團在華活動的情況。該論文集對本課題來講,最珍貴的是收錄了一篇第五屆駐華宗教傳道團神職人員的口錄。第五屆宗教傳道團駐華期間,是中俄兩國關係最不穩定的時期,恰克圖貿易開開停停,第五屆宗教傳道團在北京度過了 17 年的光陰,幾乎和俄國國內失去了一切聯繫。等到清朝政府允許駐華宗教傳道團換屆時,只剩下了兩個人。這兩個人回到俄國的第一天,其中的一個人就死掉了。剩下活著的那個人就成了第五屆宗教傳道團如何在華度過艱難歲月的唯一見證人,他所講述的故事在中國文獻、學術著作中沒有記載。在這本書中,有的專家甚至提出了要將俄國宗教傳道團駐華史作為一門學科來研究,提議建立一門傳道團學(Миссиология),反映了俄國學術界對駐華宗教傳道團研究的成果及在俄國發展的趨勢。

以上所介紹的文獻資料,各有所長,有詳有略。在本課題的研究中,它們要麼互為對證,要麼互為補缺,為本課題的立論提供了豐富的論據。除此之外,本課題還使用了中外其他許多學者的研究成果,從中擷取了有價值的資料為本課題服務。限於篇幅,不另贅舉。

四、本課題的創新點

追求創新是學術發展的動力。本著這一精神,本課題在繼承學術界前輩現有的研究成果基礎之上,在多個方面上有所突破、有所創新。

其一,在研究主題上,把握住了清朝前期中俄關係和平為主、爭端不斷

的發展態勢，得出中俄兩國關係因俄國侵華而發生，俄國派遣宗教傳道團駐華卻是 18 世紀初期兩國和平關係的產物的結論。

其二，澄清了俄羅斯佐領的宗教活動與俄國駐華宗教傳道團在華傳教活動的本質區別。

其三，第一次以時代順序將清朝前期俄國宗教傳道團在華活動的狀況進行了梳理，收錄整理了一些在國內鮮為人知的資料。

其四，從宏觀上對俄國宗教傳道團在華活動進行分期：以傳播宗教為主和以研究中國為主兩個時期。

其五，肯定俄國駐華宗教傳道團在中俄兩國文化交流中的促進作用，探討了中俄兩種不同質的文化的衝突和碰撞，提出了在中俄兩國文化交流互動中中國文化具有優勢的觀點。

以上是本課題在人的方面的創新。在具體研究的過程中，在許多小點上也有新認識。如，關於清朝政府俘獲俄國俘虜的問題上，本課題結合俄國歷史文獻對清朝軍隊抓獲的人數作了更加詳實的考證，並對早期抓獲的俘虜和投誠者在北京的生活狀況作了進一步的描述，豐富了清代學者俞正燮在《俄羅斯佐領考》所作的考證；運用俄文資料，對有關俄羅斯館教堂形狀和第五屆宗教傳道團在華活動的情況進行了整理；用「聾子與盲人的對話」形象地概括早期中俄文化交流情況等等。諸如此類，還有許多，在此就不再一一列舉了。

學無止境。一篇 20 多萬字的博士論文，不能將清朝前期俄國宗教傳道團駐華史中所蘊藏的巨大內容展示出來，肯定存在不少缺陷，有許多地方需要完善。聊以自慰的是，三年的博士生活是在忙碌中度過的。這三年我沒有浪費過一點時間，放棄了節假日、休息天，如果說本課題的研究取得了一點成績，也只能說是在先輩們辛勤勞動培植的土壤上開放出的一朵小花。我希望通過自己今後堅持不懈的努力，讓它更加茁壯成長，以謝學術界前輩們的滋潤。

第一章　俄國東正教出現在中國土地上

　　俄國東正教是隨著俄國的侵略勢力東擴到中國東北地區才來到中國土地上的。最早是在中國蒙古地區對所征服的當地居民進行宗教傳播活動，通過物質手段引誘當地居民信奉東正教，以此作爲歸順俄國的標誌。〔註1〕當俄國入侵者侵入到中國黑龍江流域時，隨之而來的東正教神甫就將東正教帶到了俄國入侵者所佔據的中國雅克薩城堡。他們在此建立了東正教堂，爲他們自己和從西伯利亞遷移過來的俄國農民進行宗教活動提供服務。在康熙皇帝和平政策的指導下，清軍在反擊俄國入侵勢力的過程中，前後俘虜和接收自願投誠者上百名。清朝政府收他們爲自己的臣民，將他們安置在北京，編成俄羅斯佐領，給予他們很高的物質生活待遇，並賜廟讓他們進行自己的宗教信仰活動。從此，他們開始了作爲中國臣民的新生活。

〔註 1〕　「俄羅斯政府十七世紀在東西伯利亞實行的基督化政策是很謹慎的。在那裏，洗禮純粹是自願實行的。那時只要實行洗禮，就給以君主的禮物：兀露絲人給以長衫、帽子、襯衣、皮靴，酋長有時給以五個盧布之多，每人兩段上等呢絨、一件襯衫、一雙皮靴。這種禮物以及對於繳納貢賦和履行其他義務的優待，吸引了相當一部分繳納貢賦的當地居民信奉了東正教。」〔蘇〕普·季·雅科夫列娃：《1689 年第一個俄中條約》，貝璋衡譯，商務印書館，1973年，北京，第 44 頁。蔡鴻生先生說：「西伯利亞早期殖民行政的布局，幾乎是堡壘網與教堂同時展開的，哥薩克的強盜隊伍，經常配有隨軍神甫。如果說，這種現象在十六世紀還帶有自發性質，那麼，到了十七世紀，其組織程度大大提高了。」蔡鴻生：《俄羅斯館紀事》，廣東人民出版社，1994 年 9 月第 1 版，第 8 頁。

第一節　俄國東正教出現在中國土地上的歷史條件

十七世紀前半期，俄國侵略者在用了 60 多年的時間（1581 年葉爾馬克越過烏拉爾山開始到 1643 年以波雅爾科夫爲首的哥薩克首次闖入黑龍江流域）就將侵略勢力滲透到了中國的土地上，開始了其殖民侵略活動。康熙時期的清朝政府在屢次同俄國沙皇政府進行書面交涉未果的情況下，被迫訴諸武力，收復被俄國入侵者強佔的雅克薩城堡。正是這場戰爭，使俄國政府認識到了中國清朝政府捍衛領土主權的立場，迫使俄國坐下來進行和平談判，簽訂和平條約。因此，俄國東正教出現在中國的土地上有兩大條件：一是俄國對中國黑龍江流域的入侵；二是清朝政府在反擊俄國入侵者的過程中所採取的寬宥不殺政策。前者是中俄兩國發生關係的前提條件，後者是俄國東正教得以駐留中國的根本原因。

一、俄國入侵者將東正教帶到中國雅克薩

俄羅斯自古不通中國。俄國作爲一個獨立的民族國家，形成的時間比中國要晚幾千年。在中國古代文獻中，漢時稱俄羅斯爲丁零、堅昆，北魏時稱之爲烏洛侯國，唐時稱之爲骨利幹國、點戛斯國或結骨國，元時，幹羅思被拔都所滅，爲元朝下屬的一個省。〔註 2〕莫斯科公國在 1480 年擺脫金帳汗國的統治後，經過近兩個世紀的擴張領土，形成了一個疆域廣大，統一的多民族國家。十七世紀初期的明朝萬曆年間，俄國政府開始探索通往中國的道路的嘗試。1619 年到達中國北京的彼特林使團獲得了明朝萬曆皇帝的一封國書歸國，並准許俄羅斯人到中國前來進行貿易。因爲當時俄國人看不懂中國文字，這一有利於兩國經濟文化發展的重要資訊就被擱置起來，剛要開始的中俄兩國交往就又回到了隔絕的狀態。

1644 年，新興的清朝政權取代了腐朽的明王朝，登上了中國歷史的政治舞臺。與此同時，東北地區僅留下些老弱病殘和一些人數不多的守邊部隊。俄國入侵者來到這裡的時候，正是清朝滿族八旗南下入關、奪取統治中國權力而無力北顧之時。儘管如此，忠於中國中央政府的當地少數民族部落還是展開了同俄國入侵者的鬥爭。

1643 年，當俄國入侵者波雅爾科夫第一次侵入中國的精奇裏江（結雅河）

〔註 2〕　〔清〕何秋濤：《俄羅斯形勢考》，載《小方壺齋輿地叢鈔》，杭州古籍書店。

流域時，就遭到了中國邊民的頑強抗擊。波雅爾科夫等人從當地達呼爾人（即達斡爾人）那裡瞭解到達呼爾人是滿族的一支，和通古斯人有親屬關係，他們居住的地區早已從屬滿族王公和中國皇帝，中國官員經常到此巡視和征稅。當地人民盛情地招待沙俄入侵者，換來的卻是沙俄入侵者的屠殺和掠奪。當地人民奮起反擊，打得入侵者無處立身，處境艱難。當這夥強盜無糧可食時，就以被他們屠殺的當地居民的屍體充饑。1646 年他們返回雅庫次克，向沙皇報告，大肆宣揚黑龍江地區盛產穀物和貂皮等，「竭力慫恿沙皇政府派兵佔領中國領土」。〔註3〕

　　1650 年，哈巴羅夫強佔了達斡爾頭人阿爾巴西的駐地雅克薩，作為征服黑龍江流域中國邊民的侵略據點。他們加固了雅克薩，改名為阿爾巴津城堡。〔註4〕但是，哈巴羅夫及其後繼者斯捷潘諾夫等率領的哥薩克並沒能在雅克薩居住多長時間，就被順治皇帝派來的清朝軍隊驅趕了出去。1652 年 3 月 24 日，清朝駐防寧古塔章京海塞奉命進擊駐紮在烏紮拉村（今俄羅斯宏力加河口）的哈巴羅夫部隊。〔註5〕由於指揮官海塞的錯誤，在戰鬥中竟下令要求士兵不准打死俄國人，要全部捉活的，導致戰鬥失敗，海塞受到嚴懲。〔註6〕戰鬥雖然以清軍的失敗而告終，但清軍的這次軍事行動卻讓俄國人感到了來自中國方面的壓力，清朝政府的軍隊「抑制了俄國人的放肆行為，使他們惶惶不可終日」。〔註7〕之後，清朝政府的軍隊在當地居民的配合下，展開了大規模的清剿「羅剎」的行動。1658 年 7 月 11 日，寧古塔昂幫章京沙爾虎達率領裝備有大炮和小型火器、由 47 艘大船組成的部隊，將接替哈巴羅夫繼續在黑龍江流域和松花江流域流竄作案的斯捷潘諾夫包圍在松花江和牡丹江的合流處（今黑龍江依蘭附近），開始了圍殲戰。在這次戰鬥中，包括斯捷潘諾夫在內

〔註3〕　北京師範大學清史研究小組：《一六八九年的中俄尼布楚條約》，人民出版社，1977 年 5 月第 1 版，第 48 頁。

〔註4〕　維謝洛夫斯基編：《俄國駐北京傳道團史料》第一冊，商務印書館，1978 年 10 月第 1 版，第 17 頁。

〔註5〕　蘇聯科學院遠東研究所編：《十七世紀俄中關係》（以下簡稱《十七世紀俄中關係》）第一卷第二冊，商務印書館，1978 年，北京，第 190 頁。

〔註6〕　「以駐防寧古塔章京海塞遣捕牲翼長希福等，率兵往黑龍江，與羅剎戰，敗績。海塞伏誅，希福革去翼長，鞭一百，仍令留在寧古塔。」《清世祖實錄》第 68 卷，中華書局影印本。

〔註7〕　〔美〕戈爾德：《俄國在太平洋上的擴張（1641～1850）》，商務印書館，1981 年，北京，第 31 頁。

的 270 名哥薩克被打死，227 人逃生。清軍趁勝而上，於 1659 年收復了雅克薩。1660 年，在清軍的清剿掃蕩下，黑龍江中下游的哥薩克殘餘全部被肅清。〔註 8〕黑龍江流域獲得了暫時的平靜。

清軍將黑龍江中下游的俄國人剿滅以後，沒有採取進一步鞏固勝利果實的措施，趁勝溯江而上，徹底剷除盤踞在黑龍江上游尼布楚地區的俄國入侵者，祇是將雅克薩城堡拆毀後就撤離了。這就給了俄國人捲土重來佔領黑龍江流域的機會。對此，美國歷史學家戈爾德說：「中國方面所犯的錯誤真是令人遺憾，這表明了中國至今對其敵人估計不足，而敵人正是在不受干擾的情況之下，又逐漸回來，並且變得比以往任何時候更加強大」。〔註 9〕

早在 1653 年冬，俄國哥薩克的十人長烏拉索夫在石勒喀河南岸涅爾查河口的對岸選擇了一個建立城堡的地點，冬天就在那裡建立起了一個小城堡涅爾琴斯克（尼布楚）。但受到了在這裡游牧的清朝屬民根特木爾部落的不斷襲擊，將哥薩克種下的莊稼全部毀壞，使他們無法立足。〔註 10〕同年，沙俄政府計劃單獨設立阿穆爾督軍區，選派葉尼塞斯克督軍阿法納西・帕什科夫為阿穆爾督軍區的籌建人。〔註 11〕1656 年 7 月 18 日，阿法納西・帕什科夫帶領 300 名哥薩克從葉尼塞斯克動身，經安加拉河、過貝加爾湖、沿色楞格河和希洛克河到達尼布楚，於 1658 年重新在中國尼布楚地區建起了涅爾琴斯克城堡（尼布楚），以此作為佔領黑龍江流域的據點。由於不斷遭到當地蒙古人的襲擊，盤踞在尼布楚的俄國人一直沒有機會重新侵犯中國黑龍江流域。於是，他們就開始經營此地，使尼布楚成為俄國人在黑龍江上、中游一帶殖民勢力的中心。

1665 年，在伊利姆斯克犯下大罪的俄籍波蘭人切爾尼果夫斯基，糾集 84 名罪犯一同逃到黑龍江流域，重新佔領了雅克薩，在哈巴羅夫從前所建的阿爾巴津城堡（雅克薩）的廢墟上重新修建了一座長 18 俄丈（1 俄丈＝2.1336 米）、寬 13 俄丈的長方形城堡。切爾尼果夫斯基占踞了雅克薩之後，就開始了其搶劫當地居民的活動，並將搶劫來的貴重毛皮呈送給尼布楚的統領，以

〔註 8〕 中國社會科學院近代史研究所編：《沙俄侵華史》第 1 卷，人民出版社，1976 年 10 月第 1 版，第 118 頁。

〔註 9〕 〔美〕戈爾德：《俄國在太平洋上的擴張（1641～1850）》，商務印書館，1981 年，北京，第 35 頁。

〔註 10〕 〔俄〕A・瓦西裏耶夫：《外貝加爾的哥薩克〈史綱〉》上卷，商務印書館，1977 年 12 月第一版，北京，第 78 頁。

〔註 11〕 〔俄〕A・瓦西裏耶夫：《外貝加爾的哥薩克〈史綱〉》上卷，商務印書館，1977 年 12 月第一版，北京，第 142 頁。

求得沙皇政府對自己罪行的寬免。當他在 1671 年派人往莫斯科送交給沙皇政府大量貴重毛皮之後，得到了沙皇的「特赦」，作爲對他們侵佔黑龍江有功的獎賞。

在 1667 年～1670 年間，在切爾尼果夫斯基的教唆下，清朝屬民根特木爾帶領家人和所轄部落逃到了雅克薩，切爾尼果夫斯基命令被他帶到黑龍江流域的修道院院長葉爾莫根給他們洗禮，讓他們皈依東正教，並拒絕清朝政府要求引渡根特木爾回國的要求。〔註12〕。自此，根特木爾的歸屬問題成爲了中俄兩國爭執的焦點。

切爾尼果夫斯基等人在逃亡到黑龍江流域的時候，從基廉斯克〔註13〕修道院強行帶走了修道院院長葉爾莫根。從 1666 年起，葉爾莫根就和這幫匪徒一起生活在被重新佔領的雅克薩。1771 年，徵得全體「阿爾巴津人」的同意，在雅克薩上游不遠的地方爲「仁慈的救世主」修道院奠基，後來在他的努力下，建成了修道院，並又建成了一座主復活教堂。〔註14〕阿爾巴津（雅克薩）因此逐漸成爲了在黑龍江流域生活的俄國人聚居的中心，〔註15〕吸引了大量的俄羅斯人湧入。他們建起了若干個村屯，過起了殖民生活。到 1684 年，居住在阿爾巴津城堡（雅克薩）的俄國人「有軍役人員一百二十人，漁獵者和耕農四百八十人」。〔註16〕阿爾巴津（雅克薩）的仁慈的救世主修道院建立起來以後，和俄羅斯本土的修道院一樣，也有自己的地產，圍繞修道院興起了一個「孟納斯梯爾希納白屯村，居住著依附於修道院的農民」。〔註17〕

俄國人在黑龍江地區移民的初步成功，大大地激勵了俄國沙皇政府進一步開墾黑龍江流域的決心。沙皇政府爲了永久性地佔領黑龍江流域，採取了一系列的措施來鞏固已有的成果。派出官員親自耕種莊稼，做出示範。當地

〔註12〕 葛斯頓·加恩：《彼得一世時期的俄中關係》，商務印書館，1980 年，北京，第 2 頁。

〔註13〕 今俄羅斯境內基廉加河和勒拿河交匯處，屬於伊爾庫茨克州。

〔註14〕 В·П·ПЕТРОВ：Российская Духовная миссия в Китае.俄國宗教傳道團在中國.Washington D.C.1963г.（以下簡稱：彼得羅夫：《俄國宗教傳道團在中國》俄文版，華盛頓，1963 年，第 9 頁。

〔註15〕〔蘇〕普·季·雅科夫列娃著：《1689 年第一個俄中條約》，貝璋衡譯，商務印書館，1973 年，北京，第 62 頁。

〔註16〕 П·И·卡巴諾夫：《黑龍江問題》，姜延祚譯，黑龍江人民出版社，1983 年，哈爾濱，第 11 頁。

〔註17〕〔蘇〕普·季·雅科夫列娃著：《1689 年第一個俄中條約》，貝璋衡譯，商務印書館，1973 年，北京，第 67 頁。

殖民政府加大了移民的力度，放肆地砍伐森林，開墾新土地。爲了鼓勵遷移過來的俄國農民種植糧食的積極性，由政府貸給他們種籽，專門爲他們打造耕作用的農具。在清軍攻擊的時候，派出騎兵部隊保護農民收割莊稼。〔註18〕極力想通過這些措施造成對中國黑龍江流域實行永久佔領的既成事實。

生活在雅克薩及其周圍的俄國人就被俄羅斯後人稱之爲阿爾巴津人。〔註19〕爲了敍述的方便，本研究課題所指的阿爾巴津人，主要是指在清朝政府清剿俄國侵略者的活動中陸續被俘或主動投誠到中國成爲中國屬民、在黑龍江流域生活過的俄國人。

二、康熙皇帝和平思想指導下的雅克薩戰爭

兩次雅克薩之戰，清朝軍隊都在形勢占優的情況下，沒有採取趕盡殺絕的方法對待俄國入侵者，這和康熙皇帝的對俄和平思想有直接的聯繫。康熙皇帝認爲，「治國之道，當期久安長治，不可苟安一時。朕於天下承平無事之時，常殫心籌度，……至於撫綏外國之道，惟在使之心服，不在加之以威。近遣親隨侍衛關保等前往羅刹時，諄諄論之曰：兵，兇器，戰，危事，古人不得已而用之。朕以仁治天下，素不嗜殺。爾至其地，嚴諭將士，毋或有違朕意。今我軍士馬精強，器械堅利，敵人斷不能敵，勢窮之際必獻地歸誠，此時一人勿殺，盡遣歸故土，俾稱述朕柔遠至意。今悉如朕言而行，朕甚嘉焉」。〔註20〕兩次雅克薩戰爭，康熙皇帝都給入侵黑龍江流域的俄國人以寬大。

尤其是第二次雅克薩戰爭，清軍將盤踞在雅克薩的俄國人打得只剩下近70人。面對基本上失去抵抗能力的俄國入侵者，清軍沒有馬上施之最後一擊，拿下雅克薩，而是實施了圍而不取的策略。當談到這一歷史事件時，現代俄國人總是產生誤解，認爲清軍沒有攻下雅克薩是因爲俄國人的城牆堅固、火力威猛，清軍膽怯不敢進攻、戰鬥武器落後的緣故。如雅科夫列娃在《1689年俄中第一個條約》講到：「郎談的軍隊中會使用火器的人不多，大部分人都使用弓箭，俄羅斯人則都是用槍和炮很準確地射擊。滿洲人特別害怕同俄羅

〔註18〕〔蘇〕普·季·雅科夫列娃著：《1689年第一個俄中條約》，貝璋衡譯，商務印書館，1973年，北京，第64～67頁。

〔註19〕維謝洛夫斯基編：《俄國駐北京傳道團史料》第一冊，商務印書館，1978年10月第一版，第18頁。

〔註20〕中國第一歷史檔案館：《清代中俄關係檔案史料選編》第一編上冊，中華書局，1981年，北京，第53～54頁。

斯哥薩克打交手仗。每當俄羅斯的偵察隊出城潛入滿洲陣營時，那裡就要驚慌失措起來。滿洲人寧願跟俄羅斯人保持著距離，用弓和炮射擊他們。……阿爾巴津從 1686 年 7 月到 1687 年 5 月被滿洲人圍困了十個月之久。到 1687 年春天，人數微少的阿爾巴津守軍陷入非常困難的境地：被圍的人們沒有東西吃，感到燃料缺乏。城中開始流行壞血病；到 1687 年 5 月，生存者只剩七十人，他們還是堅守著防線。滿洲人儘管擁有巨大的優勢，但是並沒有能攻下阿爾巴津，因而迫使康熙在和平談判中比較遷就些」。〔註21〕雅科夫列娃是站在「愛國主義」的狹隘立場上來分析雅克薩戰爭的，因而沒能客觀地評價雅克薩之戰背後清朝政府或康熙皇帝的真實目的。如果對清朝政府所做的和平努力做一個細緻的追蹤，就可以找到第二次雅克薩之戰不如第一次雅克薩之戰那樣痛快淋漓攻取的真實原因。

清朝政府一直懷著真誠的和平願望，致力於和平談判解決兩國邊界爭端。自順治朝開始，清朝政府或派人，或致書沙皇，要求就俄國方面歸還逃人根特木爾、兩國劃界問題舉行談判，但都沒有得到沙皇俄國政府的積極響應，反而採取各種措施一再支持侵入中國黑龍江流域的俄國人，使侵入這一地區的俄國人有恃無恐，燒殺搶掠，無惡不作，「羅剎恃雅克薩城為巢穴，於其四近耕種漁獵，數擾索倫、赫真、斐雅喀、奇勒爾居民，掠奪人口，俾不得寧處」。〔註22〕使清朝政府實現兩國和平的願望一值得不到落實。

康熙執政後，仍然執行的是以和為主的路線，而俄國人卻裝聾作啞，拒絕和談。康熙九年，尼布楚長官達尼洛・阿爾申斯基派出伊格納季・米洛瓦諾夫等十人來華訪問。康熙皇帝敕諭沙皇，響應沙皇政府「望兩國修好，互派使臣、貿易不斷往來，以求永遠和睦相處」〔註23〕的要求，但前提條件是歸還中國逃人根特木爾，撤還其侵擾黑龍江流域的俄國人。這封用滿文寫的信由尼布楚長官達尼洛・阿爾申斯基派出來華訪問的伊格納季十人使團帶回，同時派遣索倫總管孟格德護送回到尼布楚，並給達尼洛・阿爾申斯基送去禮物，將給伊格納季等人的敕諭對達尼洛・阿爾申斯基進行了的口頭通知。〔註24〕

〔註21〕〔蘇〕普・季・雅科夫列娃：《1689 年第一個俄中條約》，貝璋衡譯，商務印書館，1973 年，北京，第 128～129 頁。

〔註22〕《清聖祖實錄》第 112 卷，中華書局影印本。

〔註23〕中國第一歷史檔案館：《清代中俄關係檔案史料選編》第一編上冊，中華書局，1981 年，北京，第 26 頁。

〔註24〕班・卡緬斯基編著：《俄中兩國外交文獻彙編（1619～1792 年）》，商務印書館，

　　康熙十五年，來華訪問的斯帕法裏雖然聲稱自己是帶著沙皇俄國與中國和好的願望而來，卻藉口中國文字在俄國無人認識，沙皇沒有給他有關解決逃人、邊界問題談判的指示，對清朝官員提出的歸還根特木爾等要求不予理會。但其浮於表面的華麗言辭還是被清朝政府官員識破了。理藩院尚書阿穆瑚琅在給康熙皇帝的奏書中提到：「臣等據來使之言及其奏書大意看來，其文內僅有因無人通曉我所寄之敕書，故派人探問情由並進獻方物，向皇上問安，以使兩國修好等情而已。對我敕書內所提之是否給還根特木爾一事，卻借不通文書之故而未陳奏。臣等竊思，俄羅斯國不通我文書是實，惟伊之伊格納季等人來京之際，俱以詳知情由。若問伊格納季等，雖不能悉知原委，亦可知其大概。如此則彼不通我文字又有何妨？況且我孟格德又曾親爲尼布楚長官達尼洛逐字翻譯，並由伊譯成俄羅斯文，與敕書一併發送，其情節甚爲明悉。設若達尼洛所送之文書未達，然爲斥責達尼洛擅自派使而傳詢其本人時，達尼洛豈有不告知原委情由之理？因此，伊應對敕書內所專提之根特木爾一事作出答覆，或稱遵旨給還根特木爾一夥，或稱根特木爾等原爲伊屬，既歸伊處，則不可給還，嗣後另議等語。由此派使前來，則爲可信。而現僅從伊藉口不通文書而詭稱不知根特木爾情由一事看來，其來使之言及察罕汗奏書，雖有修好之意，亦不可信」。〔註25〕

　　確如阿穆瑚琅所言，俄國人根本就沒有打算將根特木爾交還中國。斯帕法裏在前來中國的路上，在伊爾庫茨克專門會見了根特木爾。根特木爾向斯帕法裏敍說：「據傳中國朝廷已經多次要求大君主將他——根特木爾交還中國，而且等使臣到了北京，中國朝廷將要更加強烈地向他——使臣提出這一要求。最後他向使臣說：『希望他——使臣瞭解，即使大君主答應將他——根特木爾引渡給中國人，他寧願自盡也決不會活著到北京去，因爲他和他的雙親都出生在涅爾查。』斯帕法裏向這位年邁而英勇的老人保證不會把他交給中國人，然後就繼續登程了」。〔註26〕帶著這樣的目的來華談判的斯帕法裏到達北京後，向清朝政

<hr>

　　　1982 年，北京，第 37 頁。
〔註25〕中國第一歷史檔案館：《清代中俄關係檔案史料選編》第一編上冊，中華書局，
　　　　1981 年，北京，第 46 頁。法國歷史學家葛斯頓・加恩在談到俄國政府對清朝
　　　　政府的信件的反應時說：「中國方面對於俄國外交上的試探曾多次去信答覆，
　　　　但是都沒有結果，理由很明顯：這些信件有些從來就沒有送達目的地，要不就
　　　　是幾年後才送到莫斯科宮廷」。（葛斯頓・加恩：《彼得一世時期的俄中關係》，
　　　　商務印書館，1980 年，北京，第 2 頁）這是加恩依據俄文資料片面得出的結論。
〔註26〕班・卡緬斯基：《俄中兩國外交文獻彙編（1619～1792 年）》，商務印書館，1982

府提出通商貿易的十二條要求，理所當然地遭到了拒絕。清朝政府命令隨同斯帕法裏前來的俄國人，清朝政府今後再也不會允許俄國人來華進行貿易，除非俄國方面能夠拿出誠意答應中國方面提出的要求。〔註27〕

　　康熙二十年，康熙皇帝派遣明愛、郎中額爾塞前往索倫實地勘察收復失地的可能性，令其派人勸說佔據中國雅克薩之俄國人回撤至本土。明愛、額爾塞到達索倫後，派遣佐領羅爾本、隋珀率領二十人勸說佔據中國雅克薩的入侵者頭目，令其撤還人馬回到其本土上去，但遭到了俄國人的拒絕。〔註28〕

　　康熙二十二年，清朝政府一方面在作武力驅逐侵佔中國領土上的俄國人準備，另一方面也沒有放棄和平的努力。康熙皇帝命令理藩院致書佔據雅克薩的俄國人頭目，令其「將根特木爾等逃人送來，速回本地，則兩相無事，於彼有益不淺。儻猶執迷不悟，留我邊疆，彼時必致天討，難免誅伐。如路遠難歸，傾心投誠者，朕亦納之，必加恩恤，使各得其所」。〔註29〕此信由兩名被俘的俄國人送回雅克薩。這倆人先回到雅克薩，後來於第一次雅克薩之戰後的 1685 年 11 月 15 日回到莫斯科，親自將信送到了沙皇的手中。〔註30〕

　　康熙二十四年，就在清軍第一次收復雅克薩之前，清朝政府再次致書俄國沙皇政府，要其撤還雅克薩、尼布楚之俄國人，退回到其所居之地雅庫茨克。二月，統帥征剿雅克薩之敵的都統彭春等人諮行盤踞在雅克薩的俄國人頭目，告知其清朝政府此次出征的原因和目的：「我聖主前曾多次派人或行文，令爾等撤回本地，還我逃人。爾君主多年未覆一文，不惟不歸還我逃人，反愈加侵入我內地，騷擾地方，搶掠婦孺，滋事不止……今爾等若撤至雅庫地方，以雅庫為界，於該地捕貂納稅，不入我界，悉行送還我逃人，我亦將

　　　　年，北京，第 44 頁。

〔註27〕中國第一歷史檔案館：《清代中俄關係檔案史料選編》第一編上冊，中華書局，
　　　　1981 年，北京，第 46 頁。

〔註28〕中國第一歷史檔案館：《清代中俄關係檔案史料選編》第一編上冊，中華書局，
　　　　1981 年，北京，第 48 頁。

〔註29〕中國第一歷史檔案館：《清代中俄關係檔案史料選編》第一編上冊，中華書局，
　　　　1981 年，北京，第 50 頁。

〔註30〕關於送信的俄國俘虜的名字中文檔案記載為伊凡・米海羅莫洛多依，看上去
　　　　似乎是一個人，但康熙二十四年寫給沙皇的信件指出的是兩個人（《清代中俄
　　　　關係檔案史料選編》第一編上冊，第 50、52 頁）。班・卡緬斯基在其編著的
　　　　《俄中兩國外交文獻彙編（1619～1792 年）》（商務印書館，1982 年，北京，
　　　　第 57 頁）也指的是兩個人，名叫雅基姆・伊萬諾夫和格裏什卡・福明。看來
　　　　該件檔案翻譯或者記載是有錯誤的。

爾屬降人送回。若願以雅庫或某地爲界，捕獵謀生，則可將爾等之意，繕文奏請我聖主，本都統等將予轉奏。若執迷不悟仍行頑抗，則大軍進剿，定將毀滅雅克薩城，盡除爾眾，彼時追悔莫及矣。特此諮行」。〔註31〕

與彭春諮文一同發送給雅克薩頭目的，還有康熙皇帝致俄國沙皇的敕書。敕書中再次全面詳細地陳述了清朝政府的對俄和平政策：「大清國皇帝敕諭俄羅斯察罕汗：向者，爾國居於爾界，未曾侵擾我界，邊民咸寧。後爾羅刹入侵我境，騷擾地方，搶掠百姓婦孺，滋事不止。爲此，朕本應即發大軍征討。惟恐兵革一興，沮壞歷年和好，加害於邊民，故不忍出兵。曾降敕諭，令爾撤回羅刹，勿生事端。爾反愈加派羅刹竄入我內地，搶掠滋事，納我逋逃。朕仍不忍即刻征討，只遣官兵截爾行路。招撫恒滾等地羅刹，赦而不誅，予以收養。

觀爾羅刹並無停止侵擾之勢，故茲出兵征討雅克薩。雖然如此，朕願天下萬邦皆享安樂之福，一切生靈各得其所，仍屢降敕諭。儻爾憐憫邊民，使之免遭塗炭流離之苦，不至興起兵革之事，即當迅速撤回雅克薩之羅刹，以雅庫某地爲界，於該處居住捕貂納稅，勿入我界滋事。若遵朕諭旨而行，即令我征討大軍停止前進，撤至邊界地方。如此，則疆圉貼然，而無侵擾之患，貿易遣使，和睦相處。

先前朕屢將此情向爾宣諭，然未見爾遣人或覆奏前來。後復簡派招降之羅刹，持書往送雅克薩。所去二人既未遣回，亦無覆文。先爾屬下是否將朕敕書送達爾處，爾是否通曉朕之諭旨，俱不得知。如今雖已進兵邊境，相互爲敵，復將此情由向爾曉諭。爲此，特令招降之羅刹持書往送」。〔註32〕這次康熙皇帝和彭春寫給沙皇的信件由六名被清軍釋放的俄國俘虜送回雅克薩。

康熙二十五年，當康熙皇帝得知俄國人重新佔據雅克薩的消息後，康熙皇帝命令兵部寫信給沙皇，交由荷蘭使臣賓顯巴志，西洋人閔明我轉交。信中除了過去歷次所講的歸還逃人、停止侵擾黑龍江流域、劃定邊界之外，也給沙皇政府留足了面子，假設沙皇根本就不知道清朝政府多次致書的事情：「今俄羅斯人仍然死守尼布楚、雅克薩，恐係尼古拉・斯帕法裏等並未將朕

〔註31〕 中國第一歷史檔案館：《清代中俄關係檔案史料選編》第一編上冊，中華書局，1981年，北京，第50～51頁。
〔註32〕 中國第一歷史檔案館：《清代中俄關係檔案史料選編》第一編上冊，中華書局，1981年，北京，第51～52頁。

諭轉達伊國君主；或住尼布楚、雅克薩之俄羅斯人俱爲有罪之徒，因阻隔我行文未達，察罕汗並不知此情由，亦未可知」。〔註33〕但這兩封信祇是在《尼布楚條約》簽訂以後，才被送到莫斯科，沒有發揮出它們應有的作用。〔註34〕

　　康熙皇帝之所以一而再，再而三地致信俄國政府進行劃界等一系列問題的和平談判，一方面不想和俄國人結仇，打一場無法預料結果的戰爭；另一方面更重要的是他愛惜天下生命，「朕願天下萬邦皆享安樂之福，一切生靈各得其所」是其主要的價值觀，爲維護國家主權，進行戰爭是其採取的必要手段。對待戰爭康熙皇帝是很小心的，在某種意義上說用兵雅克薩祇是作出的一種姿態，並不想將戰爭進行到底。正如美國歷史學家曼考爾所說：「康熙不想征服俄國，而是要向俄國表明：自己有力量和俄國進行談判解決」〔註35〕兩國間存在的問題。兩次雅克薩之戰，祇是康熙皇帝屢次致書或捎話給俄國沙皇政府沒有得到回音而採取的一個積極措施；第二次雅克薩之戰的圍而不取，採取持久戰，並不是清朝軍隊缺乏戰鬥力，攻不下來，而是一種提醒。只有自己的孩子被人打得肉疼了，家長才會心痛，然後兩個對立的家庭進行理論。道理就這麼簡單。而且整個事態的發展基本上都是按照康熙皇帝事前設定好的方向運作，也證明了這一點。

　　從康熙皇帝接待沙皇俄國政府急使的態度來看，也能證實康熙皇帝借助雅克薩之戰迫使俄國政府和談的動機。就在清軍將雅克薩城守敵緊緊包圍之際，俄國沙皇派出了和平談判的代表團。爲了給和平談判創造條件，俄國沙

〔註33〕　中國第一歷史檔案館：《清代中俄關係檔案史料選編》第一編上冊，中華書局，1981 年，北京，第 60～61 頁。

〔註34〕　中國第一歷史檔案館：《清代中俄關係檔案史料選編》第一編上冊，中華書局，1981 年，北京，第 62 頁。而在該書第 58 頁的註釋①說：「內閣原注：康熙二十五年七月二十七日具題，當日奉旨：依議。按此文另謄一件，交西洋國，請其轉發俄羅斯察罕汗。欽此。」這件事和卡緬斯基的記載相符，康熙皇帝共寫了同一內容的兩封信。一封寫於康熙 25 年 7 月 30 日，通過荷蘭駐華使臣賓顯巴志轉達的。這封信經過印尼首都雅加達（巴達維亞）、荷蘭首都阿姆斯特丹，然後由荷蘭商人於 1690 年 1 月 2 日送到莫斯科。另一封寫於康熙 25 年 8 月 5 日，通過從中國前往羅馬的耶穌會教士閔明我轉送的。在京的耶穌會教士閔明我將信寄給伊朗伊斯法罕的耶穌會教士卡羅利，卡羅利又將此信送到阿斯特拉罕，交給耶穌會教士康得拉季·捷爾皮洛夫斯基，此人於 1690 年 3 月 18 日將此信呈交給莫斯科政府。參閱班·卡緬斯基：《俄中兩國外交文獻彙編（1619～1792 年）》，商務印書館，1982 年，北京，第 62～63 頁。

〔註35〕　轉引自解立紅：《論康熙帝北部邊防的軍事戰略》，載《清史研究》，1992 年第 3 期。

皇政府首先派出急使尼基弗爾・維紐科夫、伊凡・法沃羅夫先期於 1686 年 11 月 10 日到達北京，請求清朝政府解除雅克薩之圍，並告知俄國政府已派出使團就兩國邊界、和睦相處等問題進行談判。康熙皇帝就俄國使者所請，痛快地下令清軍撤除雅克薩之圍，說道：「俄羅斯國察罕汗以禮通好，馳使請解雅克薩圍。朕本無意屠城，欲從寬釋。其令薩布素等撤回雅克薩之兵，收集一所，近戰艦立營。並曉諭城內羅剎，聽其出入，毋得妄行攘奪。俟鄂羅斯後使至日定議」。〔註 36〕

在和俄國來使的談判中，康熙皇帝還下令大學士明珠等人向俄國急使宣諭，進一步闡明瞭雅克薩之戰的以戰促和、圍而不取、逼其進行和平談判的真實意圖：「今大兵圍困雅克薩，該城頭目阿列克謝爲我炮火擊斃。令現存之人返回，該等不僅不去，反欲以殺相報。爲此我圍而不取，以示等待。今爾君主既遣爾來求和好，當令爾人員持書，與朕欽派之員一同馳驛速往止兵，以迅速了結雙方之事」。〔註 37〕之後，圍攻雅克薩城堡的清朝軍隊根據康熙皇帝的諭旨後撤，放鬆了對雅克薩的圍困，任其自由出入，等待中俄雙方會談的結果來裁決他們的命運。在尼布楚談判中，當俄方在雅克薩問題上糾纏不清時，索額圖嚴正地向戈洛文指出，敖嫩河、尼布楚、雅克薩等地皆是我屬地，雅克薩之戰之所以未將俄國人加以徹底剿除，是因爲「我聖主並非不知尼布楚等處被爾國侵佔，祇是不忍爾民命死於刀下，而以宣諭仁義恩澤爲尚。故數年以來，等待爾等醒悟」。〔註 38〕

爲了儘快結束和俄國的邊界之爭，康熙二十七年，康熙皇帝在派出以領侍衛內大臣索額圖爲首的代表團到邊界和俄國戈洛文全權使團進行談判。清朝代表團臨行前，康熙皇帝向他們發表上諭，指出：「其黑龍江之地，最爲扼要，由黑龍江而下，可至松花江。由松花江而下，可至嫩江。南行可通庫爾瀚江及烏喇、寧古塔、席北、科爾沁、索倫、打虎爾諸處。若向黑龍江口，可達於海。又恒滾、牛滿等江及淨溪裏江口，俱合流於黑龍江，環江左右均係我屬鄂羅春、奇勒爾、畢拉爾等人民及赫哲、飛牙喀所居之地，若不盡取之，邊民終不獲安。」

〔註 36〕《平定羅剎方略》，載〔清〕何秋濤：《朔方備乘》，中國邊疆叢書第二輯，文海出版社印行。

〔註 37〕中國第一歷史檔案館：《清代中俄關係檔案史料選編》第一編上冊，中華書局，1981 年，北京，第 67 頁。

〔註 38〕中國第一歷史檔案館：《清代中俄關係檔案史料選編》第一編上冊，中華書局，1981 年，北京，第 123 頁。

進而提出談判原則：「朕以爲尼布潮、雅克薩、黑龍江上下及通此江之一河一溪，皆我屬之地，不可少棄之於鄂羅斯。我之逃人根特木爾等三佐領及續逃一二人，悉應向彼索還。如鄂羅斯遵諭而行，即歸彼逃人及我大兵所俘獲招撫者，與之面定疆界，准其通使貿易。否則，爾等及還，不便更與彼議和矣」。〔註39〕清朝談判代表團遵諭前行至色楞格斯克（楚庫柏興），途中在喀爾喀地方遇到噶爾丹叛亂返回，並與俄方商定將談判地點改在尼布楚。康熙二十八年六月，清朝政府如前所定，談判使團再次出發。臨行前，索額圖請示康熙皇帝是否依照去年的談判條件和俄國交涉。爲了避免因噶爾丹的叛亂引起其它問題，康熙皇帝希望和俄國的談判早日順利結束，給出使團一個變通原則：「今以尼布潮爲界，則鄂羅斯遣使貿易無棲托之所，勢難相通。爾等初議時仍當以尼布潮爲界，彼使者若懇求尼布潮，可即以額爾古納爲界」。〔註40〕

　　在康熙皇帝和平解決兩國間爭端思想的指導下，清朝政府作出了重大讓步，中俄雙方才於 1689 年 8 月 27 日，康熙二十八年七月二十四日簽訂了兩國第一個和平條約——《尼布楚條約》。

第二節　「阿爾巴津人」在北京的生活

　　清朝軍隊在歷次清剿俄國入侵者的戰鬥中，尤其是在第一次雅克薩戰爭前後，俘獲或招降了許多俄羅斯俘虜。康熙皇帝命令將這些人帶到北京，將他們編爲俄羅斯佐領，賜給他們房屋、衣服、田產、年薪和妻子，使他們享受著滿洲八旗優厚的物質待遇。爲了照顧他們的精神生活，賜給他們一座廟作祈禱所，允許他們進行自己的宗教信仰活動。自此，在北京就出現了一個以俄羅斯俘虜或投誠者爲主的東正教社團。他們很快地就融入了中國人的生活中，逐漸失去了對東正教的熱情，但在早期中俄關係中發揮了一定的作用。

一、清軍在歷次戰鬥中俘獲俄國俘虜人數考

　　清朝政府在驅逐入侵中國領土的俄國入侵者時，採取了招撫和征伐並舉的策略。因而，歷次戰役，均有俘虜或前來投誠之人。如，《平定羅刹方略》載，早在順治「十二年，尚書、都統明安禮達自京率師往討，進抵呼瑪爾諸

〔註39〕《清聖祖實錄》第 135 卷，中華書局影印本。
〔註40〕《清聖祖實錄》第 140 卷，中華書局影印本。

處，攻其城，頗有斬獲。旋以餉匱班師」。〔註41〕清代學者俞正燮在其《俄羅斯佐領考》中還提到一個叫伍朗格裏的俄羅斯人於順治五年降清，他後來在康熙七年間編制的半個俄羅斯佐領首任總管。〔註42〕

在中國第一歷史檔案館編撰的《清代中俄關係檔案史料選編》中，雖沒有正面記載順治朝俘獲俄國俘虜人數的檔案，但仍能夠通過個別檔案從側面瞭解到抓獲俄國俘虜的情況。順治十年，駐守寧古塔的清軍 11 名士兵將俄羅斯俘虜押送到了北京。因為這 11 名清兵從東北出發的時候是初秋，而從北京再回去時，因衣著單薄，難以回歸，故兵部命人賞給冬衣。〔註43〕康熙年間，清剿「羅刹」的行動仍然在繼續。在俄國的歷史文獻中，有關這一時期的俄羅斯俘虜和逃人的記載就多了起來。

1670 年，從尼布楚來的米洛萬諾夫使團在京的時候，就曾和兩名俄國投誠者見過面。他們是「勒拿河軍政長官德米特裏·弗蘭斯別科夫的屬下阿納什卡·烏魯斯蘭諾夫和費奧多爾·普辛的僕人帕霍姆。此二人均已結婚並改奉中國的宗教」。〔註44〕這是在俄國歷史文獻中最早提到的關於俄國俘虜在北京生活的記錄。

1676 年，康熙十五年，俄國政府派出的尼古拉·斯帕法裏使團在北京期間就打聽到了當時在北京有俄國俘虜。他在出使報告中，敍述了當時在北京的俄國俘虜情況：「現在在中國的俄國人大約有十三人，其中只有兩人是在阿穆爾河被俘的，其餘都是從邊境城寨，主要是從阿爾巴津寨逃跑出來的叛逃者。前年有三個人跑掉，他們由水路順阿穆爾河逃到松花江口，在松花江被中國人接納了，並立即送到京都。柏格德汗給他們規定了薪俸，讓他們結婚，加以任用。現在他們在柏格德汗那裡教中國人騎馬射擊和徒步射擊。這些情況是他們中的一個托博爾斯克人給自己的弟兄的信中寫的。這個人現在被聘到理藩院擔當通譯，因為他懂俄文，而且也學過中文，用俄文寫的各種東西他都能翻譯。這些叛逃者常到耶穌會士的天主教教堂去，有的人被派到軍中

〔註41〕《平定羅刹方略》，載〔清〕何秋濤：《朔方備乘》，中國邊疆叢書第二輯，文海出版社印行。

〔註42〕〔清〕俞正燮：《俄羅斯佐領考》，載〔清〕張鵬翩等著：《奉使俄羅斯日記——中國近代內亂外禍歷史故事叢書》，廣文書局印行，第 67 頁。

〔註43〕中國第一歷史檔案館：《清代中俄關係檔案史料選編》第一編上冊，第 10 頁。

〔註44〕班·卡緬斯基：《俄中兩國外交文獻彙編（1619～1792 年）》，商務印書館，1982年，北京，第 35 頁。

任職。其中一個韃靼族的奧納什卡最先跑到中國，頗受器重。……耶穌會士告訴我們，並且讓我們看一張地圖，圖上畫著整個西伯利亞和全部城寨，並注明城寨裏各駐多少人。這些都是叛逃者向柏格德汗提供的，因為他們藉此為自己邀功」。〔註45〕

斯帕法裏在來中國前曾接受沙皇的訓令，要他與清朝政府就歸還俄國俘虜展開談判。這也從另外一個方面說明清朝政府已經抓到了大量的俘虜。訓令說：「如果在中國有俄國俘虜，那麼關於俘虜問題，也要與他們談妥，希望他們的君主柏格德汗對君主沙皇表示自己的友好情誼，下令從本國無償釋放全部俄國俘虜，使之返回沙皇陛下的俄國，並且今後禁止強迫俄國俘虜信奉中國的宗教」，作為交換條件，「大君主沙皇陛下將同樣下令，讓那些在俄國找到的他們的君主柏格德汗的臣民無償返回中國，絕不強迫他們信仰俄國宗教」。〔註46〕如果清朝政府拒絕無償歸還這些俄國俘虜，那麼，請清朝政府准許用銀子贖買。當斯帕法裏在北京就此向清朝政府提出要求時，因為俄國政府對清朝政府屢次提出的歸還根特木爾的要求拒不答覆，因此，此項提議遭到了清朝政府的拒絕。〔註47〕

關於斯帕法裏提到的那個托博爾斯克人在理藩院充任中俄文翻譯的情況，找不到可以佐證的中文史料，但俄國俘虜在清軍中服役的記載在中文史料中可以找到。在《清代中俄關係檔案史料選編》中，最早出現俄國俘虜在清軍中服役的有兩個人：一名叫伊凡，一名叫阿嘎凡。這兩個人看來在清軍中服役多時，學習過滿文，水準達到能將俄文譯成滿文的程度，在清朝政府寫給俄國人的文書中充當翻譯，「理藩院謹題：竊查康熙十五年俄羅斯使臣尼古拉等，因不通我國文字，帶回我先前所給敕書等因在案。經詢鑲黃旗六品官烏朗吉爾告稱：副都統薩布素處之伊凡、阿嘎凡二人，曾習滿文，能以俄羅斯文翻譯滿文等情。為此，現將發送雅克薩之滿文、蒙文文書，送副都統薩布素處，由薩布素等驗同譯成俄羅斯文，一併發送。為此，謹題請旨」。〔註48〕從這份檔案檔中可以看

〔註45〕《十七世紀俄中關係》第一卷第三冊，商務印書館，1978年，北京，第627～628頁。

〔註46〕《十七世紀俄中關係》第一卷第二冊，商務印書館，1978年，北京，第511頁。

〔註47〕中國第一歷史檔案館：《清代中俄關係檔案史料選編》第一編上冊，中華書局，1981年，北京，第29頁。

〔註48〕中國第一歷史檔案館：《清代中俄關係檔案史料選編》第一編上冊，中華書局，1981年，北京，第42頁。

出，早在第一次雅克薩戰爭招降阿爾巴津人來到北京之前，就有俄羅斯投誠者在清軍中服役，充當翻譯之職。第一次雅克薩戰爭結束後，因為這兩人在圍剿雅克薩守敵中所作出的貢獻，黑龍江將軍薩布素特意為他們請功：「舊投誠者羅剎宜凡、鄂噶凡、席圖頒三人效力勤勞，亦宜給以官職」。〔註49〕毫無疑問，薩布素所說這三個人中的宜凡、鄂噶凡（阿嘎凡的另外譯法），和檔案裏提到的那兩個人是同一回事。

在整個清剿俄國入侵者的過程中，康熙皇帝始終不渝地實行伐撫並舉的策略，給予俄羅斯俘虜寬厚待遇和極大的信任，使俄羅斯俘虜心存感激，情願為清朝政府效勞。這些人被派到前線，以自己的親身經歷作例子，遊說俄國哥薩克投降清朝政府。在他們現身說法的勸說下，經常有俄國軍役人員投誠到清朝軍隊。1683年4月23日，在第一次雅克薩之戰前，巴海等人上奏康熙皇帝，要求隨軍帶上「甲士宜凡」，前往雅克薩送達招降書，並根據宜凡偵察敵人的守備情況再決定戰術。巴海等人的奏疏得到了康熙皇帝和議政王大臣等人的一致贊同。〔註50〕宜凡因在第一次雅克薩戰爭前的準備工作中所起的作用，受到了康熙皇帝的特別嘉獎，開戰之前被授予了驍騎校的官職。和他同時被授予官職的還有新舊投誠者五人。〔註51〕

被俘的俄羅斯人大部分被送到了北京，得到了良好的待遇。1683年8月26日，「上諭兵部奏事章京：南岱攜至羅剎二人；所司加意贍養，時其飲食，毋得缺乏，以示軫恤之意」。〔註52〕

1683年9月9日，馬喇等奏：「索倫總管博克等所獲羅剎，及軍前招降者，共選五人，遵旨送京。餘二十六人，皆迫於大兵，始行投誠。索倫距羅剎近，不宜久留，應一併解至」。〔註53〕到京之後，由戶部給予安排。在這些投誠者

〔註49〕《平定羅剎方略》，載〔清〕何秋濤：《朔方備乘》，中國邊疆叢書第二輯，文海出版社印行。

〔註50〕《平定羅剎方略》，載〔清〕何秋濤：《朔方備乘》，中國邊疆叢書第二輯，文海出版社印行。

〔註51〕《平定羅剎方略》，載〔清〕何秋濤：《朔方備乘》，中國邊疆叢書第二輯，文海出版社印行。

〔註52〕《平定羅剎方略》，載〔清〕何秋濤：《朔方備乘》，中國邊疆叢書第二輯，文海出版社印行。

〔註53〕《平定羅剎方略》，載〔清〕何秋濤：《朔方備乘》，中國邊疆叢書第二輯，文海出版社印行。相關文獻：〔俄〕瓦西裏·帕爾申著：《外貝加爾邊區紀行》，商務印書館，1976年，北京，第112頁，班·卡緬斯基：《俄中兩國外交文獻彙編（1619～1792年）》，商務印書館，1982年，北京，第56頁。

中，有兩名俄羅斯人宜凡、米海羅・莫海對，被賞以衣帽返回雅克薩，帶去理藩院一封書信給守衛雅克薩的頭目。

　　1684 年，已是驍騎校的宜凡再立新功，一下子就招降了 21 名俄國人並 20 支鳥槍。人和槍都被送到了北京。〔註54〕1684 年 8 月 17 日，馬喇上奏康熙皇帝，說達斡爾副頭目倍勒爾在偵察雅克薩地形時，抓獲一名叫費要多羅的俄羅斯人，供出了雅克薩的守備情況。康熙皇帝下令將此人帶到北京，由戶部安插。〔註55〕1685 年 6 月，第一次雅克薩戰爭結束後，守衛雅克薩的俄軍副頭目瓦西里・紮哈羅夫等 40 人不願意回國，心甘情願地留在中國。都統公朋春（彭沖、彭春另譯——作者）將他們留了下來。〔註56〕《清史稿・列傳六十七》記載：「羅刹頭目額裏克舍詣軍前乞降，乃宥其罪，釋還俘虜，額裏克舍引六百餘人徙去，毀木城，以歸附巴什裏等四十五戶及被掠索倫、達呼爾百餘戶安插內地」。

　　根據以上《平定羅刹方略》的記載算來，在第一次雅克薩戰爭之前及之後，留在北京的俄國俘虜總共有 94 名。清代學者俞正燮考證說，在 1685 年以前的三十多年間清朝政府「總得羅刹近百人」。〔註57〕俄國文獻中通常把被清朝政府編成的俄羅斯佐領稱爲「百人隊」，也和中文文獻所載相近。

　　關於第一次收復雅克薩戰爭結束時投誠的俄國俘虜人數，存在著爭議。第八屆俄國駐華宗教傳道團團長索夫羅尼・格裏鮑夫斯基在《關於俄國人何時開始在北京定居及北京之有俄羅斯東正教的情況報導》中是這樣記載的：「城被焚毀以後，郎談就開始詢問每一個俘虜，問他願意爲哪國君主效勞。當一部分俘虜表示仍願作本國君主的臣民時，郎談下令將這些人同那些願意爲中國滿清皇帝效勞的人分開。俘虜中願意返回俄國的有一百零一人，而願意歸順滿洲的有

〔註54〕 《平定羅刹方略》，載〔清〕何秋濤：《朔方備乘》，中國邊疆叢書第二輯，文海出版社印行。

〔註55〕 《平定羅刹方略》，載〔清〕何秋濤：《朔方備乘》，中國邊疆叢書第二輯，文海出版社印行。

〔註56〕 《平定羅刹方略》，載〔清〕何秋濤：《朔方備乘》，中國邊疆叢書第二輯，文海出版社印行。法國歷史學家葛斯頓・加恩認爲第一次雅克薩戰爭（1685 年 7 月）由於清朝政府允許俄國駐軍攜帶武器輜重離開雅克薩，沒有留下任何俘虜，反而認爲是在第二次雅克薩（1686～1687 年間）的戰爭中卻俘獲了俄國俘虜。這與我們所看到的中文原始歷史檔案資料恰恰相反。參閱葛斯頓・加恩：《彼得大帝時期的俄中關係》，商務印書館，1980 年，北京，第 264 頁。

〔註57〕 〔清〕俞正燮：《俄羅斯佐領考》，載〔清〕張鵬翮等著：《奉使俄羅斯日記——中國近代內亂外禍歷史故事叢書》，廣文書局印行，第 68 頁。

五十人。郎談瞭解了每個阿爾巴津人的願望以後，對這兩部分人分別作瞭如下處置：願意返回俄國的，由於他們忠君愛國，郎談把他們帶到北京去了；那些願意歸順中國皇帝的人，郎談則把他們遣送到滿洲的奉天，並下令把他們分配到各個地方去種地。郎談都統對他們說，你們既然不忠君，不愛國，那你們還會忠於誰熱愛誰呢！因此，你們不配享受國家的良好待遇。於是，這五十個人非常後悔他們上了當，只好到指定地點去了」。〔註58〕對這種說法，Б・彼特羅夫認爲缺乏事實根據，不足以采信。〔註59〕就筆者所見，在中文文獻或中文檔案檔裏都沒有有關這方面的記載，而且索夫羅尼・格裏鮑夫斯基在自己的注釋中也說到：「關於郎談這樣處理被俘的阿爾巴津人一事，在滿文俄譯本中根本未見記載，僅只提到有六十人被放回俄國，有四十五人被帶到北京」。〔註60〕這一數目接近中文檔案文獻資料中 40 人的記載，相對準確一些。

二、俄國俘虜在北京的新生活

俄國俘虜和投誠者被編爲俄羅斯佐領。俄國學者一般將阿爾巴津人被編入俄羅斯佐領的時間的 1685 年認定爲中國俄羅斯佐領設置的時間，他們並因此將這一年確定爲俄國東正教在北京開始的時間。〔註 61〕這大致和中文文獻相一致，但不准確。

清代學者俞正爕在《俄羅斯佐領考》中考證說，俄羅斯佐領不是一下子就編成的，而是經歷了一個過程。這個過程就是隨著俄羅斯投誠者的增多從半個佐領到整個佐領過渡的，清朝政府對俄羅斯佐領的管理也經歷了由俄人自管到由滿人專管這麼一個發展過程。

康熙二十二年，清朝政府將屢次被俘和投誠的俄羅斯人編成了半個佐領。康熙二十二年七月初，駐額蘇裡的清軍在精奇裡江口附近打了一個勝仗，俘虜了三十一多名從雅克薩城堡出來準備到牛滿河地區搶奪糧食的俄國入侵者，是爲編成半個佐領的基礎。俞正爕考證：「八旗通志旗分志云：鑲黃旗滿洲第四參領之第十七佐領，係康熙二十二年以尼布綽地方取來鄂羅斯三十一人，及順治五年來歸之伍朗格裏，康熙七年之宜番等編爲半個佐領，即以伍

〔註58〕維謝洛夫斯基編：《俄國駐北京傳道團史料》第一冊，商務印書館，1978 年 10 月第一版，第 21 頁。

〔註59〕彼得羅夫：《俄國宗教傳道團在中國》俄文版，華盛頓，1963 年，第 9 頁。

〔註60〕維謝洛夫斯基編：《俄國駐北京傳道團史料》第一冊，商務印書館，1978 年 10 月第一版，第 22 頁。

朗格裏管理」。〔註62〕

設置整佐領的時間爲 1685 年。最初的首領是俄羅斯人，後來由滿州人專管。俞正燮考證：「後二次又取來鄂羅斯七十人，遂編爲整佐領。伍朗格裏故，以其子羅多琿管理。羅多琿故，以大學士馬齊管理，今以豐伸濟倫管理；謹案此即今承恩侯尚書恭阿拉所管理之佐領也」。〔註63〕伍朗格裏，羅多琿是父子，俄羅斯人，馬齊，豐伸濟倫是不同朝代的滿州人。「後二次又取來鄂羅斯七十人」，是指康熙二十二年七月初，駐額蘇裏的清軍在精奇裏江口附近打了一個勝仗，俘虜了三十餘名從雅克薩城堡出來準備到牛滿河地區搶奪糧食的俄國入侵者；〔註64〕另一次就是 1685 年第一次雅克薩戰爭結束後，自願投誠的 40 名俄羅斯人。關於編制整佐領的問題，還有兩份中文原始檔案可資佐證。康熙二十四年十月二十二日，「戶部題：投誠羅刹四十人，不足編爲半個佐領，酌量歸入上三旗內。上曰：此議亦當，但率領投誠之人，不與議敘，實屬可憫；應量給伊等原帶品級」。〔註65〕又說：「羅刹歸順人頗多，應令編爲一佐領，令其彼此相依，庶有資藉」。〔註66〕這兩件原始檔案檔完全佐證了編制俄羅斯整佐領的時間。據此推斷，編制俄羅斯佐領的時間應在 1685 年。

清朝政府將他們安置在鑲黃旗駐地北京城東北角東直門內胡家圈胡同，給他們提供住房、衣食，發給年薪等一切生活所需，將中國姑娘許配給他們爲妻。總之，「康熙皇帝賜給了阿爾巴津人一切寬厚待遇」。〔註67〕作爲康熙皇帝的臣民，阿爾巴津人享受著和滿洲八旗士兵一樣的生活待遇。清朝政府就這樣開始了將阿爾巴津人融入中華民族這個大家庭中的進程。爲了更準確地敘述事情的發展，本文自此也就把前文所指稱的阿爾巴津人改稱爲俄羅斯佐領。俄國文獻作者習慣將俄羅斯佐領作爲異於中國臣民的特殊存在，而將

〔註62〕 〔清〕俞正燮：《俄羅斯佐領考》，載〔清〕張鵬翮等著：《奉使俄羅斯日記——中國近代內亂外禍歷史故事叢書》，廣文書局印行，第 68 頁。

〔註63〕 〔清〕俞正燮：《俄羅斯佐領考》，載〔清〕張鵬翮等著：《奉使俄羅斯日記——中國近代內亂外禍歷史故事叢書》，廣文書局印行，第 67 頁。

〔註64〕 「頃者，羅刹諸人沿黑龍江而下，遇我將卒，降其三十餘人。奏至，朕體好生之德，未戮一人，皆加豢養，使各得其所。」參閱：中國第一歷史檔案館：《清代中俄關係檔案史料選編》第一編上冊，中華書局，1981 年，北京，第 50 頁。

〔註65〕 中國第一歷史檔案館：《清代中俄關係檔案史料選編》第一編上冊，中華書局，1981 年，北京，第 56 頁。

〔註66〕 《清聖祖實錄》第 112 卷，中華書局影印本。

〔註67〕 維謝洛夫斯基編：《俄國駐北京傳道團史料》第一冊，商務印書館，1978 年 10 月第一版，第 26 頁。

俄羅斯佐領指稱爲阿爾巴津人。因爲本文要引用俄國文獻，下面所述的阿爾巴津人用語，也是指俄羅斯佐領。

從八旗士兵的物質待遇來看清朝政府對俄羅斯佐領的重視程度。按照清朝政府的規定，凡是屬於八旗的在編人員，由清朝政府提供住房，按月發給每個士兵 3 兩銀子的薪水，按年發給每個士兵 22 口袋糧食。這些錢物被折合成俄國貨幣約合五個多盧布和 110 普特（1 普特等於 16.38 公斤）。除了八旗士兵本人所享受的待遇之外，清朝政府還規定，八旗士兵 10～15 歲的子弟領取成年士兵的一半銀餉和一半的口糧。結婚時發給值 20 盧布的銀子，父親或母親去世發給值 25 盧布的銀子。〔註68〕談遷在《北遊錄・八旗》中提到的「各旗下無論貴賤，各給田若干，收其租，不復給餉」。入關初期，清朝政府將北京城所在的直隸省的土地和土地上的農民賜給八旗王公貴族、軍官和八旗士兵作爲永久性、可以繼承的產業，大約有 140028 頃 71 畝〔註69〕（相當於 9977041341／2400 俄畝，一俄畝等於 1.09 公頃），免繳地租。爲了防止這些土地流失並保證旗人的未來生活，清朝政府專門規定了嚴格的法令，禁止土地所有者出賣土地和漢人購買；如果漢人購買了旗人出賣的土地，就面臨著法庭的審判和抄沒家產及土地充公的危險。〔註70〕

因「阿爾巴津人在一切方面都得到了與滿洲人同樣的權利」。〔註71〕因此，俄羅斯佐領的物質生活待遇就和其他八旗士兵一樣了。既有清朝政府定期發放的薪俸、口糧和住房，也有屬於自己可以繼承的土地產業及在國家組織中相關的官位世襲給子孫。〔註72〕俄羅斯佐領憑藉滿洲八旗在中國社會的特殊地位，成爲一種世襲的職位。有清一代，都沒有改變。

俄羅斯佐領的婚姻家庭生活。有了物質生活基礎，生活基本上是安定下來了。但來自荒原陋地的俄羅斯佐領，還沒有品嘗過婚姻生活的滋味。在清朝政府給予他們諸多特權中，其中最主要的一項，就是給他們娶妻成家。很

〔註68〕阿朵拉茨基：《駐北京宗教傳道團的早期活動（1685～1745）》，俄文版，莫斯科，1997г.第 45 頁。

〔註69〕光緒《大清會典事例》卷 159《戶部・田賦》統計爲 140191 頃 71 畝。

〔註70〕阿朵拉茨基：《駐北京宗教傳道團的早期活動（1685～1745）》，俄文版，莫斯科，1997г.第 45 頁。

〔註71〕維謝洛夫斯基編：《俄國駐北京傳道團史料》第一冊，商務印書館，1978 年 10 月第一版，第 31 頁。

〔註72〕阿朵拉茨基：《駐北京宗教傳道團的早期活動（1685～1745）》，俄文版，莫斯科，1997г.第 46 頁。

多史料記載了由清朝政府做主，將中國姑娘配給他們為妻的事情。其中，第八屆宗教傳道團團長、修士大司祭索夫羅尼關於這方面的記載非常有趣和詳細。婚配給俄羅斯佐領的那些中國姑娘的身份比較複雜，大部分人是刑部收押的犯人。〔註73〕索夫羅尼認為那些許配給俄羅斯佐領的中國姑娘素質極差。她們利用俄羅斯佐領對中國風俗習慣的不瞭解，牢牢地控制著俄羅斯佐領的錢財和產業，把持著家務，教唆俄羅斯佐領學習中國的語言和風俗習慣，尤其是她們教俄羅斯佐領信奉中國的宗教。不僅大人如此，生下的孩子也全由俄羅斯佐領的妻子教育，這些孩子從小就受母親的薰陶，接受了中國的偶像崇拜。因俄羅斯佐領和他們的孩子接受了中國的偶像崇拜，遠離了東正教，儘管有神甫，但他們中有人去世，卻由和尚做道場安葬。〔註74〕索夫羅尼從俄國人的角度出發，對其同胞在中國的日常生活方式表達了不滿。但他忽略了一個最重要的事實，所謂的阿爾巴津人已經是大清王朝的子民。服從中國的文化、風俗習慣，接受中國教化是他們為了生存必須做的頭等大事。

　　俄羅斯佐領的結局。從前依靠四處劫掠為生的俄羅斯佐領，在俄國大都是農奴出生。一旦進入中國文明社會中，難以適應中國社會穩定的生活方式。為了讓他們學會中國的生活，「康熙皇帝賜予被帶至北京的阿爾巴津人以三年的絕對自由」，〔註75〕他們學會了使用筷子，脫下過去穿的粗呢外衣和獸皮靴子，穿上了中國的綾羅綢緞，腳著軟底布鞋，出入北京城裏的酒館飯店。〔註76〕但他們中的一部分人卻「成了一群強盜、酒鬼和不可思議的暴徒」。三年時間一過，康熙皇帝「對那些早就應該予以處治的罪犯也著手懲辦了」，「但由於縱飲無度，揮霍浪費，已變得赤貧如洗，然而又無處得到財物，於是他們當中有些人死於饑餓，有些人則死於酗酒鬥毆。因此，在短短的幾年之內剩下來的人也就寥寥無幾了」。〔註77〕也由於他們身無所長，不會精打細算，儘管清朝政府給予他們

〔註73〕　維謝洛夫斯基編：《俄國駐北京傳道團史料》第一冊，商務印書館，1978 年 10 月第一版，第 26 頁。

〔註74〕　維謝洛夫斯基編：《俄國駐北京傳道團史料》第一冊，商務印書館，1978 年 10 月第一版，第 28～29 頁。

〔註75〕　維謝洛夫斯基編：《俄國駐北京傳道團史料》第一冊，商務印書館，1978 年 10 月第一版，第 27 頁。

〔註76〕　阿朵拉茨基：《駐北京宗教傳道團的早期活動（1685～1745）》，俄文版，莫斯科，1997г.第 44 頁。

〔註77〕　維謝洛夫斯基編：《俄國駐北京傳道團史料》第一冊，商務印書館，1978 年 10 月第一版，第 27 頁。

優厚的待遇，他們還是將自己搞窮了。他們的財產也逐漸地落入了高利貸者的手中。〔註78〕活下來的人為了生存，必須和自己的過去決裂，去融入中國社會之中。在中國妻子的幫助下，他們逐漸學會了中國人的生活方式。據天津東正教教堂最後一屆修士司祭杜立昆（杜立昆本人就是俄羅斯佐領 Дубинин（杜必寧）的後代）根據俄羅斯佐領遺留的子嗣考證：他們中有些人根據漢語發音取俄語第一個音節將自己的姓氏改成了漢姓：Романов（羅曼諾夫）姓羅，Хобаров（哈巴羅夫）姓何，Яковлев（雅科夫列夫）姓姚，Дубинин（杜必寧）姓杜，Холостов（赫洛斯托夫）姓賀。〔註79〕

綜上所述，清朝政府將被俘投誠的俄羅斯人已看作是自己統治下的屬民，是八旗中的一個重要組成部分，而不再將他們視為異己。因此，他們無論是從生活習慣上，還是思想意識上，都在逐漸地遠離自己的俄國傳統，而更加中國化。隨著時間的推移，他們在宗教生活方面的表現尤其如此。

三、俄羅斯佐領的宗教生活

俄國人尊崇的是東正教。東正教起源於基督教，是基督教三大派之一。基督教於西元 392 年成為羅馬帝國的國教。西元 395 年羅馬帝國分裂為東羅馬帝國（又稱拜占庭帝國）和西羅馬帝國，基督教會也逐漸分成東西兩派。西派教會以羅馬為中心，經書和崇拜儀式用拉丁文。東派教會以君士坦丁堡為中心，用希臘文。1054 年，東西兩派教會正式分裂。東部教會自稱正教，意為繼承基督教正統教義教規，因地處歐洲東部，俗稱東正教。又因使用希臘文，又稱為希臘正教。西派教會稱為公教（又稱天主教、羅馬公教）。16 世紀時在歐洲掀起宗教改革運動，從天主教中又分裂出一系列的宗派，總稱為新教。〔註80〕

在東正教傳入俄羅斯以前，俄國人還是一個信奉多神教的民族。東正教正式傳入俄羅斯是在弗拉基米爾·斯維托斯拉維奇（980～1015 在位）登上基

〔註78〕阿朵拉茨基：《駐北京宗教傳道團的早期活動（1685～1745）》，俄文版，莫斯科，1997г.第 48 頁。

〔註79〕天津市政協文史資料委員會編：《天津文史資料選輯》（第二輯），天津人民出版社，1979 年 2 月，第 176 頁。《清聖祖實錄》第 112 卷，中華書局影印本。

〔註80〕張達明著：《俄羅斯東正教與文化》，中央民族大學出版社，1999 年 1 月第 1 版，第 6 頁。

輔大公寶座之後開始的。弗拉基米爾大公是一個非常有作爲的君主，他執政以後，改變了祖輩單純地依靠武力征服各部落的方法，決定將基督教定爲國教，依靠宗教的力量統一國家。西元 986 年，弗拉基米爾幫助拜占庭皇帝瓦西里二世鎮壓了內部叛亂，並娶了拜占庭皇帝的妹妹安娜公主爲妻。西元 988 年，弗拉基米爾在科爾松接受了拜占庭皇帝派來的大主教的洗禮，並派軍隊強迫居民跳進第聶伯河接受希臘教士的洗禮。經過一百多年的努力，基輔羅斯居民大多數皈依了基督教。當 1054 年基督教分裂爲天主教和東正教之後，基輔羅斯歸屬了以拜占庭爲代表的東正教一派。1453 年拜占庭被土耳其滅亡了之後，俄羅斯東正教會便自命爲東正教首領。

東正教被定爲國教以後，就開始滲透在俄羅斯人的全部生活中，成爲俄羅斯人重要的精神支柱。生活在宗教氛圍非常濃重的一個國度，俄羅斯佐領對「上帝」懷有深深的敬畏依戀之情。1685 年，清軍第一次攻打下雅克薩城堡，當他們自願離開雅克薩城堡去北京的時候，他們在清軍將雅克薩的教堂和修道院毀壞之前，搶出了一幅聖像和一些經書，同時，也沒有忘記將神甫馬克西姆・列昂捷夫及其妻小帶上。〔註 81〕

阿爾巴津人在天主教堂進行禱告。那些早期被俘或投誠的、沒有被編爲佐領的俄國人，在語言、風俗、生活習慣、宗教信仰與己差異極大的中國人中間，努力尋找寄託自己精神的場所。由於北京沒有東正教堂，他們只能到天主教堂作祈禱。斯帕法裏在自己的出使報告中就談到過這個問題：「耶穌會士和他的同伴請求使者（斯帕法裏──作者）送一幅聖像給他們天主教堂作爲永久紀念，他們要爲沙皇陛下向上帝祈禱。因爲到中國來的俄國人常常到天主教堂去，他們看不到俄國聖像，就不會相信他們，認爲他們是偶像崇拜者而不是天主教徒。還有那些住在這裡的俄國人也常到天主教堂去祈禱，希望他們能夠有禮拜的對象」。〔註 82〕

俄羅斯佐領有了自己的教堂。隨著俄國俘虜和投誠者被編爲俄羅斯佐領，俄羅斯佐領的精神生活受到了康熙皇帝的重視。康熙皇帝親自下令，將一座廟宇賜給俄羅斯投誠者供他們用於宗教活動。給予神甫馬克西姆・列昂

〔註81〕維謝洛夫斯基編：《俄國駐北京傳道團史料》第一冊，商務印書館，1978 年
　　　　10 月第一版，第 26 頁。
〔註82〕《十七世紀俄中關係》第一卷第三冊，商務印書館，1978 年，北京，第 651
　　　　～652 頁。

捷夫七品官職，由他負責俄羅斯佐領的宗教生活。馬克西姆‧列昂捷夫爲這座廟舉行了聖化儀式，將之命名爲索非亞教堂，又稱聖尼古拉教堂。之所以這樣稱呼之，是因爲「教堂裏有一幀由俘虜們從阿爾巴津帶來的顯聖者尼古拉的聖像，而俄國人對尼古拉聖像通常比別的聖像更爲崇敬的緣故」。〔註83〕這幅聖像於 1732 年被郎克遷到南館，第八屆傳道團團長、修士大司祭索夫羅尼格裏鮑夫斯基在任時被供奉在該教堂聖壇的左面。直到 1887 年，傳道團歷史學家、修士輔祭阿朵拉茨基還說，歷經 200 多年，尼古拉聖像還在該教堂裏被供奉著。〔註84〕這座教堂坐落在俄羅斯佐領居住區，即北京城東北角東直門內胡家圈胡同附近，中國居民將之稱爲「羅刹廟」，史稱北館（和後來《恰克圖條約》簽訂之後新建的南館相區別）。

　　俄羅斯佐領逐漸失去了對東正教的興趣。馬克西姆‧列昂捷夫作爲神甫，堅持對俄羅斯佐領進行宗教信仰活動，爲俄羅斯佐領主持祈禱、舉行聖禮、講法布道，並極力吸引中國人加入東正教會。〔註85〕儘管馬克西姆‧列昂捷夫極力想維護俄羅斯佐領的宗教信仰，由於生活環境的變化，使得俄羅斯佐領逐漸失去了對東正教的熱情。俄羅斯佐領「除其中三人外，從在北京定居之日起就對基督教毫無誠意」。〔註86〕就連馬克西姆‧列昂捷夫的兒子費奧多爾，「雖然有能力教育自己的兒子黎哈爾，但卻不願這樣做。因此有很多人雖名曰俄羅斯人，但不僅其本人不願領洗，而且也不設法帶他們的孩子去領洗，因而後來幾乎就沒有一個人受過洗禮」。〔註87〕

　　俄羅斯佐領對自己的宗教缺乏興趣也表現在他們對自己的神甫不像在雅克薩時那麼尊敬。按照俄羅斯的傳統，神甫是一個令人尊敬的職業，在社會上享有特殊的地位，教民一般唯神甫之命是從。但俄羅斯佐領來到中國以後，

〔註83〕 維謝洛夫斯基編：《俄國駐北京傳道團史料》第一冊，商務印書館，1978 年 10 月第一版，第 27 頁。

〔註84〕 彼得羅夫：《俄國宗教傳道團在中國》俄文版，華盛頓，1963 年，第 13 頁。

〔註85〕 聖彼德堡國立大學東方學系，聖彼德堡神學院：《東正教在遠東——紀念俄國宗教傳道團駐華 275 周年》。安德列耶夫和兒子們出版社，1993 年，俄文版，第 6 頁。（以下簡稱：《東正教在遠東——紀念俄國宗教傳道團駐華 275 周年》，聖彼德堡，1993 年，俄文版。）

〔註86〕 維謝洛夫斯基編：《俄國駐北京傳道團史料》第一冊，商務印書館，1978 年 10 月第一版，第 70 頁。

〔註87〕 維謝洛夫斯基編：《俄國駐北京傳道團史料》第一冊，商務印書館，1978 年 10 月第一版，第 27 頁。

開始接受中國文化的薰陶，逐漸中國化。從主觀意識上，也就慢慢地放棄了對東正教的信仰，因而，神甫在俄羅斯佐領中的地位就不如從前。康熙年間，清朝政府曾命令他們隨同清軍征戰，當時，清朝政府並沒有打算讓馬克西姆‧列昂捷夫隨軍出征，可其他俄羅斯佐領不幹，他們全都起來反對神甫，強迫他和自己一起出征。清朝政府官員極力勸阻，甚至指責他們不講道理。但其他俄羅斯佐領卻振振有辭，找到了充分的藉口，說他們打仗時必須有神甫為他們祈禱，這樣打起仗來才會有安全感。於是，這幫任性的俄羅斯佐領就把神甫馬克西姆‧列昂捷夫的頭髮剃光，按照中國人的式樣，「在他的後腦勺留下一條像滿洲人那樣的辮子，帶他一塊兒出征去了」。〔註88〕

不僅從阿爾巴津來的人不尊敬本民族的宗教信仰，而且，他們的後代因從小生活在中國的文明之中，對東正教既無感情，更無意識。他們從來都不去教堂做聖事活動，幾乎完全中國化了。如索夫羅尼‧格裏鮑夫斯基在《關於俄國人何時開始在北京定居及北京之有俄羅斯東正教的情況報導》中記載的那樣，有一個叫葉菲姆‧薩文的阿爾巴津後人，就經常在一幀聖母像前點上俄國和中國的蠟燭，按照中國的風俗習慣呈上供品。與此同時，他家裏還有一個小佛堂，供著幾個偶像，全家人對它們頂禮膜拜。另一個叫雅科夫‧薩文的阿爾巴津後人有兩個兒子，根本就瞧不起基督教的教規，而且對基督教極盡嘲諷之能事。而另一個俄羅斯佐領的孫子甚至對別人提到自己是基督徒時感到羞恥，並為自己的行為意識進行辯解。他們不僅自己不去教堂，還禁止自己領過洗的妻子去教堂做懺悔。因為他們認為，在中國，一個婦女是不能隨便跑到全是由男人充當的神甫那裡去的。〔註89〕

這些俄羅斯佐領的後代按照中國人舉行婚禮的方式娶妻，甚至像中國人那樣將不如意的妻子賣掉，然後另娶一個；而且只要生活富裕，還可以娶多個妻子。而他們死後，也都是由和尚念經、做道場安葬。〔註90〕

從索夫羅尼‧格裏鮑夫斯基的記載中可以看出，他對發生在俄羅斯佐領及其後代中不敬奉上帝的行為感到憂慮和無可奈何。同時也對中國文化有著

〔註88〕 維謝洛夫斯基編：《俄國駐北京傳道團史料》第一冊，商務印書館，1978 年10 月第一版，第 30 頁。

〔註89〕 維謝洛夫斯基編：《俄國駐北京傳道團史料》第一冊，商務印書館，1978 年10 月第一版，第 71～72 頁。

〔註90〕 維謝洛夫斯基編：《俄國駐北京傳道團史料》第一冊，商務印書館，1978 年10 月第一版，第 72 頁。

強烈的反感情緒。他始終認爲，俄羅斯佐領思維意識中發生的變化，完全是受中國人影響所導致的。他沒有站在當事人的立場客觀地分析他們只能這樣的必然原因，祇是將更多的責任推在了俄羅斯佐領妻子的身上。事實上，如果說最初來到北京的俄羅斯佐領還留有俄國人意識的話，那麼時間越長，他們頭腦中的俄國人的意識越淡，中國人的意識越濃，直至他們的後代和中國人從裏到外完全沒有分別。造成這種局面的原因，和清朝政府採取的「天下一體，無分中外」〔註91〕的懷柔感化政策有著極爲密切的聯繫。清朝政府無論是從物質生活，還是精神生活上對俄羅斯佐領的悉心照顧，都是他們「傾心向化，誠心歸附」的直接原因。

四、俄羅斯佐領在早期中俄關係中的作用

俄羅斯佐領在理藩院任職。俄清朝政府給予俄國投誠者以極大的信任，授予他們一定的官職，任命他們在政府部門做事。除了宜番被授予驍騎校外，鄂噶番、席圖頒、吉禮過裏、鄂佛那西、馬克西木等俱授七品官。〔註92〕因他們在中國逐漸地掌握了滿漢語，這樣，他們就有了語言優勢，清朝政府就發揮他們的長處，一般讓他們在俄國使臣或俄國商隊來華時做翻譯工作，協助理藩院翻譯中俄兩國往來文書，並對新的被俘的俄國人進行審問。〔註93〕

俄羅斯佐領充當俄國來華商隊的翻譯。《尼布楚條約》簽訂以後，來華的俄國商隊逐漸增多。在雙方交易數量和次數頻繁的情況下，俄羅斯佐領憑藉自己對中國和俄國雙方語言、文化都瞭解的優勢，積極地發揮中間人作用。爲俄國商人介紹中國大商人，給雙方提供交易清單。閒暇之餘，引導俄國人參觀中國首都的名勝古跡，向他們敍述發生在中國的新聞。最後，和從俄國來的商人一起出席宴會，品嘗用中國的植物和動物製成的佳餚。〔註94〕

〔註91〕康熙二十二年，理藩院在致雅克薩俄羅斯人頭目的信中表達了康熙皇帝懷柔思想：「朕統一寰區，無分中外，凡爾民人，咸吾赤子惻然憐憫，皆欲使其各樂其所，各安其業。」參閱：中國第一歷史檔案館：《清代中俄關係檔案史料選編》第一編上冊，中華書局，1981年，北京，第49頁。

〔註92〕《平定羅刹方略》，載〔清〕何秋濤：《朔方備乘》，中國邊疆叢書第二輯，文海出版社印行。

〔註93〕阿朵拉茨基：《駐北京宗教傳道團的早期活動（1685～1745）》，俄文版，莫斯科，1997r.第47頁。

〔註94〕阿朵拉茨基：《駐北京宗教傳道團的早期活動（1685～1745）》，俄文版，莫斯科，1997r.第51頁。

　　俄羅斯佐領還充當中俄商人進行商品交易的經紀人。法國歷史學家葛斯頓・加恩在其《彼得大帝時期的俄中關係》中記述到，1728 年間，郎克率領的一個俄羅斯商隊來北京進行貿易時，因為貨賣不出去而被困在會同館，當商隊攜帶的錢財快要用盡的時候，是通過俄羅斯佐領解決了困難：「商隊的款項將盡了，不得不求助於一個中間人，他要求任何交易都給他百分之五的傭金，最後總算接受了百分之三。這個中間人名叫哲費姆・顧索夫，生於北京，父母是俄羅斯人。兩天以後，1728 年 1 月 17/28 日，顧索夫帶來一個以前曾與務拉的思拉維赤（薩瓦・弗拉基斯拉維奇）做過生意的有錢的中國人，這人用期貨交易買去了勘察加的海獺皮和北極狐皮，付款期的 2 月 5/16 日，付給銀兩和錦緞。另一個中間人是一個居住在北京的俄國人雅各伯・撒文（可能是前面提到的俄羅斯佐領雅科夫・薩文另譯——作者），也替商隊接洽了幾筆生意，傭金也是百分之三」。〔註95〕據郎克自己說，另一個俄羅斯佐領葉夫費米・古謝夫作中間人替郎克他們賣貨時，收取百分之五的傭金。〔註96〕

　　俄羅斯佐領還發揮著暗中監視俄國人在華活動的作用。郎克對此作過記載：當郎克和商隊 1727～1728 年在北京時，這些中國籍的俄羅斯人就成了間諜，監視著他們的一舉一動，然後彙報給理藩院。這一情況是在一個俄羅斯佐領向神甫拉夫連季講述了以後知道的。〔註97〕

　　俄羅斯佐領還是俄國宗教傳道團在華立足的支持者。1730 年 8 月 19 日發生在北京的大地震將聖尼古拉教堂震壞後，在北京的俄羅斯佐領又重新將它建立起來，並開始時不時地到教堂做禮拜，為本來已經很不景氣的俄國宗教傳道團在華的傳教事業起到了鼓舞作用。在幾個熱心腸的俄羅斯佐領帶動下，有二十幾個中國人接受了東正教洗禮。〔註 98〕但總的趨勢是，俄羅斯佐領對東正教的熱情隨著時間的推移，變得愈來愈冷漠。

〔註95〕葛斯頓・加恩：《彼得大帝時期的俄中關係》，商務印書館，1980 年，北京，第 243 頁。

〔註96〕阿朵拉茨基：《駐北京宗教傳道團的早期活動（1685～1745）》，俄文版，莫斯科，1997г.第 127 頁。

〔註97〕阿朵拉茨基：《駐北京宗教傳道團的早期活動（1685～1745）》，俄文版，莫斯科，1997г.第 127 頁。

〔註98〕阿朵拉茨基：《駐北京宗教傳道團的早期活動（1685～1745）》，俄文版，莫斯科，1997г.第 127 頁。

第二章　俄國駐華宗教傳道團是中俄和平關係的結果

　　康熙時期的中俄關係，基本走向是以和平爲主。兩國在黑龍江流域發生的規模不是太大的武裝衝突所導致的結果是，清朝政府以自己的強力制止了俄國進一步擴張東部領土的野心，以一個和平條約——《尼布楚條約》確定了兩國的東部邊界。之後，雙方就進入了一個以貿易和使團頻繁往來的交往時期。在互派使團交往的過程中，俄國政府給前往土爾扈特蒙古部落的圖理琛使團提供方便，清朝政府接受了俄國第一屆駐華宗教傳道團，表明中俄和平友好關係發展到了一個新階段。但在康熙後期，由於俄國方面不能忠實地履行《尼布楚條約》的規定，對清朝政府提出的劃定兩國中部、烏第河地區邊界的要求久拖不決，趁機蠶食中國領土，收納邊界逃人，給中俄關係的發展前景蒙上了一層陰影。清朝政府被迫採取中止中俄貿易的手段迫使俄國政府答應中國的要求，使俄國派遣第二屆駐華宗教傳道團的要求暫時擱淺。

第一節　中俄關係走向正常化

　　《尼布楚條約》簽訂以後，俄國由於取得了來華貿易的特權，通過次數頻繁的貿易活動，獲得了豐厚的利潤。雖然在兩國交往中，一些來華的俄國商人不守規矩，俄國在邊界地區也沒有停止製造事端，蠶食中國領土，但雙方基本上能按照《尼布楚條約》所規定的條款履行自己所承擔的義務，通過外交途徑將兩國關係保持在和平發展的框架內。清朝政府派出圖理琛使團假道俄國，在前往伏爾加河下游探望游牧在那裡的土爾扈特蒙古部落的過程中

所受到的禮遇，標誌著中國和俄國的關係有來有往，走上了正常外交關係的軌道。

一、《尼布楚條約》簽訂初期的中俄和平友好關係及爭端

沙皇俄國在彼得一世執政時期（1682～1725 年）進行了一系列深刻而持久的富國強兵的社會改革，並很快取得了成效。對歐洲實行全面開放的策略，大力籠絡國外科技人才促進俄國的發展。尤其是他對俄國落後的農業生產方式的改革，促進了資本主義生產新因素在俄國的增長。到十七世紀末，資本主義生產方式在俄國有了一定程度的發展：「俄國的手工業達到了小商品生產的水準，而且在某些情況下出現了大型手工業工場企業，農產品商品化程度的增長促進了市場聯繫的形成和擴大。全俄市場開始逐漸形成」。〔註 1〕彼得一世的改革初見成效。隨著國家實力的進一步增強，在具體的對外政策方面，彼得一世採取了兩手抓的方法。在俄羅斯的歐洲部分，採取不斷擴展邊界和鞏固邊界的辦法，和瑞典在波羅的海沿岸展開了爭奪打開波羅的海通路的戰爭；發動與克裏木汗國、波斯和土耳其的戰爭，爭奪黑海和裡海的海上霸權。在東部，積極拓展與東方各國的貿易，尤其是與中國的貿易，希望通過同中國的貿易，賺取大量的黃金白銀，以彌補西部戰爭中的消耗，同時，也可為新佔領的、遠離俄羅斯歐洲部分、經濟落後的西伯利亞地區提供經濟支援。因此，發展同中國的貿易以獲取巨大的經濟利益，和中國保持友好睦鄰的外交關係就成了俄國政府首要選擇的政策目標。

彼得一世沙皇政府很快就將開拓中國的市場付諸實踐，開始組織官家商隊，並允許私人商隊前往中國進行貿易活動。巨大的皮貨交易利潤吸引著俄國商人紛至遝來，在 1689～1698 年間，從莫斯科和西伯利亞地區各城堡前來北京進行貿易的商隊就有 10 次之多。這一時期，來華的商隊無論其交易的規模大小，借助清朝政府的免稅政策，賺取了大量的利潤。

1689 年 12 月末，簽訂《尼布楚條約》的墨蹟剛乾，俄國代表團團長戈洛文就派出了隆沙科夫商隊前來北京，運來 60 大車的皮貨，換回總價值 14464 盧布的中國貨物。這是《尼布楚條約》簽訂後第一次來華的俄羅斯商隊。

1691 年 6 月，尼布楚軍人、五十人長阿加皮特‧普洛特尼科夫及另一軍

〔註 1〕《十七世紀俄中關係》第一卷第一冊，商務印書館，1978 年，北京，第 1 頁。

人、五十人長阿法納西·卡紮裏諾夫率商隊來華,帶來價值 7653 盧布的貨物,有銀鼠皮、貂皮、狐皮、皮革、革製品、魚牙、染料、布匹、呢料等。換回價值 23591 盧布的中國貨物。

1692 年 11～12 月,尼布楚軍人謝苗·莫洛多伊和另一軍人烏瓦洛夫率領 55 人商隊來京。運來價值 5593 盧布的貨物,從北京換回價值 130015 盧布的貨物。

1693 年 7 月,俄國使臣伊茲勃蘭特·伊臺斯率領一個龐大的商隊前來中國。商隊帶來貨物 14043 盧布,運回價值 38000 盧布的貨物。

1695 年 5 月,伊爾庫茨克軍人、小貴族西多爾·舍斯塔科夫,尼布楚軍人、小貴族瓦西里·卡贊諾夫率領的商隊到達北京,運到北京的貨物價值 17000 盧布,運回俄羅斯的中國貨物價值 57000 盧布。

1696 年 8 月初,五十人長阿法納西·索夫羅諾夫、卡紮裏諾夫率領商隊到達北京,運來貨物價值 49000 盧布,運回莫斯科的貨物估價為 240000 盧布。

1697 年 7 月,尼布楚五十人長瓦西里·舍爾辛率領商隊來華。運到中國的貨物價值 39000 盧布。運回去的貨物數量不詳,但價值肯定不菲。〔註 2〕

清朝政府對俄友好的態度還表現在對待俄國商人修改來華貿易路線的寬容上。在頻繁的貿易往來中,俄國商人逐漸地摸索出了一條經過喀爾喀蒙古連接俄國色楞格斯克與北京的路線。從前,俄國人來華走的是經尼布楚、齊齊哈爾和北京　線,需 150 天。而走新開闢的線路,要比原來的路線少走 70 多天。這條路線獲得了清朝政府的同意。〔註 3〕新的通商路線的發現,使俄國來華商隊大大地降低了交易成本,加上中國政府免徵關稅和免費吃住,儘管出現了商品價格走低的現象,但仍使俄國人在中國的貿易有利可圖。

清朝政府懷著真誠的和平願望對待俄來華商隊,從各方面滿足其提出的要求,使俄國商隊儘量做到滿意而歸。就在《尼布楚條約》簽訂後不久的 1691 年 6 月,尼布楚地方長官斯克裏皮增派遣阿弗納希·噶薩林淖等 77 人來京貿易,請求清朝政府免費提供貨棧、住宿、食物,返回尼布楚時免費提供車馬和盤費,並派專人護送到邊境。〔註 4〕清朝政府出於維護兩國友好關係的考慮,完全滿

〔註 2〕徐昌漢:《關於尼布楚商隊貿易》,載《學習與探索》,1982 年第 3 期。人大複印資料:《中國古代史》,1982 年 12 月,第 105～107 頁。

〔註 3〕蔦斯頓·加恩:《彼得大帝時期的俄中關係》,商務印書館,1980 年,北京,第 92 頁。

〔註 4〕中國第一歷史檔案館:《清代中俄關係檔案史料選編》第一編上冊,中華書局,

足了尼布楚地方長官斯克裏皮增的要求。之後，但凡俄國商人來華之後，基本上都是由清朝政府免費提供吃住，允許他們自由買賣。其中，有據可查的中文檔案檔記載就有兩次，一次是 1706 年胡佳科夫商隊，另一次是 1707 年的奧斯科爾科夫商隊。〔註 5〕甚至當俄國商人和中國商人發生債務問題時，清朝政府爲了俄國商人的利益不受損害，不僅監督欠債的中國商人還債，有時是直接從國庫裏拿出款項爲中國商人還債。正如康熙皇帝所說：「我大國待爾等交易來使，即令乘驛，送至京城，數百人留住數月，給爾廩食，肥爾馬匹，諸事應付，所費錢糧之處甚多。聖主此恩，爾等自宜感戴」。〔註 6〕

清朝政府對待俄國的和平友好政策，並沒有換來俄國政府的眞誠友誼。在兩國頻繁的貿易及外交使團的往來中，俄國人不斷地製造邊界摩擦，挑起事端。

首先是關於中國厄魯特蒙古的問題。早在簽訂《尼布楚條約》的時候，野心勃勃的噶爾丹一心想擺脫清朝政府的統治，自立爲王，不顧清朝政府的再三勸阻，悍然發動了對喀爾喀蒙古的掠奪戰爭。爲了達到呑併喀爾喀蒙古的目的，在清朝政府和俄國政府締結《尼布楚條約》的時候，噶爾丹暗中派遣使臣和俄國欽差大臣戈洛文聯絡，企圖締結一項分割中國領土、對抗中國和蒙古的盟約，祇是由於戈洛文考慮到和中國發生對抗不可預知的後果，才放棄了噶爾丹的提議。〔註 7〕但這並沒有促使俄國徹底放棄對中國漠西蒙古的覬覦野心，他們在等待時機。在清朝政府剿滅了噶爾丹之後，俄國馬上就將注意力轉向噶爾丹的後繼者策旺阿拉布坦，採取威逼利誘的手段，「力求使策旺阿拉布坦（如果不是使噶爾丹）與自己建立更密切的同盟和臣屬關係」。〔註 8〕俄國政府對待厄魯特蒙古的這種政策，不能不引起清朝政府的密切關注和反感。

其次，俄方在處理邊境和逃人的問題上製造的糾紛不斷，俄國方面對清朝政府的劃界要求置之不理。中俄雙方在締結《尼布楚條約》時，曾將烏第河地區和中俄兩國中段邊界的劃界工作暫且擱置，留待以後等時機成熟再談

1981 年，北京，第 139 頁。

〔註 5〕 中國第一歷史檔案館：《清代中俄關係檔案史料選編》第一編上冊，中華書局，1981 年，北京，第 291、298 頁。

〔註 6〕 中國第一歷史檔案館：《清代中俄關係檔案史料選編》第一編下冊，中華書局，1981 年，北京，第 384 頁。

〔註 7〕 葛斯頓・加恩：《彼得大帝時期的俄中關係》，商務印書館，1980 年，北京，第 25 頁。

〔註 8〕 葛斯頓・加恩：《彼得大帝時期的俄中關係》，商務印書館，1980 年，北京，第 141 頁。

判。但在《尼布楚條約》簽訂後，生活在中俄兩國邊界地區的俄國邊民在未劃界地域經常越界打牲捕獵，俄國地方官員對此不加約束。俄國方面不顧中國方面的反對，擅自接納中國喀爾喀蒙古逃人。不僅如此，俄國人還採取蠶食策略，在未劃定的中俄中段邊界地區修築房屋，樹立標樁，極力造成該地區屬於俄國的事實。〔註9〕

再次，俄國商人來華後侵害中國居民的行為時有發生。康熙四十三年，俄國商人瓦西里來華貿易，委託喀喇沁旗披甲巴顏達裏飼養馬匹，答應付給每匹養馬費銀二兩五錢。當瓦西里去取馬匹時，不僅不給付養馬費，而且當著清朝官員的面將養馬人殺死。清朝政府本著兩國和好的政策，將瓦西里交給俄國商隊領隊處理，要求俄國政府將其處死。但俄國政府對此事一直沒有給予明確的答覆。〔註10〕俄國尼布楚長官普希金於1704年在給予前來中國貿易的商隊領隊奧斯科爾科夫的文書中也介紹了俄國商人在北京的種種惡行：「俄羅斯人酗酒躺臥街道，同大國人吵罵，於各鋪子搶吃果子食物。更有無畏於天者，於金銀之內鑄銅，將人欺騙」，要求「俄羅斯人所屬之人應永不負約，與大國和好貿易」。〔註11〕

儘管俄國人做出上述種種有損兩國和平友好的行為，但清朝政府不斷通過採取一系列措施，竭力維護兩國和平貿易關係的發展。1704年，經喀爾喀蒙古來京的通商路線被發現後，由於俄國商隊進京量大、次數多，清朝政府感覺負擔不起，開始對俄國商人來華的人數、交易的期限做出限制。康熙四十三年，清朝政府規定，俄國商隊每次來華人數不得超過200人，在京交易期限限定在80天以內，超過期限仍沒有交易完畢，則可延期將剩餘的貨物運到邊界繼續交易。後來於康熙五十一年應俄國政府的反覆要求，將來華商隊人數作了重新限定，貨多時，可以為二百二十人，貨少時，仍為二百人。〔註12〕鑒於俄國商隊中人員成分複雜，在中國經常發生偷盜、打架、甚至是殺人的行為。康熙五十三年，清朝政府應西伯里亞總督加加林之請，約定今後凡

〔註9〕 中國第一歷史檔案館：《清代中俄關係檔案史料選編》第一編下冊，中華書局，1981年，北京，第360頁。

〔註10〕 中國第一歷史檔案館：《清代中俄關係檔案史料選編》第一編上冊，中華書局，1981年，北京，第228頁。

〔註11〕 中國第一歷史檔案館：《清代中俄關係檔案史料選編》第一編上冊，中華書局，1981年，北京，第266頁。

〔註12〕 中國第一歷史檔案館：《清代中俄關係檔案史料選編》第一編上冊，中華書局，1981年，北京，第310頁。

來華貿易者，須持有色楞格斯克和伊爾庫茨克執照的人員方准貿易。〔註 13〕
否則，拒絕入境。不過清朝政府在這一問題上仍然採取了靈活的態度，對來
自尼布楚的商隊和到青海西寧貿易的俄國人偶爾也給予貿易地位。〔註 14〕通
過這些措施，清朝政府在處理同俄國的貿易關係方面逐漸趨向規範化，建立
了印信制度，有效地約束了俄國商人的不法行為。

　　總的說來，中俄兩國在處理上述麻煩事的時候，都能以兩國和平共處的利
益為重，彼此之間能進行平等對話和協商，共同就雙方關心的重大問題達成共
識。外交往來就成了雙方交往溝通的最好管道。因而，清朝政府派出使團借道
俄羅斯出訪中國游牧於俄國伏爾加河的土爾扈特部落也就沒有了什麼障礙。

二、中國使團出使土爾扈特

　　1712 年，清朝第一次派遣使團出國，探訪中國游牧在伏爾加河的土爾扈
特蒙古部落。中國出使土爾扈特使團團長是太子侍讀學士殷箚納（尹紮納），
因該使團成員圖理琛事後寫了一部著名的遊記《異域錄》，中國學術界一般將
之稱為圖理琛使團，用來敘述早期中俄關係史上發生的這一重大事件。

　　中國這次派遣使團出使土爾扈特的原因，引起了歷史學家的種種猜測。
法國歷史學家噶斯頓・加恩和俄國歷史學家卡緬斯基・班蒂什都認為是由於
中國正在同策旺阿拉布坦之間發生的戰爭，清朝政府想聯合該部落聯手作
戰，夾擊策旺阿拉布坦。〔註 15〕但圖理琛在《異域錄》中記述的恰與此相反，
康熙皇帝明令該使團，即使土爾扈特汗阿玉奇提出與清朝軍隊一起夾擊策旺
阿拉喇布坦，也不能答應。〔註 16〕

　　土爾扈特蒙古部落是中國西部蒙古四大部落之一。十七世紀二十年代以
前，該部一直和準噶爾、和碩特、杜爾伯特三部一起居於準噶爾地區。明朝
崇禎初年，該部因無法忍受綽羅斯部貴族的壓迫和控制，在其首領和鄂爾勒

〔註 13〕 中國第一歷史檔案館：《清代中俄關係檔案史料選編》第一編上冊，中華書局，
　　　　1981 年，北京，第 335 頁。
〔註 14〕 中國第一歷史檔案館：《清代中俄關係檔案史料選編》第一編上冊，中華書局，
　　　　1981 年，北京，第 342 頁。
〔註 15〕 噶斯頓・加恩：《彼得大帝時期的俄中關係》，商務印書館，1980 年，北京，
　　　　第 110 頁。班・卡緬斯基編著：《俄中兩國外交文獻彙編（1619～1792 年）》，
　　　　商務印書館，1982 年，北京，第 98 頁。
〔註 16〕 圖理琛：《異域錄》，載《小方壺齋輿地叢鈔》，杭州古籍書店。

克的率領下離開世代居住的塔爾巴哈臺一帶地方，幾經輾轉之後，定居於伏爾加河下游一代游牧。雖然遠離祖國，卻無時無刻地思念祖國，並且不顧山險路長，一直和中央政府以及留居原地的厄魯特各部保持著密切的聯繫，在清朝初期數十年間，不斷向清朝政府「遣使奉表貢」。〔註17〕與此同時，清朝中央政府也對遠在異域的土爾扈特部人民給予深切的關懷。派出使團探望他們是清朝中央政府對土爾扈特部落人民關懷的一個具體體現，是一種感情聯絡行為，別無他意。

　　清朝中央政府派出圖理琛使團探望土爾扈特部落的直接原因。康熙年間，土爾扈特蒙古部落出現了一位傑出的領袖阿玉奇汗，和準噶爾蒙古的噶爾丹及後繼者策旺阿拉布坦形成了競爭局面。為了割斷土爾扈特蒙古部落和清朝政府的聯繫，降低其影響力，策旺阿拉布坦首先截斷了土爾扈特蒙古部落向清朝政府進貢和入藏熬茶的道路。1698 年，阿玉奇汗的侄子阿拉布珠爾率領五百人，經過長途跋涉到達西藏拜佛取經。等他要返回時，因策旺阿拉布坦疏遠清朝中央政府，堵塞了阿拉布珠爾取道準噶爾蒙古回歸土爾扈特蒙古部落的道路。於是，他決定到北京去。在北京，阿拉布珠爾受到康熙皇帝的盛情款待，賜給他俸祿、土地和宅院，期望將他作為中央政府和土爾扈特蒙古部落保持聯絡的中間人，沒有將他送回自己部落中去的打算。

　　1709 年，阿玉奇汗知道了阿拉布珠爾的事，在獲得沙皇的准許後，借道俄羅斯，派出王公薩穆坦率領 20 名人員前往北京。抵達北京後，受到了清朝政府的熱情接待。

　　在薩穆坦等人返回土爾扈特蒙古部落時，清朝政府經過和當時在北京的俄國商隊領隊胡佳科夫協商，在徵得俄國政府的同意後，決定派遣圖理琛使團借道俄羅斯前往土爾扈特蒙古部落問候，並商量將阿拉布珠爾送回土爾扈特蒙古部落的道路選擇問題。〔註18〕

　　關於清朝政府派遣使團出使的動向，引起了俄國人的警惕。當時在北京的胡佳科夫聽到傳聞，說這次清朝政府派遣使團出使土爾扈特蒙古部落，其重要原因就是清朝政府想聯合阿玉奇汗對付共同的敵人策旺阿拉布坦，因此，他將這一消息告知了西伯利亞總督加加林公爵，要俄國政府提早防範。〔註19〕俄國

〔註17〕《清史稿》，卷 523，《舊土爾扈特傳》。
〔註18〕圖理琛：《異域錄》，載《小方壺齋輿地叢鈔》，杭州古籍書店。
〔註19〕班·卡緬斯基：《俄中兩國外交文獻彙編（1619～1792 年）》，商務印書館，1982

政府確實也提前做了阿玉奇汗的工作，勸說阿玉奇汗放棄與清朝政府聯合的打算。﹝註20﹞

　　俄國人的擔心是有道理的。在當時的歷史背景下，俄國的國力還不是很強大，如果清朝政府能和阿玉奇汗的土爾扈特蒙古部落聯手，實行東西夾攻，策旺阿拉布坦的準噶爾蒙古就會很快地崩潰。可能產生的後果是，準噶爾蒙古大片土地就會落入清朝政府及其忠於清朝政府的土爾扈特蒙古部落的手中，甚至會形成土爾扈特蒙古部落和清朝政府統一的局面，這樣就會將伏爾加河下游和烏拉爾河上游地區納入清朝政府的版圖，最後就會在中國西北邊疆形成俄國與中國面對面接觸的局面，不僅俄國控制中國西北邊疆的企圖就會落空，同時，利用策旺阿拉布坦對中國進行牽制有利於俄國對華貿易的局面也會因此喪失掉。俄國人對這一點是很清楚的，「中國人一旦進犯琿臺吉，西伯利亞就要遭受極大損失，俄國要與中國通商總是用得著琿臺吉的；如果中國人征服了琿臺吉，他們就會使俄國的處境非常困難」。﹝註21﹞

　　儘管俄國人顧慮重重，本著兩國友好關係和維持自己在華貿易利益的考慮，還是同意中國使團借道俄國。1712 年 11 月 26 日，俄國樞密院簽發指示，同意中國使團過境。這樣，圖理琛使團帶著康熙皇帝的訓令，於 1712 年 6 月 23 日離開北京，踏上了前往俄國的路程。在整個前往土爾扈特蒙古部落穿越俄羅斯的途中，俄國政府都給予了清朝使團無微不至的關懷，如提供隨行護送官兵、交通工具、免費住宿等一切方便條件。這是清朝政府友好對待俄國使團、商隊的回報。康熙五十四年，圖理琛使團中一部分人先期返回北京後，理藩院在致西伯利亞總督加加林的諮文中不卑不亢，敍述了雙方的友誼：「本院查得兩國自議和定界以來，爾俄羅斯人無論為貿易或因公而來，本國每次俱派官員迎接，供給食物，准其貿易，事畢又護送離境。今紮爾固齊那彥等回來後，將爾俄羅斯國感激我聖恩，款待我遣往土爾扈特地方之侍讀學士尹紮納等，足供驛馬盤費等物，又派出官兵往返迎送等情，皆已奏聞我聖主」。﹝註22﹞在俄國官兵的護送下，圖理琛使團於 1714 年 7 月 1 日順利地到達游牧

年，北京，第 98 頁。

﹝註20﹞ 班·卡緬斯基：《俄中兩國外交文獻彙編（1619～1792 年）》，商務印書館，1982年，北京，第 98 頁。

﹝註21﹞ 班·卡緬斯基：《俄中兩國外交文獻彙編（1619～1792 年）》，商務印書館，1982年，北京，第 98 頁。

﹝註22﹞ 中國第一歷史檔案館：《清代中俄關係檔案史料選編》第一編下冊，中華書局，

在伏爾加河下游的阿玉奇汗營地。〔註 23〕在阿玉奇汗處盤桓了兩個星期後，順原路返回。

第二節　俄國派出第一屆駐華宗教傳道團

　　在中俄兩國關係日趨友好的環境下，彼得一世沙皇政府通過來華貿易的商隊，得知了俄羅斯佐領東正教社團在北京活動的情報，促使他充分利用這一條件，作為派遣宗教傳道團駐華的理由。康熙皇帝為了維護兩國的和平關係，同意接受俄國宗教傳道團駐華。於是，第一屆俄國駐華宗教傳道團隨同假道俄羅斯探望土爾扈特的圖理琛使團來到了北京，開始了駐華的歷史。

一、俄國政府得知俄羅斯佐領宗教活動的過程

　　對於俄國沙皇政府這次接待中國使團到阿玉奇汗那裡的原因，法國歷史學家加恩認為，俄國政府是出於另外一種考慮，或者是一種條件交換，這個條件就是清朝政府答應接受俄國派遣宗教傳道團的要求，或者希望以後清朝政府更能善待俄國商隊。因為在這以前，俄國沙皇政府屢次提出派遣宗教傳道團到中國，都遭到了清朝政府的拒絕，而當時俄國商隊在北京的貿易也出現了不順利的跡象。俄國急需在中國有一個常駐機構來妥善地解決兩國在貿易方面產生的問題，也需要一個宗教機構為在北京進行貿易的俄國人做聖事活動。〔註 24〕事實上，這種分析只說對了一半，彼得一世提出請求清朝政府接受俄國駐華宗教傳道團有他自己更加長遠的考慮，希望通過宗教傳道團的在華活動能夠使中國臣民接受東正教信仰，從而達到改變中國文化的目的，實現俄國在華的全部利益。

　　俄國政府得知俄羅斯佐領在北京進行宗教活動的具體情況，是隨著來華商隊逐漸增多而清晰起來的。對俄羅斯佐領在華進行宗教活動的關心，經歷了由西伯利亞的宗教機構最先發起，後到俄國沙皇、最高聖務會議親自欽定這麼一個過程。

1981 年，北京，第 359 頁。

〔註 23〕班·卡緬斯基：《俄中兩國外交文獻彙編（1619～1792 年）》，商務印書館，1982年，北京，第 100 頁。

〔註 24〕萬斯頓·加恩：《彼得大帝時期的俄中關係》，商務印書館，1980 年，北京，第 112 頁。

　　俄國來華貿易商隊和使團索還俘虜。《尼布楚條約》簽訂的當年年底，戈洛文就派出了隆沙科夫率領一個商隊到北京進行貿易。就隆沙科夫本人的身份而言，他是俄國政府與清朝政府磋商執行條約具體問題的信使，並實地考察建立中俄貿易關係的可能性。該商隊於 1690 年 5 月 25 日到達北京，1691 年初回到尼布楚，在中國境內留住了半年之久。隆沙科夫還負有一項重要使命，就是要他向清朝政府提出歸還俄國俘虜的請求，儻若清朝政府答應了請求，無論人數多少，隆沙科夫都要將他們帶回俄國。〔註 25〕但清朝政府依據《尼布楚條約》中的關於雙方訂約後不再索還逃人的條款拒絕了這一請求。

　　1693 年，伊茲勃蘭特受命前往中國之前，沙皇在給伊茲勃蘭特的訓令中，就有關於繼續索還隆沙科夫來華時沒有引渡成功的逃亡者和囚犯，並請求清朝政府釋放所有被俘的俄國人；允許沙皇出資修建教堂，清朝政府撥給建築用地。〔註 26〕這是俄國政府第一次給予來華使團或商隊請求清朝政府允許建立教堂的訓令。雖然沒有顯示俄國政府這樣做的目的的資料，但通過分析可以找出其中的原因。東正教是俄國人的主要精神支柱，隨著來華人數的增多，他們在北京做貿易住留的時間也比較長，因而，通過祈禱安慰自己空虛的心靈，在異國他鄉打發多餘的時間，就是這幫來到北京的俄國商人首先要解決的問題。一般的方法是，每次商隊來華，隨隊都要配備一個小型宗教社團，聘請神職人員為他們的靈魂服務。這種做法可以減輕俄國商人的精神空虛問題，但用在神職人員身上的開支也是一筆不小的數目，無疑會增加商隊的交易成本。划算的解決辦法就是在北京修建教堂，由俄國派來的專職宗教人員主持教堂的活動。

　　1693 年 11 月 3 日，伊茲勃蘭特率領的使團來到北京，受到了康熙皇帝的親自召見。伊茲勃蘭特使團在北京邊做生意，邊和清朝政府進行談判。對於伊茲勃蘭特請求歸還俘虜一事，清朝政府依據《尼布楚條約》的條款予以拒絕：「我國現有之俄羅斯人及俄羅斯現有之中國人，免其互相索還，著即存留。再，界約所定條款甚多，如將已定之處屢行更改，則違信誓，必致後患無窮。故此，爾所謂俄羅斯國被俘人員，若有情願回歸者，請求遣還之處，亦毋庸議。」至於俄國政府請求出資建教堂一事，「查得，西洋各國之人來中國，祇是永久居留

〔註25〕《十七世紀俄中關係》第二卷第三冊，商務印書館，1978 年，北京，第 904 頁。
〔註26〕班·卡緬斯基：《俄中兩國外交文獻彙編（1619～1792 年）》，商務印書館，1982 年，北京，第 89 頁。

者曾建教堂，並無於我國續建教堂之例。故此事亦毋庸議」。〔註 27〕

　　俄國商人發現了俄羅斯佐領在京進行東正教活動。伊茲勃蘭特在北京時，應耶穌會傳教士的邀請，參觀了天主教教堂，雖然他「沒有訪問過俄國教堂」，〔註 28〕但他知道了「俄國人在北京也有一座教堂和教士，他們邀請了好幾個有身份的中國人皈依希臘正教。」〔註 29〕加恩在《彼得大帝時期的俄中關係》中引用的材料中記述了托博爾斯克都主教伊格那季於 1695 年 6 月寫給北京聖尼古拉教堂神甫、俄羅斯佐領馬克西姆·列昂捷夫信中的一段話，提到了商人所帶回的關於俄羅斯佐領在北京的宗教活動情況：「我從到中國來會見你的可敬的商人那裡探悉，柏格德汗殿下給了你信仰基督正教的自由，而且給了你一座佛教廟宇作為聖三一神的居所，已將所有佛像偶像都清除，扔到門外」。〔註 30〕

　　來華商隊及伊茲勃蘭特使團帶回來的有關北京有俄國俘虜進行宗教活動的消息終於引起了俄國政府和俄國最高聖務會議的注意。最高聖務會議立即採取行動，決定利用頻頻來華貿易的商隊向北京派遣宗教人士。1695 年，托博爾斯克都主教伊格那季派遣高級神甫格裏高利和司祭拉夫連季隨同一個商隊成功地到達了北京。1696 年，他們和馬克西姆一起對俄羅斯佐領的教堂（北館）進行了聖化儀式，改名為索菲亞教堂。但這個名字沒有叫起來。無論是教民，還是神職人員，都習慣性地仍將之稱為聖尼古拉教堂，而中國人也一如既往地稱之為「羅剎廟」。〔註 31〕他們給神甫馬克西姆·列昂捷夫帶來了聖餐布、聖油、禱告書及一些聖器，〔註 32〕還頒發了一份俄國最高聖務會議承認北京東正教堂的證書，指示列昂捷夫：為了「在中國找到一個真正的立足點」，「要為柏格德汗祈禱，並且將祈禱文譯成中文，以便公眾都懂」，「這樣一來，你的被俘就可能成就了基督的事業」。〔註 33〕而托博爾斯克都主教伊格

〔註 27〕　中國第一歷史檔案館：《清代中俄關係檔案史料選編》第一編上冊，中華書局，1981 年，北京，第 154 頁。
〔註 28〕　〔荷〕伊茲勃蘭特·伊台斯、〔德〕亞當·勃蘭德：《俄國使團使華筆記（1692～1695）》，商務印書館，1980 年，北京，第 225 頁。
〔註 29〕　葛斯頓·加恩：《彼得大帝時期的俄中關係》，商務印書館，1980 年，北京，第 273 頁註釋 1。
〔註 30〕　葛斯頓·加恩：《彼得大帝時期的俄中關係》，商務印書館，1980 年，北京，第 276 頁，註釋 3。
〔註 31〕　《東正教在遠東——紀念俄國宗教傳道團駐華 275 周年》，聖彼德堡，1993 年，俄文版，第 10 頁。
〔註 32〕　彼得羅夫：《俄國宗教傳道團在中國》俄文版，華盛頓，1963 年，第 14 頁。
〔註 33〕　轉引自單光鼐：《沙俄傳教士團與中俄外交關係》，載《齊齊哈爾師範學院學

那季在寫給神甫馬克西姆・列昂捷夫的信中堅信，通過不斷地禱告，就會使柏格德汗接受基督信仰。〔註34〕

沙皇彼得一世知道了俄羅斯佐領在北京進行東正教活動的消息。1698年，杜馬貴族維尼烏斯從托博爾斯克寫信給在國外的沙皇彼得一世，告訴他北京建有東正教堂，許多中國人受洗了。彼得一世回答他說：「此事甚好。爲了上帝，要小心從事，不可鹵莽，以免激怒中國官員和在那裡經營多年的耶蘇會士。因此，在那裡我們需要的不是博學多才，而是熟諳事故人情的神甫，避免因傲慢而像在日本那樣使這一神聖的事業一敗塗地」。〔註35〕

彼得一世爲未來俄國宗教傳道團在華發展定下了基調，那就是通過俄國宗教傳道團的在華活動來改變中國人的信仰，達到同化中國人的目的。1700年6月18日，他命令大臣寫信給基輔都主教瓦爾拉阿姆・雅辛斯基：爲了神聖的基督事業，要他在「自己管轄的小俄羅斯的城市和修道院裏，從修士大司祭和修道院院長，或者著名的修士中挑選善良、博學和慈祥的人到托博爾斯克做都主教，借助上帝的力量將中國和西伯利亞那些愚妄無知、執迷不悟的生靈，皈依眞正的上帝，並讓他帶領兩三個能夠學習漢語蒙語口語和文字、歲數不是太大、心地善良、有學識的修士，在瞭解了當地人的迷信信仰後，能夠用堅定的福音書理論引導那些被可惡的魔鬼迷住心竅的靈魂，認知我們和在那裡（北京）居住和過往的基督徒的上帝，使這些靈魂戒除對各種偶像崇拜的迷戀，修士們要在那裡生活，在已建成的上帝的教堂（俄羅斯佐領教堂——作者）裏服務，能夠引導中國汗和他親近的人們及全體人民的富足生活走向神聖的事業，並爲每年同商隊一起去做貿易或爲了邊境上的事務往來的俄羅斯人提供宗教服務」。〔註36〕

從彼得一世的諭旨中可以看出，他對東正教在西伯利亞和中國的傳播充滿了信心。他的意圖很明顯：到北京去的宗教傳道團，首先是爲在北京生活的俄羅斯佐領提供宗教服務，其次是爲來北京做生意的俄國人服務，再次是通過傳道士和在華的俄羅斯人的宗教活動來影響或改變中國人的宗教信仰。

報》，1984年第一期。

〔註34〕彼得羅夫：《俄國宗教傳道團在中國》俄文版，華盛頓，1963年，第14頁。

〔註35〕阿朵拉茨基：《駐北京宗教傳道團的早期活動（1685～1745）》，俄文版，莫斯科，1997r.第59頁。

〔註36〕阿朵拉茨基：《駐北京宗教傳道團的早期活動（1685～1745）》，俄文版，莫斯科，1997r.第61頁。

不得不承認彼得一世的深謀遠慮和遠見卓識，以後俄國宗教傳道團駐華的歷史基本上是按照他的設想進行。

　　彼得一世的諭旨發出以後，基輔都主教開始行動起來，進行派遣宗教傳道團前往中國的準備工作。1701 年，從小俄羅斯選派菲羅費伊出任托博爾斯克都主教一職，並由菲羅費伊自己從小俄羅斯選擇了幾個修士組成宗教傳道團等待前往中國的機會，但這個機會一直沒有降臨到菲羅費伊的頭上，他於 1727 年死在了托博爾斯克的任上。〔註37〕

二、俄國政府找到派遣宗教人員到北京的理由

　　俄國政府對俄羅斯佐領的宗教活動正式給予重視。1698～1699 年間來華進行貿易的斯皮裏多・郎古索夫和伊萬・薩瓦捷耶夫商隊回國後報告說，聖尼古拉教堂主事馬克西姆・列昂捷夫既衰老，又雙目失明，教堂的事全靠他的兒子幫忙。〔註38〕英國人巴德利收錄了和此事直接相關的一份檔，記錄了該商隊在北京時參觀俄羅斯佐領教堂的經過：「在 7027 年（西元 1699 年）7 月間，涅爾琴斯克當局奉大沙皇之諭令，在官署對客商公會的商人伊凡・薩巴季耶夫（伊萬・薩瓦捷耶夫的另譯──作者）進行了質詢，御前大臣伊凡・薩穆伊洛維奇・尼科利耶夫總督親自聽取他的陳述，並令其在文書盧卡・科奇馬羅夫的記錄上簽字。他的陳述如下：奉大君主之命令，他曾隨斯皮裏多・郎古索夫的商隊在中國京城通商。他們不止一次地去新近奉獻的教堂聽聖禱告書；這座新近奉獻的教堂位於北京東城區一角緊靠城牆的右側，過了教堂便是供在京俄國人居住的郊區，它與中國人居住的院落相連；教堂附近砌有三俄尺高、外面刷灰的土牆，土牆內尚用牆隔開，裏面有俄國商隊和蒙古商隊的馬群；由使館大院去該教堂約為二俄里。教堂內的禱告式係由教士馬克西姆主持；他說，由於年邁，目力衰退，他已不能勝任這項工作，況且手下無助祭，只有他的兒子學會了誦讀禱文，在做禮拜時幫助他；教堂執事德米特裏・格利戈裏耶夫此人尚未結婚，由他烙聖餅，但是他目不識丁。斯皮裏多・郎古索夫帶去一位名叫瓦西里・亞歷山大羅夫的大司祭，此人不止一次地誦吟禱告書。俄國使團的人也常去教堂參加禮拜，他們後面跟隨三四個士

〔註37〕彼得羅夫：《俄國宗教傳道團在中國》俄文版，華盛頓，1963 年，第 18 頁。
〔註38〕萬斯頓・加恩：《彼得大帝時期的俄中關係》，商務印書館，1980 年，北京，第 264 頁。

兵〔顯然是中國士兵〕。〔這裡有個註：『去做買賣時那些人也跟隨著，但本地居民沒有跟隨我方人員的。』〕進行禱告時，那幾個士兵也進入門廊，並脫帽凝視，本地居民則很少進來，而且不會有人嘲笑。但本地居民究竟更多地信奉什麼教，他們說不上來，不過據說每天有很多中國人去耶穌會教堂，他們不劃十字，而是如上述那樣跪下磕三個頭。我國基督教〔指東正教〕在中國各地的信徒，包括男、女、兒童在內，總共僅三十人」。〔註39〕

由此，俄國宗務會議找到了一個派遣宗教人員到中國的理由。1704 年 3 月 14 日，俄國議政大臣、杜馬貴族維紐斯（維尼烏斯——作者）給索額圖寫來一封信，提出因為馬克西姆・列昂捷夫年老，主持宗教事務力不從心，特地向沙皇請求從俄羅斯派遣宗教人員接替他。故此，俄國政府決定派出兩名宗教人士隨商隊前往北京，希望清朝政府能夠讓他們二人留在北京，按照給馬克西姆・列昂捷夫的待遇為這兩名教士提供一應所需，允許他們住在聖尼古拉教堂，同時也不要阻攔俄國商人到教堂做禮拜。〔註40〕清朝理藩院因其所寫文書的接受人是索額圖，〔註41〕不合理藩院所提出的俄方來信直接寄到理藩院的要求，故不受理俄方所提之事。並將該信讓來華貿易的商隊領隊伊萬・薩瓦捷耶夫帶回俄國。〔註42〕俄國第一次派遣宗教人員留駐北京的嘗試就這樣失敗了，但俄國人認為遭到拒絕的原因是因為耶穌會士在搗鬼。〔註43〕

雖然派遣常駐北京的宗教人員的努力暫時受挫，但俄羅斯政府和宗教界對俄羅斯佐領的宗教活動的關注卻沒有減弱，並且繼續為爭取清朝政府能接受俄國定期派遣宗教傳道團作準備工作。1711 年，俄國商隊來北京做貿易，該商隊的領隊奧斯克爾科夫被授命在這個問題上要做好天主教的工作，取得他們的同情和理解。並再次向理藩院提出申請，請求其允許俄國方面派出宗教人員到北京，為那裡的被俘的俄國人、已接受東正教的中國人及往來於北京的俄國人舉

〔註39〕〔英〕約・巴德利：《俄國・蒙古・中國》下卷第二冊，商務印書館，1981 年，北京，第 1606 頁。

〔註40〕中國第一歷史檔案館：《清代中俄關係檔案史料選編》第一編上冊，中華書局，1981 年，北京，第 226 頁。

〔註41〕索額圖因參與謀反已被處死。

〔註42〕中國第一歷史檔案館：《清代中俄關係檔案史料選編》第一編上冊，中華書局，1981 年，北京，第 225 頁。

〔註43〕阿朵拉茨基：《駐北京宗教傳道團的早期活動（1685～1745）》，俄文版，莫斯科，1997г.第 62 頁。

行宗教儀式。此前，在北京的俄羅斯佐領受到托博爾斯克都主教菲羅費伊來信的鼓舞，開始恢復已被他們快要忘記的東正教生活，到教堂來的人比以往多了起來。這也成爲了奧斯克爾科夫提出申請的一個理由。〔註44〕

三、第一屆宗教傳道團來華

　　清朝政府接受了俄羅斯佐領的請求。1712 年，主持俄羅斯佐領聖尼古拉教堂的神甫馬克西姆・列昂捷夫去世了，俄羅斯佐領的宗教生活處在無人管理的境地，於是，他們向當時在北京做貿易的俄國商隊領隊胡佳科夫請求，請俄羅斯政府派遣一個神甫來給他們做聖事活動。胡佳科夫給他們出主意說，這事首先要向清朝政府提出申請，同時由他向俄國政府報告，將俄羅斯佐領的請求轉達給沙皇。〔註45〕爲了滿足俄羅斯佐領宗教生活的需要，清朝政府也因爲向土爾扈特派遣使團要經過俄羅斯，也就答應了俄羅斯佐領的請求，指示出訪土爾扈特的中國使團返回時將俄國駐華宗教傳道團帶到北京。康熙皇帝甚至還向俄國政府提出派一名外科大夫隨同使團一塊兒來的要求。

　　康熙皇帝的批覆讓俄國人欣喜若狂，這事很快地就報告給了托博爾斯克總督加加林和彼得一世。彼得一世馬上指示管理西伯利亞教區的托博爾斯克都主教約翰・馬克西莫維奇（1709～1715 在職），要他挑選能夠勝任在北京做東正教工作的教職人員——修士大司祭、修士輔祭和教堂輔助人員，等到圖理琛使團返回中國時一起走。〔註46〕

　　很快，在 1712 年年底或者是在 1713 年年初，第一屆駐華宗教傳道團的人員就被挑選了出來。他們是：

　　修士大司祭伊拉里昂・列紮伊斯基。他來自於小俄羅斯，切爾尼戈夫人，基輔神學院教師。曾是都主教約翰・馬克西莫維奇在切爾尼戈夫的助手。1702年隨修士大司祭菲羅費伊到托博爾斯克出任修士司祭一職。1709 年被任命爲雅庫茨克救世主修道院院長和修士大司祭。1713 年，都主教約翰選撥他出任

〔註44〕阿朵拉茨基：《駐北京宗教傳道團的早期活動（1685～1745）》，俄文版，莫斯科，1997г.第 64 頁。參閱班・卡緬斯基：《俄中兩國外交文獻彙編（1619～1792年）》，商務印書館，1982 年，北京，第 102 頁。

〔註45〕阿朵拉茨基：《駐北京宗教傳道團的早期活動（1685～1745）》，俄文版，莫斯科，1997г.第 64 頁。

〔註46〕阿朵拉茨基：《駐北京宗教傳道團的早期活動（1685～1745）》，俄文版，莫斯科，1997г.第 65 頁。

爲第一屆駐北京宗教傳道團團長，1719 年在北京去世。

神甫、修士司祭拉夫連季，此人在 1696 年以修士司祭的身份隨商隊到過中國。

修士輔祭菲利蒙，生平不詳，1718 年返回俄羅斯。

第一屆俄國宗教傳道團的教堂輔助人員，沒有他們個人的詳細資料，祗是在阿朵拉茨基《俄國宗教傳道團在中國》中有一份簡略的名單概述，他們是來自於 1704 年由都主教菲拉費伊開設的托博爾斯克斯拉夫——俄羅斯學校的學生：〔註47〕

（1）約瑟夫・加果諾夫，大約在 1736 年死於北京。

（2）尼卡諾爾・克柳索夫，大約在 1737 年死於北京。

（3）彼得・馬克西姆・雅庫多夫，大約在 1737 年死於北京。

（4）格利高裏・斯馬京，1718 年返回俄羅斯。

（5）菲奧多爾・卡列斯尼科夫，1717 年返回俄羅斯。

（6）安德列・波波夫，1717 年返回俄羅斯。

（7）約瑟夫・阿法納西也夫，1717 年返回俄羅斯。

俄國政府和都主教約翰給予了第一屆駐華傳道團物質上非常優厚的幫助，傳道團每個成員都不同程度地一次性得到了各自的薪水。修士大司祭伊拉里昂得到 600 盧布，隨同的神甫和修士輔祭每位 60 盧布。七個教堂輔助人員總共得到 80 盧布。還規定，以後傳道團團長每年的薪水爲 100 盧布，隨同的神甫和修士輔祭每年爲 20 盧布，教堂輔助人員每年爲 10 個盧布。以後，他們的薪水由每年去北京的商隊從伊爾庫茨克帶去。

他們甚至連吃飯用的家什和舉行宗教儀式的衣服都帶上了：28 把銀質勺子，一個托盤，6 個銀碗，兩件腰部束帶的呢子大衣，一件窄腰肥袖的棕色長袍。給他們準備了聖像、法衣、聖器和聖經書。都主教將一頂金冠給了伊拉里昂。〔註48〕

第一屆宗教傳道團出發前的一切工作準備就緒，就等圖裏琛使團從土爾扈特返回托博爾斯克，與他們一道前來中國。

〔註47〕阿朵拉茨基：《駐北京宗教傳道團的早期活動（1685～1745）》，俄文版，莫斯科，1997г.第 67 頁。

〔註48〕阿朵拉茨基：《駐北京宗教傳道團的早期活動（1685～1745）》，俄文版，莫斯科，1997г.第 68 頁。

1714 年 12 月 1 日，圖裏琛使團從原路返回到托博爾斯克。在這裏，圖裏琛使團等待和去莫斯科出公差的加加林（加加林是俄方負責接待中國使團的全權代表）辭行，一直等到 12 月 30 日。加加林從莫斯科回來後，會見了中國使團，並和圖裏琛、納顏，互道兩國間友誼。加加林告訴中國使臣，雖然沙皇彼得一世正在西部邊界忙於指揮俄軍同瑞典作戰，仍然作好了會見中國使團的打算，但因爲沒有中國理藩院的文書，不得不放棄了這一計劃。〔註 49〕

在托博爾斯克，圖裏琛使團分成兩撥回國。先是圖裏琛和納顏各帶兩名護兵於康熙五十三年十二月二十二日起程，康熙五十四年三月二十七日回到北京。〔註 50〕另一撥人馬的行止日程圖裏琛在《異域錄》中沒有交代。但在另一份檔案文件中說是這一撥人馬由尹棐納率領，和俄國第一屆宗教傳道團一塊回到北京：「喇嘛拉裏萬、拉夫林鐵、費里門以及隨行之七名俄羅斯人，與我侍讀學士尹棐納一同來京」。〔註 51〕他們於 1715 年 2 月 3 日從托博爾斯克動身，於 1715 年年底或 1716 年年初回到北京。〔註 52〕

俄國醫生來華。康熙皇帝向俄國方面請求派遣的醫生是在第一屆俄國駐華宗教傳道團來到北京之後的 1716 年，單獨來到北京的。因爲俄國歷史學家阿朵拉茨基所說清朝政府向俄國方面請求派遣的醫生是隨著第一屆駐華宗教傳道團來到北京的，〔註 53〕與歷史事實不符，故在此勘誤。確定這一事實的依據是收錄在《清代中俄關係檔案史料選編》中的幾件原始檔案檔。1715 年 8 月 15 日，西伯利亞總督加加林向中國方面發送了兩封信。發往北京的信是這樣陳述的：「俄羅斯察罕汗西伯利亞省總督瑪特維伊‧加加林諮行中國至聖皇帝陛下諸近侍大臣：

前一七一五年，貴國大臣遣回我商務專員彼得‧胡佳科夫時，曾寄語選派良醫。我商務專員返回後即報知本總督。再，貴國派往阿玉奇汗地方之使臣等亦曾告請本國選派良醫遣往貴國等語。故本總督照爾大臣所請，遣我俄羅斯國昂格利（即英國之古譯——作者）良醫托瑪斯‧哈爾文，由未入我俄羅斯教之勞連斯‧郎克及五名俄羅斯人陪同前往。因托瑪斯‧哈爾文與勞連

〔註 49〕圖裏琛：《異域錄》，載《小方壺齋輿地叢鈔》，杭州古籍書店。
〔註 50〕圖裏琛：《異域錄》，載《小方壺齋輿地叢鈔》，杭州古籍書店。
〔註 51〕中國第一歷史檔案館：《清代中俄關係檔案史料選編》第一編下冊，中華書局，1981 年，北京，第 399 頁。
〔註 52〕阿朵拉茨基：《駐北京宗教傳道團的早期活動（1685～1745）》，俄文版，莫斯科，1997г.第 71 頁。
〔註 53〕阿朵拉茨基：《駐北京宗教傳道團的早期活動（1685～1745）》，俄文版，莫斯科，1997г.第 71 頁。

斯·郎克〔註 54〕二人均繫我俄羅斯國良醫，故遣往爲至聖皇帝效力。懇請貴至聖皇帝陛下諸大臣，於至聖皇帝陛下遣返我醫生時，沿途亦足給勞連斯·郎克及五名俄羅斯人等驛馬食物，派人送至我察罕汗邊界地方。

創世紀七二二三年即我基督降生一七一五年八月十五日，書於我聖彼得堡城」。〔註 55〕

這封信確定了中國方面兩次請求俄方派出醫生、俄方派出醫生的人數、身份及組成護送醫生的團隊一行共七人，就他們返回俄羅斯時中國方面所應給予的保護提出了要求。

同日，加加林還給清朝政府邊界大臣發出了一封信。在這封信裏，加加林介紹了俄國派出醫生的原因、使命：「貴至聖大皇帝陛下大臣等曾寄語本國，請揀選良醫派往貴國。我察罕汗得知後，即派二人前往，爲貴國效力」，〔註 56〕希望清朝政府邊界大臣能夠爲這兩名醫生提供車馬盤費和護送兵丁，將其安全、及時地送達北京，交給理藩院大臣。

信件發出之後，這兩名醫生一行七人由聖彼得堡出發，前來中國。到達色楞格斯克後，等待清朝邊界大臣土謝圖汗放行的答覆。但此時，因爲他們在遞交給土謝圖汗的通關文書中又多了六名馬弁的名字，與前面的信件所寫的不符，土謝圖汗拒絕這新增的六名兵丁入境。於是，他們便於 1716 年 8 月 15 日在色楞格斯克向土謝圖汗等管理蒙古事務的官員致函，請求其允許從伊爾庫茨克來到色楞格斯克護送他們到北京的六名兵丁過境。〔註 57〕雖然其後沒有資料顯示這次交涉的結果，但因爲醫生等人「係俄羅斯察罕汗遵聖主諭旨而遣來之人，並非貿易之人。故對醫生哈爾文及其同來之郎克、馬弁、跟役等一體給予賞賜」〔註 58〕的記載，則說明了清朝政府最後允許他們全來了，

〔註 54〕郎克的身份在：《康熙朝滿文朱批奏摺全譯》（中國第一歷史檔案館，中國社會科學出版社，1996 年。第 1185 頁，2995 件）中是陪同哈爾文來華的俄方代表：「同伊前來之郎格（另譯郎克、蘭格——作者），察罕汗專爲送大夫遣派之人」，並不是醫生。

〔註 55〕中國第一歷史檔案館：《清代中俄關係檔案史料選編》第一編下冊，中華書局 1981 年，北京，第 381～382 頁。

〔註 56〕中國第一歷史檔案館：《清代中俄關係檔案史料選編》第一編下冊，中華書局，1981 年，北京，第 382 頁。

〔註 57〕中國第一歷史檔案館：《清代中俄關係檔案史料選編》第一編下冊，中華書局，1981 年，北京，第 383 頁。

〔註 58〕中國第一歷史檔案館：《清代中俄關係檔案史料選編》第一編下冊，中華書局，1981 年，北京，第 381 頁。（中國第一歷史檔案館：《康熙朝滿文朱批奏摺全

而且是由出使過俄國的圖理琛親自到邊界迎接的：「當初迎接爾醫生哈爾文時，曾派我郎中圖理琛前去。」〔註59〕

俄國醫生離開中國。康熙五十六年春，即1717年4月，俄國醫生哈爾文因為水土不服和思念母親提出回國的請求。哈爾文和郎克在華期間受到了康熙皇帝的厚待，哈爾文在臨別回國之時，對此感恩不已：「聖主乃總理天下之主，自我前來，並未將我作為外國人看待，重恩施賞，內則照西洋人品秩而行，甚為尊貴」。〔註60〕送他們回國的的是圖理琛：「圖理琛既然熟識伊等，送伊等時，仍遣郎中圖理琛，伊等乘驛送至楚庫柏興，由伊所識人詳細探明策妄拉布坦、俄羅斯諸消息而回」。〔註61〕

第三節　和平關係下的衝突

隨著俄國第一屆宗教傳道團的來華，中俄兩國關係在十八世紀初期進入了一個相對和平的時期，清朝政府給予第一屆駐華宗教傳道團無微不至的關懷，允許他們自由傳教；從俄國來北京貿易的商隊絡繹不絕。但在兩國關係順利發展的過程中，俄國單方面地違背和約，對清朝政府提出的劃定兩國中段邊界的要求久拖不決，反而趁邊界未定之際蠶食原本屬於中國的領土，對清朝政府的一再抗議置之不理，我行我素。清朝政府忍無可忍，被迫採取斷絕中俄貿易的手段迫使俄國政府就範。

一、清朝政府給予第一屆駐華宗教傳道團的禮遇

清朝政府懷著真誠友好的願望，想和俄國保持長久的和平關係。第一屆俄國宗教傳道團來到北京後，無論是精神上，還是物質上，都得到了清朝政

譯》，中國社會科學出版社，1996年。第1185頁，2995件）記載：哈爾文得賞御用錦十匹、金二十兩、銀百兩。郎克御用錦六匹，金十二兩、銀八十兩。六名兵丁銀各十兩，翠藍布各二十匹。跟役五人銀各五兩，翠藍布各十匹。這裏說明當時的實際情況是他們全來了。
〔註59〕中國第一歷史檔案館：《清代中俄關係檔案史料選編》第一編下冊，中華書局，1981年，北京，第381頁。
〔註60〕中國第一歷史檔案館：《康熙朝滿文朱批奏摺全譯》，中國社會科學出版社，1996年。第1185頁，第2995件。
〔註61〕中國第一歷史檔案館：《康熙朝滿文朱批奏摺全譯》，中國社會科學出版社，1996年。第1185頁，第2995件。

府的優厚待遇。

　　清朝政府給第一屆俄國駐華宗教傳道團成員授予官職。第一屆俄國宗教傳
道團來到北京後，康熙皇帝就將其成員列入最高等級的社會階層中：修士大司
祭伊拉里昂被封爲五品官，修士司祭拉夫連季和修士輔祭菲利蒙被封爲七品
官，七個教堂輔助人員被封爲披甲，並「賞給房子、奴才、俸祿錢糧以及一切
食用之物。隨同前來之烏西夫等七人，在娶妻時均賞給銀兩，於我處俄羅斯廟
內念經居住」。〔註62〕賞給他們的住宅位於聖尼古拉教堂附近。

　　清朝政府給第一屆俄國駐華宗教傳道團成員豐厚的薪水。清朝政府一次
性發給他們的薪水爲：修士大司祭800兩銀子，折合1500盧布，另加用於購
買奴僕的銀子600兩，折合盧布大約爲1100個；修士司祭和修士輔祭600兩
銀子，另加購買奴僕的銀子400兩；教堂服務人員每人300兩銀子，每人另
加購買奴僕的銀子200兩。〔註63〕除此以外，理藩院還給他們按月發放薪水，
修士大司祭和修士司祭、修士輔祭「按中國曆法，大月發四兩五錢，小月（二
十九天）發四兩三錢五分；對每個教堂輔助人員則每月發給一兩五錢。此外，
那時每隔三年還發給他們四季所需的衣服，每過五天就用大車給他們送來
雞、鴨、鵝、羊等各種食物。總之一句話，所有的物品，甚至小到火柴，都
是有官家供給的。所以，他們毫無必要上街去買東西，因爲一切都給他們備
辦齊了」。〔註64〕除此之外，由於很多俄國宗教傳道團人員來華後死在了北
京，清朝政府還給予他們安葬費：傳道團的頭面人物15兩，一般教堂輔助人
員5兩。〔註65〕像對待俄羅斯佐領一樣，康熙皇帝還給他們其中的幾個教堂
輔助人員配備了妻子，這些人就將中國姑娘洗了禮，讓她們皈依了東正教。
康熙皇帝還將幾個學習漢語和滿語的傳道團人員安排到理藩院翻譯理藩院與
俄國樞密院往來公文。〔註66〕

〔註62〕　中國第一歷史檔案館：《清代中俄關係檔案史料選編》第一編下冊，中華書局，
　　　　　1981年，北京，第399頁。

〔註63〕　阿朵拉茨基：《駐北京宗教傳道團的早期活動（1685～1745）》，俄文版，莫斯
　　　　　科，1997г.第71頁。

〔註64〕　維謝洛夫斯基編：《俄國駐北京傳道團史料》第一冊，商務印書館，1978年
　　　　　10月第一版，第35～36頁。

〔註65〕　阿朵拉茨基：《駐北京宗教傳道團的早期活動（1685～1745）》，俄文版，莫斯
　　　　　科，1997г.第71頁。

〔註66〕　阿朵拉茨基：《駐北京宗教傳道團的早期活動（1685～1745）》，俄文版，莫斯
　　　　　科，1997г.第71頁。

清朝政府官員經常到傳道團的住地看望，以示對俄國第一屆駐華宗教傳道團非常重視，使身在異國他鄉的他們，感受到在國內都感受不到的恩寵。康熙皇帝每月都要派遣自己身邊的大臣到傳道團人員的駐地看望他們，問候傳道團團長的身體健康，關切地詢問他們的生活要求，是否受到過中國不良之徒的欺負。每當清朝政府官員到來拜訪修士大司祭伊拉里昂時，伊拉里昂只在廳堂裏迎接他，而不用走出大門。兩人見面時，互相牽著手問好。按照滿洲人的習慣，牽著手意味著平等和友愛。第八屆俄國宗教傳道團團長索夫羅尼‧格裏鮑夫斯基比較過第一屆宗教傳道團在北京的待遇和當時他在北京的待遇情況後發現，後來的傳道團人員就再也沒有享受過如此高的待遇。即使是低級別的中國官員，在見到傳道團人員時也是愛理不理的，除非他有求於傳道團人員時，才會主動地和你談話，或者覺得你對他有利時，才會和你交往。〔註67〕

清朝政府給第一屆俄國駐華宗教傳道團成員來去自由的權利。因為這是俄國宗教傳道團的一次不太正規的駐華，雙方沒有對宗教傳道團的具體行為進行專門的規定，但清朝政府本著兩國和平友好的原則，基本上是無條件地滿足駐華宗教傳道團提出的任何要求。康熙五十六年，即西元1717年，修士大司祭伊拉里昂向理藩院提出申請，因為傳經布道的需要，宗教傳道團急需一大批宗教書籍，請求理藩院允許三名教堂輔助人員返回俄羅斯托博爾斯克拿取宗教書籍，其中安德列‧波波夫還要將自己32歲的兒子阿列克謝接到北京居住。理藩院批准了修士大司祭伊拉里昂的請求，命令三人隨同來華的斯捷潘一同返回俄羅斯。〔註68〕關於這次俄國宗教傳道團人員返回俄羅斯的原因，阿朵拉茨基有不同的看法，認為這三個人思鄉心切，因不適應北京的寒冷氣候而患上了多種疾病。這三個人返回俄羅斯後，就留在了托博爾斯克服務，再沒有返回北京。〔註69〕

修士大司祭伊拉里昂之死。為了打開局面，剛來到中國時，修士大司祭伊拉里昂到處結交他所能認識的中國人。由於有清朝政府給予的豐厚的物質待遇和俄國政府提供的一筆不菲的薪俸做底子，加之他來到中國時帶來大量

〔註67〕　維謝洛夫斯基編：《俄國駐北京傳道團史料》第一冊，商務印書館，1978年10月第一版，第36頁。

〔註68〕　中國第一歷史檔案館：《清代中俄關係檔案史料選編》第一編下冊，中華書局1981年，北京，第367～368頁。

〔註69〕　阿朵拉茨基：《駐北京宗教傳道團的早期活動（1685～1745）》，俄文版，莫斯科，1997г.第75頁。

很有價值的皮貨，使他能夠通過運用自己的錢財去結識他認為應當結識的人。他按照中國當地高級官員的生活標準講究排場，出行都是乘坐著馬車，帶著幾個教堂輔助人員，前面有人騎著馬開道。但坐吃山空，再大的家底也經不住他的無節制的消費。很快，他帶來的皮貨就被消耗光了，他開始過起了吝嗇的生活。過慣了富裕生活的伊拉里昂忽然要面對錙銖必較的生活，使他開始為生活用度不寬裕而苦惱。為了搞到錢，他甚至想出了獨吞清朝政府按月發給全體傳道團成員薪俸的主意，在遭到全體傳道團成員的一致反對後才作罷。苦悶、彷徨無計的修士大司祭只好借酒澆愁，經常喝得醉醺醺的。由於生活陷於貧困導致精神萎靡，耶穌會教士、經常看望他的清朝政府官員都和他斷絕了來往，從而，使他的精神生活更加空虛、苦悶，陷入狂喝爛飲之中，身體很快地因此而衰敗。清朝政府出於友愛和關切，專門將他送到溫泉地療養，後來於 1718 年 4 月 26 日〔註70〕在返回住所的途中去世，被安葬在安定門和東直門之間的墓地裏。〔註71〕

清朝政府對修士大司祭伊拉里昂之死給予了非常的關注，馬上寫信給西伯利亞總督加加林，派遣傳道團成員、修士輔祭菲利蒙，教堂輔助人員、披甲格利高裏·斯馬京返回俄羅斯通告。並對今後俄國政府是否派遣修士大司祭來華，或者將現在居住在北京的俄國宗教傳道團人員招回俄國，要求俄國政府拿出個主意。在此時，能夠感覺到清朝政府對俄國政府派遣宗教傳道團還持有歡迎的態度，還懷著友好的心情。理藩院為喇嘛拉裏萬（伊拉里昂）病故事致俄總督加加林諮文中說：「茲因爾所派喇嘛拉裏萬已於今年病故，念我兩國議定邊界以來，甚為友好，故派爾喇嘛費里門、披甲格裏戈裏，往告彼喇嘛拉裏萬病故情形。至於嗣後或由爾處令派喇嘛前來，或將該人等撤回之處，可由爾加加林定奪，並希覆文告知」。〔註72〕

第一屆俄國駐華宗教傳道團成員努力和當地居民融合在一起。除了上述修士大司祭極力和中國社會各個階層打交道外，修士司祭拉夫連季走的更實在。據第四屆傳道團修士司祭費奧多西·斯莫爾熱夫斯基的記載，拉夫連季隨第一

〔註70〕阿朵拉茨基：《駐北京宗教傳道團的早期活動（1685～1745）》，俄文版，莫斯科，1997г.第 75 頁。

〔註71〕維謝洛夫斯基編：《俄國駐北京傳道團史料》第一冊，商務印書館，1978 年10 月第一版，第 38 頁。

〔註72〕中國第一歷史檔案館：《清代中俄關係檔案史料選編》第一編下冊，中華書局，1981 年，北京，第 399 頁。

屆傳道團來到北京後，用清朝政府給他提供的經費購買了一對夫妻作奴僕，他給他們洗了禮，並分別按照俄羅斯人的名字給他們命名，男的叫謝苗，女的叫費奧多西婭。尤其是費奧多西婭，儼然是拉夫連季家的女主人，殷勤地為拉夫連季打點裏外，照顧客人。不僅如此，費奧多西婭經常在夜裏敲開拉夫連季的門，在拉夫連季家裏過夜。費奧多西婭生下了兩個兒子，拉夫連季給他們洗了禮，分別取名為伊萬，伊拉里昂，收他們兩個為義子。這兩個孩子在拉夫連季家長大，拉夫連季教他們學說中俄兩種語言。這兩個孩子長大後，拉夫連季還給他們每人買了房子，娶上了媳婦。這兩個人對別人說他們是拉夫連季的兒子毫不在意，並經常自稱是司祭之子。〔註73〕

拉夫連季很會過日子，在生活上精打細算，從不亂化一分錢。從荣市場上購買東西後，就像中國人一樣扛著回家。拉夫連季很懂得賺錢，每當俄國商隊來到北京後，他就親自烤麵包乾賣給自己的同胞。〔註74〕在修士大司祭伊拉里昂去世，修士輔祭費利蒙等人回國後，傳道團裏只剩下了兩個教堂輔助人員和拉夫連季三人，拉夫連季就將空出來的房子出租出去，收取租金。用出租房子的錢供兩個養子發財致富。他的這一舉動遭到了其他兩人的嫉恨，告到了理藩院，請求理藩院將房子收回去。理藩院聽從了他們的話，收回了房子。〔註75〕

拉夫連季是第一屆傳道團呆在中國時間最長的宗教人員，歷任第一屆、第二屆俄國宗教傳道團的修士司祭，直到第三屆傳道團來華的 1736 年，他才返回俄國。

二、俄國蠶食中國領土與伊茲瑪依洛夫訪華

清朝政府的滿腔熱情，並沒有換來俄國人的安分守己。中俄兩國關係因邊界、逃人和來華經商的俄國人的不法行為等問題的日趨嚴重而有惡化的危險。為了通過談判消除兩國間發生的不愉快和讓清朝政府接受俄國政府派遣新的宗教人員到北京，並修建一座新教堂為在那裡的俄國人進行宗教服務，俄國政府決定派遣伊茲瑪依洛夫使團來華訪問。

〔註73〕維謝洛夫斯基編：《俄國駐北京傳道團史料》第一冊，商務印書館，1978 年10 月第一版，第 104 頁。

〔註74〕維謝洛夫斯基編：《俄國駐北京傳道團史料》第一冊，商務印書館，1978 年10 月第一版，第 105 頁。

〔註75〕維謝洛夫斯基編：《俄國駐北京傳道團史料》第一冊，商務印書館，1978 年10 月第一版，第 104 頁。

自第一屆俄國宗教傳道團來華後，俄國人就沒有放棄過有計劃地佔領喀爾喀蒙古領土的行動。現有的檔案資料表明，在伊茲瑪伊洛夫使團來華前，清朝政府就此問題不斷地向俄國政府提出抗議，並要求俄國政府劃定喀爾喀蒙古與俄國邊界和烏第河待議邊界，但俄國政府對此事一直持曖昧態度，拖延不決，仍然我行我素，有計劃地吞併中國領土。

康熙五十四年，俄國人在奇蘭卡倫附近勘察房址，樹立標樁。理藩院爲此向俄國楚庫柏興（色楞格斯克）長官和西伯利亞省總督加加林致信提出忠告，爲維護兩國間的和平，請對方謹愼對待此事。但俄方對此置之不理，利用清朝政府對此事監管不嚴，進駐該地。〔註76〕

康熙五十六年八月，理藩院向俄國西伯利亞總督加加林和俄國楚庫柏興長官發出諮文，要求俄國政府制止俄羅斯人在霍羅奇庫色托羅海等處建房居住，並表達了對俄國人不斷侵佔喀爾喀和烏梁海地區的憤懑之情：「儻若爾屬人員無故侵入我屬地修建村舍，佔據地方，豈不沮壞爾我兩國多年彼此遣使、貿易之友好關係？何況爾國所侵佔之楚庫柏興、阿木汗圖拉、通根圖拉、烏拉幹圖拉等處，原皆屬我喀爾喀之地。自爾乘機侵入我地造房以來，我聖主念爾友好往來，未加驅逐。黃郭羅依、克木克木齊、烏珠爾山等處皆爲我喀爾喀、烏梁海等游牧之地。議定邊界者在先，喀爾喀之事於後。本院曾給爾察罕汗去文，欲議喀爾喀之事。因十年來未見覆文，故尚未會議。如今又指使爾屬之人於我屬地方造房居住，此斷然不可。雖有爾察罕汗之文書，我方亦斷然不准爾修建村舍」。〔註77〕因俄國方面沒有迴文，同年十一月理藩院再次致信給俄國西伯利亞總督加加林，要求對方對此事表態。並表示，如果不按中方的要求撤出進駐之人，清朝政府也將派人進駐該地區，由此引發出斷絕兩國間的貿易、使臣往來等後果，都應該由俄方承擔。〔註78〕但俄國在佔領中國領土方面的態度非常堅決，對清朝政府的抗議一概不理。

康熙五十七年六月，清朝政府又得到和托輝特博貝的報告，俄國人在中方烏梁海等游牧居住之克木克齊河交匯處的烏賣地方擅自築房居住，並宣

〔註76〕中國第一歷史檔案館：《清代中俄關係檔案史料選編》第一編下冊，中華書局，1981 年，北京，第 359 頁、385 頁。

〔註77〕中國第一歷史檔案館：《清代中俄關係檔案史料選編》第一編下冊，中華書局，1981 年，北京，第 385 頁。

〔註78〕中國第一歷史檔案館：《清代中俄關係檔案史料選編》第一編下冊，中華書局，1981 年，北京，第 392 頁。

稱，他們是奉沙皇的命令才進駐的，而且此地並不屬於喀爾喀蒙古。理藩院就此事致函俄國西伯利亞總督加加林，如果對此事不採取措施，必定要影響到兩國間的友好關係。〔註79〕

俄國政府卻把上述地方看作是俄國的屬地，認為自己有權利在那裡建房築屋。沙皇政府外務委員會在給伊茲瑪伊洛夫的訓令中，要他在和清朝政府談判中將此事明確指出來，「如中國人詢及俄國在西伯利亞所屬地方亞梅什湖和齋桑泊建立若干城堡之事，則應回答說，這是為了保衛西伯利亞的城堡免遭卡爾梅克人和吉爾吉斯——哈薩克人的侵襲，建立這些城堡對他們中國人不會有何妨礙，也不會使中國蒙受損失，因為上述城堡距離中國十分遙遠，況且任何一國的國君都有權在其國土上、在它所希望的地方建立村鎮」。〔註80〕

與領土之爭相伴的是逃人問題。《尼布楚條約》簽訂後的最初階段，中俄雙方在東段邊界基本上維持著和平的關係，雙方在逃人問題上一般都能協商解決，達成滿意的結果。因為中俄中段邊界一直沒有明確劃分，居住在邊界的雙方屬民經常發生越界逃亡的事情，俄國方面抓住此事經常向清朝政府行文，要求清朝政府歸還逃人。清朝政府對待逃人問題一向將其看作是小事情，著眼於兩國間的和平大局，因此，對此類問題不勝厭煩。康熙五十六年三月十八日，理藩院諮行俄國西伯利亞總督加加林，就清朝政府對待逃人問題亮明自己的觀點：「自爾俄羅斯國與我國定界以來，和睦相處。惟爾邊界人員仍為少數逃人以及馬牛等事，爭執不已，並為此等小事於行文內動輒寫敗壞兩國和好之類大言。此等小事焉能敗壞和好？足見所言並不確當。我國由爾尼布楚擒拿正法逋逃只有一次，此後再未向爾爭議小事。想為此等小事爭執，俱係爾邊界小人所為。爾理當行文爾邊界人員，嗣後留心此類情事」。〔註81〕

對於清朝政府的寬容大度，俄國政府並不領情，反而表現出得寸進尺、蠻不講理的態度。1718 年，俄國卡拉斯諾亞爾城長官季米特裏·朱波夫在致喀爾喀蒙古和托輝特公博貝的諮文中，拒不承認和托輝特博貝對斯嘎班斯

〔註79〕中國第一歷史檔案館：《清代中俄關係檔案史料選編》第一編下冊，中華書局，1981 年，北京，第 398 頁。

〔註80〕班·卡緬斯基：《俄中兩國外交文獻彙編（1619～1792 年）》，商務印書館，1982 年，北京，第 108 頁。

〔註81〕中國第一歷史檔案館：《清代中俄關係檔案史料選編》第一編下冊，中華書局，1981 年，北京，第 371 頁。

克、斯琴賓、伊貝什嘎科夫等部落的管轄權，聲稱「該地方非爾屬地，而是我屬之地」，並進而威脅道：「爾如欲強索我察罕汗之人，即爲欺壓我國。儻若我察罕汗得知，派人前往，不僅此等地方，即爾部落如今所居之地，亦將成我察罕汗西伯利亞省所屬之地」。〔註82〕

　　來華經商的俄國人行爲不軌影響兩國關係的健康發展。雖然清朝政府對來北京做生意的俄國商人作出了種種規定和限制，但俄國人並不認眞遵守。他們一如既往，頻繁地派遣商隊來華，清朝政府無一例外地要爲他們提供車馬、糧秣。由於俄國商人運來的皮貨量大，加之中國獵人所獲的皮貨也多，尤其是在廣東、福建等沿海地方，西歐各國從海路也運來了大量皮貨，而皮貨屬於季節性很強、耐磨損的東西，在北京市場上，皮貨的價格一落再落，俄國商人爲了不致生意虧損，往往又將皮貨賒銷給中國商人。當中國商人無能力還債時，俄國商人就逼清朝官員催人還債。麻煩還不止這一處，俄國商人來華後「無視法度，曾多次任意逞強，尋釁鬥毆」，清朝政府「惟因係外國之人，且我兩國友好多年，故未加治罪，給予豁免」。〔註83〕

　　俄國人的種種不法行爲，嚴重地損害了兩國關係的正常發展，使得清朝政府被迫於1717年作出暫時停止俄國商隊來京貿易的決定，只允許其在邊境貿易。〔註84〕以迫使俄國政府在劃定邊界、歸還逃人等諸多問題表態。

　　正是在這一背景之下，尤其是想到清朝政府可能中止對華貿易給俄國帶來的巨大損失，使俄國政府下決心採取措施來挽回即將失去的對華貿易的權利，於1719年7月16日從聖彼得堡派出伊茲瑪伊洛夫使團率領一個龐大的伊斯多甫尼科夫商隊來華談判。伊茲瑪伊洛夫使團離開聖彼得堡，經過莫斯科、喀山和托博爾斯克，於1720年3月30日來到伊爾庫茨克。在伊爾庫茨克期間，伊茲瑪伊洛夫得到俄國政府傳來的關於理藩院於1719年6月3日簽發的信件的消息。在該信件中，理藩院拒絕讓伊斯多甫尼科夫商隊入境，並且談及在一段時期內限制或取消中俄商業來往。俄國政府命令伊茲瑪伊洛夫繼續前進，無論出現什麼樣的情況，都要爭取到達北京。8月9日，當伊斯多甫尼科夫商隊仍然和使團一起來到色楞格斯克時，清朝政府就堅決地拒絕商隊入境。伊茲瑪伊

〔註82〕中國第一歷史檔案館：《清代中俄關係檔案史料選編》第一編下冊，中華書局，1981年，北京，第393～394頁第183號檔附錄二。

〔註83〕中國第一歷史檔案館：《清代中俄關係檔案史料選編》第一編下冊，中華書局，1981年，北京，第400頁。

〔註84〕酈永慶：《早期中俄貿易研究》，載《歷史檔案》，1996年第2期。

洛夫只好自己率領 90 名護送人員前往北京。〔註85〕

　　清朝政府無意與俄國決裂，也願意兩國之間保持良好的關係能繼續下去，讓俄國使團來華，確實是想解決兩國邊界上及商務上發生的問題。1720年 11 月，當伊茲瑪伊洛夫使團來到北京時，受到了清朝政府的隆重接待。在進入北京城門的時候，清朝政府為使團舉行了盛大的入城儀式。

　　康熙皇帝對待使團的態度，表明清朝政府是願意和俄國保持和平關係的。伊茲瑪伊洛夫在北京的三個月期間，受到康熙皇帝正式接見一次，非正式接見十幾次，「中國皇帝一直未曾改變他的親善態度」。在正式接見中，康熙皇帝親手接過俄國國書，「因為他把沙皇看作是與他身份相等的好鄰居」，而在非正式的會見中，康熙皇帝甚至對彼得一世乘船出海打仗，表示出了自己的擔憂，並且聲明「俄國和中國之間決不可能發生戰爭」，原因是兩國氣候相反，兩國人民都不能在對方國家生存，更主要的是「兩國的君主同樣強大」。〔註86〕

　　雙方就兩國間存在的問題進行了談判。就在伊茲瑪伊洛夫在京期間的 1721年 1 月 13 日，理藩院通知伊茲瑪依洛夫說，有七百多人從喀爾喀蒙古逃往俄羅斯，清朝政府要求俄國政府歸還。談判的最後結果是俄國方面答應歸還七百名逃人，俄國商隊在持有清朝政府准許貿易的印信的條件下繼續進京貿易，並將郎克留在北京作為處理俄國商務的代表，其在北京的一切費用由清朝政府負擔。〔註87〕雙方沒有就俄國方面關心的締結中俄通商條約的提議達成協議，原因是中方認為，在劃分中俄蒙古邊界和交還越境邊民問題得到合理解決之前，中國不能考慮締結此項條約。但允許停留在邊界的伊斯多甫尼科夫商隊來北京進行貿易，限制二百人。商隊貿易完畢後，郎克要和商隊一塊兒返回俄羅斯。〔註88〕俄國方面提出的在北京修建永久性教堂的請求遭到了清朝政府拒絕。

　　俄國人失信了。伊茲瑪伊洛夫使團於 1721 年 3 月 13 日離開北京，4 月 8日到達色楞格斯克，1722 年 1 月 13 日回到莫斯科。〔註89〕但是，伊茲瑪伊洛

〔註85〕　葛斯頓・加恩：《彼得大帝時期的俄中關係》，商務印書館，1980 年，北京，第 156、157 頁。

〔註86〕　葛斯頓・加恩：《彼得大帝時期的俄中關係》，商務印書館，1980 年，北京，第 158 頁。

〔註87〕　葛斯頓・加恩：《彼得大帝時期的俄中關係》，商務印書館，1980 年，北京，第 159 頁。

〔註88〕　班・卡緬斯基：《俄中兩國外交文獻彙編（1619～1792 年）》，商務印書館，1982年，北京，第 118 頁。

〔註89〕　葛斯頓・加恩：《彼得大帝時期的俄中關係》，商務印書館，1980 年，北京，

夫在北京答應的關於歸還蒙古逃人一事，在他離開北京到達俄國邊境城市色楞格斯克以後，就變了卦。藉口此事沒有沙皇的諭旨，他無權決定，就將清朝政府專門爲索還逃人來到色楞格斯克的一名紮爾固齊打發回來。〔註 90〕但康熙皇帝並沒有因爲伊茲瑪依洛夫的行爲而採取報復措施，一如既往地允許伊斯多甫尼科夫商隊來京貿易。1721 年 9 月 29 日，伊斯多甫尼科夫商隊來到了北京。〔註 91〕第二年，清朝政府連續三次派遣急使前往色楞格斯克交涉遣返逃人事宜，均無結果。〔註 92〕

俄國人的這種態度終於激怒了清朝政府。1722 年 4 月，清朝政府宣佈驅逐在庫倫經商的俄國人，暫停中俄邊境貿易。7 月，清朝政府命令郎克和伊斯多甫尼科夫商隊離開北京。10 月，拒絕接受俄國派遣來的修士大司祭庫爾齊茨基入境。〔註 93〕中俄關係自此走向了一個低谷。

第 159 頁。

〔註 90〕班·卡緬斯基：《俄中兩國外交文獻彙編（1619～1792 年）》，商務印書館，1982年，北京，第 120 頁。

〔註 91〕班·卡緬斯基：《俄中兩國外交文獻彙編（1619～1792 年）》，商務印書館，1982年，北京，第 125 頁。

〔註 92〕中國社會科學院近代史研究所編：《沙俄侵華史》第 1 卷，人民出版社，1976年 10 月，第 237 頁。

〔註 93〕中國社會科學院近代史研究所編：《沙俄侵華史》第 1 卷，人民出版社，1976年 10 月，第 237 頁。

第三章 雍正時期確立俄國宗教傳道團
　　　　駐華地位

　　雍正皇帝繼位後，繼續奉行康熙皇帝的對俄和平政策。但橫亙在中俄兩國之間劃界、逃人歸屬等問題嚴重地影響著兩國關係的正常發展。俄國政府漠視清朝政府提出的劃界談判、歸還逃人等要求，將駐華宗教傳道團的來華日期無端地拖長了。解鈴還須繫鈴人，在清朝政府的一再堅持下，俄國政府終於願意坐下來和清朝政府談判。在中國作出巨大讓步的情況下，雙方簽訂了《恰克圖條約》，確定了兩國邊界，明確了責任和義務，從而消除了中俄之間的緊張關係，繼續沿著和平的軌道發展雙方的關係。俄國政府通過《恰克圖條約》不僅鞏固了其在華的貿易地位，而且還使宗教傳道團定期來華傳教、學習和研究中國有了合法的依據。俄國駐華宗教傳道團成員在中國的工作與學習並不是一帆風順的，他們既要克服在中國因風俗習慣不同而在生活和學習上的多種困難，也不斷地受到宗教傳道團內部成員之間矛盾的挑戰。

第一節　清朝政府爲維護中俄兩國和平關係繼續努力

　　第一屆俄國宗教傳道團團長、修士大司祭伊拉里昂去世之後，俄國應清朝政府之請，準備派出第二屆傳道團到中國。但很快由於中俄兩國邊界上發生的逃人問題、領土紛爭得不到解決而遭到了清朝政府的拒絕。爲了引起沙皇俄國政府對清朝政府舉行劃界談判要求的關注，清朝政府採取斷絕俄國對華貿易的方法，來迫使俄國政府滿足清朝政府談判劃界、歸還逃人的要求。在清朝政府的堅持下，俄國終於答應歸還蒙古逃人，達成了劃界談判的意向。

一、俄國派遣第二屆宗教傳道團的計劃受阻

在伊茲瑪伊洛夫動身前來北京之前，俄國政府接到了理藩院關於第一屆宗教傳道團修士大司祭伊拉里昂去世的消息，隨之就將派遣新一屆駐華宗教傳道團的問題提上議事日程。沙皇彼得一世於 1719 年 4 月 4 日給西伯利亞都主教費奧多爾下達命令，要求他組建新一屆宗教傳道團隨同伊茲瑪伊洛夫使團到北京。很快，俄國最高聖務會議就決定將在海軍中進行宗教服務的修士司祭長英諾森・庫利奇茨基提拔爲主教，名義是弗拉基米爾和佩列斯拉夫——紮列斯基兩地教區的主教，由彼得一世親自給他簽署訓令，對由他來完成剛剛在北京開始的東正教傳教事業給予很大的希望。〔註1〕阿朵拉茨基認爲，彼得一世之所以重視俄國宗教傳道團的工作，是因爲他的腦子裏已經有了一個宏偉的計劃，就是希望通過駐京俄國宗教傳道團的活動，將整個中國東正教化。〔註2〕至於他從哪裡產生出來這麼個念頭，第八屆宗教傳道團團長索夫羅尼說是因爲第一屆駐華宗教傳道團修士輔祭菲利蒙回國後，到處造謠說康熙皇帝本人想領洗，從而使沙皇彼得一世及他的政府產生了盲目樂觀的情緒，毫不猶豫地開始了組織新一屆宗教傳道團的工作。〔註3〕

1721 年 3 月 15 日，〔註4〕俄國政府簽發了給英若森・庫利奇茨基的訓令，命令他率領新組成的宗教傳道團赴華。新一屆傳道團共由 12 名成員組成：兩名修士司祭、兩名修士輔祭、五名教堂唱詩班歌手和三名服務人員。規定每年從西伯利亞省的收入中支取 1500 盧布作爲英若森・庫利奇茨基及其傳道團人員的薪俸。〔註5〕根據最高聖務會議的指示，還給英若森・庫利奇茨基配備了一件主教披肩，重約 2 普特多一點的鍍金教堂器皿，一大捆宗教用書和幾本教科書。〔註6〕

〔註 1〕 維謝洛夫斯基編：《俄國駐北京傳道團史料》第一冊，商務印書館，1978 年 10 月第一版，第 107 頁。

〔註 2〕 阿朵拉茨基：《駐北京宗教傳道團的早期活動（1685～1745）》，俄文版，莫斯科，1997г.第 85 頁。

〔註 3〕 維謝洛夫斯基編：《俄國駐北京傳道團史料》第一冊，商務印書館，1978 年 10 月第一版，第 39 頁。

〔註 4〕 萬斯頓・加恩：《彼得大帝時期的俄中關係》，商務印書館，1980 年，北京，第 265 頁。

〔註 5〕 班・卡緬斯基：《俄中兩國外交文獻彙編（1619～1792 年）》，商務印書館，1982 年，北京，第 120 頁。

〔註 6〕 阿朵拉茨基：《駐北京宗教傳道團的早期活動（1685～1745）》，俄文版，莫斯

英若森・庫利奇茨基被拒入境。1721 年 4 月 19 日，英若森・庫利奇茨基主教新組建的宗教傳道團從聖彼得堡動身，開始了前往中國的旅程。1721 年 4 月 21 日，俄國樞密院簽發了一封致理藩院的介紹英若森・庫利奇茨基主教的薦函，請求准許英若森・庫利奇茨基主教及其屬下人員在北京自由居住和主持教堂宗教儀式活動，任憑英若森・庫利奇茨基主教去拜訪信仰俄國宗教的中國人，並請求清朝政府根據兩國現存的友誼，給予教堂（聖尼古拉教堂）、該主教及其服務人員和其他信仰東正教的教徒以庇護和恩惠。1722 年 3 月初，英若森・庫利奇茨基主教到達伊爾庫茨克，當年年中抵達色楞格斯克，在這裡等待清朝政府的入境通知。〔註7〕但這個請求被喀爾喀蒙古土謝圖汗斡齊爾巴圖於 1722 年 9 月 24 日致色楞格斯克長官的信中給拒絕了：「尊奉諭旨，不能允許英若森・庫利奇茨基大師進入北京，因爲連一封西伯利亞省長關於他的任何薦函也沒有，同時也沒有過去給予伊茲瑪伊洛夫的蓋有印章的證件，特別是由於對過去寄給俄方的一封要求交還蒙古逃人等事項的信函未予答覆。如能就歸還上述逃人一事進行調查，那麼也可就接納該庫利奇茨基的問題舉行會談並簽訂條約」。〔註8〕

在色楞格斯克的英若森・庫利奇茨基主教，在被拒絕進入中國領土後，無所事事。1722 年 10 月 6 日，他在寫給最高聖務會議的信中說：「狐狸都有自己的藏身之處，而我現在無處安身，漂泊不定，進進出出不是院子就是院子，要麼除了房子還是房子」。〔註9〕英若森・庫利奇茨基主教於 1723 年年底或 1724 年年初收到最高聖務會議的指示，讓他就呆在色楞格斯克聽候命令。〔註10〕

因為中俄兩國政府暫時還不能解決邊界及逃人問題，第二屆俄國宗教傳道團進入中國的日期難以確定，1725 年 3 月 31 日，英若森・庫利奇茨基主教奉最高聖務會議的命令由色楞格斯克前往伊爾庫茨克，住在那裡的主昇天修道院。在這裡住下沒有多久，英若森就接到了最高聖務會議於 1725 年 8 月 4 日簽

科，1997г. 第 88 頁。

〔註 7〕 萬斯頓・加恩：《彼得大帝時期的俄中關係》，商務印書館，1980 年，北京，第 265 頁。

〔註 8〕 萬斯頓・加恩：《彼得大帝時期的俄中關係》，商務印書館，1980 年，北京，第 121 頁。

〔註 9〕 阿朵拉茨基：《駐北京宗教傳道團的早期活動（1685～1745）》，俄文版，莫斯科，1997г. 第 93 頁。

〔註 10〕 阿朵拉茨基：《駐北京宗教傳道團的早期活動（1685～1745）》，俄文版，莫斯科，1997г. 第 94 頁。

發的命令，要他做好準備，隨同新任使臣薩瓦‧弗拉基斯拉維奇前往中國。並囑咐他：到了中國要按照與自己身份相符的方法處世，在政治事務方面，即使有機會能辦理，也要聽候伯爵的吩咐，否則什麼也不要去做。〔註11〕

　　1726 年 4 月 7 日，英若森又從伊爾庫茨克來到色楞格斯克。同時，俄國全權談判大使薩瓦‧弗拉季斯拉維奇在前往西伯利亞的途中派出自己的信使到北京，向理藩院大臣通告他已被任命爲談判大使一事，並且請求他們向雍正皇帝申請准許已在邊境等候多年的主教英若森和他或者商隊一起進京。但派出的信使在庫倫被喀爾喀蒙古土謝圖汗斡齊爾巴圖給攔截住了。〔註12〕從而這個資訊沒有傳遞給清朝政府。眼見著去中國無望，1727 年 1 月 16 日，最高聖務會議讓他重新回到伊爾庫茨克，繼續擔任托博爾斯克都主教駐伊爾庫茨克主教職務。他擔任這一職務直至逝世爲止。在此期間，英若森‧庫利奇茨基主教致力於在布裏亞特人和通古斯人中間傳教，使許多人接受了東正教。他還用自己的錢在主昇天修道院裏創建了一所各種出身的孩子均可入學學習的學校。在他於 1736 年 11 月 26 日去世後，被安葬在提赫文地方木結構的聖母教堂底下的一個地穴裏。1764 年人們發現了他的未曾腐爛卻乾枯了的遺體。從此，英若森‧庫利奇茨基主教被東正教教會列爲聖者。1805 年 2 月 16 日，他的遺體被移葬在伊爾庫茨克主昇天修道院的大教堂裏。〔註13〕

二、雍正皇帝繼續爲解決逃人問題和俄國政府交涉

　　清朝政府依據《尼布楚條約》之規定，據理力爭，向俄國政府要求歸還逃人。1721 年，即康熙六十年，清朝政府派遣員外郎占柱前往色楞格斯克交涉逃人問題。理藩院在諮文中說：「因我喀爾喀公格勒克巴木丕爾屬下塔布囊固特之七百餘人逃往爾處，故多次諮行，然至今尚未回音。我兩國議和以來，邊界並無事端，友好往來實屬有年。原來議定之界約，內有兩國不得收納逃人，拿獲送還之語。如今爾察罕汗之奏書內稱：以期永敦睦誼等語。既然如此，當將此等逃人查後速還。儻若不還，則違背原定之界約，沮壞兩國之睦

〔註11〕阿朵拉茨基：《駐北京宗教傳道團的早期活動（1685～1745）》，俄文版，莫斯科，1997r.第 99～100 頁。

〔註12〕阿朵拉茨基：《駐北京宗教傳道團的早期活動（1685～1745）》，俄文版，莫斯科，1997r.第 100 頁。

〔註13〕班‧卡緬斯基：《俄中兩國外交文獻彙編（1619～1792 年）》，商務印書館，1982年，北京，第 527～528 頁。

誼」。﹝註14﹞由於俄國方面採取拖延策略，員外郎占柱在色楞格斯克久候無明確答覆，後來就病死在喀爾喀蒙古公格勒克巴木丕爾處。隨後，理藩院又派出員外郎劉申保繼任占柱之職，前往色楞格斯克，繼續交涉逃人問題。同時，劉申保將理藩院於康熙六十年八月二十一日寫給色楞格斯克長官關於索還逃人的諮文送達。﹝註15﹞

面對清朝政府孜孜不倦的追索逃人，以及與此相聯繫的俄國對華貿易中斷所帶來的損失，1722 年 7 月 21 日，俄國外務委員會給托博爾斯克省長簽發了一道命令，明確指示，從喀爾喀蒙古逃到俄羅斯的蒙古人，要根據《尼布楚條約》加以甄別。凡是在條約簽訂以前逃到俄羅斯的，均不應交還；凡是在簽訂條約之後前來俄國的，應一律交還，以後也不得收留蒙古逃人，並將逃來者及時地告知清朝政府。﹝註16﹞但是，俄國外務委員會在同一命令中頒發的另外一些內容使簡單的交還逃人工作變得複雜起來，使得交還逃人的工作拖延下來：「立即派遣專差前往色楞格斯克，並命令該處對上述逃人等進行調查，查明在 1689 年 8 月 21 日於涅爾琴斯克與中國人簽訂條約時這些人或其父親在哪一方？是在俄國還是在中國？如係前者，他們又是在簽訂條約之後的哪一年到中國方面去的？在那裡居住是否很久了？何時又從中國返回色楞格斯克？返回色楞格斯克的是這些逃人本人，還是他們在中國出生的子女？如經過調查後，發現上述人等或者其中某些人，在和中國人簽訂條約時，確實沒有居住在俄國方面，而是居住在中國柏格德汗的國土上，祇是在簽訂條約之後，才來到俄國，即使是在簽訂條約後不久來的，也應不加阻止地將他們交還給中國人；今後如再有這類逃人從中國領土上跑過來，也決不應收留，而應派人送給中國的邊疆大臣。如上述蒙古人，儘管他們出生於中國汗的領土上，但是在簽訂條約時這些人或其子女是居住在俄國方面，而在簽訂條約之後才跑到中國方面去，後來又由那裡返回色楞格斯克，那末這些人則不應交還給中國方面」。﹝註17﹞命令要求查明後，派人前去北京，向留在那裡

﹝註14﹞ 中國第一歷史檔案館：《清代中俄關係檔案史料選編》第一編下冊，中華書局，1981 年，北京，第 409 頁。

﹝註15﹞ 中國第一歷史檔案館：《清代中俄關係檔案史料選編》第一編下冊，中華書局，1981 年，北京，第 409 頁。

﹝註16﹞ 班・卡緬斯基：《俄中兩國外交文獻彙編（1619～1792 年）》，商務印書館，1982 年，北京，第 123 頁。

﹝註17﹞ 班・卡緬斯基：《俄中兩國外交文獻彙編（1619～1792 年）》，商務印書館，1982 年，北京，第 123～124 頁。

的商務代表郎克講明情況，由他向清朝皇帝呈報。如果清朝政府堅持要求歸還全部逃人，那必須拿出證據證明這些人在簽訂條約時不住在俄國領土上。得到外務委員會的命令後，西伯利亞總督切爾卡斯基於 1722 年 12 月 11 日簽發了一道命令，派遣托博爾斯克的一位貴族費菲洛夫到色楞格斯克去進行一次詳盡的調查，並要在第三天將他所採取的這一步驟報告沙皇。〔註18〕

　　由於當時通訊條件的限制，清朝政府不可能知道俄國政府所做的這些工作。當然也是由於俄國政府對清朝政府提出的逃人問題久拖不決，終於激怒了康熙皇帝。1722 年 5 月 8 日，清朝政府正式通知郎克，「在中俄兩國邊界問題和私逃者問題沒有得到適當解決以前，中國皇帝將不允許有俄國人在中國」。〔註19〕因此，郎克被驅逐出境，並且連邊境貿易一同停止。郎克於同年 7 月 15 日在熱河向康熙皇帝辭行。康熙皇帝告訴了讓他回國的原因：一是自伊茲瑪伊洛夫回國後，清朝政府一直沒有收到來自俄國方面任何關於逃往俄國的蒙古人所作的答覆；二是清朝政府已得知俄國政府和準噶爾蒙古頭目策旺阿拉布坦互通公文的事。康熙皇帝同時也向郎克表明了清朝政府決不會改變對俄國的友誼與和平態度。最後，康熙皇帝祝願郎克一路平安，並希望他能夠早日再回到中國。〔註20〕郎克與伊斯多甫尼科夫商隊一同離開北京，於 1722 年 8 月 26 日回到色楞格斯克。圖理琛陪同郎克回到色楞格斯克，隨身攜帶來了理藩院致俄國托博爾斯克總督一封公函。在公函裏，清朝政府再次提出要俄國人交還逃跑到俄國方面的七百多名蒙古人，並提出建議，如果俄國政府不希望前往中國的俄國人受到阻撓的話，最好儘快處理此事。〔註21〕

　　圖理琛來到色楞格斯克後等候俄國政府對此事的表態，但沒有任何人給予明確的答覆。俄國人的態度激怒了圖理琛，他於 1722 年 10 月 28 日寫了一封抗議信後就動身走了。〔註22〕

〔註18〕 葛斯頓‧加恩：《彼得大帝時期的俄中關係》，商務印書館，1980 年，北京，第 181 頁。

〔註19〕 葛斯頓‧加恩：《彼得大帝時期的俄中關係》，商務印書館，1980 年，北京，第 179 頁。

〔註20〕 班‧卡緬斯基：《俄中兩國外交文獻彙編（1619～1792 年）》，商務印書館，1982 年，北京，第 126 頁。

〔註21〕 班‧卡緬斯基：《俄中兩國外交文獻彙編（1619～1792 年）》，商務印書館，1982 年北京‧第 127 頁。

〔註22〕 葛斯頓‧加恩：《彼得大帝時期的俄中關係》，商務印書館，1980 年，北京，第 181 頁。

　　1722 年 12 月 20 日，中國歷史上一代傑出的皇帝康熙駕崩。他生前沒有完成的和俄國交涉劃界、歸還逃人等問題就由其繼承者雍正皇帝來完成解決。雍正元年，即 1723 年 9 月，理藩院派出兩名紮爾固齊眾佛保、鼐格來到色楞格斯克要求俄國政府歸還蒙古逃人。〔註 23〕這兩名紮爾固齊在色楞格斯克等待了近四十天，直到郎克從伊爾庫茨克回到色楞格斯克才受到接見。當他們向郎克提出交還逃人一事時，郎克卻提出要看理藩院給他們的證明文書，並以此為藉口，拒絕和他們談判逃人問題，只告訴他們說，已經委託貴族費菲洛夫調查此事，目前尚無結果。〔註 24〕就將兩人打發回中國去了。這事引起了理藩院的嚴重不滿，當聽完眾佛保、鼐格的彙報後，理藩院於雍正元年十二月初九日致書郎克，要求郎克拿出雙方談判的時間表：「俄羅斯會議逃人事宜使臣郎克：據本院所派紮爾固齊眾佛保、鼐格回稟：為逃人事，我等抵楚庫柏興後，曾與俄羅斯使臣斯捷潘‧費菲洛夫會議。伊聲稱：候郎克到來再行會議。據此，我等已等候近四十天。十月十四日郎克抵達後，方得以會見。當提及逃人之事，伊稱：我察罕汗飭令查清檔冊後，再與貴國官員會同議定，然如今尚未查清。再，請將貴理藩院派爾等紮爾固齊前來之用印文書，予以一閱。職等答稱：此事若初次交涉，我理藩院必有用印文書。然該項逃人事宜，係為年久往事，何況曾已多次諮行托波爾圖拉長官。然該長官均未回覆，後因爾斯捷潘‧費菲洛夫來文願與貴國紮爾固齊會同議定之語。故此，派我前來。我等專為議定逃人事宜，而非前來送文。郎克稱：為逃人事，曾來文屬實。惟因此次所議事關重大，若無部文，何以為據？故斷不可議等語。

　　據此，本院查得，爾等為逃人之事先前曾遞送文書，聲稱願與我紮爾固齊會同議定，經本院奏報大皇帝後，本以和好為重，故按爾來文，特委員前往。然爾等現今卻以未查清檔冊及無理藩院諮文為由不肯議事。本院因思今若果按爾等之意，派員持部文前往，恐爾又不予議，以致我人員徒勞往返，於事無益。故特請爾將於何時可會議，或是另行派人相議之處，待確定後再繕文送我喀爾喀土謝圖汗轉交本院。由本院奏報聖主，並按爾之所約，再遣派官員前往楚庫柏興，同爾等相會再行明確議定，以了結逃人事宜。如此則可使兩國益敦睦誼，

〔註 23〕　中國第一歷史檔案館：《清代中俄關係檔案史料選編》第一編下冊，中華書局，
　　　　　　1981 年，北京，第 411 頁。
〔註 24〕　班‧卡緬斯基：《俄中兩國外交文獻彙編（1619～1792 年）》，商務印書館，1982
　　　　　　年，北京，第 130 頁。

邊境永得安寧，於雙方均爲有益。故今將爾留存之證書，選一件附於文內，派筆帖式彭素克遞送爾處。望爾閱後速覆。爲此諮行」。〔註25〕此封諮文在第二年的七、八月份才有了回音。色楞格斯克長官於 1723 年 7 月 12 日收到後，給喀爾喀土謝圖汗回覆了一封信函，告知清朝政府沙皇已派出斯捷潘・費菲洛夫前來查辦逃人之事，但具體何時會議逃人之事，待查清時再作決定。具體什麼時候能夠查清，沒有給予明確的說法。〔註26〕

雍正元年六月初六日，理藩院就康熙六十一年被俘的策旺阿拉布坦屬下逃到俄羅斯一事進行交涉。事情的原委是這樣的：清朝軍隊在與策旺阿拉布坦作戰中俘虜的 14 名俘虜脫逃進入俄羅斯境內，在貝加爾湖地區被當地人擒獲，送到了伊爾庫茨克。清朝將軍奇立德知道後向伊爾庫茨克長官索要，但該長官以沒有沙皇的命令而拒絕。理藩院就給西伯利亞總督阿列克謝・切爾卡斯基諮文，要求對方按照《尼布楚條約》中之規定「凡逃亡者不得收納，應拿獲送還」執行。並希望伊爾庫茨克長官儘快呈報沙皇「將我逃往貴國之戰俘，即厄魯特濟爾噶郎等十四人查送前來，以符於前定界約，永頓和好之誼」。〔註27〕

爲了儘快結束中俄兩國的邊界之爭，恢復被清朝政府中斷了的貿易關係，俄國政府也在積極尋找解決問題的途徑和辦法，但並不想將全部逃人遣還。1724 年 2 月間，郎克收到了費菲洛夫對七百餘名蒙古逃人的清查結果報告：「經查閱當地有關薄冊，發現除婦女外，僅有二十六名男人和五十八名爲謀生住在色楞格斯克一帶的通古斯喇嘛，在締結涅爾琴斯克和約時，沒有列入俄國居民的花名冊中，因而應該重新回到中國方面去」。〔註28〕掌握了這些情況後，當年的 3 月 2 日，郎克回覆理藩院於雍正元年十二月初九日致楚庫柏興（色楞格斯克）長官諮文。郎克告知理藩院，俄國政府清查蒙古逃人國

〔註25〕中國第一歷史檔案館：《清代中俄關係檔案史料選編》第一編下冊，中華書局，1981 年，北京，第 411～412 頁。

〔註26〕中國第一歷史檔案館：《清代中俄關係檔案史料選編》第一編下冊，中華書局，1981 年，北京，第 412 頁。此件諮文在班・卡緬斯基：《俄中兩國外交文獻彙編（1619～1792 年）》中也可見到。見該書第 130 頁。

〔註27〕中國第一歷史檔案館：《清代中俄關係檔案史料選編》第一編下冊，中華書局，1981 年，北京，第 410 頁。關於此事也可參閱班・卡緬斯基：《俄中兩國外交文獻彙編（1619～1792 年）》，商務印書館，1982 年，北京，第 128-129 頁。

〔註28〕班・卡緬斯基：《俄中兩國外交文獻彙編（1619～1792 年）》，商務印書館，1982 年，北京，第 132 頁。

籍一事已完結，希望清朝政府仍像從前那樣派遣紮爾固齊來楚庫柏興商議具體歸還事宜：「現我察罕汗據爾方來文降諭我處，並飭令貴族斯捷潘·費菲洛夫前來清查有蒙古地方外逃之人。今我費菲洛夫按我察罕汗諭旨，業已查清逃人，等候爾方派人前來。為永遠和好，望貴國仍按兩國大使前定之約，派紮爾固齊持證書前來我楚庫柏興，將諸事俱行明確議定了結」。〔註29〕歷經康雍兩朝的蒙古逃人問題終於有瞭解決的眉目。

三、歸還蒙古逃人

　　清朝政府收到俄國政府答應就逃人問題展開談判的信件後，立即派出專差於 1724 年 6 月 23 日先期到達色楞格斯克通知郎克，將有兩位高級官員前來談判。〔註30〕7 月 16 日，議政大臣、領侍衛內大臣兼都統、公鄂倫岱，議政大臣、理藩院尚書特古忒到達色楞格斯克。俄國方面由郎克、清查逃人檔冊的費菲洛夫、色楞格斯克長官格利果裏組成談判代表團。

　　雙方在對談判內容的理解上出現了差異。清朝政府以為這次談判能夠解決歸還逃人及劃界等全部問題，但俄國談判代表只準備解決逃人問題，劃界問題因沒有得到沙皇的諭旨而無權談判；對清朝方面提出的如數歸還數年來逃往俄國的上千名蒙古人的要求，以其中大多數為俄國檔冊中記載中人為由，只能歸還九十八人。1724 年，雍正二年農曆六月十日，清朝代表和郎克在色楞格斯克城舉行會談。會談開始時，清朝政府談判代表首先敍述了雍正皇帝派他們此行的目的是為了向俄方表達「和好之道」，「欲按尼布楚之例，勘定喀爾喀邊界並議定逃人、盜案諸事」。〔註31〕隨後，兩位代表向郎克出示了雍正皇帝授予他們的關於劃定兩國邊界的全權證書。但郎克卻回答他們說，自己並沒有被授權談判劃界事。這讓清朝政府談判代表很吃驚。〔註32〕他們馬上詢問郎克，既然沙皇沒有命令貴使臣談判劃界事宜，是否就意味著對歸還逃人也沒有說法。郎克

〔註29〕中國第一歷史檔案館：《清代中俄關係檔案史料選編》第一編下冊，中華書局，1981 年，北京，第 413 頁。

〔註30〕班·卡緬斯基：《俄中兩國外交文獻彙編（1619～1792 年）》，商務印書館，1982 年，北京，第 132 頁。

〔註31〕中國第一歷史檔案館：《清代中俄關係檔案史料選編》第一編下冊，中華書局，1981 年，北京，第 421 頁。

〔註32〕班·卡緬斯基：《俄中兩國外交文獻彙編（1619～1792 年）》，商務印書館，1982 年，北京，第 133 頁。

說，如果他當時沒有被驅逐出中國的話，其實逃人一事早就完結了。那時，當伊茲瑪伊洛夫回國向沙皇彙報了中國方面的要求後，沙皇就已經下令對蒙古逃人一事作調查，看這些逃人是否是在俄羅斯檔冊內。現已查明，共有九十八名不屬於俄羅斯，「可以給還」。〔註33〕這令清朝政府談判代表十分失望。他們向郎克指出，在清朝政府屢次向俄國政府的行文中，所要求的逃人不止這些：「先前為索還我喀爾喀汗旺紮爾旗鄂秦宰桑所屬一整牛錄人、紮薩克臺吉齊巴克紮布旗之二百四十二人、王丹津旗所屬伊爾布齊宰桑後，所擄去之三男並千餘馬畜和七個駝馱，以及我軍由策旺阿拉布坦處俘獲之濟爾噶郎等十四名厄魯特人等事，本國理藩院曾向貴國屢次移文，然迄今均無回音。總之，我方之逃人，僅巴丹一夥就七百餘人。而貴國現在僅將此未加載檔冊之數十人還我，其餘逃人卻藉口已加載檔冊竟不予歸還，如此可乎？」〔註34〕但不論清朝政府談判代表怎樣據理力爭，郎克以其他人已被記錄在俄國檔冊為由不予歸還，只歸還九十八人。當天，清朝政府談判代表希望俄國代表對自己的意見能夠再仔細商量一下後，就散會了。

因為郎克無權對中俄兩國的劃界問題進行談判，使得抱著極大希望的清朝政府談判代表陷入不安之中，以為此行不能完成劃界談判的任務了，但事情很快就有了轉機。農曆六月十五日，郎克通知清朝政府談判代表說，昨天深夜，他接到沙皇的命令，說已派出大臣前來色楞格斯克，準備會同清朝政府的談判代表「會議了結兩國邊界與逃人等事，以使兩國原定之友好條約益臻完善」。〔註35〕清朝政府的談判代表聽到此消息後非常高興。因為俄國政府的這一舉動正和清朝政府的想法一致，於是，他們打算留在色楞格斯克等待俄國談判大臣的到來。郎克告訴他們說，由於從俄國首都到色楞格斯克距離遙遠，而且道路泥濘難行，估計他們在半年以後才能到達，「貴大臣等不必於此等候。俟我使臣一達楚庫柏興，我即行文貴國理藩院，轉奏大柏格德汗聖鑒，屆時指派大臣相會，再行議定諸事」。〔註36〕清朝政府談判代表得到郎克

〔註33〕 中國第一歷史檔案館：《清代中俄關係檔案史料選編》第一編下冊，中華書局，1981年，北京，第423頁。

〔註34〕 中國第一歷史檔案館：《清代中俄關係檔案史料選編》第一編下冊，中華書局，1981年，北京，第423頁。

〔註35〕 中國第一歷史檔案館：《清代中俄關係檔案史料選編》第一編下冊，中華書局，1981年，北京，第424頁。

〔註36〕 中國第一歷史檔案館：《清代中俄關係檔案史料選編》第一編下冊，中華書局，1981年，北京，第424頁。

的許諾後，也不再堅持等下去，決定押解俄國方面歸還的九十八名逃人回國，其餘逃人等和俄國使臣談判時再說。在這次會晤結束時，郎克又提出請清朝政府准許在色楞格斯克的俄國商務專員和在邊界等候已久的宗教傳道團團長英若森・庫利奇茨基到中國進行貿易和主持聖事活動。清朝政府談判代表以「貴國若不歸還我逃人而本國仍准爾使臣、商人往來，則他國聞知，又當如何議論等情在案」〔註37〕為由，拒絕了郎克的請求。但答應向雍正皇帝轉奏，並將郎克請求恢復貿易的申請書收下。

　　清朝政府談判代表在離開色楞格斯克回國時，專門給沙皇寫了一封信。信中說明：因為接到貴國駐色楞格斯克負責對華事務的俄國官員郎克致理藩院的信函，告知清朝政府，俄國方面已將蒙古逃人問題查清，望清朝政府派人前來會議談判。我大聖主以兩國友誼為重，特派我二人前來會議了結諸項事宜及議定邊界，並提出以兩國現有的卡倫作為既定邊界線的劃界建議。以後凡行人往來、通商貿易均應通過卡倫，不得繞行；雙方應將對方逃人及時、全部歸還；雙方使臣、公文往來，都要殷勤地接待，不得延誤。最後要求沙皇降旨給地方官員，將歷次逃往俄國方面的蒙古人及其他逃人全部歸還中國。此信交由郎克轉交沙皇。1724 年，農曆六月二十三日，清朝政府談判代表離開色楞格斯克返回喀爾喀蒙古伊本。〔註38〕俄國歸還的九十八名逃人也被押回交還喀爾喀蒙古土謝圖汗處理。〔註39〕

　　清朝政府的談判代表回到北京後，向雍正皇帝彙報了他們前去色楞格斯克談判的成果，通報了俄國政府即將派遣重要使臣來華談判的消息。1725 年 1 月 28 日，彼得一世去世，葉卡捷琳娜一世繼位。3 月 3 日，葉卡捷琳娜一世下令將此事通知中國政府。在色楞格斯克的郎克於 7 月 23 日接到將葉卡捷琳娜一世的諭旨，7 月 30 日，郎克就將葉卡捷琳娜一世的諭旨之意寫成文書，派人送到北京。在信件中，郎克告知清朝政府，俄國方面準備再歸還 84 名從喀爾喀蒙古逃到俄國的逃人，並說察罕汗派遣的劃界談判大臣即將前往中

〔註37〕中國第一歷史檔案館：《清代中俄關係檔案史料選編》第一編下冊，中華書局，1981 年，北京，第 425 頁。關於派遣主教入境一事參閱班・卡緬斯基：《俄中兩國外交文獻彙編（1619～1792 年）》第 134 頁。

〔註38〕中國第一歷史檔案館：《清代中俄關係檔案史料選編》第一編下冊，中華書局，1981 年，北京，第 427～428 頁。

〔註39〕中國第一歷史檔案館：《清代中俄關係檔案史料選編》第一編下冊，中華書局，1981 年，北京，第 431 頁。

國。一旦該使臣來到邊界地方，他就馬上將此事通知中國。〔註40〕

　　這次談判雖然沒有達到預期的目的，但雙方在劃界、歸還逃人等問題上達成了一致，雙方冷凍了幾年的關係已經開始緩和，爲下一階段薩瓦・弗拉季斯拉維奇來華談判締結條約創造了條件。

第二節　中俄兩國的和平談判

　　爲了和中國達成和平協議，俄國政府組成了陣容龐大的談判使團，領受了詳細的談判訓令。與此同時，談判使團團長薩瓦・弗拉基斯拉維奇在邊界地區組織好了進駐北京的宗教傳道團。在艱難的談判中，俄國政府通過《恰克圖條約》獲取了大面積的中國領土，並將俄國駐華宗教傳道團的派遣活動合法化。

一、俄國組成劃界談判使團

　　雍正三年，1725 年 6 月 18 日，俄國政府任命薩瓦・弗拉季斯拉維奇爲特命全權使臣。〔註41〕使團的其他組成人員經過更改和補選，直到最後進入中國時才確定下來。主要人員有：秘書伊萬・格拉祖夫，翻譯伊萬・克魯沙利，書記尼基弗爾・康得拉季耶夫，書吏伊萬・索羅維約夫和斯捷潘・皮薩列夫，從莫斯科神學院派往中國學習滿漢語的二名學生：盧卡・沃耶伊科夫和伊萬・雅勃隆采夫跟隨前往。隨使團前去中國的還有醫士布格和一名使臣本人的私人神甫。使團到達色楞格斯克後，商務代表郎克加入了使團，作爲薩瓦・弗拉季斯拉維奇第一助手。〔註42〕根據俄國政府的安排，使團擬將在色楞格斯克等待了幾年的英若森・庫利奇茨基主教帶入中國。〔註43〕

　　使團領受的任務。爲了順利完成任務，俄國政府發給薩瓦・弗拉季斯拉維奇 4 份官方文件：一封致雍正皇帝的信；一份任命薩瓦・弗拉季斯拉維奇全權大使職務的委任狀；一份護照；一份國書。國書和致雍正皇帝的信都是

〔註40〕 中國第一歷史檔案館：《清代中俄關係檔案史料選編》第一編下冊，中華書局，
　　　　 1981 年，北京，第 432 頁。
〔註41〕 班・卡緬斯基：《俄中兩國外交文獻彙編（1619～1792 年）》，商務印書館，1982
　　　　 年，北京，第 136 頁。
〔註42〕 班・卡緬斯基：《俄中兩國外交文獻彙編（1619～1792 年）》，商務印書館，1982
　　　　 年，北京，第 143 頁。
〔註43〕 葛斯頓・加恩：《彼得大帝時期的俄中關係》，商務印書館，1980 年，北京，
　　　　 第 204 頁。

在同一天寫的，即 1725 年 8 月 30 日。〔註44〕但所有的重要任務都在訓令中：外務委員會發給他 45 條訓令，商務部發給他 20 條訓令。此外還有幾條秘密訓令。縱觀所有訓令的內容，主要有這麼幾點：

（一）締結通商條約，至少也要恢復中斷了的中俄貿易。這是使團的中心任務。俄國使團在談判中應要求恢復商隊貿易，准許特列季雅科夫商隊隨同使團進入中國；俄商享受免稅待遇；俄國有權在北京設置商務領事，由郎克擔任；准許俄國商人在中國全境自由貿易，不限人數。

（二）關於劃界問題。訓令要求，薩瓦應竭力收集有關中俄邊境地區的情報，及早繪製一幅邊境地圖，明確指出那些必須屬於俄羅斯的地區，以作為與中國交涉的依據；在談判中，全權大使應運用一切有效方法，拖延劃界時間，以便俄國政府贏得時間得到地圖，作出劃界的最後決定；注意不要把礦區、有價值的戰略要地和領土讓給中國。

（三）關於私逃者問題。除了郎克已決定交還的八十四名逃人外，其他人一概不予交還，但如果因此影響到有關貿易談判，可以采取拖延方法，放在以後再談。

（四）關於派遣宗教傳道團問題。訓令指示，使團應想方設法將英若森·庫利奇茨基主教及其隨行教士秘密帶入中國，然後再設法為他獲取在北京居住以及到各省進行宗教職務上的巡視權利。如果遭到清朝政府的拒絕，可把主教等人留在邊境，但最低限度使團應設法獲得在北京修建一座教堂的權利。〔註45〕

1725 年 10 月 23 日，弗拉季斯拉維奇使團從聖彼得堡啓程，於 1726 年 4 月 16 日到達伊爾庫茨克。在此之前的 1726 年 3 月 5 日，郎克就派遣信使把有關薩瓦任全權大使前來談判劃界的通知送到北京：「今我俄羅斯國君主寄諭前來，令本使臣迅即行文通報貴國。該諭內稱：已派我俄羅斯國君主近侍辦理國務議政大臣·公爵·薩瓦·弗拉季斯拉維奇為大使，由聖彼得堡城，馳往大國向聖主請安，並呈遞慶賀聖主即位及繼承鴻業之書。本俄羅斯君主，為使我兩國永歸和好益敦睦誼，已令該使臣全權辦理了結邊界事務。該使臣抵達京城後將共同議定兩國永遠和好條約，以益敦兩國睦誼，今後決不違此

〔註44〕葛斯頓·加恩：《彼得大帝時期的俄中關係》，商務印書館，1980 年，北京，第 203 頁。

〔註45〕詳細條款內容參閱班·卡緬斯基：《俄中兩國外交文獻彙編（1619～1792 年）》第 137～143 頁。

和好條約等諭。此乃我俄羅斯君主之願望。望將此願望奏報聖主。聖主如何降旨之處，請貴大臣諮覆知照。」同時，郎克也請求「中國大臣准我俄羅斯國商頭特列提亞科夫，攜帶我察罕汗官貨，前往中國貿易」。〔註 46〕

雍正皇帝做好了同俄國進行邊界談判的準備工作。1726 年 2 月 22 日，他頒佈諭旨：「現今鄂羅斯國爲定邊界之故，差使前來。隆科多候伊使到日，即將定邊界之處會同議結」。〔註 47〕雍正四年三月二十六日，理藩院在回覆郎克的信函中宣佈，清朝政府將派出舅舅隆科多和散秩大臣四格前往邊境迎接俄國使臣，「俟爾薩瓦抵達後，即帶領來京」。〔註 48〕

薩瓦‧弗拉季斯拉維奇使團在伊爾庫茨克作好繼續前進的一切準備之後，乘坐平地木船溯安加拉河而上，渡過貝加爾湖，再逆色楞格河而上，於八月間抵達色楞格斯克。1726 年 8 月 21 日，離開色楞格斯克，8 月 24 日抵達距恰克圖十俄里的中國邊境布拉河。〔註 49〕使團的到來，受到了在這裡等候的清朝政府談判代表隆科多、四格的熱烈歡迎。清朝政府談判代表允許薩瓦弗拉季斯拉維奇帶領 120 名隨員前往北京，卻拒絕了使臣要求允許商隊和英若森‧庫利奇茨基主教入境的請求，原因是沒有雍正皇帝的命令。在交涉無望的情況下，薩瓦‧弗拉季斯拉維奇只好在四格的陪同下前往北京。隆科多留在恰克圖等待他們返回後就具體細節進行最後的談判。〔註 50〕

拒絕該商隊入境，是清朝政府採取的一種談判策略，爲了增加談判桌上的籌碼。隆科多在離開北京前往邊界時，雍正皇帝就有諭旨：「議事期間，暫不准俄羅斯商人入境。友好議定完畢，則方可准予進入。若議事前准伊等商人進來，恐有他變，故不准其進入」。〔註 51〕隆科多在雍正四年四月初二日致雍正皇帝的奏摺中又作了進一步的分析：「今據俄羅斯郎克呈請，於使臣薩瓦

〔註 46〕《清代中俄關係檔案史料選編》第一編下冊，第 444～445 頁。

〔註 47〕《清世宗實錄》第 40 卷，中華書局影印本。

〔註 48〕中國第一歷史檔案館：《清代中俄關係檔案史料選編》第一編下冊，中華書局，1981 年，北京，第 443 頁。

〔註 49〕班‧卡緬斯基：《俄中兩國外交文獻彙編（1619～1792 年）》，商務印書館，1982 年，北京，第 148 頁。關於使團的行程，中國社會科學院近代史研究所編著的《沙俄侵華史》這樣說：「九月一日，薩瓦離開伊爾庫茨克，四日到達離恰克圖十俄里的布林河，和隆科多、四格相晤。」見該書第一卷第 244 頁。

〔註 50〕班‧卡緬斯基：《俄中兩國外交文獻彙編（1619～1792 年）》，商務印書館，1982 年，北京，第 149 頁。

〔註 51〕中國第一歷史檔案館：《清代中俄關係檔案史料選編》第一編下冊，中華書局，1981 年，北京，第 448 頁。

等到來之前，准其商人入境一事看來，其所慮者，恐該使薩瓦與我議定邊界時，為爭執先前議定之處，致使其商人被耽擱。再，其欲將俄羅斯帶來之貨物出售，換取金銀綢布，以濟該國之急需。因先前亦有將其所得銀兩速行帶回之事。又，今與俄羅斯議定喀爾喀邊界，以理而論，雖不可議商務，惟因俄羅斯係外國，以貿易牟利為重，今若准其商人入境，則俄羅斯再無緊要之請求。故奴才愚見，應暫不准俄羅斯商人入境。俟其使臣薩瓦到來，奏請聖主後，可施天恩，准其入境。奴才管見所及，謹奏請旨。」〔註52〕就這樣，商隊和宗教傳道團被留在了恰克圖。

二、俄國政府更換第二屆宗教傳道團團長

薩瓦·弗拉基斯拉維奇對於清朝政府堅決拒絕英若森·庫利奇茨基主教入境的看法。薩瓦意識到，在沒有完全解決影響兩國關係發展的問題之前，現在提出派遣宗教傳道團駐華不現實，而且以主教作為宗教傳道團團長的身份很不合適。因此，他在和清朝政府談判代表隆科多和四格交涉完畢後，於1726年8月31日寫信向外務委員會報告說：關於英若森主教的入境問題，看來中國方面是不會同意的。因為西伯利亞總督在給清朝政府發出的信函中稱主教為大師，而這樣的重要人物在中國是極受尊敬的，地位非同一般。在中國，大師的稱號是專門用來稱呼中國喇嘛的。稱俄國東正教主教為大師，這在中國人看來是非常不可思議的，會引起他們的反感，似乎這位主教是一位非常的人物，而他們的大臣曾對商務代表郎克說過，清朝政府的皇帝從未諭令接待這樣的大人物。而且自明朝起，西方來華傳教的傳教士都沒有超過主教這一級別，一般的身份都是神甫，儘管他們也曾申請過讓主教進入中國，但都沒有成功過。〔註53〕他自己認為，當中俄之間的一切問題解決了以後，清朝政府也許可能接待一名修士大司祭和幾名修士司祭，但決不會接待主教。〔註54〕

薩瓦決定更換宗教傳道團團長人選。在報告中，薩瓦對英若森失去了信

〔註52〕中國第一歷史檔案館：《清代中俄關係檔案史料選編》第一編下冊，中華書局，1981年，北京，第448頁。

〔註53〕阿朵拉茨基：《駐北京宗教傳道團的早期活動（1685～1745）》，俄文版，莫斯科，1997г.第102頁，註釋91。

〔註54〕班·卡緬斯基：《俄中兩國外交文獻彙編（1619～1792年）》，商務印書館，1982年，北京，第149頁。

心，說英若森主教本人希望返回俄國。這樣也好，因爲他是個遇事沒有主見的人，派他去中國也不會爲俄羅斯帝國增添多大榮譽。如果爲了表示對神的虔敬，必須要派遣一名神職人員前去北京的話，可以考慮用修士大司祭的名義派遣一名能幹而有學識的人士率領四至六人去北京，由最高聖務會議賦予他以主教的權力，但要求擔當此職的人決不能把這一點洩露出去。薩瓦·弗拉基斯拉維奇還建議，如果現在莫斯科政府認爲由於旅途遙遠，來不及派遣這樣一名神職人員，他推薦伊爾庫茨克主昇天修道院的修士大司祭安東尼·普拉特科夫斯基擔任這一職務。〔註 55〕原因是這位修士大司祭目前正在教授一些兒童學習蒙語，他過去曾經在北京住過，〔註 56〕是一位頭腦清醒，天資聰慧的人士。

關於英若森主教沒能進入中國的原因，還有另外一種說法是宗教傳道團內部出了事：普拉特科夫斯基爲了達到自己去中國的目的，在此事上做了手腳，改變了薩瓦·弗拉基斯拉維奇對英若森的良好印象，使薩瓦·弗拉季斯拉維奇大使失去了對英若森主教的好感。持這一觀點的是第八屆宗教傳道團團長索夫羅尼·格裏鮑夫斯基。他在《關於俄國人何時開始在北京定居及北京之有俄羅斯東正教的情況報導》中記述道：安東尼·普拉特科夫斯基希望去北京，「他千方百計搞陰謀，想使主教受到伯爵的懷疑。爲此目的，他裝著去辦事的樣子從伊爾庫茨克來到色楞格斯克，開始了他的陰謀活動。他打聽到伯爵要到至聖的主教那裡去的時間，就先到至聖的主教那裡去做客，借長時間聊天的機會，灌了主教二杯伏特加酒。由於主教過去喝酒從未超過一小杯，因此他便喝的醉醺醺的，一下子睡著了。沒過半小時，伯爵來了。至聖的主教得到通報後，勉強爬起來出去迎接。伯爵看到他神態異常，認爲醉的很厲害，立刻就走了。普拉特科夫斯基得知自己的計謀很成功，於是又開始或者通過自己的朋友，使伯爵對至聖的主教更加不信任。經過一段時間後，他的陰謀得逞了，因爲伯爵曾多次從爲普拉特科夫斯基出力的人口中聽到關於至聖的主教嗜酒這一虛構的事，

〔註 55〕班·卡緬斯基：《俄中兩國外交文獻彙編（1619～1792 年）》，商務印書館，1982年，北京，第 150 頁。

〔註 56〕1720 年，當伊茲瑪伊洛夫使團前往北京經過伊爾庫茨克時，就帶上了當地主昇天修道院的修士大司祭安東尼·普拉特科夫斯基。1722 年返回時，他又同使團一塊返回來。回來後，伊茲瑪伊洛夫深感俄國需要蒙文譯員，命令普拉特科夫斯基在伊爾庫茨克開辦了專門學習蒙語的學校。班·卡緬斯基：《俄中兩國外交文獻彙編（1619～1792 年）》第 111、120 頁，葛斯頓·加恩：《彼得大帝時期的俄中關係》第 266 頁。

而且有一次還親眼看到至聖的主教醉酒的樣子，於是就產生了一種印象，好像主教經常酗酒，所以斷然取消了派他去北京的決定，改派修士大司祭安東尼‧普拉特科夫斯基去北京」。〔註57〕此外，還有一種說法是阿朵拉茨基的記述：最高聖務會議認為「至聖的英若森對道德純正無暇的西伯利亞異族人更為重要和有益。」因而於 1727 年 1 月頒發了一道命令，讓他重新返回伊爾庫茨克對當地歸入俄國國籍的異族人進行皈依東正教的活動。〔註58〕

俄國政府得到薩瓦‧弗拉季斯拉維奇的報告後，表示同意他的看法，外務委員會於 1726 年 12 月 14 日做出決定：「不要讓英若森‧庫利奇茨基主教前往北京，而從伊爾庫茨克派遣主昇天修道院修士大司祭安東尼代替他。該安東尼應帶有適當人數的修士司祭和其他教堂輔助人員。他在伊爾庫茨克教習蒙語的幾名學生也隨同前往，以便他們在北京繼續學習。關於將來由此間派遣一名學識豐富、辦事幹練的神職人員前往北京，並讓他先在此間秘密升為主教，而到北京以後則以修士大司祭身份主持教堂祈禱儀式一事，應徵詢最高聖務會議的意見」。〔註 59〕由於路途遙遠，當外務委員會做出這項決定時，薩瓦‧弗拉季斯拉維奇使團已經到達了北京。

不管怎樣，第二屆傳道團團長的人選總算確定下來了。現在所做的就是等待中俄雙方會談的結果。一旦雙方達成協議，消除掉阻礙，傳道團就可以進入中國了。

三、《恰克圖條約》為俄國宗教傳道團進入中國取得合法地位

1726 年 9 月 2 日，薩瓦‧弗拉季斯拉維奇使團從布拉河啟程，開始了前往北京的旅程。使團於 10 月 10 日抵達張家口，受到當地政府的熱烈歡迎。在這裡作了短暫的休息後，於 10 月 21 日進入北京城。清朝政府為俄國使團舉行了隆重的入城歡迎儀式。俄國使團在北京度過了六個月的時間。在此期間，薩瓦‧弗拉季斯拉維奇和清朝政府代表吏部尚書察畢那、理藩院尚書特古忒、兵部侍郎圖理琛三人會談三十餘次，先後提出的條約草案共達二十個。

〔註57〕維謝洛夫斯基編：《俄國駐北京傳道團史料》第一冊，商務印書館出版，1978年 10 月第一版，第 40 頁。

〔註58〕阿朵拉茨基：《駐北京宗教傳道團的早期活動（1685～1745）》，俄文版，莫斯科，1997r.第 103 頁。

〔註59〕班‧卡緬斯基：《俄中兩國外交文獻彙編（1619～1792 年）》，商務印書館，1982年，北京，第 151-152 頁。

雙方經過艱難的談判，在清朝政府作出重大讓步的情況下，於 1727 年 4 月 1 日商定暫不在北京簽訂條約，但就原則問題初步達成幾項協議：邊界問題，由於雙方缺乏對烏第河至鄂霍茨克海的地理知識，這一地區留待將來劃定；蒙古地區北部邊境的中俄國界由兩國代表在邊境談判劃定。貿易問題，清朝政府允許俄國商隊每隔三年自費來北京貿易一次，商隊人數限二百人，並在中俄兩國邊境上設置恰克圖和祖魯圖海兩個貿易點，進行經常的貿易。逃人問題，今後兩國應按照《尼布楚條約》互相引渡逃人。宗教傳道團問題，清朝政府允許俄國派遣東正教修士三名來北京，並撥給一塊地基供俄國人建造一座教堂。使臣接待問題，兩國應接待對方派來的外交代表，不予阻難，理藩院和俄國樞密院（薩那特）爲兩國互換文書的機關。

　　雙方正式訂約。薩瓦・弗拉季斯拉維奇使團於 1727 年 4 月 23 日離開北京，前往邊境，準備在那裡和清朝政府的談判代表進行具體的劃界談判。7 月 3 日，中俄雙方在布爾河畔繼續談判。清朝政府的談判代表爲隆科多、策凌、四格、圖理琛四人。俄方代表以薩瓦・弗拉季斯拉維奇爲首，郎克、闊留赤甫、格拉什諾夫爲輔。談判開始階段，由於隆科多在邊界問題上態度強硬，堅持要求俄國歸還所侵佔的大片蒙古土地。無論俄國方面如何施壓，就是不肯做出讓步，幾乎使全部談判陷於停頓。〔註 60〕隆科多的這種誓死捍衛國家主權的態度，雍正皇帝並不欣賞。爲了使談判能夠順利進行，結束中俄邊界上長期發生的糾紛，保持和俄國傳統的友好關係，以便處理準噶爾蒙古策旺阿拉布坦的叛亂活動，清朝政府決定作出讓步。於是，8 月 8 日，雍正皇帝將隆科多定罪，押解回京，褫奪了他的一切官職、爵位，抄沒了他的一切財產。〔註 61〕之後，策凌、四格和圖理琛同薩瓦很快就達成了協議，於 1727 年 8 月 20 日簽訂條約。因訂約地點在布爾河畔，所以叫做《布連斯奇條約》。條約有滿、蒙、俄、拉丁四種文本。代表俄方簽字的是薩瓦・弗拉季斯拉維奇和格拉什諾夫，中方爲策凌、四格和圖理琛。《布連斯奇條約》規定了中俄中段邊界：以恰克圖和鄂爾懷圖山之間的第一個鄂博爲起點，由此向東至額爾古納

〔註60〕　葛斯頓・加恩：《彼得大帝時期的俄中關係》，商務印書館，1980 年，北京，第 210 頁。

〔註61〕　班・卡緬斯基：《俄中兩國外交文獻彙編（1619～1792 年）》，商務印書館，1982 年，北京，第 166 頁。後來的事實證明，雍正皇帝對隆科多的處理，爲俄國人通過簽訂條約搶佔中國領土創造了條件。見葛斯頓・加恩：《彼得大帝時期的俄中關係》，商務印書館，1980 年，北京，第 210 頁。

河，向西至沙畢納伊嶺（即沙賓達巴哈，位於唐努烏梁海地區的西北端），北部歸俄國，南部歸中國。〔註 62〕

《布連斯奇條約》簽訂後，中俄雙方開始進行實地劃界工作。格拉什諾夫會同瑚畢圖、那彥泰前往自恰克圖以東地區，闊留赤甫會同四格、寶福和額爾布坦前往自恰克圖以西地區勘察劃界。勘察劃界的結果用兩個界約規定。1727 年 10 月 23 日（雍正五年九月九日），簽訂了中俄《阿巴哈依圖界約》，主要內容是對勘分恰克圖以東至額爾古納河的國界，設立鄂博 63 處進行確定；1727 年 11 月 7 日（雍正五年九月二十四日），簽訂了中俄《色楞額界約》，主要內容是對恰克圖以西至沙畢納伊嶺進行確定。1727 年 10 月 21 日（雍正五年九月七日），清朝政府根據雙方四月初在北京達成的原則協議和八月底在布爾河畔簽訂的《布連斯奇條約》，擬就了一個總條約的草案，經雍正皇帝批准後，於 1727 年 11 月 24 日從北京把它送達邊境，但薩瓦指責其中個別條款與原議不完全相符，拒絕接受。〔註 63〕在北京的郎克在和清朝政府官員交涉修改後，於 1728 年 6 月送來了新的條約文本，薩瓦閱後沒有異議，兩國全權使臣遂於 1728 年 6 月 25 日在恰克圖正式簽字換文，這就是《恰克圖條約》。

《恰克圖條約》有滿文、拉丁文、俄文三種文本。共分為十一款。主要包括邊界、貿易、逃人引渡和俄國傳道團駐華四個方面。

邊界方面。條約第三條作了與《布連斯奇條約》內容相同的規定。條約重申《尼布楚條約》第一條規定：「烏第河及該處其它河流既不能議，仍保留原狀」，俄方不得佔據這一地區。〔註 64〕

〔註 62〕 班‧卡緬斯基：《俄中兩國外交文獻彙編（1619～1792 年）》，商務印書館，1982 年，北京，第 167 頁。

〔註 63〕 「中國大臣於 9 月 13 日才帶著蓋有柏格德汗的玉璽和大臣簽字的上述條約文本回來。使臣把他於 3 月 21 日在北京遞交的草約與中國大臣帶來的這個條約文本進行核對時，發現這一條約文本中幾乎全部條款都被修改了，這使他極為痛心，中國人自己也頗為詫異。因為在修改後的條款中，貶抑和損害了俄國的榮譽，行文傲慢、輕蔑，把中國皇帝稱作王中王和全世界的君主，而且還寫著，關於這一點，使臣似乎為了博得中國皇帝的歡心，在北京時就這樣稱呼過中國皇帝。中國人在修改後的條款中還宣稱烏第河是自己原有的領土，不許俄國人佔有，如果那裏有什麼建築物，要命令予以拆毀。」班‧卡緬斯基：《俄中兩國外交文獻彙編（1619～1792 年）》第 175 頁。

〔註 64〕 關於烏第河問題，清朝政府強調的是俄國方面不得隨意佔領：「爾人斷不可佔據」。（中國第一歷史檔案館《清代中俄關係檔案史料選編》下冊，第 519 頁。）俄文文本（Того ради, понеже ныне нс трактуется о реке Уде ниже о протчих

貿易方面。條約規定俄國商人「人數仍照原定，不得越過二百人，每間隔三年去北京一次」，且均不征稅。除俄國官方商隊來北京通商外，在兩國交界處進行零星貿易者，可在尼布楚和色楞格斯克之恰克圖選擇適當地點建蓋房屋、牆垣和柵子，作爲貿易市場（第四條）。

逃人問題。條約規定，「前越界者容其留於原處，不再歸還。嗣後之逃人，則絕不容隱，兩邊皆應嚴行查拿，各自送交邊界官員」（第二條）。逃兵、逃犯、越境行竊、殺人者和其它逃民按不同情節依法判罪（第十條）。

俄羅斯館修建教堂問題。條約的第五條規定，「在京城之俄館，嗣後僅准前來之俄羅斯人居住。至俄使薩瓦請求修廟一節，由中國辦理俄羅斯事務大臣協助於該館內蓋廟。現在京喇嘛一人住該廟，又按請求再准補派三名喇嘛，俟其到達後，照先來喇嘛之例，供以膳食，安置於該廟。凡俄羅斯人等，可按其規矩前往禮拜念經。再，將薩瓦留於京城念書之四名學生以及通曉俄羅斯文、拉丁文之兩名成年人，亦准住此廟並以官費養之。」〔註65〕

按照雍正皇帝原先的設想，要在這次談判中收回安加拉河以南和貝加爾湖以東一些被俄國侵佔的土地。但實際劃界的結果是清朝政府從原來的立場上作了大幅度的後退，將最好的產貂地區楚庫河上游約三百俄里的土地劃歸俄國，「給俄羅斯帝國帶來莫大的好處。」〔註66〕在薩瓦·弗拉基斯拉維奇卓有成效的談判手段調動下，清朝政府不僅沒有實現「多年來喀爾喀人生計安定，人畜興旺，如今牧場日感不足。應由空鄂羅至楚庫柏興之間，適當向外擴展定界」〔註67〕的願望，而且還將唐努烏梁海原屬中國的大片領土讓給了俄國：「這一邊界較之過去俄羅斯帝國居民所佔有的土地有大量增加，而且還從蒙古領地中將許多從未歸俄國所有的土地劃進了俄國版圖。這一地區過去從未歸俄國管過。」〔註68〕

тамошних реках, но ваши люди не имеют более завладеть на поселение）和中文檔案記載一致，而中國社會科學院近代史研究所編的《沙俄侵華史》卻理解成爲「雙方均不得佔據這一地區」（該書第一卷第266頁），顯然有錯。

〔註65〕 中國第一歷史檔案館：《清代中俄關係檔案史料選編》第一編下冊，中華書局，1981年，北京，第518頁。

〔註66〕 轉引自中國社會科學院近代史研究所編：《沙俄侵華史》第1卷，人民出版社，1976年10月，第250頁。

〔註67〕 中國第一歷史檔案館：《清代中俄關係檔案史料選編》第一編下冊，中華書局，1981年，北京，第439頁。

〔註68〕 班·卡緬斯基編著：《俄中兩國外交文獻彙編（1619～1792年）》，商務印書館，

　　從 1726 年 8 月薩瓦・弗拉季斯拉維奇使團進入中國邊境和清朝政府談判代表隆科多接觸，到 1728 年 6 月雙方在恰克圖正式換文，將近兩年的中俄談判終於劃上了句號。《恰克圖條約》作爲中俄兩國關係史上一個具有劃時代意義的事件，對兩國今後關係的發展走向起到了至關重要的作用。「這個條約一直執行到十九世紀中葉幾乎沒有什麼更改，甚至在十九世紀中葉，條約也不是修改，而是加以補充」。〔註 69〕兩國政府對條約的簽訂都是滿意的，並且都能夠忠實地履行自己所承擔的責任和義務，積極地維護兩國之間的和平，保持著兩國之間的和平睦鄰友好關係，沒有在邊界上發生過軍事衝突。

第三節　《恰克圖條約》簽訂後中俄兩國使團的交往

　　中俄兩國《恰克圖條約》簽訂後，消除了影響兩國關係正常發展的因素，雙方恢復了中斷了數年的關係，展開了經濟貿易、使團互訪的活動。清朝政府第一次派出了直接到俄國首都祝賀沙皇登基的友好使團，受到了俄國政府的隆重接待。在中俄和平友好的環境中，俄國政府派遣的第二屆駐華宗教傳道團也順利地入駐北京，繼續自己在中國的宗教和學習語言活動。

一、《恰克圖條約》簽訂後中國派出使團出訪俄國

　　《恰克圖條約》簽訂後，中俄關係進入了一個和平友好發展的新時期。這首先表現在兩國貿易地點的固定化。依據條約規定，雙方開始進行邊界貿易圈的修建工作很快進入快車道。1728 年下半年，俄國在恰克圖建造市場，同時，清朝政府在緊靠恰克圖的中國邊境建買賣城，作爲兩國進行貿易的商埠。〔註 70〕在以後很長的一個時期裏，恰克圖都是中俄兩國人民進行經濟交流的主管道，名揚世界，被西方人稱爲「沙漠中的威尼斯。」〔註 71〕

　　其次，清朝政府第一次主動地要求向俄國派出一個出訪俄國首都的使團。這個使團由兩部分人員組成，一支是去聖彼得堡專門祝賀沙皇彼得二世

　　　　1982 年，北京，第 387 頁。
〔註 69〕葛斯頓・加恩：《彼得大帝時期的俄中關係》，商務印書館，1980 年，北京，第 214 頁。
〔註 70〕中國社會科學院近代史研究所編：《沙俄侵華史》第 1 卷，人民出版社，1976 年 10 月，第 252 頁。
〔註 71〕王少平：《買賣城》，載《史學集刊》，1986 年第 2 期。

登上皇位（1727～1730），「我大聖主得知後，特降諭旨：俄羅斯國與我國友好會盟多年，接連兩次派使前來。今值其孫費奧多爾繼位慶典之時，著派使臣前往致賀」；〔註72〕而派出另外一支使團到土爾扈特蒙古部落，是因爲「據聞阿玉奇汗已故，由其子繼承汗位。土爾扈特本是恭順之部落，與爾國亦甚友好。我大聖主格外施恩，特遣大臣前往存問，並降旨令伊等與派往爾國之使臣一同前往」，〔註73〕需要假道俄羅斯。1729 年，即雍正七年五月十八日，理藩院就上述事宜致函俄國樞密院。半年後，即雍正八年正月，俄國樞密院答覆理藩院的函件就寄到了中國，許諾「該使臣來時，著派近侍要員一名前往色楞格斯克迎接。凡沿途所需諸物，供給充足，用心照料，迎至莫斯科。返回時亦應照此辦理等諭」。〔註74〕

就在雙方進行公文往來中，雍正七年夏天，即 1729 年 6 月 6 日，使團就從北京出發。前往莫斯科致賀費奧多爾（彼得二世）登上沙皇位的使團，由原侍郎托時、原副都統廣西、原參領宰三組成，而另一支假道俄羅斯前往土爾扈特的使團由原副都統滿泰、布達西、阿斯海組成。兩支人馬使臣 6 人、隨從跟役 48 人，共 54 人，加上「通事以及我喀爾喀臺吉、侍衛、官員、跟役等三十人亦隨同前往」，〔註75〕總共 84 人，組成了一個規模龐大的出訪使團。

俄國政府給予了清朝政府使團極高的禮遇。爲了迎接使團的到來，沙皇彼得二世親自下達諭旨，指示樞密院安排有關的接待事宜。1729 年 10 月 31 日，樞密院派出了九等文官伊萬‧格拉祖諾夫前往中國邊界去接待和護送清朝政府使團到莫斯科，並給予鳴放禮炮的待遇。〔註76〕1730 年 2 月 7 日，清朝使團在恰克圖受到十發禮炮的隆重接待，隨後到了色楞格斯克。1730 年 3 月 3 日，格拉祖諾夫趕到色楞格斯克，然後陪同使團前往莫斯科。途中，格拉祖諾夫說服了另外一支專門前往土爾扈特的使團先去莫斯科。使團經過俄

〔註72〕 中國第一歷史檔案館：《清代中俄關係檔案史料選編》第一編下冊，中華書局，1981 年，北京，第 528 頁。
〔註73〕 中國第一歷史檔案館：《清代中俄關係檔案史料選編》第一編下冊，中華書局，1981 年，北京，第 528 頁。
〔註74〕 中國第一歷史檔案館：《清代中俄關係檔案史料選編》第一編下冊，中華書局，1981 年，北京，第 531 頁。
〔註75〕 中國第一歷史檔案館：《清代中俄關係檔案史料選編》第一編下冊，中華書局，1981 年，北京，第 531 頁。
〔註76〕 班‧卡緬斯基：《俄中兩國外交文獻彙編（1619～1792 年）》，商務印書館，1982 年，北京，第 193 頁。

羅斯許多城市，都受到了熱烈歡迎、盛筵款待和隆重護送。1731 年 1 月 9 日到達莫斯科近郊阿列克謝耶夫斯科耶村，「作按照隆重儀式進城的準備」。〔註77〕1 月 14 日，「他們乘坐九輛轎式馬車，在 31 發禮炮聲、鼓聲和布置在兩個地方的四個野戰兵團的樂隊的奏樂聲中，隆重地公開進入莫斯科」。〔註 78〕1 月 26 日，清朝使團在隆重的歡迎儀式中進入克裡姆林宮，受到了女皇安娜‧伊萬諾夫娜（彼得二世已死）的接見。1 月 28 日，恰逢女皇生日，使團再次被邀請到克裡姆林宮赴宴。〔註79〕

　　俄國政府大臣同清朝使團會談。1731 年 3 月 1 日，俄國大臣同清朝使團進行了會談。雙方互相保證維護已經建立起來的友好關係。俄方對清朝使團提出的口頭建議進行了答覆：（1）對於清朝政府提出的爲了打擊準噶爾蒙古部落而在邊境的軍事行動，俄國不會視爲是針對俄國的；（2）對清朝政府提出的一旦佔領準噶爾蒙古土地，希望將臨近俄國的土地讓給女皇的提議，俄國爲了維護和平和兩大帝國之間的友誼，不會拒絕；（3）對於清朝政府提出的，如果被清軍擊潰的準噶爾人逃到俄國，希望俄國將他們的頭目交給中國，其餘人員只要不構成對清朝政府的威脅，任憑俄國方面處置的提議，俄國許諾，到時會和清朝政府就逃亡人員進行友好協商；（4）對於護送使團到土爾扈特一事，俄國答應這次滿足清朝皇帝的要求，派人護送至該地，但以後涉及到土爾扈特的事項，清朝政府要先和樞密院聯繫，因爲土爾扈特人是女皇的屬民，他們無權繞過俄國政府而決定任何事務。〔註80〕3 月 2 日，清朝使臣被召覲見女皇，向她辭行。3 月 8 日，清朝使團分成兩部分離開莫斯科。原侍郎托時、原副都統廣西、原參領宰三一路返回托博爾斯克，原副都統滿泰、布達西、阿斯海一路繼續前往土爾扈特。

　　敏感的土爾扈特之行。俄國政府派出外務委員會秘書瓦西里‧巴庫寧護送中國使團前往土爾扈特蒙古汗策楞敦多布（車凌端多布）所在地察裏津（今俄羅斯伏爾加格勒）。清朝政府派遣使團前往土爾扈特引起了俄國政府的疑慮，害

〔註77〕　班‧卡緬斯基：《俄中兩國外交文獻彙編（1619～1792 年）》，商務印書館，1982
　　　　　年，北京，第 199～200 頁。

〔註78〕　班‧卡緬斯基：《俄中兩國外交文獻彙編（1619～1792 年）》，商務印書館，1982
　　　　　年，北京，第 203 頁。

〔註79〕　班‧卡緬斯基：《俄中兩國外交文獻彙編（1619～1792 年）》，商務印書館，1982
　　　　　年，北京，第 205 頁。

〔註80〕　班‧卡緬斯基：《俄中兩國外交文獻彙編（1619～1792 年）》，商務印書館，1982
　　　　　年，北京，第 206～209 頁。

怕土爾扈特遊遷回中國。俄國政府叮囑巴庫寧，要他拖延清朝使團的行程，使阿斯特拉罕省長有時間將策楞敦多布官銜由土爾扈特汗更名爲卡爾梅克汗，造成土爾扈特名義上歸屬俄國的假象，斷絕清朝政府今後繼續和土爾扈特聯絡的念頭；並要求他密切注意「中國使臣將向卡爾梅克人提出些什麼建議」。〔註81〕這樣，清朝使團直到 1731 年 6 月 5 日才到達策楞敦多布的住地。在土爾扈特部落盤桓期間，清朝使臣和土爾扈特各頭領進行了多次秘密會晤，並勸說住在土爾扈特被噶爾丹策零排擠出準噶爾蒙古的羅布藏蘇努（噶爾丹策零的弟弟）接受清朝政府的保護，但後者拒絕了。於是，清朝使團於 6 月 15 日離開土爾扈特部落返回托博爾斯克，與早已等候在那裡的原侍郎托時、原副都統廣西、原參領宰三一路會合，11 月 30 日離開托博爾斯克開始了回國的路程。路上，清朝使團向護送他們回國的巴庫寧詢問了有關土耳其國家的問題，表達了中國派出使團假道俄羅斯前往該國的意向：「土耳其王國有多大？它的首都叫什麼？是否可從中國派使團途經俄國前往那裡？」〔註82〕

　　清朝政府派出第二個出訪俄國和土爾扈特的使團。就在第一個使團從色楞格斯克前往莫斯科路上的時候，彼得二世於 1730 年 1 月 18 日亡故，女皇安娜・伊萬諾夫娜登基。半年後，俄國政府樞密院將這一事件通知了清朝政府理藩院，理藩院於雍正八年十二月十八日諮行樞密院，對彼得二世去世表示哀悼，對女皇即位表示祝賀，並決定派出專門使團前往。〔註83〕隨後，清朝政府派出由內閣學士德新、侍讀學士巴延泰爲使臣，攜帶禮物前往俄國祝賀女皇登基，派遣大臣、內閣學士班第、總管內務府大臣賴保、原侍郎色楞額前往土爾扈特。〔註84〕但這次俄國政府不像上次那樣痛快了。清朝政府在諮文中所透露出來的對準噶爾必勝的信心，使俄國政府擔心清朝政府在統一準噶爾後與這些蒙古部落建立統一聯盟，勢必構成對俄國的威脅。因此，俄國外務委員會向伊爾庫茨克副省長若洛鮑夫和布霍利茨上校指示，可將前往

〔註81〕班・卡緬斯基：《俄中兩國外交文獻彙編（1619～1792 年）》，商務印書館，1982年，北京，第 211 頁。

〔註82〕班・卡緬斯基：《俄中兩國外交文獻彙編（1619～1792 年）》，商務印書館，1982年，北京，第 219 頁。

〔註83〕中國第一歷史檔案館：《清代中俄關係檔案史料選編》第一編下冊，中華書局，1981 年，北京，第 537～540 頁第 231 件檔案檔及附錄中，班・卡緬斯基：《俄中兩國外交文獻彙編（1619～1792 年）》第 198 頁也有記載。

〔註84〕中國第一歷史檔案館：《清代中俄關係檔案史料選編》第一編下冊，中華書局，1981 年，北京，第 548 頁。

莫斯科的中國使節護送至托博斯克，但「絕對不准新派往見卡爾梅克汗的中
國使臣進入俄國，要書面通知北京理藩院……因爲卡爾梅克領主們早已臣屬
俄國，他們不能夠，也不應當接待外國使節」。〔註85〕這樣，俄國政府將內閣
學士德新、侍讀學士巴延泰爲使臣的前往聖彼得堡使團放行，而將前往土爾
扈特的班第等人阻攔在了恰克圖，一直留住三年，也沒有等到俄國政府的入
境通知。

　　第二個使團在俄國首都受到隆重歡迎。1731 年 4 月 21 日，就在清朝政府
第一個使團回國的途中，內閣學士德新、侍讀學士巴延泰率領的第二個使團
抵達恰克圖，10 月 8 日抵達伊爾庫茨克，1732 年 1 月 8 日在楚雷姆河同第一
個出使俄國的使團會合。分手後，在俄國外務委員會秘書瓦西里·巴庫寧的
陪同下於 2 月 18 日抵達托博爾斯克，4 月 27 日來到聖彼得堡，「他們乘坐宮
廷馬車，在沿路排成兩行的三個部兵團擊鼓奏樂和海軍部大廈鳴放三十一響
禮炮聲中舉行了入城式。總而言之，入城和覲見時的所有儀式，都與去年到
過莫斯科的第一個中國使團一樣」。〔註86〕轉天，正好是女皇加冕紀念日，中
國使團覲見了女皇和兩位公主，受到盛宴款待，晚間還受邀參加舞會並觀看
煙火和彩燈。〔註87〕雙方互贈禮物後，7 月 9 日，中國使團奉召去觀見女皇並
辭行，受到了像第一次接見時的待遇。7 月 15 日，使臣們帶著俄國女皇「對
柏格德汗友好情意和堅決維護兩國已確立的和平與良好睦誼離開聖彼得堡。7
月 27 日到達莫斯科後，使臣們受到樞密院的盛情招待，還參觀了若干工廠。
8 月 2 日，使團踏上了回國的路程，路過伊爾庫茨克和色楞格斯克時，都受到
了鳴放禮炮和盛筵的歡迎」。〔註88〕

二、俄國政府派出第二屆宗教傳道團

　　《恰克圖條約》簽訂之後，俄國使臣薩瓦·弗拉季斯拉維奇就開始組織

〔註85〕班·卡緬斯基：《俄中兩國外交文獻彙編（1619～1792 年）》，商務印書館，1982
　　　　年，北京，第 219 頁。

〔註86〕班·卡緬斯基：《俄中兩國外交文獻彙編（1619～1792 年）》，商務印書館，1982
　　　　年，北京，第 230 頁。

〔註87〕班·卡緬斯基：《俄中兩國外交文獻彙編（1619～1792 年）》，商務印書館，1982
　　　　年，北京，第 230 頁。

〔註88〕班·卡緬斯基：《俄中兩國外交文獻彙編（1619～1792 年）》，商務印書館，1982
　　　　年，北京，第 232 頁。

新一屆傳道團前往中國的事宜。

還在 1726 年 12 月 30 日，俄國女皇葉卡捷琳娜一世根據最高聖務會議提供的薩瓦關於派遣宗教傳道團到中國的報告，下達諭旨：〔註89〕

宗教傳道團人員由神職人員和學生組成。一旦薩瓦‧弗拉季斯拉維奇伯爵收到中國汗允許傳道團團長入境的許可通知，他就將伊爾庫茨克主昇天修道院修士大司祭安東尼‧普拉特科夫斯基和有修養的傳教士及其他教堂服務人員派往那裡，人數是三到六個。要求從伊爾庫茨克蒙語學校挑選幾名學生隨同修士大司祭安東尼‧普拉特科夫斯基前去北京，以便繼續在北京學習蒙語，並學習滿漢語。

傳道團人員薪水來源及數目。根據最高聖務會議的決定，要從伊爾庫茨克主昇天修道院的收入中付給該修士大司祭及其隨同人員路費和他們在北京第一年的生活費。以後該修士大司祭和陪同他的教堂輔助人員、學生的年薪由西伯利亞省、國家商隊和其它方面的收入中支付，具體數額爲：修士大司祭每年 500 到 600 盧布，而其他人員的薪水根據西伯利亞總督意見，能夠維持生活就可以了。具體多少，由最高聖務會議根據此諭旨做出決定。

最高聖務會議接到葉卡捷琳娜這道諭旨後決定：「派遣伊爾庫茨克主昇天修道院修士大司祭安東尼‧普拉特科夫斯基和隨行教輔人員及學習蒙語的學生一起（去中國），托博爾斯克和西伯利亞都主教、至聖的安東尼（1721～1740年在位）爲他們解決路費和在北京第一年的生活費，從伊爾庫茨克主昇天修道院的收入中根據估算支付，費用數額與五等文官和西伯利亞省總督、多爾格魯科夫公爵先生共同研究決定」。〔註90〕最高聖務會議的這項決定於 1727年 1 月 20 日被分別寄給了至聖的安東尼都主教、西伯利亞總督多爾格魯科夫公爵、伊爾庫茨克至聖的英若森和修士大司祭安東尼，讓他們協商執行。最後，根據各方面綜合的結果，決定給予修士大司祭每年 550 盧布，並支配 50盧布用於教堂的花銷。教輔人員和學生每人每年 130 盧布。〔註91〕後來，又給他們增加到每人每年 200 盧布。樞密院下令給伊爾庫茨克省辦公廳，讓他

〔註89〕阿朵拉茨基：《駐北京宗教傳道團的早期活動（1685～1745）》，俄文版，莫斯科，1997г.第 110 頁。

〔註90〕阿朵拉茨基：《駐北京宗教傳道團的早期活動（1685～1745）》，俄文版，莫斯科，1997г.第 110 頁。

〔註91〕班‧卡緬斯基：《俄中兩國外交文獻彙編（1619～1792 年）》，商務印書館，1982年，北京，第 186 頁。

們從西伯利亞地區的收入中支出這筆錢。〔註92〕

先期派往北京的宗教傳道團人員。就在 1727 年 8 月 20 日《布連斯奇條約》簽訂後不久，清朝政府就同意在邊界等候已久的俄國商隊前往北京貿易，於是薩瓦·弗拉季斯拉維奇專門於 1727 年 8 月 30 日回到楚庫河口鎮的新彼得羅巴甫洛夫卡要塞，安排商隊進京事宜。9 月 13 日，該商隊隨商務代表郎克和商務專員莫洛科夫出發。隨商隊一起走的有三名專門派去學習蒙語和漢語的學生：盧卡·沃耶伊科夫、伊萬·普霍爾特和費多特·特列季雅科夫。他們於 1727 年 12 月 26 日到達北京。〔註93〕

根據最高聖務會議 1727 年 1 月 28 日的指示、都主教安東尼和伊爾庫茨克至聖的英若森的命令，薩瓦·弗拉季斯拉維奇親自組成第二屆駐華宗教傳道團，該屆傳道團由下列人員組成：

宗教傳道團團長：修士大司祭安東尼·普拉特科夫斯基，來自於伊爾庫
　　　　　　　　茨克主昇天修道院。

神甫：約翰·費裏波夫·費裏莫諾夫，來自於外貝加爾地區特連斯科夫
　　　斯基天使長教堂。

修士輔祭：約瑟夫·伊萬諾維奇（沒有相關的資料介紹）。

修士司祭由第一屆宗教傳道團神甫、目前在北京的拉夫連季·烏瓦洛夫留任。

為了避免引起類似於英若森·庫利奇茨基那樣的麻煩，消除清朝政府的疑慮，俄國政府在通知理藩院的文書中，將以上三人的身份寫成是神甫，還特意強調說，神甫按中國人的說法是喇嘛。〔註94〕

這次所派遣的三名學生是：格拉西姆·舒利金，諾沃捷維卡修道院的孤兒。自 1725 年開始在修士大司祭安東尼·普拉特科夫斯基所創辦的伊爾庫茨克蒙語學校學習。於 1735 年 2 月 28 日病死於北京。〔註95〕

米哈伊爾·波諾馬廖夫，修士大司祭安東尼·普拉特科夫斯基所創辦的

〔註92〕阿朵拉茨基：《駐北京宗教傳道團的早期活動（1685～1745）》，俄文版，莫斯
　　　　科，1997г.第 113 頁。

〔註93〕班·卡緬斯基：《俄中兩國外交文獻彙編（1619～1792 年）》，商務印書館，1982
　　　　年，北京，第 169 頁。

〔註94〕班·卡緬斯基：《俄中兩國外交文獻彙編（1619～1792 年）》，商務印書館，1982
　　　　年，北京，第 186 頁。

〔註95〕阿朵拉茨基：《駐北京宗教傳道團的早期活動（1685～1745）》，俄文版，莫斯
　　　　科，1997г.第 113 頁。

伊爾庫茨克蒙語學校學生，於 1738 年 10 月 18 日病死在北京。

伊拉里昂‧囉索欣，出生於色楞格斯克，神甫的兒子，修士大司祭安東尼‧普拉特科夫斯基所創辦的伊爾庫茨克蒙語學校學生。1761 年逝世於聖彼得堡。他是早期駐北京的幾屆傳道團人員中最有成就的學生，以後會專門介紹他。

延期派出宗教傳道團。本來，薩瓦‧弗拉季斯拉維奇準備讓修士大司祭一塊兒隨商隊同去北京。但是，當安東尼‧普拉特科夫斯基從伊爾庫茨克趕到色楞格斯克時，商隊已經出發，而且他只帶了一個神甫，並且還是個酒鬼。更糟糕的是，安東尼‧普拉特科夫斯基還惹上了官司。伊爾庫茨克主教英若森‧庫利奇茨基告發他，說他帶走了伊爾庫茨克主昇天修道院的公款 300 盧布，造成了修道院的破產。安東尼‧普拉特科夫斯基為了證明自己的清白，在色楞格斯克「含著眼淚」向薩瓦‧弗拉季斯拉維奇請求，讓他延期前往北京，以免他的敵人趁他不在時，毀壞他的名譽。他向薩瓦‧弗拉季斯拉維奇發誓說，他沒有帶走伊爾庫茨克主昇天修道院的財產，他要回去和英若森‧庫利奇茨基對質，澄清對方加在自己身上的不實之詞。一旦他證明自己清白無辜，將一切料理妥當之後，估計轉年春天就能夠擺脫官司，愉快地前往北京完成使命。〔註96〕基於這種情況，薩瓦‧弗拉季斯拉維奇批准了安東尼‧普拉特科夫斯基的請求，讓他返回伊爾庫茨克打官司。同時，也將延期派遣宗教傳道團人員及學生之事通知了清朝政府：「按照定例，我方商人並郎克、專員計二百又二人。前曾將請准我所派喇嘛、學生入境情由，已行文爾處。據報，該人等渡海時，因風大船破而幾經風險，死裏逃生等語。故今伊等暫時不能前往。此次先派學生三人與我商人同往。計連此三名學生，共二百又五人。望准伊等由圖拉前往。該項商人二百名，領隊二人，伊等俟經貿易事竣後理應返回，僅該項學生三人留住京城。該三名喇嘛、三名學生、二名跟役等，將於明春派去。為此行文大臣等」。〔註97〕簽署日期為 1727 年 9 月 28 日於楚庫柏興。薩瓦在這裏找到了一個延期派出宗教傳道團的理由。

修士大司祭安東尼‧普拉特科夫斯基率宗教傳道團前來北京。1728 年 6 月 13 日，薩瓦‧弗拉季斯拉維奇來到伊爾庫茨克，著手派遣以修士大司祭安

〔註96〕班‧卡緬斯基：《俄中兩國外交文獻彙編（1619～1792 年）》，商務印書館，1982 年，北京，第 171 頁。

〔註97〕中國第一歷史檔案館《清代中俄關係檔案史料選編》下冊，第 511 頁。

東尼‧普拉特科夫斯基爲團長的第二屆宗教傳道團到中國的事宜。此時，安東尼‧普拉特科夫斯基剛打完官司，爲自己洗脫了罪名。14 日，薩瓦‧弗拉季斯拉維奇給邊界長官布霍利茨寫信，告訴他說，修士大司祭安東尼‧普拉特科夫斯基已從自己這裡領到了護照，從當地城防司令那裡取得前往北京的通行證。當他帶領兩名神甫、三名學生和兩名跟役到達色楞格斯克後，布霍利茨要根據和平條約寫信給庫倫當局。同時還訓示布霍利茨，在寫信給庫倫當局時不要提修士大司祭的頭銜，而只說是三名神甫、三名學生、兩名教輔人員，總共八個人將到中國去。之所以這樣做，怕說出修士大司祭的頭銜太高，引起庫倫當局的懷疑而不放行。但儘管如此，「有關修士大司祭安東尼一事，布霍利茨也沒少麻煩上述蒙古王公。他曾三次堅決要求讓修士大司祭與數名學生自由前往北京。直到護送修士大司祭及其隨行人員前往北京（途中自負費用）的專差於 12 月 25 日（1728 年——作者）抵達庫倫以後，他才得到蒙古王公對這個問題的肯定答覆」。〔註98〕

　　第二屆俄國駐華宗教傳道團離開前往北京的行程。1728 年 8 月 9 日，第二屆宗教傳道團從伊爾庫茨克來到色楞格斯克，在這裡等待迎接他們去北京的清朝政府官員。同年 10 月 4 日，商務代表郎克從北京返回色楞格斯克。薩瓦‧弗拉季斯拉維奇命令郎克，要他給宗教傳道團發放兩年在北京的生活費：修士大司祭每年 550 盧布，神甫、修士輔祭和三名學生每人每年 130 盧布，用中國的銀兩折付。〔註99〕同年 12 月 25 日，清朝政府派出護送宗教傳道團到北京的官員來到色楞格斯克。郎克付給了修士大司祭安東尼兩年的薪水，總共 2660 盧布。之後，宗教傳道團於 1729 年 3 月 17 日離開色楞格斯克前往恰克圖，〔註100〕同年的 6 月 6 日到達北京。根據《恰克圖條約》第五條的規定，傳道團成員被安排在新建的俄羅斯館住下。俄國駐華宗教傳道團安頓下不久，雍正皇帝就給前來學習的學生指派了教習漢、滿語的教師。〔註101〕

〔註98〕 班‧卡緬斯基：《俄中兩國外交文獻彙編（1619～1792 年）》，商務印書館，1982年，北京，第 192 頁。

〔註99〕 阿朵拉茨基：《駐北京宗教傳道團的早期活動（1685～1745）》，俄文版，莫斯科，1997г.第 118 頁。

〔註100〕 班‧卡緬斯基：《俄中兩國外交文獻彙編（1619～1792 年）》，商務印書館，1982 年，北京，第 192 頁。

〔註101〕 班‧卡緬斯基：《俄中兩國外交文獻彙編（1619～1792 年）》，商務印書館，1982 年，北京，第 192 頁註釋 1。

第四節　第二屆俄國宗教傳道團在北京的活動

　　清朝政府出錢修建了俄羅斯館，並在館內按照法國天主教堂的樣式修建了一座教堂，作爲俄國宗教傳道團神職人員從事宗教活動的場所。第二屆宗教傳道團（1729～1735）來到北京後，開始在中國人中進行傳教布道活動，沒有取得任何成效，反而因爲傳道團內部人員不和損害了俄國人在中國人心目中的形象。但是，來華的學生在學習語言方面取得了不俗的成績。

一、俄羅斯館

　　俄羅斯館由明朝的會同館而來。中國是一個文明古國，歷史上也是一個大國、強國，發達的經濟文化常常引得萬國來朝，按現代的說法是吸引其它國家來學習取經。設館待客是中國古代封建統治者顯示華夏禮儀文化之制度，也是提供給外域各邦來京進行貿易的場所。自西漢起，歷代封建王朝均設有中央客館，兩漢之蠻夷邸，北魏之四夷館，隋唐之鴻臚客館、四方館，兩宋之都亭驛、懷遠驛、同文館、禮賓院，元明之會同館，以此加強中央政府同邊疆民族和境外民族的關係，所以，何秋濤說：「古制外藩朝貢，皆以賓禮待之。漢時置客曹主外國，宋時置同文館，以待高麗諸使，明云會同館，及沿其制，而至我朝，始於舊會同館修建屋宇，以館俄羅斯之人」。〔註 102〕由此觀之，清朝初期的會同館沿用了明朝會同館，俄羅斯館即是由會同館改造而成。對於清朝政府而言，將會同館改成專門接待俄羅斯人的固定場所，是因爲俄羅斯人「及順治康熙年間，向慕德化，重譯來庭，故特設邸舍，以優異之也」，就所接待的俄羅斯人員來看：「其國有貢使、有商人、有來京讀書學生、有駐京喇嘛，又有來學醫術之人。雖事不恒見，然皆以俄羅斯館爲寓居之所」。〔註103〕

　　清朝初期的會同館專門用於接待各國使臣。寓居過會同館的有葡萄牙人、荷蘭人、朝鮮人、俄羅斯人及其他一些國家的人員。會同館最早接待的俄羅斯人是 1656 年順治年間到達北京的巴伊科夫使團。當時，和他們住在一起的還有第一次來到中國的荷蘭人。1675 年，斯帕法裏使團來到北京後，住的地方也是會同館。他在出使報告中說，他一到北京，就被帶到離皇城不遠的一座賓館，「這所賓館住過各國使臣：遠在巴伊科夫時期就住過第一批荷蘭人，大約十年前又

〔註102〕〔清〕何秋濤：《朔方備乘》卷第十二，考六——俄羅斯館考敘。
〔註103〕〔清〕何秋濤：《朔方備乘》卷第十二，考六——俄羅斯館考敘。

住過他們的另一批使者，還有葡萄牙人和其它國家的使臣也在這裡住過」。〔註104〕當時朝鮮使臣來到北京後，也經常下榻於此。1693 年 11 月 13 日至 1694 年 3 月 11 日，《尼布楚條約》簽訂後的俄國政府派出的伊茲勃蘭特使團住在會同館。〔註105〕因他的隨行人員太多，該館住不下，來華朝貢的朝鮮使臣、四品官、冬至正使柳命天沒能住在此賓館，而是被安排住在了智化寺裏。〔註106〕伊茲勃蘭特使團走後的第一年，尼布楚地方長官馬特維·普洛特尼科夫來到北京後，住的也是這個賓館。〔註107〕1719～1721 年來華的伊茲瑪伊洛夫使團被安排到該賓館住宿，也是因為同樣的原因，來華朝貢的朝鮮使臣（冬至使）李宜顯不得不住到普濟寺。〔註108〕據當時隨同伊茲瑪伊洛夫使團一起來到北京的醫生貝爾記載：「這是當今皇帝撥給莫斯科商隊住宿的地方。館院圍著很高的磚牆，館內有三個院子」。〔註109〕

　　俄羅斯館在北京的地理位置。《尼布楚條約》簽訂後經常來華的俄國人大都住在會同館：「俄國和中國簽訂條約以後，中國專門撥出了一所官家的房屋供俄國商隊來北京以及在北京的俄國司祭居住」，更主要的是會同館的地理位置相當好：它「座落在一條叫做江米巷（今東交民巷）的大街上，在皇宮南面半俄里，離前門外的主要商業鬧市區約一俄里，在大城牆（指正陽門至崇文門之間的城牆而言）北面不到四分之一俄里，即距理藩院，或俄國人稱之為外交事務委員會半俄里稍多一點。……因為這個地方靠近理藩院和主要市場。這所房子是中國式的，有四個門，院子中央是一個大客廳，四周是一排類似營房的廂房，間數足夠那些攜帶皮貨前來北京換成銀子作為修士大司祭及其屬下人員的薪俸的小規模商隊使用」。〔註110〕

〔註104〕《十七世紀俄中關係》第一卷第三冊，商務印書館，1978 年，第 557 頁。

〔註105〕〔荷〕伊茲勃蘭特·伊台斯、〔德〕亞當·勃蘭德：《俄國使團使華筆記（1692～1695）》，商務印書館，1980 年，北京，第 197 頁。

〔註106〕〔俄〕T·西姆比爾采娃：《十七世紀末——十九世紀中葉俄朝在北京的接觸（根據朝鮮使臣日記）》，載《遠東問題》（俄文），No4,1998r.

〔註107〕〔荷〕伊茲勃蘭特·伊台斯、〔德〕亞當·勃蘭德：《俄國使團使華筆記（1692～1695）》，商務印書館，1980 年，北京，第 198 頁。

〔註108〕〔俄〕T·西姆比爾采娃：《十七世紀末——十九世紀中葉俄朝在北京的接觸（根據朝鮮使臣日記）》，載《遠東問題》（俄文），No4,1998r.

〔註109〕〔荷〕伊茲勃蘭特·伊台斯、〔德〕亞當·勃蘭德：《俄國使團使華筆記（1692～1695）》，商務印書館，1980 年，北京，第 197 頁。

〔註110〕維謝洛夫斯基編：《俄國駐北京傳道團史料》第一冊，商務印書館出版，1978年 10 月第一版，第 77 頁。

　　俄國使臣薩瓦・弗拉季斯拉維奇在北京和清朝大臣談判期間，被安頓在會同館。他就是看中了該地在交易商品方便的優越的地理位置，堅持向清朝政府提出將會同館專門提供給俄國人居住，並將之寫入了《恰克圖條約》中（第五條 Коен или дом,которой ныне для российских в Пекин обретается,будет для россиян впредь приезжающих,оные сами будут жить в сем доме.）。〔註111〕《恰克圖條約》簽訂之後，會同館正式改名爲俄羅斯館（史稱南館，與俄羅斯佐領所在的教堂相對）。

　　會同館的建築結構及清朝政府對它的修建。根據斯帕法裏的出使報告，他所住過的會同館的情形是：「院子很大，祇是房子有些破舊，並有多處倒塌。院子的周圍有一道石牆，高二俄丈半。賓館內房舍是石築瓦頂平房。天花板是木頭的，沒有鐵結構。賓館內沒有花園和其它可供觀賞的東西，眞是個令人煩悶的地方，像個監牢。把我們安置到賓館以後，立刻就對我們設下森嚴的戒備」。〔註112〕

　　根據《恰克圖條約》第五條規定，由清朝政府出資改建會同館，並在其中修建教堂一所。〔註113〕在第二屆俄國宗教傳道團抵達北京前，俄羅斯館內的教堂就大致建成了。之後，俄國人進一步將它向外拓展。該館的東面是大批居民用房，一直綿延到皇城根下的玉帶河。清朝政府將該館西面和北面的一部分土地讓給了俄羅斯人，使之和來到北京的蒙古人聚集的操場連接起來。〔註114〕俄羅斯館北面的另外一部分是民居，東北角是一個貝勒的花園。龐大的俄羅斯館建築工程一直持續到1735年，才最後建成。

　　教堂的建築結構。教堂的建設過程是一件有趣的事情，從中既能看出工程建設的規模，也能夠反映出中國工匠傑出的智慧。下面是取自俄文資料的記載：1727年12月28日運來了建設教堂的材料：木材、石料和磚。從1728年1月12日起，人們開始將石料砍剁成方石做地基。木匠和傢具工用木料加

〔註111〕 П.Е.斯卡契科夫，B.C.麥斯尼科夫：《1689～1916俄中關係》，東方文獻出版社，莫斯科，1958年，第17～22頁。

〔註112〕 《十七世紀俄中關係》第一卷第三冊，商務印書館，1978年，北京，第558頁。

〔註113〕 班・卡緬斯基：《俄中兩國外交文獻彙編（1619～1792年）》，商務印書館，1982年，北京，第192頁。「由汗出資爲俄國人建築供使節和商人居住的館舍及東正教教堂，並允許在那裏自由信奉基督教；對於從事神事活動的四名俄羅斯族神甫，六名學習語言的學生，均由柏格德汗供以膳宿。」

〔註114〕 阿朵拉茨基：《駐北京宗教傳道團的早期活動（1685～1745）》，俄文版，莫斯科，1997г.第119頁。

工適合建築需要的架子。郎克於 1728 年 3 月 11 日記事時寫到，估計再有兩個月的時間就可以將教堂建成，至於內部裝飾需要慢慢地完善。教堂的樣子取自於法國教堂。主體建築風格按照中國人的方式。牆體用磚砌成，地基和牆角用砍剁成的石材做成。12 根木柱子支撐起整個教堂（北牆和南牆各 5 根，西牆 2 根）。這 12 根木柱子的下端被裹在了方石裏，它們的頂端置放著一根根橫樑，橫樑支撐起人字架。在柱子之間用大塊的平面磚夾著平面石塊砌成牆壁。木柱子被包裹在牆壁裏，剩下一半露在牆外。人字架上釘著柵欄，柵欄上面鋪著木板，木板上面鋪著一層厚厚的和著石灰的粘土，上面扣著圓瓦。整個屋頂由四面翹邊斜坡面組成，翹邊斜坡面的周邊鑲嵌著彩磚，下面的屋簷用砍剁過的磚做成。教堂的西牆用四根露出牆面一半的圓磚柱子裝飾，方形石墩做墊腳。這四根圓磚柱子的外面，在低於教堂整堵西牆一半以下的地方有一個突出的部分，上面用砍削過的磚做了一排帶花紋的屋簷，在其之上還浮著一排高出教堂牆上屋簷的平行棱體。教堂的牆上留置著 9 扇窗戶，採用的是義大利半圓形風格，南面和北面各四個，西牆的門楣上面是一個圓形的窗戶，光線就從那裡透進教堂。在教堂的階梯狀入口處有一個鋪著大理石的平臺。〔註 115〕

教堂建成之後，它的堅固性很快就經歷了一次考驗。1730 年 8 月 19 日，在北京地區發生了一次強烈地震，很多民房都被震塌了，在北京的天主教堂受到了嚴重的破壞，北館在地震中完全倒塌，而俄羅斯館的教堂祇是東南角的牆上裂開了一道縫，整體建築沒有受到損壞。〔註 116〕

教堂內部的裝飾。隨著教堂的建成，教堂內部的裝飾也被提上了議事日程，但教堂用於購買什物的資金短缺問題讓修士大司祭安東尼·普拉特科夫斯基更是頭疼不已。為此，安東尼·普拉特科夫斯基寫信給薩瓦，要他從俄羅斯國內往北京運送教堂所需的諸如聖像壁、法衣、聖餐布和教堂用書。為此，薩瓦寄給修士大司祭安東尼·普拉特科夫斯基 1000 盧布，並按照修士大司祭的請求，從莫斯科往北京派遣了一名聖像畫家。〔註 117〕1731 年 1 月 16

〔註 115〕阿朵拉茨基：《駐北京宗教傳道團的早期活動（1685～1745）》，俄文版，莫斯科，1997г.第 122 頁。

〔註 116〕阿朵拉茨基：《駐北京宗教傳道團的早期活動（1685～1745）》，俄文版，莫斯科，1997г.第 123 頁。

〔註 117〕阿朵拉茨基：《駐北京宗教傳道團的早期活動（1685～1745）》，俄文版，莫斯科，1997г.第 123 頁。

日，安東尼・普拉特科夫斯基寫信給最高聖務會議，請求就教堂內部裝飾問題發出指示。他估計教堂為備齊聖像壁，供桌及其附屬的祭祀用具、修士大司祭和其他教堂人員的法衣、建築教堂的鐘樓和購買香蠟等，共需 2000 兩銀子（3500 盧布）。〔註118〕1732 年，郎克從西伯利亞衙門官費中支出 1000 盧布寄給了在北京的修士大司祭。由於安東尼・普拉特科夫斯基是從伊爾庫茨克，不是從莫斯科來到中國的。伊爾庫茨克地勢偏僻，該地教堂沒有多餘的經書，所以，安東尼・普拉特科夫斯基沒有帶經書來。〔註119〕1732 年，安東尼・普拉特科夫斯基再次打報告給最高聖務會議，請求給他寄來聖餐布、法衣、全套進行宗教儀式的書籍，一本較大的用於舉行聖禮儀式的聖禮書，一口教堂用鐘和必須規定教堂舉行聖事活動的經費總額。〔註120〕

安東尼・普拉特科夫斯基不僅不斷地向國內打報告要求增加新建教堂的款項，而且還軟硬兼施，不斷地向理藩院提出請求：「或者讓他返回俄國，或者給他全部教堂用物（這些教堂用物是從別的修道院拿來的，所以要他為這些用物付錢，可是他又無法弄到這筆錢）。他屢次請求，使清朝官員不勝其煩，最後吩咐他送上一份標明價格的全部教堂用物清單。修士大司祭於 5 月 11 日（1733 年）遞上教堂用物清單，要求用費為二萬盧布。他奉命拿去教堂服裝的樣品，在理藩院給他穿上了全套教堂衣服，給他定做了數件祭服和一頂帽子，但是拒絕給鑽石戒指。他曾為這個鑽石戒指恬不知恥地一再要求，並想使中國大臣相信，似乎沒有這個戒指，他就不能做祈禱」。〔註121〕

1733 年，修士大司祭根據新入教中國人的建議，原打算將教堂的聖化儀式定在 1734 年 2 月份，但由於其它原因，安東尼・普拉特科夫斯基修士大司祭在職期間沒能由他親自主持完成。

北館在 1730 年地震後，教堂裏的聖器被搬到了南館。1732 年，郎克率領商隊來到北京後，該館在原址上重新建立起來，同年 8 月 5 日，在修士大司祭安東尼的主持下舉行了聖化儀式。教堂是由加入中國國籍的俄羅斯佐領集

〔註118〕阿朵拉茨基：《駐北京宗教傳道團的早期活動（1685～1745）》，俄文版，莫斯科，1997r.第 123 頁。

〔註119〕維謝洛夫斯基編：《俄國駐北京傳道團史料》第一冊，商務印書館出版，1978年 10 月第一版，第 110 頁。

〔註120〕班・卡緬斯基：《俄中兩國外交文獻彙編（1619～1792 年）》，商務印書館，1982 年，北京，第 192 頁。

〔註121〕班・卡緬斯基：《俄中兩國外交文獻彙編（1619～1792 年）》，商務印書館，1982 年，北京，第 240 頁。

資修建的。〔註122〕新修建起來的北館，從規模上沒有辦法和南館相比，但增加了牢固性，整個建築用的是石頭，上面修了一個小圓頭鍍金尖頂。教堂的鐘樓用四根木頭杜子圍起來，中間掛著一口鐘，懸掛著兩面中國製造的銅鑼和四個鐵鈴鐺，教堂的門是裝飾著雕刻花紋，前廳過道懸掛著聖像。〔註123〕

　　安東尼‧普拉特科夫斯基在北京期間對傳道團最大的貢獻莫過於購房買地。1733 年，修士大司祭安東尼寫信告訴在色楞格斯克的郎克，說他將教堂附近的三處院子賣了 600 兩銀子，用以彌補宗教傳道團經費上的不足。後來，這三處院子又被傳道團花錢買了回來，安東尼‧普拉特科夫斯基將它們作爲了修士大司祭和其他宗教人員的居室。〔註124〕1735 年，安東尼‧普拉特科夫斯基在俄羅斯館西面從一個滿人手裏買了一處房子，花了 120 兩銀子。同時，俄羅斯佐領所在的教堂也買下了不少地產。1728 年，在通州的一個村莊，花了 140 兩銀子從一個傳姓寡婦的手中買下了一小塊地。1733 年，花了 50 兩銀子從一個滿人手裏買下了位於順義縣一個村莊的高麗營地界的一塊地。1736 年，花了 55 兩銀子在昌平縣衛家窯村，買下了平西府一個司務長名下的一塊地。1741 年，一個不知名的阿爾巴津人後代將自己在韓家坊的一塊私產捐獻給了教堂。〔註125〕

二、第二屆俄國宗教傳道團在京的傳教活動

　　第二屆俄國宗教傳道團來到北京之後，就開始自己的傳教活動，但是，傳教事業並不順利。最初，因爲俄羅斯館裏的教堂沒有建好，安東尼‧普拉特科夫斯基先是住在俄羅斯館的客廳裏，其他宗教人員則有時住在商隊的宿舍，有時住在後邊一排學生宿舍，祇是遇有節日或隆重典禮時才從這裡到聖尼古拉教堂去。〔註126〕由此可以看出，連一個固定教堂都沒有的第二屆宗教傳道團一開始是不會有自己的中國教民的，其傳教對象也就只好或只能選擇

〔註122〕維謝洛夫斯基編：《俄國駐北京傳道團史料》第一冊，商務印書館出版，1978年 10 月第一版，第 42 頁。

〔註123〕阿朵拉茨基：《駐北京宗教傳道團的早期活動（1685～1745）》，俄文版，莫斯科，1997г.第 127 頁。

〔註124〕阿朵拉茨基：《駐北京宗教傳道團的早期活動（1685～1745）》，俄文版，莫斯科，1997г.第 127 頁。

〔註125〕阿朵拉茨基：《駐北京宗教傳道團的早期活動（1685～1745）》，俄文版，莫斯科，1997г.第 120 頁。

〔註126〕維謝洛夫斯基編：《俄國駐北京傳道團史料》第一冊，商務印書館出版，1978年 10 月第一版，第 108 頁。

俄羅斯佐領。但這些人不論是人數，還是對待宗教的信仰熱忱，都已經和從前沒法相比較了。自 1685 年以來，快五十年的時光過去了，第一批阿爾巴津人差不多死光了。前面我們已經敍述過，即使是第一批阿爾巴津人來到北京後，他們對東正教的興趣也大大地降低了，至於他們的後代，自幼受中國文化的薰陶，更不會對該教有多大的興趣。但上帝大概是站在俄國人一邊的。1730 年發生在北京的大地震卻恢復了宗教傳道團的信心。1732 年俄羅斯佐領（也有個別非俄羅斯佐領信徒）共同集資重新修建北館，被看作是俄羅斯佐領回歸上帝懷抱的信號。〔註 127〕「需要指出，以教堂執事德米特利·涅斯切羅夫、五十人長科茲瑪和翻譯雅科夫·薩維爲首的大多數阿爾巴津人，在地震之後建設教堂中表現出了他們對自己宗教信仰的忠誠，毫無疑問，1732 年他們參加了教堂的恢復建設工作和聖化儀式」。〔註 128〕

　　俄羅斯佐領在第二屆俄國宗教傳道團抵達初期，總共大約有五十戶。〔註 129〕18 世紀 30 年代初期，雍正皇帝已經放鬆了對老百姓信奉西方宗教信仰的管制，允許耶穌會教士建築教堂。〔註 130〕在這樣的情況下，俄國宗教傳道團認爲有可能接受本土中國人加入東正教。1731 年 3 月 25 日，修士大司祭安東尼·普拉特科夫斯基向最高聖務會議報告說：有 9 名中國人接受了東正教信仰。總共有 25 名中國人洗了禮，還有 8 名中國人準備接受洗禮。他們有時候是單個人、有時候是兩個人結伴來到教堂接受洗禮。他們既有富人，也有窮人。富有的人自備襯衫、長襪子、矮腰鞋，祇是需要修士大司祭給他們發放銀十字架。〔註 131〕因爲在中國不能夠做出銀十字架，需要最高聖務會議從俄羅斯做好 500 個銀十字架和同樣數量的耶穌小聖像寄來。〔註 132〕爲了讓窮人

〔註 127〕「北京的俄羅斯佐領。被人們稱爲俄羅斯佐領是由於：在中國有一些給柏格德汗服役的俄屬卡爾梅克人和在阿爾巴津附近被俘的哥薩克以及他們的子弟；這些人都信奉東正教。」參見班·卡緬斯基：《俄中兩國外交文獻彙編（1619～1792 年）》，商務印書館，1982 年，北京，第 223 頁註釋 3。

〔註 128〕阿朵拉茨基：《駐北京宗教傳道團的早期活動（1685～1745）》，俄文版，莫斯科，1997r. 第 127 頁。

〔註 129〕班·卡緬斯基：《俄中兩國外交文獻彙編（1619～1792 年）》，商務印書館，1982 年，北京，第 223 頁註釋 3。

〔註 130〕班·卡緬斯基：《俄中兩國外交文獻彙編（1619～1792 年）》，商務印書館，1982 年，北京，第 223 頁。

〔註 131〕阿朵拉茨基：《駐北京宗教傳道團的早期活動（1685～1745）》，俄文版，莫斯科，1997r. 第 128 頁。

〔註 132〕班·卡緬斯基：《俄中兩國外交文獻彙編（1619～1792 年）》，商務印書館，

也能夠接受東正教信仰，安東尼・普拉特科夫斯基就用自己的錢爲這些窮人購買襯衫、長襪子、矮腰鞋。他相信，用這些小恩惠可以吸引更多的中國人接受東正教。

中國人並不是出於眞誠的信仰來皈依東正教。早在 1726 年薩瓦和清朝政府的大臣們在北京進行會談時，清朝政府的官員就向薩瓦指出，所謂有中國人接受東正教信仰的說法並不可靠，「只不過是欺騙俄國神甫；有些人僞裝信仰東正教，只爲接受某些禮物和一個（銀質）十字架，但在贈品到手後，他們仍是中國人。就情理說，兒子怎能脫離父母並拋棄誕生時就已接受的信仰而另去接受別種信仰？實際上，這一切都是騙局。在中國，首先在北京，只有幾十個中國人受過俄國教士的洗禮。大部分是挑水夫，他們是奉命給特使住宅挑水的。在俄國人逗留期間，他們自稱是基督信徒。但是，誰看見或聽見有人帶著十字架？確無一人，這祇是騙局。

應該承認中國大臣們說的是實話：凡在特使住宅挑水和在住宅工作的人，一向稱自己是基督信徒，但沒有一人帶著十字架。特使有時也問過新入教的教徒何以不帶上十字架。有人說將十字架送去鍍金，並有人說十字架丟了……」〔註 133〕

第八屆宗教傳道團團長索夫羅尼也記錄了與此情形大致相同的情況：中國人接受東正教的目的並不是出於什麼眞誠的信仰，而是圖實惠，「中國人從來沒有像俄國商隊來北京時那樣起勁地要求領洗，因爲這樣做可以使他們得到不少好處。他們往往在商隊來到之前，先向別人借妥一筆錢或貨，爲的是等商隊來了以後，領了洗，可以比較方便地同俄國人做生意。當商隊在北京時，這些新領洗的人也經常進教堂；可是在這批商隊走後到下一批商隊到來之前，在教堂裏任何時候也看不到他們的蹤影」。〔註 134〕

即使是第一屆俄國宗教傳道團所在的北館，他們名下的新領洗的中國人也不是很多。第二屆俄國宗教傳道團來到北京時，1715 年來華的第一屆俄國宗教傳道團在北館裏還有一個神甫拉夫連季，三個教堂輔助人員奧西普・加卡諾夫、尼卡諾爾・克柳索夫、彼得・雅庫多夫，由新領洗的本土中國人在

1982 年，北京，第 228 頁。

〔註 133〕萵斯頓・加恩：《彼得大帝時期的俄中關係》，商務印書館，1980 年，北京，第 355 頁。

〔註 134〕維謝洛夫斯基編：《俄國駐北京傳道團史料》第一冊，商務印書館出版，1978 年 10 月第一版，第 73 頁。

教堂禮拜時唱歌。〔註135〕這是最早關於第一屆駐華宗教傳道團所發展的中國本土教民的記載。

第二屆修士大司祭安東尼・普拉特科夫斯基和北館的神甫拉夫連季很快就起了爭端。原因是前者要求後者搬遷到南館，並將北館裏的一切財物移交給他。因為拉夫連季自 1715 年來到北京後，清朝政府給予過他們那一屆成員很高的待遇，他在清朝政府擔任著七品官，享受著那一級別滿洲八旗官員的年薪。他擁有屬於自己獨立的住所和成套的傢具，甚至還有奴僕，土地等財產。這一切都是清朝政府按照他在政府的官職品級——七品官賜予的。相反，自來華前俄國政府一次性給了他們一筆錢後，就再也看不到從俄羅斯國內給他們寄錢來的任何記載。十五年來，拉夫連季完全習慣了居住在當地居民中的生活，因此，他不僅拒絕搬遷到南館，而且還動員修士大司祭從南館搬遷到北館。安東尼・普拉特科夫斯基以沒有接到最高聖務會議的指示為藉口，拒絕了神甫拉夫連季的要求，並為此於 1731 年 1 月 16 日將拉夫連季不服從管理的情況打報告給外務委員會。〔註136〕

修士大司祭安東尼・普拉特科夫斯基不僅和北館的神甫拉夫連季的關係搞得很僵，而且和第二屆駐華宗教傳道團內部成員的關係也不和諧。第二屆駐華宗教傳道團共有神職人員四人，他們是修士大司祭普拉特科夫斯基，修士司祭伊凡・菲裏蒙諾夫、拉夫連季・烏瓦洛夫、修士輔祭約瑟夫・伊凡諾夫斯基（1747 年死於北京），該屆宗教傳道團沒有配置教堂神職人員。〔註137〕南北兩館加起來共有 8 名神職人員。1731 年 6 月 22 日，安東尼・普拉特科夫斯基和自己的修士司祭伊萬・費裏莫諾夫發生爭吵，後者就用刀子將安東尼・普拉特科夫斯基的一隻手給劃傷了。伊萬・費裏莫諾夫被清朝政府發還給俄羅斯。〔註138〕一隻手負了傷的安東尼・普拉特科夫斯基就成了沒有助手的修士大司祭，神甫拉夫連季很不情願地從自己長期經營的北館遷移到了南館來

〔註135〕阿朵拉茨基：《駐北京宗教傳道團的早期活動（1685～1745）》，俄文版，莫斯科，1997г.第 129 頁。

〔註136〕阿朵拉茨基：《駐北京宗教傳道團的早期活動（1685～1745）》，俄文版，莫斯科，1997г.第 128 頁。

〔註137〕蔡鴻生：《俄羅斯館紀事》，廣東人民出版社，1994 年 9 月第 1 版，第 61 頁。

〔註138〕中國第一歷史檔案館：《清代中俄關係檔案資料選編》第一卷下冊，第 581 頁。「去年，爾喇嘛伊萬持刀行刺達喇嘛後，爾喇嘛、學生等請求捉拿兇犯，故經捉拿後送交爾國」。班・卡緬斯基：《俄中兩國外交文獻彙編（1619～1792 年）》，商務印書館，1982 年，北京，第 217 頁。

做修士大司祭的助手，並將自己的財產捐給了北館（聖尼古拉教堂）。〔註139〕

三、第二屆宗教傳道團隨團學生的生活和學習情況

隨第二屆俄國宗教傳道團來華的學生共有六名，中間有過更替。1732 年 9 月 8 日，郎克率領交易完畢的商隊離開北京時，帶走了兩名學生：伊萬‧雅伯龍涅夫和費奧多爾‧特列季雅科夫（也譯作伊萬‧普霍爾特和費多特‧特列季雅科夫），留下兩名他從俄羅斯帶來的莫斯科貴族伊萬‧貝科夫和阿列克謝‧弗拉迪金，代替伊萬‧雅勃隆涅夫和費奧多爾‧特列季雅科夫的位置，使來華留學的學生數目保持在 6 名。〔註140〕所有的學生都被安排在南館裏學習和生活。

留學生的薪水情況。根據薩瓦‧弗拉季斯拉維奇的安排，俄國政府每年爲他們提供 130 盧布的薪水。清朝政府也根據《恰克圖條約》第五條「照例供以膳食」之規定，爲他們每月提供 3 兩銀子和其他傳道團成員一樣的食物。對他們來說，這樣的待遇對於生活在物價昂貴的北京並不是很高，使他們的生活經常顯得很窘迫。1733 年 5 月來到北京的俄國信使彼得羅夫記述到：「駐北京的俄國學生阿列克謝‧弗拉迪金、伊萬‧貝科夫、盧卡‧沃耶伊科夫、伊拉里昂‧囉索欣、格拉西姆‧舒利金及米哈伊爾‧波諾馬廖夫，曾請求蒙古衙門借給他們每人五十兩銀子，但是遭到了拒絕，而且這種無恥行爲受到了申斥，因爲他們除領取俄國發給的薪俸外，還由中國國庫發給他們——學生和教堂輔助人員，每人每月三兩銀子，而修士大司祭和修士司祭則加倍發給」。〔註141〕

之所以出現留學生向清朝政府借錢的情況，是因爲「中國政府發放給學生的薪俸和食物是定時的，而來自俄國政府的薪俸卻總是不定時」。〔註142〕

〔註139〕中國第一歷史檔案館：《清代中俄關係檔案資料選編》第一卷下冊，第 130 頁。

〔註140〕中國第一歷史檔案館：《清代中俄關係檔案資料選編》第一卷下冊，第 575 頁。「據郎克呈稱：本人來時已奉女皇飭諭，於中國學習滿漢文之六名俄羅斯學生中，選調兩名能夠翻譯者，再留兩名學生以補其缺。故帶伊凡、費奧多爾兩名學生，其缺補留本人帶來之伊凡‧貝果夫、阿列克謝‧弗拉蒂廿二人。返回之前，請將該帶回兩名學生，仍交所教先生教習。該項留補之兩名學生，今即准予入學念書等語。」

〔註141〕班‧卡緬斯基：《俄中兩國外交文獻彙編（1619～1792 年）》，商務印書館，1982 年，北京，第 240 頁。

〔註142〕阿朵拉茨基：《駐北京宗教傳道團的早期活動（1685～1745）》，俄文版，莫斯科，1997r. 第 130 頁。

而這種不定時也是和中俄兩國政府官員的態度不同造成的。為了保證駐華的留學生和傳道團成員的生活費供應及時，郎克反對衹是每年年初從伊爾庫茨克的收入中給駐北京的俄國傳道團寄薪水，萬一年初沒有商隊去北京，那麼，他們會因為薪水供應不及時而使生活窘迫。這樣，1730 年 9 月 15 日，樞密院根據商務代理郎克的報告通知最高聖務會議，要其將給傳道團的薪水，由托博爾斯克總督和伊爾庫茨克辦公廳從管庫支出，寄到色楞格斯克。當色楞格斯克長官想讓前去北京的信使將薪水帶到北京徵詢庫倫清朝地方長官的意見時，庫倫長官以信使沒有帶薩那特（樞密院）或者托博爾斯克城印信為由拒絕，並告訴說在北京的傳道團成員和學生的薪水和食物供應非常充足，用不著從俄國寄錢。於是，這筆薪水就留在了色楞格斯克，直到 1731 年郎克率領的商隊去北京的時候才帶走。〔註 143〕

學生們的生活拮据也和遠離祖國、在陌生的環境中寂寞無聊所造成的心情不好有關。心情不好，他們的生活就變得放蕩不羈，揮霍無度，將錢都花在了買酒上。1732 年，據來到北京傳遞信件的信使索羅維約夫中士報告：「在北京的俄國學生中，只有四人適於學習，沃耶伊科夫和舒利金總是酗酒無度」。〔註 144〕生活無節制導致身體狀況惡化，急劇衰弱，走向死亡。沃耶伊科夫和舒利金分別因此而於 1734 年 1 月 7 日和 1735 年 2 月 28 日在北京去世。他們被安葬在阿爾巴津人墓地。〔註 145〕

學生們的學習情況。隨第二屆俄國宗教傳道團來華的學生，初期主要是以學習語言為主。按照規定，給他們開設了俄語、拉丁語、漢語和滿語。漢語和滿語的教師是由雍正皇帝指定的。在四名適於學習的學生中，其中囉索欣學得最好。他不僅很快地掌握了滿漢語的基礎知識，而且因為學習出色，被清朝政府設立的內閣俄羅斯學聘為教習該館學生的先生，理藩院也將來往於中俄兩國政府間的文件讓他翻譯，每年給予 40 兩銀子的薪俸。在他於 1741 年被召返回俄國後，其位置由另外一個學生弗拉迪金代替，所獲得待遇也為 40 兩銀子年薪。

〔註 143〕阿朵拉茨基：《駐北京宗教傳道團的早期活動（1685～1745）》，俄文版，莫斯科，1997г.第 131 頁。

〔註 144〕班·卡緬斯基：《俄中兩國外交文獻彙編（1619～1792 年）》，商務印書館，1982 年，北京，第 224 頁。

〔註 145〕班·卡緬斯基：《俄中兩國外交文獻彙編（1619～1792 年）》，商務印書館，1982 年，北京，第 240 頁。

俄國政府對學生的學習要求很嚴。1730 年 9 月 15 日，俄國樞密院在寫給最高聖務會議的通報中就明確提出：為了使學生們勤奮地學習，修士大司祭有權監督他們學習，要經常向外務委員會報告他們學習功課的情況；對於他們的不聽話和放肆無禮的行為要給予懲罰。〔註 146〕

學生們在京期間所取得的學習成就有一件事能證明，就是他們集體翻譯了一本漢語書。為了讓學生們儘快掌握語言，修士大司祭安東尼在到達北京後，搞到了一本附有 1030 個漢字、名叫《摘錄》的書。他將這本書寄給了最高聖務會議，請最高聖務會議寫信給中國皇帝，讓俄羅斯佐領雅稿·薩文翻譯出來。最高聖務會議決定將此書寄給外務委員會，並說，如果外務委員會沒人能夠翻譯此書，那麼就將這本書寄回北京。看來，外務委員會也沒能找到人將此書翻譯成俄文。1731 年 2 月 10 日，最高聖務會議發佈命令給修士大司祭安東尼，要他在北京將這本書翻譯出來。1732 年 7 月 31 日，修士大司祭安東尼在回答這道命令時說，他沒有能力找人將這本書翻譯出來，因為教習俄國學生的中國先生沒有皇帝的命令，是不敢翻譯的。此時，俄國學生駐北京已經過了三年多的時間，他們就將這本書的翻譯任務完成了。〔註 147〕

學生們不僅能夠進行漢譯俄，而且還能編譯詞典。1732 年郎克在京期間，曾向理藩院提出請求，允許在京學生翻譯巴多明〔註 148〕編撰的漢——拉丁語詞典，「據郎克呈稱：據留住京城學習滿、漢文之俄羅斯學生魯卡告稱，現將西洋人巴多明所修漢文、拉丁文詞彙書，僅在拉丁文學校教習學生。此一書僅以兩體字兼寫而成，儻若補寫俄羅斯文字，編修為三體字書，則非但於互學有益，即是翻譯查字亦甚便當。今魯卡能譯此書。請將此書交俄羅斯學生魯卡及其教習先生共同補譯成書，即三體字詞彙書。如此，將對我兩國和好之道大有裨益等語。

〔註 146〕阿朵拉茨基：《駐北京宗教傳道團的早期活動（1685～1745）》，俄文版，莫斯科，1997г.第 131 頁。

〔註 147〕阿朵拉茨基：《駐北京宗教傳道團的早期活動（1685～1745）》，俄文版，莫斯科，1997г.第 132 頁。

〔註 148〕巴多明（1665～1741），字克安，法國耶穌會教士，1698 年來華。因才能和多識受康熙皇帝的器重，長期在宮廷中任職。在漢學和中國科學研究上卓有成就。在華參與中國皇輿全圖的測量並起主導作用，主持清朝最先設立的外語學校～拉丁語學校。作為法國科學院和彼得堡皇家科學院院士，向歐洲寄發了大量介紹中國文化科學的信件，是中西文化交流史上的著名人物。見曹增友：《傳教士與中國科學》，宗教文化出版社，1999 年 8 月第 1 版，第 147 頁。

　　查得，巴多明所修詞彙一書，即以拉丁文譯漢文同文廣類一書而成，今郎克既請補譯成俄文，則可按所請，向巴多明索回此書，交付俄羅斯學生及其教習先生共譯，以爲教習學生之用」。〔註149〕理藩院在向雍正皇帝請示後，得到了雍正皇帝的批准。

〔註149〕中國第一歷史檔案館：《清代中俄關係檔案資料選編》第一卷下冊，第581頁。

第四章　乾隆前期駐華宗教傳道團在京活動情況

　　第三屆駐華宗教傳道團來華時，正好趕上乾隆皇帝繼位。由於第二屆俄國宗教傳道團駐華人員素質不高，給俄國人在中國的聲譽帶來很大的負面影響。俄國政府和最高聖務會議決定對名聲不佳的第二屆宗教傳道團進行改組，派出了以特魯索夫爲團長的第三屆駐華宗教傳道團，並給他頒發了一份詳細的工作訓令，希望他能有所作爲。但第三屆駐華宗教傳道團也遇到了和第二屆駐華宗教傳道團一樣的問題，傳道團內部的管理一片混亂，特魯索夫被中途換下。緊接著，第四屆俄國駐華宗教傳道團來華，繼續在北京進行傳教事業。

第一節　第三屆駐華宗教傳道團在京活動情況

　　第二屆駐華宗教傳道團的混亂情況，通過來京貿易的商隊總管郎克傳回國內，俄國政府對之進行了整頓，修士大司祭安東尼・普拉特科夫斯基由於種種罪名被捕回國。俄國政府在國內組成了新一屆駐華宗教傳道團，修士大司祭伊拉里昂・特魯索夫被任命爲第三屆駐華宗教傳道團團長，接受了一份詳細的在華傳教的訓令後，率領第三屆宗教傳道團和來京貿易的商隊一同來到了北京，開始了在華活動。從這一屆傳道團起，就再也沒人在清朝政府擔任官職了。

一、修士大司祭安東尼・普拉特科夫斯基被治罪

　　第二屆駐華傳道團的不良行爲傳回俄國，讓俄國政府感到非常憤怒，認爲他們中的一些人損害了俄國人在中國的形象，嚴重地影響了東正教在中國

的傳播事業。在這些人中，首先要給予處罰的是修士大司祭安東尼·普拉特科夫斯基。作爲一團之長，他沒有盡到管理的責任，對於團內的宗教人員缺乏管教能力，自己也因爲行爲不善而得不到團內成員的尊重。

安東尼·普拉特科夫斯基被列舉出的罪責。（1）不安心自己的傳教工作。他於 1729 年 6 月 16 日剛來到北京，就到理藩院宣稱自己想返回俄國去。在北京的日子裏，諸如此類的請求幾乎每年都有。〔註1〕（2）對屬下管理不善。他無法使北館的教堂人員服從自己的管理。他的僕從行爲也非常不檢：修士司祭約翰·費裏波夫·費裏莫諾夫，喝醉酒後企圖殺死郎克，修士輔祭約瑟夫·伊萬諾維奇喝醉酒後竟到理藩院將這件發生在俄國人內部的醜事和清朝官員談論。而他本人，白天和學生們下棋、玩牌和擲骰子，晚上喝得大醉。〔註2〕（3）修士大司祭安東尼·普拉特科夫斯基和手下人員關係的不和睦，被反映到清朝政府理藩院那裡，引起理藩院官員的不滿，向俄國方面提出要求，「希望另換傳道團團長」。〔註3〕1731 年，郎克率領的商隊到達北京後，普拉特科夫斯基的屬下人員全都跑到商隊辦事處去告狀，控告普拉特科夫斯基的種種劣跡。作爲商隊的總管郎克審理了這些案件，回國時就將這些案卷帶回了俄國。1732 年回國後，將這些案卷交給了最高聖務會議。〔註4〕

郎克對駐華傳道團的整頓措施。針對第二屆宗教傳道團內部存在的種種問題，郎克在 1732 年回國前提出了臨時整頓措施。首先是命令傳道團所有成員要尊重修士大司祭。他說，因爲修士大司祭是政府派來的，代表著俄國政府的形象；他們在受到修士大司祭的責罵時，就躲開他。關於修士大司祭普拉特科夫斯基個人的問題，由他回國後向政府彙報，傳道團成員等候政府對普拉特科夫斯基的處理。〔註5〕其次，和理藩院協商對傳道團嚴加管理。嚴禁

〔註 1〕 安東尼·普拉特科夫斯基於 1730 年 6 月 9 日，1731 年 1 月 14 日，1732 年 7 月 20 日，1733 年 5 月 11 日分別提出返回俄國的要求。阿朵拉茨基：《駐北京宗教傳道團的早期活動（1685～1745）》，俄文版，莫斯科，1997г.第 135 頁。

〔註 2〕 葛斯頓·加恩：《彼得大帝時期的俄中關係》，商務印書館，1980 年，北京，第 269 頁。

〔註 3〕 班·卡緬斯基：《俄中兩國外交文獻彙編（1619～1792 年）》，商務印書館，1982 年，北京，第 224 頁。

〔註 4〕 維謝洛夫斯基編：《俄國駐北京傳道團史料》第一冊，商務印書館出版，1978 年 10 月第一版，第 43 頁。

〔註 5〕 維謝洛夫斯基編：《俄國駐北京傳道團史料》第一冊，商務印書館出版，1978 年 10 月第一版，第 43 頁。

傳道團成員夜不歸宿，酗酒滋事生非；也不准他們將酒類等物帶回俄羅斯館內。理藩院將此命令告知守衛俄羅斯館的中方人員，禁止傳道團成員帶酒入內及其於夜間外出。〔註6〕再次，爲了避免以後從俄國寄給傳道團和學生的薪俸於途中被耽擱，郎克和理藩院達成共識，從俄國寄出的錢糧，由清朝政府設在恰克圖的辦事官員轉送，「今郎克既然請求轉送彼國所給之錢糧等，則將彼國所送諸物，均可代爲轉送。又飭交駐恰克圖官員，儻有俄羅斯國給其喇嘛學生送來物品，則可接收後趁便送來」。〔註7〕最後，郎克請求理藩院准許北館的修士輔祭拉夫連季等人前往南館協助修士大司祭在舉行聖事時頌經。理藩院答應了郎克的請求，作出批示：「舊廟頌經佐領下人等，居住此廟念經日久，儻新廟有頌經之事，則令舊廟之人協助即可」。〔註8〕

　　修士大司祭安東尼・普拉特科夫斯基的命運。基於修士大司祭安東尼・普拉特科夫斯基這屆傳道團的不稱職行爲，1732 年 12 月 4 日，最高聖務會議作出決定，選拔一位合適的修士大司祭來組成新一屆駐華宗教傳道團，代替現在北京的修士大司祭安東尼・普拉特科夫斯基、修士輔祭拉夫連季、修士司祭伊萬・費力蒙諾夫和修士輔祭約瑟夫。〔註9〕1734 年 9 月 9 日，女皇安娜・伊凡諾夫娜（1730～1740 在位）頒發一道諭旨：「將修士大司祭安東尼・普拉特科夫斯基及其教堂輔助人員由北京帶回俄國，並把安東尼・普拉特科夫斯基送交最高聖務會議監禁，生活費自理」。〔註10〕1734 年 11 月 6 日，最高聖務會議接到從北京回來的郎克的報告，再次做出決定，將修士大司祭普拉特科夫斯基和他的同事從中國帶回來，以更加能夠勝任這一職務的人取而代之。並將這一任務交給前往北京的郎克辦理。1736 年 11 月 18 日，郎克來到北京後，開始審查安東尼・普拉特科夫斯基在北京期間的所作所爲。〔註11〕但安東尼並不配合，

〔註6〕「今郎克既然返回，亦應嚴飭在我處之所有俄羅斯人等不准伊等夜宿於館外，或酗酒滋事。再，飭交守衛俄羅斯館人員，禁止帶酒入內及俄羅斯人夜間外出。」中國第一歷史檔案館：《清代中俄關係檔案資料選編》第一卷下冊，第 581～582 頁。

〔註7〕中國第一歷史檔案館：《清代中俄關係檔案資料選編》第一卷下冊，第 582 頁。

〔註8〕中國第一歷史檔案館：《清代中俄關係檔案資料選編》第一卷下冊，第 582 頁。

〔註9〕阿朵拉茨基：《駐北京宗教傳道團的早期活動（1685～1745）》，俄文版，莫斯科，1997r.第 138 頁。

〔註10〕班・卡緬斯基：《俄中兩國外交文獻彙編（1619～1792 年）》，商務印書館，1982年，北京，第 247 頁。

〔註11〕班・卡緬斯基：《俄中兩國外交文獻彙編（1619～1792 年）》，商務印書館，1982年，北京，第 256 頁註釋 1。

向商隊辦事處呈遞了一張控告郎克的狀子，說郎克是一個異教徒，故意通過挖地窖來破壞教堂的祭壇，教堂的牆壁因此開裂。經調查是地震造成的，證明是普拉特科夫斯基的誣告。當郎克讓一名宣誓公務員將最高聖務會議的命令送給普拉特科夫斯基時，他以郎克是異教徒為名，將命令扔在地上。他因此受到很厲害的鞭撻，並被囚禁起來。在返回俄國的路上，普拉特科夫斯基被套上鎖鏈，由警衛人員看押，返回彼得堡。返回彼得堡後，他接受了最高聖務會議的審訊，判明他有罪，就剝奪了他的聖職，並將他送到聖謝爾基三位一體修道院監管。直到 1742 年，伊麗莎白·彼得羅芙娜女皇（1741～1761 在位）臨幸該修道院，知道了他的命運後，下令撤銷對他的處分，恢復他的聖職。解禁後，他先是在聖謝爾基三位一體修道院擔任司庫，後來被派到新成立的佩列斯拉夫教區擔任修士大司祭之職，1746 年 7 月 15 日死於任上。〔註12〕

二、修士大司祭伊拉里昂·特魯索夫出任第三屆宗教傳道團團長

　　第二屆俄國宗教傳道團駐華（1729～1735）的使命隨著修士大司祭安東尼·普拉特科夫斯基被捕回國而完結。與此同時，隨同郎克來華的修士大司祭伊拉里昂·特魯索夫接替了他的職位，擔當起了第三屆駐華宗教傳道團團長的使命。

　　第三屆俄國宗教傳道團團長伊拉里昂·特魯梭夫曾來過北京。伊拉里昂·特魯索夫於 1719 年被托博爾斯克都主教安東尼派到勘察加海軍進行宗教服務。1731 年返回。同年出任商隊修士司祭前往北京。但這次旅行沒有給他帶來好運。因為在路上不小心將墨水灑在了一張為祈禱冥福時用的皇帝的畫像，〔註13〕被修士大司祭普拉特科夫斯基告了一狀，說他之所以這樣做，是因為他蔑視那位沙皇。〔註14〕為此，他被郎克於 1733 年 9 月 14 日帶回了莫斯科接受審問，結果被證明無罪。〔註15〕被證明無罪後，「至聖的諾夫哥羅德主教伊凡·普羅科

〔註12〕　維謝洛夫斯基編：《俄國駐北京傳道團史料》第一冊，商務印書館出版，1978
　　　　　年 10 月第一版，第 44 頁。阿朵拉茨基：《駐北京宗教傳道團的早期活動（1685
　　　　　～1745）》，俄文版，莫斯科，1997г.第 139 頁。

〔註13〕　班·卡緬斯基：《俄中兩國外交文獻彙編（1619～1792 年）》，商務印書館，1982
　　　　　年，北京，第 236 頁。

〔註14〕　維謝洛夫斯基編：《俄國駐北京傳道團史料》第一冊，商務印書館出版，1978
　　　　　年 10 月第一版，第 44 頁。

〔註15〕　阿朵拉茨基：《駐北京宗教傳道團的早期活動（1685～1745）》，俄文版，莫
　　　　　斯科，1997г.第 143 頁。維謝洛夫斯基編：《俄國駐北京傳道團史料》第一冊，

波維奇就把他帶到自己的主教府，考查了他的工作能力和態度，也發現他很有才幹，認爲能勝任修士大司祭之職，可以派駐北京」。〔註16〕

欽命伊拉里昂・特魯索夫爲修士大司祭。在1734年9月9日召回第二屆宗教傳道團修士大司祭普拉特科夫斯基的諭令中，女皇安娜・伊凡諾夫娜同時任命了當時在托博爾斯克主教府的修士司祭伊拉里昂・特魯索夫接替他的職位。爲此，女皇下令將特魯索夫提升爲伊爾庫茨克教區修士大司祭，並將他派往外貝加爾使節修道院即主易聖容修道院（位於貝加爾湖東岸）擔任這一職務。9月14日，最高聖務會議就執行了這一提升特魯索夫爲修士大司祭的命令，雖然特魯索夫是在聖彼得堡上的任，沒有到伊爾庫茨克專門去做一回修士大司，但主易聖容修道院從此有了修士大司祭的編制。〔註17〕

爲了讓修士大司祭更加有權威，督促學生更加勤奮地學習，女皇安娜・伊凡諾夫娜在1734年9月9日所頒發的諭令中，再次強調修士大司祭要對駐北京的俄國學生嚴加管教，「如有不服從，不勤奮學習以及行爲不端的，要對他們進行制裁；根據他們的劣行，雖不予以正式逮捕，但可把他們禁閉在俄館特定的房間裏；凡遇有機會，就需將他們的學習和其它情況向外務委員會詳細書面彙報」。〔註18〕

伊拉里昂・特魯索夫領受訓令。俄國最高聖務會議於1734年11月6日、12月31日先後兩次發給修士大司祭伊拉里昂・特魯索夫兩份指導他在中國行動的詳細訓令。前一份命令最重要的一條是要特魯索夫到達北京後，將新建教堂聖化爲奉獻節教堂，並決定給這屆宗教傳道團配備整套的宗教用書，計有：放在供桌上的福音書、聖徒手冊、聖經選集、福音釋義、聖經、教堂條例、三重唱讚美詩集、每月讀物日書（供東正教教徒每日閱讀的書，主要內容爲聖徒言行錄，每月一冊）、八重唱讚美詩集、聖禮書（舉行聖禮用的）、訓誡集、祈禱書、《舊約》詩篇集等各一本；用於傳教活動的30本字母課本，20本識字課本，

商務印書館出版，1978年10月第一版，第44頁。班・卡緬斯基編著：《俄中兩國外交文獻彙編（1619～1792年）》，商務印書館，1982年，北京，第236頁。

〔註16〕維謝洛夫斯基編：《俄國駐北京傳道團史料》第一冊，商務印書館出版，1978年10月第一版，第45頁。

〔註17〕班・卡緬斯基：《俄中兩國外交文獻彙編（1619～1792年）》，商務印書館，1982年，北京，第247頁。

〔註18〕班・卡緬斯基：《俄中兩國外交文獻彙編（1619～1792年）》，商務印書館，1982年，北京，第248頁。

20 本日課經書。〔註19〕

後一份訓令共有 11 條，涉及的內容非常廣泛。〔註20〕核心內容是指導該屆宗教傳道團如何進行傳教布道，修復因為第二屆俄國宗教傳道團人員不檢點的行為在中國人中所損壞了的俄國人形象，讓中國人能夠接受東正教信仰。如第一條和第六條指出，要求修士大司祭駐北京期間立身處世要符合自己的身份。首先要對東正教篤信不疑，舉止要端莊持重，要用熱愛神的品德來管理當地的教徒，工作要勤奮努力，切忌懈怠；其次，要以身作則，做出一切美德的榜樣，盡力防止自己所管理的教徒發生不良行為，以免引起中國人對俄國教會和俄國人民的非難。要按照你的品級穿著服裝和從事神事活動，萬萬不得做沒有規定的和不允許的事，萬萬不得做聖經、聖規和聖父的箴言中所棄絕的以及教會章程中所絕對禁止的事，以免因為修士大司祭的舉止不端和傲慢無禮而妨礙中國人虔信基督教。

訓令中對第三屆俄國宗教傳道團的傳教任務作出了規定，要求他們到中國後要尊重當地各民族的風俗習慣，特別是在飲食和衣著方面，不要干涉他們。一旦他們接受東正教，就要勸誡他們不要再到廟宇中去，既不能聽和尚念經，也不能進行偶像崇拜。要用猶太人作例子，告訴當地人，據聖經記載，由於猶太人拋棄了拯救他們的神而進行偶像崇拜，神是怎麼懲罰他們的。（第二條）

訓令還規定了對新入教的中國教徒的管理辦法，規定將在中國洗禮的教徒納入伊爾庫茨克主教區管轄。到時修士大司祭要將新受洗的中國人的名字、受洗的時間、身份和年齡報告給自己所屬教區。不要接受新洗禮的成年和未成年中國人通過口頭翻譯的懺悔。（第三、十條）

訓令第一次對兩個教堂舉行宗教活動的時間、內容作出了規定。每逢女皇陛下的誕辰、命名日、登基和加冕典禮，或為每一位已故的沙皇、大公、皇室成員等人舉行追薦儀式時，修士大司祭一定要按照教會規定的儀式舉行徹夜祈禱和包括唱祈禱詩在內的利圖爾吉亞，祈求神的保祐。修士大司祭在每年的二月份於奉獻節教堂進行祭祀活動時，一定要向篤信基督教和新受洗的人宣講奉獻節的意義，要講清楚在這個月舉行慶祝活動和中國人按照自己

〔註19〕阿朵拉茨基：《駐北京宗教傳道團的早期活動（1685～1745）》，俄文版，莫斯科，1997r. 第 146 頁。

〔註20〕阿朵拉茨基：《駐北京宗教傳道團的早期活動（1685～1745）》，俄文版，莫斯科，1997r. 第 148～153 頁。

的風俗習慣過節是不一樣的。基督徒不能按照不信基督教的人的方法和精神舉行慶祝活動，而要仿傚和遵循神聖的俄國教堂的禮儀。（第五、四條）

針對第二屆宗教傳道團下級宗教人員對修士大司祭的管教不服以及屬下人員互相爭鬥的行為，訓令要求修士大司祭所屬的修士司祭和教堂人員都要聽從修士大司祭的吩咐，無條件地服從他的教導，要像羊群聽命於牧人、兒子敬重父親、學生敬重老師那樣敬重修士大司祭，不容許有任何不聽話的現象發生。下屬人員有酗酒、打架、夜不歸宿等不端行為，修士大司祭要敢於用語言和行動處罰和制服他們。假如有誰不服管教，出現禁止性行為，在商隊領隊郎克到達北京時，修士大司祭要向郎克報告，由郎克像對待第二屆修士司祭約瑟夫那樣拷打和捆綁他。而當郎克不在北京時，就寫信向最高聖務會議報告誰表現好，誰表現不好，由最高聖務會議派人儘快將其逮捕回國，按照國家法律和其所在城市的律條進行懲治，將其流放到邊遠城市。（第七條）

為了維護俄國傳道團及其俄國政府的信譽，防止和在北京的俄國人交往中失態，傳到中國人那裡被他們恥笑，訓令規定修士司祭和修士輔祭不得接受在北京的俄國人的邀請吃喝。如果由於某種需要一旦去了，那麼不許喝醉。（第八條）

訓令還對宗教傳道團人員和外人及在北京的耶穌會傳教士如何相處也作出了規定，宗教傳道團人員彼此之間以及和外人相處均不得蠻橫無理，爭吵打架，胡作非為和侮辱他人。一旦因為某種原因進城，在街上行走態度要莊重，要規規矩矩，不湊熱鬧，在任何一個地方都不要隨便停留。修士大司祭在北京偶遇耶穌會傳教士，在和其交談時，要表現得熱情，但同時要謹慎，有節制。絕對不要和他們辯論信仰和教義問題。（第八、十一條）

訓令第一次明確規定，俄國駐華宗教傳道團要將中國的狀況和將在中國發生的事件及時地向最高聖務會議彙報（第九條）。這一規定表明俄國宗教傳道團具有了搜集中國情報的功能，反映了俄國政府對中國國內問題的關注，企圖通過駐在北京的宗教傳道團掌握中國國內各方面情況，從而製定出有利於己的政策。這份專門發給第三屆駐華宗教傳道團的訓令，是俄國政府第一次給駐華宗教傳道團發佈的最詳細的命令。自此以後，俄國政府都要給每屆來華的宗教傳道團頒發訓令，並將此作為慣例沿用下來。〔註21〕但清朝政府對此也有自己的

─────────────────

〔註21〕阿朵拉茨基：《駐北京宗教傳道團的早期活動（1685～1745）》，俄文版，莫斯

反映，在第三屆駐華宗教傳道團入駐北京之後，乾隆二年，1737 年，俄羅斯館監督、御史赫慶向乾隆皇帝進奏：「俄羅斯互市止宜於邊境，其住居京城者，請禁貿易，止令以貨易貨，勿以金銀相售。在京讀書子弟，亦不可任其出入，使知內地情形。輿圖違禁等物，禁勿售與」。〔註 22〕清朝政府還密令在俄羅斯館打雜的中國人暗中監視俄國人的情形：「他們奉俄羅斯館監視官的命令，注視著俄國人所發生的即使是極小的過失，並報告給監視官」。〔註 23〕

三、第三屆俄國宗教傳道團人員的組成及其在華活動

外務委員會致理藩院的公函。修士大司祭伊拉里昂・特魯索夫從彼得堡出發時，外務委員會發給他一份護照，並交給他一封以樞密院名義寫給理藩院的公函，說明了新舊宗教傳道團替換的原因：根據 1728 年所訂條約，現駐北京主持神事的有四名神職人員，即安東尼・普拉特科夫斯基、拉夫連季、約瑟夫・伊凡諾夫斯基和伊萬・費利莫諾夫，其中最後一人不久前返回俄國；因前二人駐北京為時已久，樞密院現擬召回他們，另派三人補他們的遺缺，這三人是伊拉里昂・特魯索夫、拉夫連季・烏瓦羅夫和安東尼，與他們隨行的還有三名神職人員，為此特備本函友好請求對新派去的上述神甫給予各種方便、照顧、保護和優待，也請對前任修士司祭拉夫連季和修士大司祭安東尼給予各種方便和協助，准其返回俄國。〔註 24〕上屆宗教傳道團修士輔祭約瑟夫・伊凡諾夫斯基仍然留任。〔註 25〕

第三屆宗教傳道團隨同商隊的行程。俄國政府派出了以商務代表郎克和界務官葉羅費伊・菲爾索夫為領隊的第三批官家商隊，第三屆宗教傳道團被命令隨同官家商隊一同前往北京。修士大司祭伊拉里昂・特魯索夫於 1735 年春天隨商隊從彼得堡出發時，只帶了一個人，傳道團的其他人員，如修士司祭拉夫連季・烏瓦羅夫和安東尼・利霍夫斯基及兩名教堂輔助人員彼得・葉

科，1997r.第 148 頁。

〔註 22〕何秋濤：《朔方備乘》，卷十二，考六──俄羅斯館考敘。

〔註 23〕維謝洛夫斯基編：《俄國駐北京傳道團史料》第一冊，商務印書館出版，1978年 10 月第一版，第 75 頁。

〔註 24〕班・卡緬斯基：《俄中兩國外交文獻彙編（1619～1792 年）》，商務印書館，1982年，北京，第 248 頁。

〔註 25〕維謝洛夫斯基編：《俄國駐北京傳道團史料》第一冊，商務印書館出版，1978年 10 月第一版，第 61 頁。

夫列夫，彼得・卡緬斯基早就在伊爾庫茨克等待著修士大司祭的到來。〔註26〕這個官家商隊還有兩位隨隊神甫伊萬・格連別什科夫和修士輔祭維克多，他們還是風景畫家，受命給北京的教堂繪畫。〔註27〕郎克還帶了一名出生於佩列斯拉夫爾－紮列斯基城出生的學生伊萬・希哈列夫，代替在北京去世的學生盧卡・沃耶伊科夫。〔註28〕

　　郎克覲見乾隆皇帝。商隊和宗教傳道團於1735年7月9日在中俄交界邊城祖魯海圖附近進入中國界內，而後由此出發於當月24日抵達海拉爾河。在前往北京的途中，郎克得到了雍正皇帝駕崩、四皇子弘曆繼位的消息。當他們於11月10日抵達北京時，被安置在俄羅斯館。當天因爲乾隆皇帝率領皇親國戚和滿朝文武官員爲雍正皇帝舉行葬禮，住在郊外，第二天才返回京城，郎克一行沒有受到接見。之後，因爲中國處在服喪期間，儘管郎克多次請求覲見乾隆皇帝，都被拒絕。直到11月23日才被召到理藩院，商討有關覲見事宜。12月6日，郎克覲見乾隆皇帝。郎克向乾隆皇帝表達了俄國女皇安娜・伊凡諾夫娜友好問候之意，並呈上了一宗禮品。乾隆皇帝非常高興：「對貴國女皇的禮物朕極喜愛，現予收納，實深愉快。貴國女皇政躬可好？」接著，乾隆皇帝重申了清朝政府和俄國保持友好關係的願望：「中俄兩大帝國之間的和睦友好關係，從早年起即爲兩國祖先所堅決維護而牢固保持下來。如今俄國又對敝國表示友好情誼，故朕亦願永遠保持並增進已奠定之和平與友誼。爾回國後，應將朕意奏聞貴國女皇。朕亦希望貴代表在所承辦之事務中竭誠致力於擴大兩國之間的友誼」。〔註29〕第二天，郎克率領的商隊就開始了貿易活動，貨物賣得很快。

　　新建教堂的聖化。就在郎克商隊所帶貨物暢銷之際，第三屆宗教傳道團這邊也傳來了好消息。修士大司祭特魯索夫順利地接管了教堂、教堂用具、以及歸教堂所有的財產。〔註30〕12月20日，修士大司祭特魯索夫和三個修士

〔註26〕阿朵拉茨基：《駐北京宗教傳道團的早期活動（1685～1745）》，俄文版，莫斯科，1997г.第153頁。

〔註27〕阿朵拉茨基：《駐北京宗教傳道團的早期活動（1685～1745）》，俄文版，莫斯科，1997г.第154頁。

〔註28〕班・卡緬斯基：《俄中兩國外交文獻彙編（1619～1792年）》，商務印書館，1982年，北京，第257頁。

〔註29〕班・卡緬斯基：《俄中兩國外交文獻彙編（1619～1792年）》，商務印書館，1982年，北京，第258頁。

〔註30〕維謝洛夫斯基編：《俄國駐北京傳道團史料》第一冊，商務印書館出版，1978

司祭、一個神甫（約翰・格列別什科夫）和兩個修士輔祭（約瑟夫和維克多）一起對新建教堂進行了聖化儀式。正在接受審查的前任修士大司祭安東尼・普拉特科夫斯基沒有參加。〔註31〕聖化後的教堂正式被命名爲奉獻節教堂。

　　新建教堂的名字是薩瓦・弗拉基斯拉維奇決定的。關於教堂被命名爲奉獻節教堂的原因，第四屆俄國駐華宗教傳道團成員費奧多西・斯莫爾熱夫斯基認爲有兩種可能性，「第一，因爲伯爵（薩瓦・弗拉基斯拉維奇）是在1727年3月21日在北京簽訂了條約的頭幾項條款的，所以他大概是二月間來到北京的，而二月裏沒有比奉獻節更大的節日，所以就用奉獻節的名義奠基。如果伯爵到達北京的那天正是奉獻節，這種猜想就更爲切合實際了。第二，可能中國新年開始在二月上旬，或者就在2月2日（俄曆2月2日爲東正教奉獻節）這一天，這種情況是常有的，所以要在此期間讓人們舉行慶祝和禱告來崇敬上帝而不要去崇拜偶像，也許就是這一想法促使伯爵以這個節日的名義去建立教堂。這種情況我們在歷史上也可以看到。古羅馬規定奉獻節要舉行隆重的慶祝，就是因爲正是在奉獻節期間那些有罪的和褻瀆上帝的人們爲酒神巴克科斯舉行慶祝儀式的緣故。也許這就是伯爵如此決定的眞實原因」。〔註32〕無論如何，我們從這裡能夠作出準確判斷的是教堂的名字是由薩瓦・弗拉基斯拉維奇決定的。

　　第三屆駐華宗教傳道團駐華初期開展的另一項工作是對教堂內部的裝飾。前任修士大司祭安東尼・普拉特科夫斯基在任時，因爲缺少資金、教堂裝飾物和聖像繪畫家，一直沒有完成對教堂的裝飾工作。他多次向俄國最高聖務委員會和外務委員會提出專門用於新建教堂的裝飾撥款的請求，得到了批准。這次隨商隊專門派來了兩位神甫畫家給新建教堂作畫。

　　教堂內部的裝修主要集中在聖像製作上。關於教堂裏的聖像，俄羅斯佐領所在的教堂一直供奉的是他們從雅克薩帶來的那幅聖尼古拉像。聖化以前的新建教堂（南館），供奉的聖像是「從托博爾斯克運來的，但卻是在基輔畫的。其餘的聖像則是先由中國畫師畫了些時日，後來又經1735年菲爾索夫商隊中一個叫格列別什科夫的司祭和當時也在北京的一個叫維克托的人作了修

　　　年10月第一版，第45頁。

〔註31〕阿朵拉茨基：《駐北京宗教傳道團的早期活動（1685～1745）》，俄文版，莫斯科，1997г.第154～155頁。

〔註32〕維謝洛夫斯基編：《俄國駐北京傳道團史料》第一冊，商務印書館出版，1978年10月第一版，第109頁。

改並最後完成」。〔註33〕這次修改和重新作畫耗時半年多（1736 年 11 月～1737 年 5 月），共花費了 200 銀子。〔註34〕

　　第三屆駐華宗教傳道團經費收支情況。教堂是俄國宗教傳道團人員安身立命之地，是傳經布道、開展宗教活動的場所。鑒於新建教堂的設施及內部裝飾還很不完善，女皇安娜・伊凡諾夫娜在 1734 年 9 月 9 日所下達的諭旨中，給予第三屆宗教傳道團更多的經費，用於新建教堂的裝飾和維修。具體包括這麼幾部分：1000 盧布用於新建教堂購買教堂用具和鐘，這部分經費由西伯利亞衙門撥給；從伊爾庫茨克領取價值約 2000 盧布的貨物，在北京變賣後，用於購買教堂附近的三個宅院，或者用於在該地區建造單人宿舍，裝飾教堂以及施捨前來領洗的窮人；每年從伊爾庫茨克領取 50 盧布作爲新建教堂和聖尼古拉教堂舉行聖禮用的經費。〔註35〕

　　第三屆駐華宗教傳道團來華前，就將西伯利亞衙門撥出的專款 1000 盧布的大部分花掉了，分別在莫斯科、托博爾斯克和伊爾庫茨克用 770 盧布 94 戈比購買教堂器皿。在伊爾庫茨克配發的一批價值 2000 盧布的貨物，是第三屆宗教傳道團最大的一筆收入。這批貨運到北京脫手後，獲得 2318 兩 12 分銀子（折合 4000 銀盧布）。1737 年 5 月 5 日，這筆款項由郎克作瞭如下安排——支付給教堂畫聖像的中國畫師，用去 160 兩（折合 220 盧布），剩下的 2157 兩 2 分轉交給了修士大司祭特魯索夫，同時，郎克也將每年用於日常聖事活動的 50 盧布交給了特魯索夫。另外一筆收入是變賣第一屆駐華宗教傳道團修士大司祭伊拉里昂・列紮伊斯基時期的家用什物所得的 41 兩 8 錢銀子（折合 80 個盧布），這筆錢給了修士大司祭特魯索夫，讓他用於教堂的日常開銷。第三筆大的收入是從聖尼古拉教堂的堂長德米特裏・涅斯捷洛夫那裡要回了 158 兩 9 錢銀子和 6 分黃金（折合 300 盧布），從 5 個滿人手裏收回所欠債務達 120 兩 6 錢（折合 240 盧布）。〔註36〕

　　第三屆駐華宗教傳道團個人在北京的生活費用情況。第三屆宗教傳道團

〔註33〕維謝洛夫斯基編：《俄國駐北京傳道團史料》第一冊，商務印書館出版，1978年 10 月第一版，第 110 頁。

〔註34〕阿朵拉茨基：《駐北京宗教傳道團的早期活動（1685～1745）》，俄文版，莫斯科，1997г.第 156 頁。

〔註35〕班・卡緬斯基：《俄中兩國外交文獻彙編（1619～1792 年）》，商務印書館，1982年，北京，第 247～248 頁。

〔註36〕阿朵拉茨基：《駐北京宗教傳道團的早期活動（1685～1745）》，俄文版，莫斯科，1997г.第 156～157 頁。

成員的生活費在來北京前就由女皇安娜·伊凡諾夫娜定了下來。具體情況是：
宗教傳道團成員的薪水由伊爾庫茨克發給，修士大司祭每年 600 盧布，兩名
修士司祭每人每年 300 盧布，修士輔祭每人每年 200 盧布，五名教堂輔助人
員每年 60 盧布，共計 1700 盧布；宗教傳道團成員從彼得堡到中國邊境的大
車和驛馬費由西伯利亞衙門撥給。〔註 37〕當他們在北京安頓住下後，清朝政
府也按照第二屆宗教傳道團的標準給他們發放了伙食費和口糧。〔註 38〕

四、俄國政府請求清朝政府不要讓傳道團成員擔任官職

郎克就第三屆俄國宗教傳道團在京的定位問題向中國政府發出的請求。
清朝政府曾授予第一屆駐華宗教傳道團成員中國官銜，讓他們享受八旗官員
的待遇。最早對此事提出疑議的人是第二屆修士大司祭安東尼·普拉特科夫
斯基。他於 1728 年在給沙皇彼得二世的報告中，彙報了第一屆宗教傳道團成
員被中國柏格德汗授予官職，或者被編入俄羅斯佐領任軍職的情況，他對此
事頗有怨言。〔註 39〕郎克和菲爾索夫所率領的商隊在京貿易完畢後，郎克於
1737 年 4 月份和理藩院的大臣們告別，提出他奉命將把修士大司祭安東尼·
普拉特科夫斯基帶回國，留下伊拉里昂·特魯索夫接替修士大司祭的職務。
他請求將第三屆宗教傳道團所屬的兩處教堂和人員置於理藩院的管理之下，
不要給予他們任何官職，即使是俄羅斯佐領的官職也不要授予。「因為根據我
們的教規，神甫及任何其他教堂神職人員都不許擔任別的官職」。〔註 40〕理藩
院的兩名官員答應了郎克的請求。

俄國政府拒絕讓宗教傳道團人員擔任官職，是和清朝政府當時所採取的
對外政策有關係。清朝政府以表貢與冊封作為對外交往的依據。18 世紀，蒙
古、西藏、回部、哈薩克、布魯特、朝鮮、安南、琉球、浩罕、巴達克山等
不分中外，清朝統稱其為「藩部」，也即清朝政府的屬國。藩部又分為「內藩」

〔註37〕 班·卡緬斯基：《俄中兩國外交文獻彙編（1619～1792 年）》，商務印書館，1982
年，北京，第 247～248 頁。

〔註38〕 班·卡緬斯基：《俄中兩國外交文獻彙編（1619～1792 年）》，商務印書館，1982
年，北京，第 265 頁。

〔註39〕 阿朵拉茨基：《駐北京宗教傳道團的早期活動（1685～1745）》，俄文版，莫斯
科，1997г.第 157 頁。

〔註40〕 班·卡緬斯基：《俄中兩國外交文獻彙編（1619～1792 年）》，商務印書館，1982
年，北京，第 264 頁。

和「外藩」，內藩在清朝政府的嚴格管轄之下，外藩又有區別：有內屬和外屬。內屬藩部是指清朝政府完成大一統事業後在中國疆域之內的邊疆民族，如蒙古、西藏、回部等，清朝政府與這些外藩是中央與地方的關係，處在中央政府的行政管轄系統之內，是中國大家庭內不可分割的部分。外屬藩部一般又稱藩屬國，如蘇祿、緬甸、南掌、朝鮮、安南、琉球、浩罕、巴達克山國等。清朝政府與藩屬國結成了「宗藩關係」。藩屬國的君主要接受清朝皇帝的冊封；藩屬國要奉清朝爲「正朔」；藩屬國國王要定期遣使向清朝政府朝貢；藩屬國向清朝政府稱臣，而清朝政府有義務保護藩屬國的安全，但不干涉各藩屬國的內政外交，一切事宜由其自主決定。〔註41〕凡是臣服清朝政府的藩國，清朝政府都要授予該國有關人員一定的官職。

　　俄國人在清朝政府任官職被認爲有損俄國政府的尊嚴。在清朝統治者的眼中，俄國不是一個能夠與滿族清朝統治下的中國相提並論的國家。自順治朝開始，當俄國派出的第一個使團──巴伊科夫使團來華訪問時，在呈遞國書時聲稱西元紀年，被清朝政府諸大臣視爲「不奉正朔，禮宜逐之」。巴伊科夫之所以還是受到了蒙古衙門的招待，是因爲順治皇帝以天下之共主的心懷寬容了他的「無知愚昧」：「察罕汗雖恃爲酋長，表文矜誇不遜……俄羅斯遠處西陲，乃能遣使奉表而來，……來使著該部與宴，貢物察收。察罕汗及其使，量加恩賞，但不必遣使報書。爾衙門可即以表文矜誇不遜，不令陛見之故，諭其故而遣之」。〔註42〕康熙皇帝在對待俄國的態度方面，也是採取上對下的政策：「朕統一寰區，無分中外，凡爾民人咸吾赤子，惻然憐憫，皆欲使各安其居，各樂其業」。〔註43〕清朝皇帝這種上對下的態度，也是整個清朝政府統治集團對俄心態的反映。這種不能平等地看待俄國的心態，在俄國人看來是難以接受的：「在他們的心目中，他們的柏格德汗是偉大的、神聖的，是普天之下的統治者，因此，在一切禮儀上他們都表現出蠻橫無禮和令人難以容忍的傲慢」。〔註44〕駐華的俄國人一旦接受了清朝政府的官職，享受清朝政府官員的待遇，在俄國人看來是臣服的一種表現，是一種侮辱。尤其是像俄

〔註41〕戴逸主編：《18世紀的中國與世界──邊疆民族卷》，遼海出版社，1999年6月，第55頁。

〔註42〕《清世祖實錄》卷135，中華書局影印本。

〔註43〕〔清〕何秋濤：《朔方備乘──卷首一──聖訓》。

〔註44〕班‧卡緬斯基：《俄中兩國外交文獻彙編（1619～1792年）》，商務印書館，1982年，北京，第264頁。

羅斯佐領這樣的編制，清朝政府是將他們作爲自己的臣民對待的，而俄羅斯佐領確實也享受到了滿族貴族的待遇，在精神文化上也認同了中國。總而言之，他們已經和中國人沒有什麼兩樣。讓宗教傳道團成員擔任俄羅斯佐領官職，從邏輯上講無疑是在宣佈俄國對中國的臣服關係，這對俄國人來說，是非常敏感、不能容忍的。針對第一屆駐華宗教傳道團接受中國官職的問題，第八屆宗教傳道團團長索夫羅尼指出，「這種情況全俄羅斯政府今後應該絕對禁止」。〔註45〕

現代學者對這一問題的看法。對於俄國政府拒絕接受清朝政府授予宗教傳道團成員官職的問題，韓國學者朴泰根通過和歐洲傳教士比較後認爲是因爲俄國宗教傳道團成員素質低下，難當重任。20世紀末的俄國學者反駁這種說法，認爲是害怕傳道團成員陷入宮廷糾紛中去：「清朝大臣非常重視傳道團成員的意見，並經常向他們諮詢各種各樣的問題。在18世紀下半葉天主教教徒受迫害的時期，中國政府曾建議俄國傳教士出任從前是天主教學者擔任的學術崗位。這種建議不止一次地被重複提到過。傳道團成員中有足夠的、能出色地履行這種工作職責的學者，但是，俄國傳教士拒絕了給予自己的榮譽，因爲害怕捲入宮廷的陰謀中去」。〔註46〕現代俄國學者的這種認識有一定的道理。雍正皇帝即位之後，在中國實行過禁教運動，其中的一個直接原因是在清朝宮廷任職的西洋傳教士曾站在雍正皇帝競爭對手的立場上反對他繼承皇位。俄國政府擔心傳道團成員在中國的官場上不慎重，使自己苦心經營的在華傳教事業招致毀滅，帶來不可彌補的損失。

郎克的請求得到了清朝政府官員的同意。他便於1737年5月9日和清朝政府官員告別，轉天啓程離開北京，於8月23日到達恰克圖。〔註47〕這次隨同郎克回國的人員有前任修士大司祭安東尼‧普拉特科夫斯基，聖尼古拉教堂神甫拉夫連季和兩個畫師司祭約翰‧格列別什科夫和修士輔祭維克多。〔註48〕

郎克商隊離開北京後，第三屆宗教傳道團繼續完善教堂設施。修士大司

〔註45〕維謝洛夫斯基編：《俄國駐北京傳道團史料》第一冊，商務印書館出版，1978年10月第一版，第60頁。

〔註46〕〔俄〕T‧西姆比爾采娃：《十七世紀末～十九世紀中葉俄朝在北京的接觸（根據朝鮮使臣日記）》，載《遠東問題》（俄文），No4,1998r.

〔註47〕班‧卡緬斯基：《俄中兩國外交文獻彙編（1619～1792年）》，商務印書館，1982年，北京，第264頁。

〔註48〕阿朵拉茨基：《駐北京宗教傳道團的早期活動（1685～1745）》，俄文版，莫斯科，1997r.第158頁。

祭特魯索夫花了 700 兩銀子在教堂旁邊修建了一些供修士住的單人房間。修建合同規定，如果在七年中房子漏水，由承建人負責修理。教堂窗戶安裝上了雲母片，替代了原先的紙張。教堂上的蔥頭圓頂最早是鍍金的，1742 年包上了白鐵皮，同年，教堂的大門也包上了白鐵皮。〔註 49〕在教堂的管理上，修士司祭進行了分工。聖尼古拉教堂主持聖事活動的第一屆宗教傳道團神甫拉夫連季隨郎克回到了俄國，新來的另外一個司祭拉夫連季·烏瓦羅夫接替他出任司祭之職，主持聖尼古拉教堂的聖事。其手下的下級人員有：一個教堂執事，一個教堂雜役，一個管齋教工（管教堂人員伙食）；而修士司祭安東尼·利霍夫斯基則在奉獻節教堂服侍上帝。〔註 50〕

　　第三屆宗教傳道團的傳教活動。第三屆宗教傳道團和第二屆宗教傳道團一樣，在傳教方面沒有取得多大的進展，並且出現了人員不整的情況。修士司祭拉夫連季·烏瓦羅夫在北京工作沒有多久，就因不適應北京的氣候生病而向最高聖務會議打報告要求解除自己的聖職，返回俄國。他於 1740 年 7 月 7 日打的報告，1741 年 2 月 23 日就得到了最高聖務會議的批准，允許他返回俄羅斯，到伊爾庫茨克教區服務；如果他自己願意，也可以回到莫斯科。1742 年 2 月他與教堂輔助人員科茲馬就回到了俄國。〔註 51〕1742 年 4 月 20 日，另一個修士司祭安東尼·利霍夫斯基也因不適應北京夏天的氣候經常鬧病而請求最高聖務會議解除自己的聖職。他的報告被批准的比較晚，直到 1746 年第四屆宗教傳道團來到北京後才返回俄國。〔註 52〕

第二節　第四屆俄國宗教傳道團駐華

　　被寄於厚望的第三屆宗教傳道團團長伊拉里昂·特魯索夫，在北京也是罪名累累，俄國政府被迫做出替換他的決定。這是俄國宗教傳道團駐華史上第一次出現宗教傳道團團長被中途替換的情況。隨第二屆宗教傳道團就來北

〔註 49〕 維謝洛夫斯基編：《俄國駐北京傳道團史料》第一冊，商務印書館出版，1978年 10 月第一版，第 46 頁。

〔註 50〕 阿朵拉茨基：《駐北京宗教傳道團的早期活動（1685～1745）》，俄文版，莫斯科，1997г. 第 158 頁。

〔註 51〕 班·卡緬斯基：《俄中兩國外交文獻彙編（1619～1792 年）》，商務印書館，1982年，北京，第 275 頁。

〔註 52〕 阿朵拉茨基：《駐北京宗教傳道團的早期活動（1685～1745）》，俄文版，莫斯科，1997г. 第 158～159 頁。

京學習的俄國學生，在傳道團人事不和的環境中，其中有的死亡了。鑒於第三屆宗教傳道團兩名修士大司祭先後死亡，俄國政府派出了第四屆宗教傳道團，和在北京的第三屆傳道團個別成員組成新一屆駐華傳道團，但在傳教布道方面沒有取得任何成績。

一、第三屆駐華宗教傳道團團長的更替

俄國政府鑒於第二屆宗教傳道團在華時的表現，特意選出修士大司祭伊拉里昂・特魯索夫擔任第三屆宗教傳道團團長，希望他不負使命，完成俄國政府所賦予他的神聖職責。但如同上一屆的修士大司祭安東尼・普拉特科夫斯基一樣，修士大司祭特魯索夫在京期間，也沒有很好地履行自己的職責，引得怨聲載道，紛紛打報告給俄國政府和最高聖務會議，狀告修士大司祭特魯索夫。關於修士大司祭特魯索夫的罪狀，綜合起來有這麼幾條：〔註53〕

1、不敬奉上帝。1740 年 7 月 7 日，修士司祭拉夫連季、安東尼，教堂輔助人員彼得・約夫連夫給最高聖務會議打報告，說他不奉侍上帝，總是喝得醉醺醺的，很少到教堂做禱告，即使在大祭之日他也不舉行祈禱儀式。

2、行爲不檢點，有失身份。他常常穿著中國女人的衣服，有時竟穿著這身衣服到教堂去，還自稱是處女，經常引參觀或到教堂祈禱的中國人發笑。

3、濫用公款，盜賣公物。修士大司祭特魯索夫花錢沒有計劃性，甚至是揮霍無度。當薪水花光了，公款也沒了的時候，他就開始打教堂銀器的主意。他派人將這些銀器送到小鋪子變賣時，由於鋪主們認識傳道團的人，就知道這些東西是他們修士大司祭派人送來的。而這類東西他們從來都沒有見過，因此要求留下來看看再說。後來還是修士輔祭約瑟夫・伊萬諾夫斯基將之贖了回來。約瑟夫回來後，就帶著這些銀器去找修士大司祭，強迫他將收支帳薄和鑰匙交了出來。

4、漠不關心學生。1741 年 1 月 5 日，從北京回到聖彼得堡的學生囉索欣，

〔註53〕 阿朵拉茨基：《駐北京宗教傳道團的早期活動（1685～1745）》，俄文版，莫斯科，1997г.第 161～161 頁。班・卡緬斯基：《俄中兩國外交文獻彙編（1619～1792 年）》，商務印書館，1982 年，北京，第 274 頁。維謝洛夫斯基編：《俄國駐北京傳道團史料》第一冊，商務印書館出版，1978 年 10 月第一版，第 47 頁註釋 1。

將其同學阿列克謝・弗拉迪金的一份報告呈給了外務委員會，控告修士大司祭特魯索夫，說他一點也不關心他們俄國學生，請求不要讓該修士大司祭管理俄國學生。

俄國政府和最高聖務委員會接到囉索欣遞交的控告信後，於 1741 年 3 月 11 日給外務委員會下達指示，命令即將前往中國的商隊總管菲爾索夫會同修士司祭拉夫連季・博布羅夫尼科夫審理這一控告，撤銷修士大司祭特魯索夫管理駐華宗教傳道團和學生的職務，並委託拉夫連季・博布羅夫尼科夫接替其職。但還沒有等到商隊到達北京，修士大司祭特魯索夫就於 1741 年 4 月 20 日病亡了。〔註 54〕

葉羅費伊・菲爾索夫推薦修士司祭拉夫連季・博布羅夫尼科夫接替伊拉里昂・特魯索夫出任在京宗教傳道團團長。葉羅費伊・菲爾索夫是上批郎克商隊的副領隊，這次由他任商隊的總管。俄國政府給他配備了一名助手和四名宣誓公務員，還有一名修士司祭拉夫連季・博布羅夫尼科夫。〔註 55〕拉夫連季・博布羅夫尼科夫是伊爾庫茨克教區主易聖容修道院教務長，伊拉里昂・特魯索夫曾是他的上級。他這次去北京接替特魯索夫擔任傳道團團長一職，得力於菲爾索夫的推薦。1740 年 10 月 22 日，在前往北京的路途中，商隊領隊菲爾索夫向最高聖務會議報告，請允許讓拉夫連季・博布羅夫尼科夫接替特魯索夫擔任駐北京宗教傳道團的修士大司祭。1741 年 3 月 2 日，這一請求就被最高聖務會議批准了，同時下達命令，要拉夫連季・博布羅夫尼科夫和商隊領隊菲爾索夫一同當著告發特魯索夫者的面審問特魯索夫。如果修士大司祭確實如告狀者所說的那樣，就讓拉夫連季・博布羅夫尼科夫代替他履行職務，由菲爾索夫將他從北京帶回俄羅斯。而在決定新任命的修士大司祭到北京出任該宗教傳道團團長之前，拉夫連季・博布羅夫尼科夫要暫時履行修士大司祭之職，並且監督在那裡的宗教傳道團成員。在沒有接到新的命令之前，他不能離開北京。他要按照最高聖務會議給前任修士大司祭所頒發的訓令行事，將自己在任期間所發生的一切事情向最高聖務會議報告，遇到聖事方面不懂的地方要向伊爾庫茨克都主教請示。〔註 56〕

〔註 54〕班・卡緬斯基在《俄中兩國外交文獻彙編（1619～1792 年）》中記載的是修士司祭拉夫連季・烏瓦羅夫。見該書第 274 頁。

〔註 55〕班・卡緬斯基：《俄中兩國外交文獻彙編（1619～1792 年）》，商務印書館，1982 年，北京，第 269 頁。

〔註 56〕阿朵拉茨基：《駐北京宗教傳道團的早期活動（1685～1745）》，俄文版，莫斯

　　羅梭欣回國。第四批前往中國進行貿易的商隊於 1739 年 9 月間組成。按照慣例，俄國政府首先派出信使前往北京，預先通知理藩院，告知俄國商隊到達北京的消息，希望清朝政府能夠接待，派人到邊境迎接。這次也不例外，俄國外務委員會於 1740 年初派出信使米哈伊爾・紹庫羅夫由聖彼得堡前往北京。該信使於 1740 年 1 月 25 日離開聖彼得堡，5 月 5 日就到了北京。他隨身攜帶了一封公函。主要內容有二：一是請理藩院做好接待菲爾索夫商隊的準備，一是請求允許在北京學習的俄國學生伊拉里昂・囉索欣和米哈伊爾・波諾馬廖夫二人隨信使返回俄國，因俄國外務委員會與清朝中國理藩院公文往來需通曉滿漢語人員。由於米哈伊爾・波諾馬廖夫於 1738 年（乾隆三年九月）亡故，只有囉索欣一個學生隨信使紹庫羅夫於 1741 年月 2 日返回了俄國。〔註 57〕

　　第三屆宗教傳道團團長的更替。菲爾索夫商隊前往北京的旅途並不順利。在和中國庫倫辦事大臣公文交涉的過程中，在伊爾庫茨克整整耽誤了一年的功夫，才於 1741 年 5 月從契科伊河口鎮動身前往北京。1741 年 9 月 24 日到達北京。在北京期間，由於修士大司祭特魯索夫於 1741 年 4 月 20 日在北京去世，關於修士大司祭特魯索夫的案件也就不了了之。隨商隊來到北京的修士司祭拉夫連季・博布羅夫尼科夫接替了修士大司祭的位置，暫時代理駐華宗教傳道團團長之職。經理藩院同意，菲爾索夫商隊將上一屆修士司祭拉夫連季和教堂輔助人員雅科夫・伊萬諾夫帶走。1742 年 4 月 20 日離開北京，7 月 21 日回到俄國。菲爾索夫回國前，給拉夫連季・博布羅夫尼科夫和接替雅科夫・伊萬諾夫的教堂人員科茲馬留足薪金，清朝政府給他們安排了館舍。〔註 58〕返回莫斯科後，菲爾索夫向外務委員會報告了此行的情況，特別指出了俄國駐華宗教傳道團與天主教傳教士在中國地位的比較：「駐北京的俄國宗教人員大多（根據中國人告發──原文如此）都是以酗酒、互相吵架、胡作非為混日子；而天主教則相反，他們比較持重，守規矩，有的還當上了大官，管理中國的國家事務」。〔註 59〕

科，1997r.第 163 頁。

〔註 57〕班・卡緬斯基：《俄中兩國外交文獻彙編（1619～1792 年）》，商務印書館，1982
　　　　年，北京，第 270～271 頁。

〔註 58〕班・卡緬斯基：《俄中兩國外交文獻彙編（1619～1792 年）》，商務印書館，1982
　　　　年，北京，第 275 頁。

〔註 59〕班・卡緬斯基：《俄中兩國外交文獻彙編（1619～1792 年）》，商務印書館，1982
　　　　年，北京，第 275 頁。

二、駐華傳道團學生情況簡介

　　第三屆宗教傳道團附屬學生的情況。由於學生情況的特殊性，在京學習的學生不像宗教傳道團人員更替那麼頻繁。這些人來華時都是些孩子，少不更事，相對於宗教傳道團那些成人們，他們違反教規或俄國政府管理條例的時候很少，或者很輕，很少有人因為違反規定而被中途遣返回國。自第二屆宗教傳道團駐華以來，只要有學生死亡，或因俄國政府的需要從中國帶走學生，俄國政府就派出新的學生填補其空位。這樣一來，俄國政府就使駐京學習的俄國學生基本上保持 6 個名額。第二屆宗教傳道團來華的學生共有六名：盧卡・沃耶伊科夫，伊萬・普霍爾特，費多特・特列季雅科夫，格拉西姆・舒利金，米哈伊爾・波諾馬廖夫，伊拉里昂・囉索欣。第二屆宗教傳道團來華後的第三年，即1732 年 9 月 8 日，郎克率領的商隊離開北京時，帶走了兩名學生伊萬・普霍爾特和費多特・特列季雅科夫（伊萬・雅伯龍涅夫和費奧多爾・特列季雅科夫），留下兩名他從俄羅斯帶來的莫斯科貴族伊萬・貝科夫和阿列克謝・弗拉迪金。這樣，在北京的學生還是 6 名，計有：盧卡・沃耶伊科夫，格拉西姆・舒利金，米哈伊爾・波諾馬廖夫，伊拉里昂・囉索欣，伊萬・貝科夫和阿列克謝・弗拉迪金。學生盧卡・沃耶伊科夫（1734 年）、格拉西姆・舒利金（1735 年）和米哈伊爾・波諾馬廖夫（1738 年）去世後，因他們去世的時間不一樣，俄國政府得到消息的時間有先後，因而，只派出了一名學生接替亡故者，由隨第三屆宗教傳道團來華的學生伊萬・希哈列夫代替之。如此算來，隨第三屆宗教傳道團在京學習的學生就剩下了 4 名。而當囉索欣回國後，在京學習的俄國學生就剩下了 3 名。當學生伊萬・希哈列夫於 1742 年 7 月 16 日因病去世後，在北京的傳道團學生就只剩下了 2 名。

　　增補的學生及學習任務。因為俄國政府不知伊萬・希哈列夫去世的消息，為了保持駐華傳道團 6 個學生的名額，俄國政府增補了 3 名學生。事情的過程是這樣的：新的駐華宗教傳道團團長拉夫連季・博布羅夫尼科夫上任以後，恰逢俄國女皇伊麗莎白・彼得羅芙娜即位。考慮到中俄關係的重要性，俄國政府決定將這一重大事件告知清朝政府。1742 年 11 月末，信使紹庫羅夫攜帶一封關於女皇登基的信函和三名從莫斯科神學院選拔出來的三名學生阿列克謝・列昂季耶夫、安德列・卡納耶夫〔註60〕、尼基塔・切卡諾夫一同前往北京，以彌

〔註60〕這兩名學生早在 1738 年就被派到當時在莫斯科受過洗禮的中國人費奧多爾・周戈處學習滿漢語。班・卡緬斯基：《俄中兩國外交文獻彙編（1619～

補學生遺缺。出發前，俄國政府給三名學生每人發了 200 盧布的年薪和 50 盧布的做衣服錢。除了規定的在北京學習滿漢語外，外務委員在給學生的訓令中，還命令學生暗中學習日語，如果「找不到日語教師，就竭力爭取讓清朝政府允許學生們到離日本較近的城市，或者直接到日本國本土去學習」。〔註61〕但讓學生學習日語的打算，因為駐華宗教傳道團成員報告說，在中國日語教師不僅不好找，而且沒有中國皇帝的許可，要學習日語也是不可能的，而放棄了努力。〔註62〕

　　這批來華學校的學生路途不順。1742 年 12 月 29 日，紹庫羅夫帶領三名學生從莫斯科出發。1743 年 4 月 17 日到達中國境內的庫倫。負責處理邊界事務的土謝圖汗只允許紹庫羅夫一個人前往北京，因為他是信使。學生不能去北京的理由是《恰克圖條約》規定學生只能隨商隊前往北京，而沒有規定可以隨信使去北京。在交涉無用的情況下，紹庫羅夫將三名學生留在庫倫，隻身一人前往北京。5 月 12 日到達北京，5 月 15 日，他向理藩院遞交了樞密院的公函，並請求准許被阻留在庫倫的三名學生前來北京。此事經過乾隆皇帝的恩准後，這三名學生於 10 月 16 日來到了北京。〔註63〕到京後，清朝政府按照慣例給他們供給口糧、薪水和其它生活用品。並在回覆俄國樞密院的信函中，提請俄方注意，此種替換學生的方式只此一次，下不為例。〔註64〕

1792 年）》，商務印書館，1982 年，北京，第 276 頁註釋 4。關於周戈的生平事蹟，沒有留下詳細的資料。他到底是怎麼來到俄國的，是漢人還是滿人，沒有準確的說法。據南開大學外國語學院閻國棟先生整理的資料顯示：周戈在俄國娶了一位卡爾梅克女子為妻。受俄國外務委員會的委託，他開始為外務委員會培養學習滿漢語的學生。1739 年 7 月 19 日（時間上和卡緬斯基所記錄的有出入），周戈開辦的滿漢語學校正式開學，最高聖務會議從莫斯科斯拉夫——希臘——拉丁學校挑選了兩個學生阿列克謝‧列昂季耶夫、安德列‧卡納耶夫隨周戈學習滿漢語。1740 年年底，周戈的滿漢語學校舉行了結業典禮。兩名學生以優異的成績畢業，周戈向外務委員會提出請求獎勵，獲得批准，被獎勵了 50 盧布。1742 年被授予准尉軍銜，並被派往阿爾漢格爾斯克城，在該地駐軍中服務。1751 年 3 月 9 日去世。他所培養的學生阿列克謝‧列昂季耶夫成為了著名的漢學家——參閱：《中華讀書報》，2001 年 4 月 4 日第二版。

〔註61〕彼得羅夫：《俄國宗教傳道團在中國》俄文版，華盛頓，1963 年，第 47 頁。
〔註62〕班‧卡緬斯基：《俄中兩國外交文獻彙編（1619～1792 年）》，商務印書館，1982 年，北京，第 276 頁。
〔註63〕班‧卡緬斯基：《俄中兩國外交文獻彙編（1619～1792 年）》，商務印書館，1982 年，北京，第 277 頁。
〔註64〕班‧卡緬斯基：《俄中兩國外交文獻彙編（1619～1792 年）》，商務印書館，1982

三、第四屆駐華宗教傳道團來華

第三屆駐華宗教傳道團團長伊拉里昂·特魯索夫去世後，駐華宗教傳道團團長由拉夫連季·博布羅夫尼科夫暫時擔任。沒過兩年，他也在北京去世了。整個第三屆宗教傳道團也由於團內成員或死，或回國變得殘缺不全，其在北京的活動陷於停頓。

第四屆宗教傳道團人員組成。最高聖務委員會同外務委員會協商後，決定派遣第四屆宗教傳道團到北京。基輔米哈伊爾修道院的修士司祭格爾瓦西·林采夫斯基被選拔為修士大司祭，〔註65〕前往北京履行宗教傳道團團長職責。給他配備的助手是來自於基輔索菲亞修道院的兩名修士司祭約伊利·魯勃列夫斯基和費奧多西·斯莫爾熱夫斯基，由他們接替當時在京的修士司祭拉夫連季·博布羅夫尼科夫（臨時充當第三屆宗教傳道團團長之職）和安東尼。除了已在北京的三名教堂服務人員外，又增派了三名教堂輔助人員索宗特·卡爾波夫、基裏羅·謝苗諾夫、基裏羅·伊萬諾夫和三名服務人員前往北京。最高聖務會議給這屆宗教傳道團下達了相當詳細的訓令，規定他們在北京住滿七年，路途所耽誤的時間不算。外務委員會於 1743 年 2 月 14 日發給修士大司祭格爾瓦西·林采夫斯基護照一張；一份新任修士大司祭在中國的行為守則；關於在北京的俄國學生應服從修士大司祭領導的命令；樞密院寫給理藩院的介紹信，其主要內容是請求清朝政府給這屆宗教傳道團加以保護和提供方便，使他們在北京自由地居住和傳道，同時請求准許修士司祭拉夫連季·博布羅夫尼科夫和安東尼回國。〔註66〕

第四屆宗教傳道團隨第五批商隊進京。第四屆宗教傳道團和信使紹庫羅夫所帶領的三名學生一樣，旅途並不順利。當他們於 1743 年 12 月來到邊境出國時，遇到了阻礙。清朝政府管理邊境事務的土謝圖汗根據《恰克圖條約》規定，宗教傳道團人員和學生前往北京只能隨商隊前往，因而阻止了宗教傳道團繼續前進的步伐。於是，他們只好返回伊爾庫茨克，等候新的命令或派

年，北京，第 279 頁。

〔註65〕俄國政府在組織這屆宗教傳道團團長時，先後選了 7 個人。前面的 6 個人找到各種藉口規避去北京。即使是林采夫斯基也曾以自己的腿有毛病為藉口想推掉對自己的任命，但沒有被最高聖務會議接受。見維謝洛夫斯基編：《俄國駐北京傳道團史料》第一冊，商務印書館出版，1978 年 10 月第一版，第 48 頁。

〔註66〕班·卡緬斯基：《俄中兩國外交文獻彙編（1619～1792 年）》，商務印書館，1982 年，北京，第 280 頁。

往北京的商隊。就在他們等待新的命令的時候，1744 年 3 月 5 日，俄國樞密院任命八等文官格拉希姆‧列勃拉托夫斯基爲第五批派往北京商隊的總管。4 月 9 日，外務委員會給他發了護照，並命令他將修士大司祭格爾瓦西‧林采夫斯基及其全體宗教傳道團人員帶往北京。〔註67〕

商隊抵達北京。就在商隊啓程踏上前往北京的旅途之後，1744 年 7 月 14 日，俄國樞密院接到了清朝理藩院的兩封公函。理藩院在其中的一封函件中通知俄國政府，在京學生阿列克謝‧弗拉迪金向理藩院報稱，駐華宗教傳道團團長拉夫連季‧博布羅夫尼科夫已於 1744 年 4 月 24 日去世。弗拉迪金請求理藩院將此事通知俄國政府。列勃拉托夫斯基商隊在抵達伊爾庫茨克以後，於 1745 年 2 月 3 日致函清朝政府邊疆大臣土謝圖汗，請他將俄國商隊抵達邊境一事通知理藩院，請理藩院派人迎接。由於中間公文往來費了很多時間，商隊與宗教傳道團於 11 月 27 日才等到理藩院派來的官員。當他們一行來到北京時，清朝政府給予了隆重的接待。在他們進入北京城門時，人們站在塔樓上拿著旗子，敲鑼打鼓地歡迎他們。12 月 15 日，商隊和宗教傳道團全體人員受到了理藩院大臣的召見。〔註68〕

商隊回國。格拉希姆‧列勃拉托夫斯基商隊貨物賣得不太順利，因而拖的時間比較長。貨物售完以後，商隊於 1746 年 6 月 6 日離開北京，10 月 6 日回到伊爾庫茨克。走時，清朝政府准許他將已經掌握了滿漢語的學生阿列克謝‧弗拉迪金和伊萬‧貝科夫帶回國，留下隨商隊來華的學生葉菲姆‧薩赫諾夫斯基替補。帶回去的兩名學生之一貝科夫於 1748 年 3 月 28 日被提升爲中尉，派到俄國科學院作翻譯工作。弗拉迪金後來作了第六批來華商隊的總管。同時，清朝政府以《恰克圖條約》中沒有對教堂輔助人員人數有明確規定爲理由，將隨商隊來華的三名教堂輔助人員退了回去。鑒於這種情況，格拉希姆‧列勃拉托夫斯基在向外務委員會彙報北京之行的情況時說，清朝政府不接受兩名以上的教堂輔助人員。格拉希姆‧列勃拉托夫斯基在京期間，由於貨物賣得不順利，活動經費拮据，就向耶穌會教士借了 1400 盧布充作商隊的用度。走的時候也沒有歸還，甚至連一個招呼都沒打。不僅如此，格拉希姆‧列勃拉托夫斯基在北

〔註67〕 班‧卡緬斯基：《俄中兩國外交文獻彙編（1619～1792 年）》，商務印書館，1982 年，北京，第 280～281 頁。

〔註68〕 班‧卡緬斯基：《俄中兩國外交文獻彙編（1619～1792 年）》，商務印書館，1982 年，北京，第 282 頁。

京的時候，還充分地享受了中國的文化生活。修士大司祭格爾瓦西・林采夫斯基於 1746 年 3 月 26 日寫信給外務委員會控告說，他「在北京大部分期間都花在各種娛樂、聽音樂、唱歌和讓商隊的宣誓公務員、學生請他大吃大喝上，引誘學生不學習，不聽他——修士大司祭的話」。〔註69〕

四、第四屆宗教傳道團在華的活動情況

第四屆駐華宗教傳道團人員構成。第四屆宗教傳道團人員是由第三屆和修士大司祭格爾瓦西・林采夫斯基帶來的人員混編而成的。綜合各種資料來看，第四屆俄國駐華宗教傳道團成員如下：

修士大司祭：格爾瓦西・林采夫斯基

修士司祭：約伊利・魯勃列夫斯基（隨修士大司祭林采夫斯基一同來華）

費奧多西・斯莫爾熱夫斯基（隨修士大司祭林采夫斯基一同來華。第一位寫下宗教傳道團駐華情況的宗教人員）〔註70〕

修士輔祭：約瑟夫・伊凡諾夫斯基（第三屆宗教傳道團人員留任）

教堂輔助人員：索宗特・卡爾波夫（隨修士大司祭一同來華人員）

基裏羅・謝苗諾夫（隨修士大司祭一同來華人員）

基裏羅・伊萬諾夫（隨修士大司祭一同來華人員）

阿列克謝・斯莫利尼茨基〔註71〕

該屆宗教傳道團共有 4 名學生：阿列克謝・列昂季耶夫、安德列・卡納耶夫、尼基塔・切卡諾夫（他們隨信使紹庫羅夫來華，於 1743 年 10 月 16 日抵達北京）和葉菲姆・薩赫諾夫斯基（1745 年隨格拉希姆・列勃拉托夫斯基商隊來華）。

第四屆宗教傳道團的傳教活動。第四屆宗教傳道團團長領受的訓令中，

〔註69〕班・卡緬斯基：《俄中兩國外交文獻彙編（1619～1792 年）》，商務印書館，1982年，北京，第 286 頁。

〔註70〕維謝洛夫斯基編：《俄國駐北京傳道團史料》第一冊，商務印書館出版，1978年 10 月第一版，第 102 頁。

〔註71〕蔡鴻生的《俄羅斯館紀事》（廣東人民出版社，1994 年 9 月，第 1 版，第 63頁）和中國社會科學院文獻情報中心編著的《俄蘇中國學手冊》（中國社會科學出版社，1986 年版，第 113 頁）都記錄為阿列克謝・斯莫利尼茨基。維謝洛夫斯基編著的《俄國駐北京傳道團史料》（第 62 頁）對是否有該教堂輔助人員沒有作出完全的肯定。卡緬斯基在其編著的《俄中兩國外交文獻彙編（1619～1792 年）》著作中沒有提到這個人。

還有一條表達了俄國政府對阿爾巴津人後裔即俄羅斯佐領的關心,說聖尼古拉教堂好長一段時間沒有傳播上帝的聲音了,要求修士大司祭到北京後派一名修士司祭到聖尼古拉教堂常駐,給那裡的阿爾巴津人後裔傳道。但他們從到達北京後的第一天起,就沒有和阿爾巴津人後裔處理好關係。當修士大司祭派人到阿爾巴津人教堂主持聖事活動時,俄羅斯佐領拒絕交出教堂的鑰匙。原因是:在中國出生和長大的阿爾巴津人後裔,長期受到多神教文化的影響,東正教在他們的心目中已經死去。宗教的力量不足以抵禦不良文化的影響。〔註72〕既然連和東正教有關係的阿爾巴津人後裔都對東正教採取蔑視的態度,那麼可以想見東正教對本土中國人的影響力如何了。

第四屆宗教傳道團駐華期間,內部的團結仍然是一個問題。早在前來北京的路上,修士大司祭格爾瓦西‧林采夫斯基和商隊總管格拉希姆‧列勃拉托夫斯基、修士司祭費奧多西‧斯莫爾熱夫斯基就鬧起了矛盾。一路上,商隊總管格拉希姆‧列勃拉托夫斯基處處刁難修士大司祭:先是在邊境拒絕給修士大司祭大車;後來途經沙漠時,不讓商隊的差役給他趕車。修士司祭費奧多西‧斯莫爾熱夫斯基在自己留下的記事本中,卻對格拉希姆‧列勃拉托夫斯基的行為給予充分的肯定。這是因為修士司祭費奧多西‧斯莫爾熱夫斯基對修士大司祭格爾瓦西‧林采夫斯基「恨得太過分所致」。〔註73〕當然,修士大司祭林采夫斯基也沒有閒著。除了我們在前面看到的他於1746年3月26日寫信給外務委員會告了列勃拉托夫斯基一狀外,他還給最高聖務委員會打報告,抱怨學生不好好學習,他們「為所欲為……用燧發槍,手槍和火繩槍射擊,彈奏巴拉萊卡琴(俄羅斯民間一種三弦三角琴)、班都拉琴(一種烏克蘭彈撥樂器)和小提琴,跳舞和吹口哨……」〔註74〕

這份被收藏於最高聖務會議檔案文件中的記載,給我們傳達出兩條資訊,一是當時的傳道團成員都私藏著具有近代意義上的先進武器,這從學生們玩的火器種類中可以推斷出來;二是宗教傳道團的學生們的業餘生活是活躍的。畢竟是一夥未成年的孩子。遠離祖國和親人的他們,沒有失去歡樂,是非常難得的。而且,正是這種歡樂支持著他們在中國完成學業,從他們中間走出了俄國

〔註72〕 彼得羅夫:《俄國宗教傳道團在中國》俄文版,華盛頓,1963年,第47頁。
〔註73〕 維謝洛夫斯基編:《俄國駐北京傳道團史料》第一冊,商務印書館出版,1978
年10月第一版,第49～50頁。
〔註74〕 彼得羅夫:《俄國宗教傳道團在中國》俄文版,華盛頓,1963年,第48頁。

第一批漢學家。修士大司祭林采夫斯基這樣說，對學生們太苛刻了。反觀已經是成年的宗教傳道團人員，他們被遠離祖國的孤獨所困擾，狂喝濫飲，借酒澆愁，損害了健康，許多人因此而斷送了性命。這屆宗教傳道團在北京整整住了10年，到1755年被替換回國時，只剩下了修士大司祭格爾瓦西・林采夫斯基，修士司祭費奧多西・斯莫爾熱夫斯基和4名教堂輔助人員：索宗特・卡爾波夫、基裏羅・謝苗諾夫、基裏羅・伊萬諾夫和阿列克謝・斯莫利尼茨基。修士司祭約伊利・魯勃列夫斯基和修士輔祭約瑟夫・伊凡諾夫斯基分別於1747年4月21日和1747年10月13日在北京去世。這一消息最早是修士大司祭林采夫斯基報告給理藩院，然後由理藩院用信函通知俄國政府。〔註75〕

在第八屆宗教傳道團團長索夫羅尼的記載中，修士大司祭格爾瓦西・林采夫斯基還是很盡職的。他潔身自好，並且身體力行，始終保持不喝酒的習慣；他還善於交際應酬，和在京的耶穌會教士建立起了良好的交際關係。1755年返回俄國後，他便被派到小俄羅斯的佩列亞斯拉夫修道院，升為了主教。而他的下級、修士司祭費奧多西・斯莫爾熱夫斯基回國後被提升為修士大司祭。〔註76〕

修士大司祭林采夫斯基在任期間還辦了一件有利於學生在北京學習期限的事。1753年8月16日，他打報告給外務委員會，報告了在京學生的學習情況：尼基塔・切卡諾夫因患肺病於1752年11月30日亡故；剩下的三名學生阿列克謝・列昂季耶夫、安德列・卡納耶夫和葉菲姆・薩赫諾夫斯基在學習滿漢語方面，成績相當不錯。他在報告中提出建議，要給在京學習的學生規定一個期限，要他們在規定的期限內必須完成學業，並以優異成績學成回國。外務委員會採納了修士大司祭林采夫斯基的建議，作出了規定：派駐北京學習滿漢語的學生，自他們到達北京之日算起，學習期限為十二年，期滿後即行返回俄國。〔註77〕但從這裡可以看出，清朝政府對俄國來華的學生或宗教傳道團人員的管理是沒有定規的。雙方在《恰克圖條約》的框架下，按照自己對條約的理解，作出有利於自己的解釋，並以此為依據，向對方提出談判

〔註75〕班・卡緬斯基：《俄中兩國外交文獻彙編（1619～1792年）》，商務印書館，1982年，北京，第286頁。

〔註76〕維謝洛夫斯基編：《俄國駐北京傳道團史料》第一冊，商務印書館出版，1978年10月第一版，第51頁。

〔註77〕班・卡緬斯基：《俄中兩國外交文獻彙編（1619～1792年）》，商務印書館，1982年，北京，第292頁。

的條件。俄國政府在往中國派遣宗教傳道團人員時的隨意性很大，往往採取先斬後奏的方式。將這些人員送到北京後，然後尋找各種理由說服清朝政府將之留下。

第五章　乾隆中後期的駐華宗教傳道團

　　乾隆中後期中俄關係的一個顯著特點是不穩定。因爲俄國對中國領土的蠶食和圖謀，引起了清朝政府的激烈反應，迫使清朝政府動用經濟制裁的手段來制止俄國的這種行爲。十八世紀下半葉，清朝政府被迫三次關閉恰克圖貿易。據酈永慶、宿豐林先生考證，乾隆二十七年～三十三年（1762～1768年）爲第一次；乾隆四十三年～四十五年（1778～1780年）爲第二次；乾隆四十九年～五十七年（1784～1792年）爲第三次。〔註1〕在閉關期間，清朝政府基本上斷絕了同俄國的一切官方和民間往來。隨著恰克圖貿易開開關關的波動，駐華宗教傳道團必然要受到牽連，使他們在中國的傳教事業幾無所獲。但也因爲駐華宗教傳道團的犧牲奉獻精神，使俄國得以在北京保留了一個瞭解和認識中國的據點，成爲中俄兩國保留對話聯繫的一個管道。

第一節　中俄關係緊張條件下的第五屆駐華宗教傳道團

　　第五屆宗教傳道團（1755～1771）來華時，由於商隊領隊弗拉迪金態度傲慢無禮，觸怒了乾隆皇帝，對宗教傳道團人數進行了限制，將其所帶來的學生和部分神職人員打發了回去，只留下了6名神職人員。清朝政府這樣做的深層次原因是這一期間俄國政府頻頻違反和約，不斷蠶食中國領土和圖謀中國黑龍江流域，讓清朝政府不得不提高警惕，採取一切手段對付之。但清

〔註1〕　酈永慶、宿豐林：《乾隆年間恰克圖貿易三次閉關辨析》，載《歷史檔案》，1987年第3期。

朝政府仍然按照《恰克圖條約》對待駐京的俄國第五屆宗教傳道團。在近十七年的駐華期間，第五屆宗教傳道團忍受著孤獨、痛苦，忠實地履行了自己的職責。

一、第五屆駐華宗教傳道團初到北京時遭到「冷遇」

俄國政府向中國派遣的宗教傳道團駐華時間是不確定的。其原因既有來自宗教傳道團內部的人事變動所引發，更有中俄兩國關係時好時壞的影響。包括第五屆在內的前五屆駐華宗教傳道團，只有第四屆宗教傳道團在北京駐滿了十年（1745～1755 年），〔註2〕其他如第二屆駐華的時間（1729～1735 年）為六年，第三屆（1736～1745 年）為九年。而即將駐華的第五屆俄國宗教傳道團卻因中俄兩國關係惡化而成為整個宗教傳道團駐華史上駐華時間最長的一屆，長達十七年（1755～1771 年）。

第一個由來華學有所成回國的學生率領的商隊。1753 年 2 月 20 日，俄國政府決定向中國派遣第六批商隊。該商隊的領隊由 1746 年回國的留學生阿列克謝・弗拉迪金作總管。他是第一位回國後又來到北京的俄國學生。俄國政府為了讓他體面地出使中國，將他的官職由九等文官升為八等文官。〔註3〕俄國政府選派學成回國的學生作商隊的領隊，是想利用該學生嫻熟的滿漢語和對中國風土人情的瞭解，減少商隊在北京貿易時的摩擦。在樞密院於 1753 年 3 月 30日致理藩院的信函中，就上次格拉希姆・列勃拉托夫斯基商隊在北京的遭遇提出了抱怨，訴說了清朝政府派駐俄羅斯館監督官的敲詐勒索行為。監督官壟斷了中國商人和俄國商隊的貿易權利，只允許他們所願意的人到商隊做生意，並且從中國人所買的俄國貨物中將最好的挑出來占為己有，只出最低的價錢，有時乾脆不付分文。清朝政府派駐俄羅斯館監督官的這種行為嚴重地妨礙了俄國商隊在北京的交易速度，加大了其貿易成本。因而，樞密院要求理藩院採取措施，制止這種干擾和刁難，創造出自由貿易的環境。〔註4〕

〔註2〕 俄國宗教傳道團駐華的起止時間計算方法，根據俄國政府的命令，開始的時間是宗教傳道團抵達北京的那一天，終止的時間是該屆宗教傳道團離開北京的時間。路上耽誤的時間不算。

〔註3〕 沙俄時期，俄國實行文官制度，共分為 14 個等級。參閱郝建恒主編：《中俄關係史譯名詞典（俄漢對照）》，黑龍江教育出版社，哈爾濱，2000 年版。

〔註4〕 班・卡緬斯基：《俄中兩國外交文獻彙編（1619～1792 年）》，商務印書館，1982年，北京，第 290 頁。

　　按照慣例，俄國樞密院先派出信使攜帶信函到北京交給理藩院，通知理藩院，俄國政府即將派出商隊到中國進行貿易活動，望理藩院派官員到邊境迎接。這次派出的信使叫雅科比，他以最快的速度於 1753 年 6 月 28 日從色楞格斯克出發，7 月 27 日就到了北京。當他在北京辦完事後，於 8 月 21 日啓程，9 月 24 日回到俄國邊境城市。他帶回了理藩院的覆函，說中方一旦接到邊疆大臣關於商隊人數的報告，就立即派人到邊境迎接弗拉迪金商隊。〔註5〕

　　俄國政府組成第五屆宗教傳道團。1753 年，俄國政府組成以阿姆夫羅西·尤馬托夫爲首的第五屆宗教傳道團。像他的前任一樣，阿姆夫羅西·尤馬托夫在被任命爲宗教傳道團團長的時候，被從修士司祭的任上提升爲修士大司祭。尤馬托夫來自於莫斯科神學院詩歌教師修士，莫斯科人，有著很高的文化修養和堅強的意志。他身材高大，留著很長的鬍鬚。最高聖務委員會給他配備了兩名修士司祭：索夫羅尼·奧格涅夫斯基和西爾維斯特·斯皮增，一名修士輔祭謝爾基，三名教堂輔助人員：斯捷潘·齊明、伊裏亞·伊萬諾夫和阿列克謝·達尼洛夫。此外，這屆宗教傳道團還配備了三名雜役。〔註6〕從莫斯科神學院選出 4 名學生：瓦維拉·葉爾莫拉耶夫、斯捷潘·雅基莫夫、斯捷潘·索科洛夫和伊萬·奧澤羅夫代替因回國或去世的學生留下來的遺缺。

　　讓俄國留學生形象受損的商隊總管。在將一切工作準備就緒以後，弗拉迪金商隊於 1754 年 9 月 15 日離開恰克圖前往北京，12 月 23 日抵達。在京期間，商隊的貨物賣的比較順利，就是在收取賒銷的款項時有一些麻煩。雖然弗拉迪金是故地重遊，但他沒有給清朝政府官員留下好印象，因而受到的接待和給予的待遇一般。理藩院在給樞密院的回信中指出，弗拉迪金在京期間未能獲得乾隆皇帝的賞賜，是由於他的行爲不好而遭到人們的指責：在處理各種事務時，總是固執己見，聽不進別人的意見；人家偷了他一匹馬，他就要人家賠償他十匹，這樣做完全是爲了滿足他個人的私利等等。因此，理藩

〔註5〕　班·卡緬斯基：《俄中兩國外交文獻彙編（1619～1792 年）》，商務印書館，1982
　　　　年，北京，第 290 頁。

〔註6〕　班·卡緬斯基：《俄中兩國外交文獻彙編（1619～1792 年）》，商務印書館，1982
　　　　年，北京，第 292 頁。第八屆宗教傳道團團長索夫羅尼·格裏鮑夫斯基認爲
　　　　是兩名教堂輔助人員。他還說，自這屆宗教傳道團起，給修士大司祭派兩名
　　　　教堂輔助人員一事就定下來了。參閱維謝洛夫斯基編：《俄國駐北京傳道團史
　　　　料》第一冊，商務印書館出版，1978 年 10 月第一版，第 52 頁。但他後來所
　　　　記述的教堂輔助人員數目卻是三名。第 63 頁。

院希望俄國政府今後再也不要派像他這樣的人，尤其是曾在北京學習過的學生和不善於從事貿易的人當商隊的總管。弗拉迪金的愚蠢行為導致了一個非常嚴重的後果，清朝政府不僅讓其將在北京學有所成的三名學生阿列克謝・列昂季耶夫、安德列・卡納耶夫和葉菲姆・薩赫諾夫斯基帶走，而且乾隆皇帝親自下達諭令，讓弗拉迪金將帶來的四名換班學生也帶回去。當然，清朝政府也給弗拉迪金留了面子，在給俄國樞密院的回函中沒有直接指出是因為他的過錯，而是找了一個藉口，說是在《恰克圖條約》中沒有規定在北京學習的學生也可以換班。〔註7〕除此以外，清朝政府只讓弗拉迪金帶來的宗教傳道團留下四名「神甫」，再從新來的三名教堂輔助人員和三名雜役各選一名留下，其他人都讓弗拉迪金帶了回去。

第四屆駐華宗教傳道團回國。1755年6月4日，貿易完畢後，弗拉迪金率領商隊，修士大司祭格爾瓦西・林采夫斯基率領第四屆宗教傳道團成員從北京啟程回國，9月5日回到恰克圖。在回國的路上，他們又損失了一名學生安德列・卡納耶夫。剩下的兩名學生，阿列克謝・列昂季耶夫被分配到外務委員會擔任翻譯，葉菲姆・薩赫諾夫斯基則留在恰克圖海關工作。〔註8〕

第五屆宗教傳道團在京人員構成。第四屆駐華宗教傳道團回國後，駐北京的第五屆宗教傳道團成員只剩下了6名神職人員。他們是：

修士大司祭：阿姆夫羅西・尤馬托夫

修士司祭：索夫羅尼・奧格涅夫斯基和西爾維斯特・斯皮增

修士輔祭：謝爾基

教堂輔助人員：斯捷潘・齊明和阿列克謝・達尼洛夫

該屆宗教傳道團沒有附屬學生。

二、俄國政府對中國領土的圖謀造成中俄關係惡化

清朝拒絕接受弗拉迪金商隊帶來的學生在京學習，這是清朝政府對當時兩國關係不滿意而給俄國政府發出的一個信號。導致中俄關係趨於緊張的有兩大原因。

〔註7〕 班・卡緬斯基：《俄中兩國外交文獻彙編（1619～1792年）》，商務印書館，1982年，北京，第295頁。

〔註8〕 班・卡緬斯基：《俄中兩國外交文獻彙編（1619～1792年）》，商務印書館，1982年，北京，第294頁。

　　（一）俄國圖謀中國的領土。《尼布楚條約》簽訂以來，中國東北邊疆地區獲得了較長時間的安寧。但歷屆俄國政府並沒有放棄重新侵佔中國黑龍江地區的念頭。在兩次和平談判中以及以後的日子裏，清朝政府反覆提出烏第河地區劃界問題，都被俄國政府以對該地區的情況不瞭解爲藉口而一再擱置，存留待議。其實就是爲了等待時機，準備自己獨吞該地區。

　　彼得一世（1672～1725年）掌握國家最高權力以後，對中國東北黑龍江地區表現出了高度的關注。中俄在尼布楚談判期間，彼得還處在和其姐索菲婭爭權奪利的宮廷陰謀的鬥爭中，還沒有走上俄國國家權力的最高端，成爲彼得一世。因而，他在當時還無力操縱整個國家的局勢。當他於1689年10月6日凱旋於莫斯科，17歲零4個月的彼得大帝才正式開闢自己的時代。〔註9〕

　　黑龍江是東北亞地區唯一通往太平洋的可以通航的河流，具有十分重要的戰略意義，作爲俄國第一位雄心勃勃的有爲帝王——彼得一世對此自然十分清楚。他曾在自己的日記中毫不掩飾地強調「整個遠東地區特別是黑龍江對俄國的極端重要性」。〔註10〕1692年，在《尼布楚條約》簽訂後的第四年，他在給派出來華的義傑斯使團的訓令中提到，要其偵察中國軍隊在黑龍江流域的動向。〔註11〕後來，他曾指示軍事委員會主席阿·緬施科夫：「俄國必須佔有涅瓦河口、頓河河口和黑龍江口」，因爲它們對「俄國未來的發展異常重要。」〔註12〕

　　彼得一世儘管有著侵佔中國黑龍江地區的夢想，限於俄國當時的實力不濟和清朝政府統治下的中國強大，也只好收斂起自己的野心，將希望寄託在未來。1722年，當陸軍軍官弗·索伊莫諾夫向彼得一世直接提議：「應探索一條沿石勒喀河和黑龍江通往勘察加然後到達日本的道路」時，彼得一世回答說：「我全知道了。但不是現在，而是必須緩些動手」。〔註13〕結合俄國後來

〔註9〕　〔法〕亨利·特魯瓦亞著：《彼得大帝》，齊宗華，裘榮慶譯，天津人民出版社，1983年7月第1版，第57頁。

〔註10〕　維諾庫羅夫、弗洛裏奇：《涅維爾斯科伊海軍上將的功勳》，1951年莫斯科出版，第40頁。轉引自中國社會科學院近代史研究所編：《沙俄侵華史》第二卷，人民出版社，1976年10月，第26頁。

〔註11〕　班·卡緬斯基：《俄中兩國外交文獻彙編（1619～1792年）》，商務印書館，1982年，北京，第89頁。

〔註12〕　П·И·卡巴諾夫：《黑龍江問題》，姜延祚譯，黑龍江人民出版社，1983年，哈爾濱，第26頁；福斯特：《莫斯科人和清朝官員》，1969年美國出版，第246頁。轉引自中國社會科學院近代史研究所編：《沙俄侵華史》第二卷，人民出版社，1976年10月，第27頁。

〔註13〕　尤裏·謝緬諾夫：《西伯利亞的征服和發展》，1963年倫敦出版，第149～150

侵佔中國領土的史實，可以看出彼得一世作爲俄國一代英主所具有的遠見，體會到彼得一世的耐心和雄心勃勃以及戰略時機選擇的精確。

彼得一世侵佔中國黑龍江流域的計劃並沒有因爲他的去世而被擱置，在他之後的歷屆俄國沙皇，爲了實現俄國侵吞黑龍江流域的夢想，一直在尋找著機會。沙皇葉卡捷琳娜一世繼位後，將重新侵佔黑龍江流域的方針明確化了。1725 年，俄國外務委員會在指示前往中國談判的薩瓦‧弗拉季斯拉維奇的密令中，要他「察看中國城市及其地理位置，探知各城市的駐軍人數及設防情況和行政長官，中國各地的物產情況，從一個城市到另一個城市的距離，以及小城鎮、湖泊、鄉村、草原和森林情況；記述中國的統治方式，軍隊的人數，他們的武器和大炮裝備，他們的國土與其它國家接壤的情況，他們同別的國家是否存在糾紛和戰爭？」〔註14〕

薩瓦‧弗拉季斯拉維奇在和清朝政府簽訂了《恰克圖條約》回國之後，就上面的要求作了一個全面的報告，提出了自己對實施侵略中國領土的看法。他認爲，中國「是一個人口稠密而防禦很差的富饒國家。因此，俄國在遠東經濟方面和領土方面發展的可能性幾乎可以說是無限的」。〔註15〕以此爲出發點，他構想了將來俄國侵佔黑龍江和佔領中國本土的方案：「如果俄羅斯帝國希望將來把中國人從黑龍江上掃除乾淨，以便自由通往拉馬海——即勘察加海……，或者企圖順著石勒喀河直到黑龍江，並順著黑龍江一直出海，繞過朝鮮，向中國內地航行……」，〔註16〕就需要一支強大的艦隊作後盾。在他所設計的六條從西伯利亞通向中國本土的計劃中，其中有三條是以黑龍江爲關鍵點的。〔註17〕1731年，薩瓦‧弗拉季斯拉維奇從中俄兩國實力對比中和在俄國同西方保持和平關係的條件下，進一步完善了自己關於侵略中國的設想，提出兩點重要意見。一是「不要在尚未做好極其充分的準備之前因小事而與中國及其屬民打仗，以免

頁。轉引自中國社會科學院近代史研究所編：《沙俄侵華史》第二卷，人民出版社，1976 年 10 月，第 28 頁。

〔註14〕班‧卡緬斯基：《俄中兩國外交文獻彙編（1619～1792 年）》，商務印書館，1982年，北京，第 141～142 頁。

〔註15〕萬斯頓‧加恩：《彼得大帝時期的俄中關係》，商務印書館，1980 年，北京，第 248 頁。

〔註16〕萬斯頓‧加恩：《彼得大帝時期的俄中關係》，商務印書館，1980 年，北京，第 341～342 頁。

〔註17〕中國社會科學院近代史研究所編：《沙俄侵華史》第二卷，人民出版社，1976年 10 月，第 30 頁。

開支過大和使西伯利亞邊民非常需要的貿易中斷」。在這一點上，他的基本觀點是俄國必須通過和中國保持和平貿易關係，使西伯利亞地區的居民在中俄貿易中富裕起來，積累力量，等待時機。二是「和平時期應該如何在邊境籌備和增加人員、現金、軍糧、槍炮及其它軍需品以供將來之用，以及屆時用什麼方法向中國宣戰爲宜」。在這一點上，他認爲，俄國要想佔領「中國這個世界上最爲富有、各種物產都比亞洲其它國家和歐洲國家要豐富的多的國家」，前提是必須和歐洲保持長期的和平關係和俄國國家實力大爲增長，並且要對中國的情況有充分的瞭解。〔註18〕綜合起來，就是在看得見的將來，俄國還未具備和中國開戰的必要條件，要等待時機。

俄國政府隨著向太平洋沿岸的擴張，對佔領黑龍江的要求日益迫切。就在俄國政府派出以薩瓦・弗拉季斯拉維奇爲首的談判使團赴華的同時，也派出了以白令〔註19〕爲首的「第一次勘察加勘察隊」到歐亞大陸的東北角和北太平洋一帶進行「探險」活動。在這次探險活動中，白令勘察隊勘察了烏第河河口外的善塔爾群島，並進窺黑龍江河口灣，測量了那裡的水深。〔註20〕1732年，白令率領的「第二次勘察加勘察隊」啓程。這次探險分爲兩路。一路由白令率領，「尋找一條從勘察加或鄂霍次克的河流通往黑龍江或日本去的水路」，稱之爲水路；一路在陸地上，從鄂畢河到葉尼塞河、勒拿河，「測繪北方地區或西伯利亞沿岸的地圖」，〔註21〕稱之爲陸路。陸路勘察隊裏有一位著名的人物——俄國科學院院士米勒，他和另外一名教授從伊爾庫次克到尼布楚，專門收集有關中俄邊界的資料。這一路的其他隊員竟然竄到黑龍江流域測量地形，繪製地圖。〔註22〕

在階段性的勘察工作中，俄國人隨著對勘察加及鄂霍次克海瞭解的深入，

〔註18〕萬斯頓・加恩：《彼得大帝時期的俄中關係》，商務印書館，1980年，北京，第394～395頁。

〔註19〕維塔斯・白令，丹麥人，1681年生，1704年起，開始爲俄國服務。彼得一世在去世的那一年，即1725年1月26日，選定白令完成計畫好的探險工作。〔美〕弗・阿・戈爾德著：《俄國在太平洋的擴張》，商務印書館，1981年，北京，第90～91頁。

〔註20〕中國社會科學院近代史研究所編：《沙俄侵華史》第二卷，人民出版社，1976年10月，第30頁。

〔註21〕〔美〕弗・阿・戈爾德著：《俄國在太平洋的擴張》，商務印書館，1981年，北京，第114頁。

〔註22〕中國社會科學院近代史研究所編：《沙俄侵華史》第二卷，人民出版社，1976年10月，第32頁。

對黑龍江的要求愈來愈迫切。1740年，沙皇安娜・伊凡諾夫娜下令米勒院士起草了關於黑龍江的《備忘錄》，對《尼布楚條約》提出質疑，說該條約是「被迫簽訂的」，「違反了國際公法」，「俄國上當受騙了」。在此前提下，他極力主張「修改」《尼布楚條約》，重新劃分中俄東段邊界，並強調在向中國交涉時，必須堅持「俄國重新佔有黑龍江左岸，或者，至少也要獲得順黑龍江到勘察加和日本的航行權」。〔註23〕1746年，白令的助手契裏科夫上書沙皇，建議在黑龍江口設置哨所，並要求中國政府許可俄船在黑龍江上自由航行。〔註24〕

1753年6月，俄國西伯利亞總督米亞特列夫向樞密院提出了一份新的勘察黑龍江的計劃，強調取道黑龍江是向鄂霍次克地區和勘察加等地運送糧食和軍需物質的「唯一可靠和於國庫有利的措施」。〔註25〕同年年底，樞密院接受了這一方案，授權外務委員會向清朝政府提出相應的要求，一面委派西伯利亞總督米亞特列夫組織新的勘察隊，趕造船只，並指定弗・索伊莫諾夫負責具體領導。1754年，索伊莫諾夫不等清朝政府的答覆，就率領三艘大船組成的勘察隊從尼布楚出發，順石勒喀河到達額爾古納河口，由於清朝政府的堅決反對，才被迫返回。〔註26〕

1756年5月30日，女皇伊麗莎白・彼得羅芙娜選定瓦西里・勃拉季謝夫以信使的名義前往中國交涉允許俄國船隻在黑龍江上航行和接受留學生等事宜。在頒發給他的訓令中指出：「請求中國朝廷允許運載糧食和其它物品的俄國船隻在阿穆爾河（黑龍江）上自由航行，以便為東北沿海各要塞和城堡的駐軍和俄國居民運送給養」，告訴清朝政府，不管同意不同意，俄國的船隻一定要在阿穆爾河上航行，並且是武裝押運；要勸說清朝政府接受俄國學生在北京學習滿漢語，並供給他們生活費用。〔註27〕1757年9月，勃拉季謝夫來到乾隆皇帝正在避暑的熱河，辦理了俄國政府交辦的事務。同年12月他返回俄國。在他所

〔註23〕 中國社會科學院近代史研究所編：《沙俄侵華史》第二卷，人民出版社，1976年10月，第32～33頁。

〔註24〕 中國社會科學院近代史研究所編：《沙俄侵華史》第二卷，人民出版社，1976年10月，第33頁。

〔註25〕 中國社會科學院近代史研究所編：《沙俄侵華史》第二卷，人民出版社，1976年10月，第33頁。

〔註26〕 中國社會科學院近代史研究所編：《沙俄侵華史》第二卷，人民出版社，1976年10月，第34頁。

〔註27〕 班・卡緬斯基：《俄中兩國外交文獻彙編（1619～1792年）》，商務印書館，1982年，北京，第297頁。

帶回的清朝政府回覆的信函中，清朝政府以自古以來沒有此先例爲由，客氣地拒絕了俄國政府提出的在黑龍江上行駛船隻的要求，但同意接受俄國學生來北京學習滿漢語，答應按慣例供應給養。針對俄國覬覦黑龍江的野心，清朝政府也採取了防範措施，命令黑龍江地方官員：「加意防守卡座，勿令私過；儻不聽阻止，恃強前往」，「即酌派官兵擒拿，照私越邊界辦理」。〔註28〕

（二）收納中國的叛亂分子，越界立柵，侵佔中國領土。雍正五年，即1727年，準噶爾部首領策旺阿拉布坦死後，他的兒子噶爾丹策零接管了他的部屬，繼續採取與清朝政府爲敵的立場。雍正皇帝於1729年發動了清剿噶爾丹策零準噶爾部的戰爭，久剿不滅。

1745年，乾隆十年，噶爾丹策零死，準噶爾部發生內亂，貴族之間爲爭奪汗位互相戕殺。達瓦齊在阿睦爾撒納的支持下取得汗位。阿睦爾撒納是厄魯特蒙古輝特部臺吉，是個有野心的人，他對達瓦齊的支持是另有所圖的，「準噶爾臺吉乃綽羅斯世傳，伊係輝特，勢不能遽行竊踞，遂以達瓦齊爲奇貨，誘助攻殺，伊得從中取事」。〔註29〕不久，兩人發生利害衝突。阿睦爾撒納力不能敵，遂於1754年冬率部歸附清朝政府。達瓦齊在治理準噶爾部期間，每日飲酒高臥，不理政事，又亂派兵力發動戰爭，導致部族窮迫無依，離心傾向日益嚴重。1753年9月，杜爾伯特三車凌毅然率所部三千餘戶一萬多人，離開額爾齊斯河牧地，進入內地，歸附清朝政府。這也是弗拉迪金率商隊在京期間看到的情況，「中國人由於已經將一部分準噶爾人接納入本國國籍，所以他們現在對待俄國特別傲慢，這反映出他們內心對俄國不滿和仇視。他們總是像對待眞正的敵人那樣儘量迴避和提防俄國人」。〔註30〕

杜爾伯特三車凌的歸附，給清朝政府提供了平定準噶爾部的有利時機。乾隆二十年春，即1755年，乾隆皇帝下令班第爲定北將軍，阿睦爾撒納爲定邊左副將軍，由烏里雅蘇臺出北路。以永常爲定西將軍，薩拉勒爲定邊右副將軍，由巴裏坤出西路，約期會於博羅塔拉河。兩路軍各兵兩萬五千，馬七萬匹。清軍所到之處，勢如破竹，很快就將達瓦齊擒獲送到北京。達瓦齊被平定。

繼達瓦齊之後，阿睦爾撒納又於1755年發動叛亂。1757年，乾隆命令成

〔註28〕《清高宗實錄》第544卷，中華書局影印本。

〔註29〕《平定準噶爾方略》第13卷。

〔註30〕班·卡緬斯基：《俄中兩國外交文獻彙編（1619～1792年）》，商務印書館，1982年，北京，第294頁。

褒箭布、兆惠等率軍平叛。阿睦爾撒納兵敗逃往哈薩克，繼而又投奔沙俄。叛亂至此被徹底平息。

俄國政府在清朝政府平定阿睦爾撒納叛亂期間，一再收納中國逃人，隱匿不還。其中包括阿睦爾撒納和另一名準噶爾頭目舍楞。1756 年，俄國收留了 11 名準噶爾宰桑。清朝政府向俄國政府提出歸還的要求，被俄國政府以他們從不屬於任何一個國家爲由而拒絕。清朝政府爲了能夠順利解決逃人問題，還將在平叛期間幫助叛軍打仗的俄國屬民放還俄國，但俄國政府並不領情，認爲這是清朝政府對俄國友好的表現。至於阿睦爾撒納和舍楞，俄國政府首先強調他們是準噶爾人，不是中國人，不能根據《恰克圖條約》歸還，而只能根據友誼來歸還。〔註 31〕儘管如此，俄國政府並沒有將逃到俄國境內的阿睦爾撒納和舍楞及其追隨者及時歸還，而是以各種理由拖延，直至阿睦爾撒納於 1757 年 9 月 21 日病死在俄國。在清朝政府的一再強烈的要求之下，俄國政府才答應清朝政府派人驗明正身，但仍然拒不交還阿睦爾撒納的屍體。

俄國政府拒不交還阿睦爾撒納屍體，以及多年來俄羅斯越界立柵、圈佔土地等等諸多事件，使得清朝政府對俄國的野心提高了警惕。1759 年，乾隆二十四年，理藩院諮行樞密院時提到：「查俄羅斯同我原定之布爾吉特伊山至鄂爾懷圖等山梁邊界處，俄羅斯人圈佔我地，樹立木柵，間或有之。……索還阿睦爾撒納骨骸及舍楞、勞章紥布，前曾數次行文，至今不迴文陳明」。〔註 32〕乾隆皇帝更是一針見血指出：「今細觀之，逆賊阿睦爾撒納已死，爾尚收藏一具無用之屍不還，伊若活著，爾果能不用伊？」又說：「色必布克土拉木等處俱係我土，俄羅斯人不應擅入樹立木柵。從俄人設立木柵而無人居住來看，乃係試占我領土之意」。〔註 33〕

這一時期發生的盜竊、搶劫案件和俄國人越界立柵、向中國在恰克圖做生意的商人收稅等事件使中俄兩國間的關係日趨緊張。乾隆二十七年，雙方代表在恰克圖舉行邊界會談，就上述問題提出解決方案。會談持續了將近一個月，沒有取得一致。在這種情況下，清朝政府被迫使用終止通商的手段，迫使俄國

〔註31〕 班·卡緬斯基：《俄中兩國外交文獻彙編（1619～1792 年）》，商務印書館，1982
　　　　年，北京，第 304 頁。
〔註32〕 第一歷史檔案館：《滿文月折檔》。轉引自酈永慶，宿豐林：《乾隆年間恰克圖
　　　　貿易三次閉關辨析》，載《歷史檔案》，1987 年第 3 期。
〔註33〕 第一歷史檔案館：《滿文月折檔》。轉引自酈永慶，宿豐林：《乾隆年間恰克圖
　　　　貿易三次閉關辨析》，載《歷史檔案》，1987 年第 3 期。

人就範。在十八世紀下半葉，針對俄國人屢屢進犯中國領土，清朝政府自此先後三次動用閉關、禁止通商的手段作爲對俄國人破壞條約的懲罰。〔註34〕

俄國政府對於自己的行爲並不反省，而是仍舊我行我素，並且還拿出行動，進行對華作戰的準備工作。1762 年，葉卡捷琳娜二世繼位，仍對黑龍江問題糾纏不休。1763 年 2 月，葉卡捷琳娜二世下令調整中俄邊境地區的邊防體制，將有關加強尼布楚和色楞格斯克邊防的全部事務集中於「特別軍事委員會」，並計劃在東線和「中國人作戰，從尼布楚方面進攻，以便奪取黑龍江。」同年十二月，還命令西伯利亞邊界司令官在西線密切配合，準備向中國喀什噶爾等地進攻。〔註35〕爲了論證對華戰爭的合法性，俄國科學院院士米勒起草了《關於對華作戰的意見》。在這份文件中，米勒極力否認中國對黑龍江流域的領土主權：「整個黑龍江，從上游到江口，原爲俄國所有」。他主張發動對華戰爭，以恢復俄國對黑龍江流域和絕大部分蒙古地區的權利，要讓黑龍江成爲中俄兩國的界河。〔註36〕1764 年，葉卡捷琳娜二世召開特別會議，專門商討對華作戰的可能性。〔註37〕但由於清朝政府完成了西北邊疆的統一，國力進一步強大，加之俄國發動了侵略土耳其的戰爭，俄國政府估計兩條線作戰成功的可能性比較小。考慮到和中國開戰的勝算及由之所帶來的對華貿易中的損失，俄國放棄了和中國開戰的念頭。即使土爾扈特部落在 1771 年回歸祖國，氣急敗壞的俄國政府也沒敢輕舉妄動，衹是進行了書面交涉，而沒有將與中國開戰的誓言付諸實踐。〔註38〕而發生在中俄兩國邊界上的矛盾和

〔註34〕 酈永慶、宿豐林：《乾隆年間恰克圖貿易三次閉關辨析》，載《歷史檔案》，1987 年第 3 期。

〔註35〕 〔俄〕赫·特魯塞維奇：《俄中通使與通商關係》，1882 年，俄文版，莫斯科，第 58 頁。

〔註36〕 班·卡緬斯基編著：《俄中兩國外交文獻彙編（1619～1792 年）》，商務印書館，1982 年，北京，第 399～410 頁。

〔註37〕 福斯特：《莫斯科人和清朝官員（1727～1805 年）》，1969 年，美國出版，第 270～271 頁。轉引自中國社會科學院近代史研究所編：《沙俄侵華史》第二卷，人民出版社，1976 年 10 月，第 39 頁。

〔註38〕 土爾扈特部落回到祖國一年後，俄國政府照會清朝政府，要求將土爾扈特遣返俄方，否則將「兵戈不息，人無寧居。」公然以武力相威脅。清朝政府斷然拒絕了俄方的無理要求，嚴正指出：「土爾扈特渥巴錫等，與爾別一部落，原非屬人。」「自準部入居爾境，爾國徵調繁苛，不堪其苦，率眾來投。」至於「不守和好，恐兵戈不息，人無寧居之語。或以兵戈，或守和好，我天朝惟視爾之自取而已。」「大皇帝惟欲安撫眾生，必不肯輕信人言即廢和好。如爾等欲背棄前議，則亦聽之。」《清高宗實錄》第 914 卷，中華書局影印本。

糾紛卻深深地影響了俄國駐華宗教傳道團。

三、中俄雙方關於第五屆駐華宗教傳道團的境遇之爭

　　自從 1755 年弗拉迪金商隊在北京進行貿易之後，清朝政府就禁止俄國商隊進京貿易，將中俄兩國的貿易地點限制在恰克圖一地。俄國商隊進京貿易的權利被取消後，關於駐京宗教傳道團的消息，俄國政府不像兩國關係正常的條件下得到的那麼準時和準確，對在華宗教傳道團命運的關注，也就多了一些猜測和臆想的成分，產生了一些誤解。

　　俄國駐華宗教傳道團在北京處在相對自由的生活狀態，是和清朝政府忠實履行《恰克圖條約》所規定的義務分不開的。但是，在中俄關繫緊張的情況下，俄國政府不能夠及時地獲得宗教傳道團在北京生活狀況的消息，對清朝政府能否善待駐華宗教傳道團產生懷疑。就在第五屆宗教傳道團進駐北京後的第三年，即 1757 年，「俄國政府由於很久沒有得到有關駐北京的本國宗教傳道團人員的消息，決定派出樞密院信使格裏戈裏・阿布爾佐夫攜帶致理藩院的公函前往北京」，瞭解他們在北京的生活狀況。〔註 39〕令人遺憾的是，本文作者尚未找到關於該信使進一步活動的資料，不知道他是否到過北京，以及他如何將第五屆宗教傳道團駐華的情況向俄國政府作了彙報。1760 年，俄國政府根據色楞格斯克城防司令長官雅科比不知從哪裡獲取的資訊，說從1759 年秋季開始，乾隆皇帝諭令將俄羅斯館封鎖，不准傳道團人員外出到任何地方去，而且還派兵把守大門，不准中國人和他們交往，否則，將被處以死刑。同年 9 月 24 日，俄國樞密院就此事向理藩院發出一封公函，質問理藩院爲什麼如此嚴酷地對待他們，指出這種行爲有損中國的形象，請求理藩院將他們的近況通知樞密院，並將由俄國帶給他們的少量日用必需物品發給他們，索取收據後將收據送交色楞格斯克。〔註 40〕從此公函中可以看出，清朝政府對俄國政府之間聯繫的方式發生了重大變化，不像從前那樣允許俄國人隨便進入北京了，俄國政府送給駐華宗教傳道團的生活用品，首先是送到邊境上交給清朝政府管理邊疆事務的官員，再由後者將這些物品送到北京，由

〔註 39〕 班・卡緬斯基：《俄中兩國外交文獻彙編（1619～1792 年）》，商務印書館，1982
　　　　 年，北京，第 307 頁。

〔註 40〕 班・卡緬斯基：《俄中兩國外交文獻彙編（1619～1792 年）》，商務印書館，1982
　　　　 年，北京，第 334 頁。

理藩院轉交給駐華宗教傳道團。為了掌握物品的遞送情況，理藩院要將宗教傳道團收到物品的收條送到邊境，交給俄國管理邊境事務的官員。中俄兩國聯繫方式的改變，是造成俄國政府向清朝政府提出抗議的重要原因。

俄國樞密院的這封公函激怒了清朝政府，1761 年，理藩院就上述公函給予了言辭非常激烈的反駁：「貴方來函談及此間俄館之貴方四名喇嘛一事，內稱貴院獲悉一荒誕消息，似乎彼等在我國無辜被禁錮於俄館之中，並受到嚴密監視，為此請求我方今後照例供給彼等各種良好給養和充足之糧食；來函還談到，貴方希望能從色楞格斯克將少量已備好之貨物送給彼等。貴方來函所請，業經我院奏明大皇帝核奪，旋奉我皇帝陛下御批如下：『彼等俄國人怎敢寫如此狂妄之信函！彼國喇嘛已多年留住我國，我方一向照例供給各種良好給養和充足之糧食，並無任何虐待之處，而俄國人竟然說三道四！彼等試想：若我方不願供養彼國之喇嘛，則早已將其驅逐出境；何況虐待這些人與我國何益？俄國人以為，由於彼等多年來無視和平條約而扣留我逃人，我方會將上述喇嘛處死；恰恰相反，彼等應知，在我國永遠不會有虐待外國人之事，更不會使他們受到某種暗害。條約規定不得扣留逃人，而彼等則無視於此，亦不維護和好關係；總之，彼等想要破壞這一條款，就任其破壞，為何要編造一些不成體統的粗野之詞？卑劣之極！既然彼等編造如此不成體統的粗野之詞，則勿接受如今給喇嘛送來之任何貨物（儘管以前有過如此種作法——原文如此），因為這樣做了，不知彼等以後還會編造什麼流言蜚語。讓彼等派人直接到北京瞭解彼國之喇嘛是否受虐待。爾等務需將此節詳細通知俄方。』奉此，茲通知貴方如下：維護不維護和好關係，破壞條約中關於逃人這一條款，還是要破壞其它條款，聽憑自便，但今後不得編造此類不成體統的粗野之詞，特此聲明」。〔註41〕這份公函既是對俄國政府無理指責的反駁，同時也給俄國政府提供了清朝政府對待宗教傳道團的態度並沒有因為俄國人屢屢違約而有所改變的消息。但俄國人接到這封公函後「表示相當遺憾」，認為是「使用了許多無禮漫罵和令人不快的言詞」。因為清朝政府在公函中表示不再充當傳送物品的中間人，俄國政府致函請求理藩院允許俄國政府直接派遣「押運的武官親自將這些貨物送交該傳道團」，並且提請理藩院允許俄國政府派出新一屆宗教傳道團替換現在北京的第五屆宗教

〔註41〕 班・卡緬斯基：《俄中兩國外交文獻彙編（1619～1792 年）》，商務印書館，1982
　　　 年，北京，第 340 頁。

傳道團。〔註42〕

四、第五屆駐華宗教傳道團在京的自由生存狀態

其實，第五屆俄國宗教傳道團在華的生存狀態並沒有像俄國政府想像的那麼糟糕，仍如前幾屆駐華宗教傳道團一樣，過著有節奏的生活。

接受清朝政府臣民為東正教徒是歷屆俄國宗教傳道團在華存在的基礎。這屆宗教傳道團因為沒有隨班學生，宗教傳道團也就沒有了監督學生學習的任務，他們就將精力放在了傳經布道上。和以往宗教傳道團一樣，第五屆宗教傳道團在華傳播東正教的途徑也是首先選擇俄羅斯佐領，即俄國人稱之為阿爾巴津人的後裔。

在清朝軍隊中服役的阿爾巴津人後裔，仍然是俄國宗教傳道團進行宗教活動所要依靠的主要力量。第五屆俄國宗教傳道團駐北京時，還有 50 人。他們對於東正教完全持一種冷漠態度。修士大司祭阿姆夫羅西·尤馬托夫做了大量工作，通過口語翻譯開導和勸說他們接受東正教信仰。為了說服他們接受東正教洗禮，阿姆夫羅西·尤馬托夫以他們的祖父輩真誠對待東正教信仰為例子勸說他們。他們用這種辦法很快將附屬聖尼古拉教堂的 50 個男女全部洗了禮，其中的 15 人被教授學習斯拉夫文字，並在教堂舉行禮拜活動時唱讀經文〔註43〕。

清朝政府沒有禁止俄國宗教傳道團的在華傳教活動。1768 年，在乾隆皇帝的策動下，中國爆發了大規模的禁教運動，〔註44〕清朝政府到處張貼告示，警告滿族人、朝鮮人、漢人和蒙古人不准接受外國宗教信仰，但清朝政府對在北京傳教的俄國宗教傳道團沒有任何干涉的舉止，第五屆宗教傳道團駐北京期間仍能接受中國人洗禮。接受洗禮的中國人中既有滿人，也有漢人。第五屆宗教傳道團教堂輔助人員斯捷潘·齊明回國後向俄國外務委員會彙報說，在駐華的十七年中，修士大司祭阿姆夫羅西·尤馬托夫給 220 名中國人

〔註42〕 班·卡緬斯基：《俄中兩國外交文獻彙編（1619～1792 年）》，商務印書館，1982年，北京，第 344 頁。

〔註43〕 《東正教在遠東——紀念俄國宗教傳道團駐華 275 周年》，聖彼德堡，1993年，俄文版，第 23 頁。

〔註44〕 關於 1768 年清朝政府禁教的前因後果，美國哈佛大學歷史系和東亞語言文化系教授孔飛力先生所著《叫魂——1768 年中國妖術大恐慌》（上海三聯書店出版，1999 年 1 月，第 1 版）有過詳細的剖析。由乾隆皇帝發動的這場禁教運動，源於中國國內出現的一股民間招魂習俗。其發動禁教的目的是為了防止國內反清勢力借助招魂發動叛亂，並不是專門針對外國傳教士的。

洗了禮。一般是今年 20 人，明年 30 人，有的年份甚至是一個人也沒有。傳教布道的方法也比較簡單，就是沿用前幾屆宗教傳道團的手法，用傳道團的錢收買中國人入教。每一個受洗者都會得到 1 兩銀子；如果是窮人的話，就發給 2 兩銀子去購買十字架和長袍；有的受洗者則不要宗教傳道團的銀子，而是自己掏錢購買十字架和長袍。〔註 45〕齊明認為，駐華宗教傳道團之所以能夠如此從容地傳教，一方面是因為清朝政府祇是在 1768 年嚴厲了一陣子，過了這一年，清朝政府就對外國傳教士的傳教活動放鬆了，俄國宗教傳道團在 1769 年接受了十個中國人入教；另一個方面是因為修士大司祭阿姆夫羅西·尤馬托夫和清朝政府的達官貴人所建立的友善關係，也幫助俄國宗教傳道團和受洗的中國人免遭責難。〔註 46〕

修士大司祭阿姆夫羅西·尤馬托夫很擅長和清朝政府的達官貴人打交道，部分地履行了俄國政府外交人員的職責。每當教堂舉行盛大宗教祭奠儀式或洗禮儀式時，理藩院的官員們或者清朝政府其他官員都來教堂參觀，他利用這種機會掏自己的腰包招待他們，有選擇地行賄，給那些有利於宗教傳道團生存的清朝官員贈送俄國生產的各種各樣的禮物。〔註 47〕雖然開支不小，但對與國內幾乎斷絕了聯繫的宗教傳道團來說，是一種很好的生存辦法。

第五屆宗教傳道團的另外一種生存之道是修士大司祭阿姆夫羅西嚴格自律，嚴格管理屬下人員，搞好內部團結，避免引起中國人的反感。俄國女皇伊麗莎白·彼得羅芙娜於 1757 年派出的信使瓦西里·勃拉季謝夫回國後描述說，駐北京的修士大司祭為人正派，他一向管教屬下等嚴守規矩，順從聽話；他建立了聚餐會制度，每天在教堂從事神事活動；沒有任何人抱怨他，他也不抱怨別人。為了避免遭受當地居民的指責和嘲笑，修士大司祭和其屬下人員穿上了滿漢人的服裝。〔註 48〕

除了傳經布道以外，第五屆宗教傳道團將大部分時間和精力放在了俄羅斯館和聖尼古拉教堂的維護和增添新建築上。第八屆宗教傳道團團長索夫羅

〔註45〕《東正教在遠東——紀念俄國宗教傳道團駐華 275 周年》，聖彼德堡，1993 年，俄文版，第 23 頁。

〔註46〕《東正教在遠東——紀念俄國宗教傳道團駐華 275 周年》，聖彼德堡，1993 年，俄文版，第 23 頁。

〔註47〕《東正教在遠東——紀念俄國宗教傳道團駐華 275 周年》，聖彼德堡，1993 年，俄文版，第 26 頁。

〔註48〕班·卡緬斯基：《俄中兩國外交文獻彙編（1619～1792 年）》，商務印書館，1982 年，北京，第 311 頁。

尼・格裏鮑夫斯基稱讚修士大司祭阿姆夫羅西是「一位優秀的建築家，因為我所看到造的比較好的一些建築物都是阿姆夫羅西辛勤修建的」。〔註49〕根據該屆教堂輔助人員斯捷潘・齊明的敍述，他們這屆宗教傳道團對俄羅斯館裏的奉獻節教堂和聖尼古拉教堂進行了整修，給奉獻節教堂的四個圓角頂上鋪設了瓦。1756 年在奉獻節教堂建起了一排專供修士大司祭修道的俄羅斯風格的石頭平房。由於這屆宗教傳道團人員較以前少了許多，修士司祭和輔祭每人居住著一排三間居室。房子的上面鋪了瓦，裏面的臥室製作了天花板，打了隔斷，並將四面的牆壁粉刷了一遍，而生火取暖的爐子置放在地下。給教堂輔助人員新蓋起了五間臥室，1757 年，第五屆宗教傳道團在俄羅斯館裏打了一口井，用石頭砌了井壁。1757 和 1764 年分別蓋了兩間石頭房子供臨時來到北京的俄國人居住。1765 年，宗教傳道團將已經破舊的聖尼古拉教堂重新鋪設和整修了一遍，教堂內部和副祭壇上面用木板做了一個頂棚。聖尼古拉教堂一直沒有鐘樓，這屆宗教傳道團於 1764 年用木頭建起了一個四角圓形的鐘樓，鐘樓內懸掛著四個鈴鐺和兩面大銅鑼，作為召喚禱告的鐘聲。

第五屆宗教傳道團經費來源。從上面的記述中，我們可以看出這屆宗教傳道團所進行的傳經布道、建築與維修工作費用支出是很大的。他們初來北京時所帶的活動經費，俄國政府是按照以前給宗教傳道團的標準下發的，總數為1700 盧布。這筆費用是以帶到北京的皮貨折合的，但以後只給他們連著發放了兩年的薪水，從 1758 年起，傳道團人員就再也沒有從俄國政府那裡領到過薪水，一直到1764 年俄國政府派出克羅波托夫來到北京，才恢復對宗教傳道團的經費和其它物品的供應。〔註50〕除了清朝政府「按照舊例」給傳道團發放的月薪外，這屆宗教傳道團還有自己的自由經濟活動。他們充分利用屬於俄國宗教傳道團的固定資產賺錢，彌補了因為經費不足而造成的生存困難。其資金來源由下列幾個方面構成：

1、清朝政府根據《恰克圖條約》規定按月發放的例錢。

2、出租房屋收受的租金，且專款專用。俄羅斯館附屬有歷屆宗教傳道團

〔註49〕 維謝洛夫斯基編：《俄國駐北京傳道團史料》第一冊，商務印書館出版，1978
年 10 月第一版，第 53 頁。

〔註50〕 班・卡緬斯基：《俄中兩國外交文獻彙編（1619～1792 年）》，商務印書館，1982
年，北京，第 349 頁。

購買下的四處院落，第五屆宗教傳道團將它們出租，每月能有 8 兩 5 錢的銀子進帳，折合成 13 盧布 60 戈比，全年共有 163 盧布 50 戈比。但這筆收入很不固定，經常發生這樣的情況，住戶連著三、五個月不交房租，突然之間就會在某個夜晚消失，將所租住房屋的窗戶、門板、爐子等什物偷走，或者就將其損壞。宗教傳道團還出租了附屬於聖尼古拉教堂的三處院落，每月有 3 兩 5 錢銀子的收入，折合成 5 盧布 95 戈比，全年是 71 盧布 40 戈比。這些錢主要用於俄羅斯館建築物和出租房屋的維修、建築新房子和接受新受洗者身上。〔註 51〕

3、聖尼古拉教堂附屬四塊麥田的收入。正常年份，每年夏天收穫的時候，出售的小麥（多小麥）有 20 兩 5 錢的銀子進帳，折合 42 盧布 50 戈比。〔註 52〕

4、從信奉東正教的教徒身上募集而來的錢財，用於維持修士大司祭交往方面的開支。〔註 53〕

俄國宗教傳道團在此期間還扮演著觀察家的身份。他們是當時中俄兩國關係陰晴冷暖的見證人，這從另外一個方面說明清朝政府對駐華宗教傳道團的寬鬆態度。乾隆 26 年，清朝政府鑒於俄國方面久久不歸還舍楞及其兄弟，在向俄國政府發出的公函中宣稱，《恰克圖條約》中關於不收留逃人的條款自 1760 年 2 月 26 日（乾隆 26 年 1 月 22 日，即發出信函的日子）起將予完全廢除，中國不僅不將在黑龍江河畔捉到的葉赫拉涅伊及其同夥等 29 名俄國人歸還，而且連顯要的俄國逃人也無必要交付。〔註 54〕在這種情況下，清朝政府就開始源源不斷地收留俄國叛逃者。據齊明觀察，在 1764 年～1771 年間，被帶到北京的俄國俘虜或逃人共有 39 人。〔註 55〕這些逃人由於來到北京的時間不同，受到清朝政府的重視程度也不一樣。

〔註 51〕《東正教在遠東——紀念俄國宗教傳道團駐華 275 周年》，聖彼德堡，1993 年，俄文版，第 26 頁。

〔註 52〕《東正教在遠東——紀念俄國宗教傳道團駐華 275 周年》，聖彼德堡，1993 年，俄文版，第 26 頁。

〔註 53〕維謝洛夫斯基編：《俄國駐北京傳道團史料》第一冊，商務印書館出版，1978 年 10 月，第一版，第 53 頁。

〔註 54〕班·卡緬斯基：《俄中兩國外交文獻彙編（1619～1792 年）》，商務印書館，1982 年，北京，第 332 頁。

〔註 55〕《東正教在遠東——紀念俄國宗教傳道團駐華 275 周年》，聖彼德堡，1993 年，俄文版，第 24 頁。

1764 年，第一個來到北京的俄國逃人是一個托博爾斯克商人的兒子弗拉季米爾・彼得・卡爾曼，由於他向清朝政府提供了有關俄國國內的情報，因而受到了清朝政府的優待。他被安排在清朝政府內閣所設的俄羅斯語言學校裏教書，並娶了一位富有而知名的女子爲妻。1771 年授予他八品官職且做了內閣俄羅斯學的副校長。同年稍遲一些時候，從涅爾琴斯克（尼布楚）銀礦逃來 4 名被流放的哥薩克，被編入了俄羅斯佐領做士兵，並娶了受洗的中國女子做妻子。

從 1765 年起，抓到的俘虜和自動投誠的俄國人，基本上是被流放到中國的東南沿海地區。這年，生活在黑龍江流域的索倫部落抓到了 3 名俄國工人俘虜。理藩院將他們送到宗教傳道團幫助修士大司祭做些宗教服務工作。1768 年，乾隆皇帝命令將他們送到廣東的清朝軍隊中服役。〔註 56〕1766 年帶到北京的俄國人共有 17 名：1 名從色楞格斯克逃來的哥薩克，8 名從涅爾琴斯克（尼布楚）銀礦逃來的被流放的哥薩克，以及隨他們一同從駐防色楞格斯克俄國軍隊中逃出來投誠的 8 名軍人。1767 年逃到中國的俄國人共有 16 名：從卡緬涅高爾斯克城堡逃出來 6 名投誠者，從額爾古納河也逃來 6 名投誠者。這年，乾隆皇帝下令將這兩年逃來的 33 名俄國人送到駐防在廣東省的清軍中服役。1768 年共有 9 名俄國俘虜出現在北京，4 名是在離卡緬涅高爾斯克城堡不遠的地方抓到的，5 名是在額爾古納河被抓到的。這 9 名俘虜和 1765 年臨時在宗教傳道團服務的 3 名俘虜送到廣東省。因爲他們不願意臣服清朝政府，所以，他們是被作爲囚犯送到廣東省的。1769 年抓獲的 8 名俘虜，被送到廣東的清軍中作了軍官。1770 年，清朝政府在邊界地區共抓獲了 8 名俘虜，送到廣東省定居。1771 年，東歸祖國的土爾扈特部落，帶回了一名口語翻譯米哈伊爾，由於其不願臣服清朝政府，被帶上桎梏送到了廣東省。

齊明還介紹說，修士大司祭阿姆夫羅西很熱愛生活。他率領宗教傳道團人員在俄羅斯館的花園裏種植了許多果樹，其中有 30 株葡萄樹。這些果樹得到了以後各屆宗教傳道團很好的維護，因爲第八屆宗教傳道團團長索夫羅尼・格裏鮑夫斯基在京期間，說他作爲阿姆夫羅西的「第三任繼任者現正在享用」「他的這些勞動成果」。〔註 57〕

〔註 56〕 第八屆宗教傳道團團長索夫羅尼・格裏鮑夫斯基也證明瞭這一點。見維謝洛夫斯基編：《俄國駐北京傳道團史料》第一冊，商務印書館出版，1978 年 10 月第一版，第 63 頁。

〔註 57〕 維謝洛夫斯基編：《俄國駐北京傳道團史料》第一冊，商務印書館出版，1978 年 10 月第一版，第 53 頁。

第五屆宗教傳道團的結局。第五屆宗教傳道團的結局很悲慘，等他們被第六屆宗教傳道團替換回國時，只剩下了一個半活人，其餘的人都死在了北京。

造成第五屆宗教傳道團死亡的原因有這麼幾條：

1、因中俄兩國關係惡化所造成的不能及時換屆，導致心情苦悶，狂喝濫飲。第五屆宗教傳道團駐華期限是按照兩國關係正常化預設的，規定換屆期限為十年。十年期限滿了，當修士大司祭阿姆夫羅西苦苦期盼派人來替換自己時，等來的卻是失望。「俄國商隊卻不見前來，連信使也沒有來過」。十年期限過去後，「他開始改變自己的生活方式。然而十三年的時間也過去了，而回國的希望仍然渺茫，於是他就開始拚命喝酒，以致患了結石症，終於在 1771 年 6 月 1 日，即在他來到北京的第十七個年頭去世了」。〔註 58〕死後，他被安葬在安定門外。

2、北京惡劣的氣候條件和極差的衛生狀況所導致的疾病。冬天乾燥、夏天炎熱潮悶，這對於習慣於生活在寒冷地帶的俄國人來說，是極為不適應的。康熙皇帝曾在會見俄國使團團長伊茲瑪伊洛夫談到中俄兩國和平相處的理由時說，俄國和中國之間決不可能發生戰爭，其所持的理由除了由於兩國的君主同樣強大外，最主要的是因為兩國的氣候截然相反，兩國人民都無法在對方的國家生存。〔註 59〕後來的俄國學者認為造成宗教傳道團死亡的主要原因還是北京的衛生狀況。北京居民非常不注意居住環境的保護，經常隨便往大街上潑泔水，豬狗滿街亂竄，充當著城市清潔工的角色。在這樣的環境中生存，宗教傳道團成員和當地居民一樣，都會患上肺結核病（俗稱肺癆），並因此而死亡。〔註 60〕

在第五屆宗教傳道團離開北京前，1755 年來時的六個成員中，修士輔祭謝爾基於 1768 年去世，修士司祭索夫羅尼·奧格涅夫斯基於 1770 年上弔自殺，〔註 61〕修士大司祭阿姆夫羅西·尤馬托夫和教堂輔助人員阿列克謝·達尼洛夫於 1771 去世。能夠返回俄羅斯的兩個人是修士司祭西爾維斯特·斯皮增和教堂輔助人員斯捷潘·齊明。活著的修士司祭西爾維斯特·斯皮增

〔註 58〕維謝洛夫斯基編：《俄國駐北京傳道團史料》第一冊，商務印書館出版，1978年 10 月第一版，第 53 頁。

〔註 59〕葛斯頓·加恩：《彼得大帝時期的俄中關係》，商務印書館，1980 年，北京，第 158 頁。

〔註 60〕彼得羅夫：《俄國宗教傳道團在中國》俄文版，華盛頓，1963 年，第 53 頁。

〔註 61〕維謝洛夫斯基編：《俄國駐北京傳道團史料》第一冊，商務印書館出版，1978年 10 月第一版，第 63 頁。

也是疾病纏身，在回到喀山自己親人那裡的第一天就死掉了。〔註62〕最後，教堂輔助人員斯捷潘・齊明成爲了第五屆宗教傳道團唯一活著的見證人。後人也正是靠他在俄國外務委員會的證詞，才瞭解到了第五屆宗教傳道團駐華期間的生存狀況。

第二節　承前啓後的第六屆駐華宗教傳道團

俄國政府在選派第六屆駐華宗教傳道團時（1771～1781），特別注意了人員構成問題。也是從這屆傳道團起，以後歷屆駐華傳道團的人員構成被固定了下來：一名修士大司祭，兩名修士司祭，一名修士輔祭，兩名教堂輔助人員，四名學生，共 10 人。在華期間，第六屆宗教傳道團沒有什麼大的作爲，祇是對第五屆傳道團遺留下來的工作作了些修補。

一、生不逢時的第六屆俄國駐華宗教傳道團

第六屆俄國駐華宗教傳道團人員構成。俄國政府沒有忘記替換在華的第五屆宗教傳道團。早在 1767 年 8 月 27 日，最高聖務委員會發出指示，下令組織第六屆宗教傳道團。〔註63〕宗教傳道團團長是修士大司祭尼古拉・茨維特。給他配備的屬下人員有：修士司祭尤斯特和約翰尼基，修士輔祭尼基弗爾，兩名教堂輔助人員謝苗・茨維特和謝苗・基列夫斯基，加上修士大司祭尼古拉・茨維特共六名成員。這樣的人員配備是按照第五屆宗教傳道團的規模進行的，當然也是清朝政府要求這樣做的。爲了繼續培養翻譯人才，俄國政府又給這屆宗教傳道團配上了四名來華學習滿漢語的學生：雅科夫・科爾金，阿列克謝・帕雷舍夫（18 歲），費奧多爾・巴克舍耶夫（20 歲），阿列克謝・阿加福諾夫（21 歲）。〔註64〕1768 年年初，第六屆宗教傳道團一行從聖彼得堡出發，到達伊爾庫茨克，而沒有直接前往北京。其原因是中俄兩國關係還沒有取得徹底和解，乾隆皇帝沒有下達諭旨准許他們進駐北京。

〔註62〕維謝洛夫斯基編：《俄國駐北京傳道團史料》第一冊，商務印書館出版，1978 年 10 月第一版，第 55 頁。

〔註63〕彼得羅夫：《俄國宗教傳道團在中國》俄文版，華盛頓，1963 年，第 53 頁。

〔註64〕班・卡緬斯基：《俄中兩國外交文獻彙編（1619～1792 年）》，商務印書館，1982 年，北京，第 359 頁。他們的年齡參閱彼得羅夫：《俄國宗教傳道團在中國》俄文版，華盛頓，1963 年，第 54 頁。

按照慣例，每當俄國政府派出宗教傳道團前往北京，俄國政府先要派出信使通報清朝政府，得到清朝政府的允准後，再派出商隊，讓宗教傳道團隨同商隊一同前往北京。但在恰克圖貿易關閉後，連邊界貿易都被取消了，更別說前往北京貿易了。這次俄國政府派出駐華宗教傳道團的消息是怎樣通知北京理藩院的，只有一點線索可供資證。在關閉恰克圖貿易期間，俄國政府的財政收入急劇下降。因此，1762 年 6 月 28 日即位的葉卡捷琳娜二世急於恢復同中國進行有利可圖的貿易關係。她於 1767 年 1 月欽命在她即位那年到過北京的伊萬‧克羅波托夫完成此項溝通工作。1768 年 10 月 18 日，克羅波托夫先是在邊界和清朝政府官員簽訂了一個《恰克圖界約補充條約》，即《中俄修改恰克圖界約第十條》，明確規定兩國以山嶺為界，制止了俄國人越界立柵、圈佔中國土地的行為，並宣佈俄國政府在恰克圖收稅為非法。〔註 65〕克羅波托夫隨後就去了北京，後來在返回俄國的途中死掉了。〔註 66〕至於他在北京做了些什麼，沒有找到相關的證明材料，只能靠猜測，可能其中就有向清朝政府請求允許俄國政府替換第五屆宗教傳道團的談判。但肯定地說，清朝政府推遲了宗教傳道團的換屆時間，〔註 67〕但允許恢復恰克圖貿易。隨後，在 1768 年，中俄雙方就在恰克圖重新開始了邊界貿易。

第六屆宗教傳道團滯留在伊爾庫茨克長達四年。這期間，第六屆宗教傳道團人員人員的構成也發生了變化。就在乾隆皇帝下達諭旨，允許第六屆宗教傳道團進京替換第五屆宗教傳道團之前，修士司祭約尼基因為患了熱病而於 1771 年夏天去世，他的位置被伊爾庫茨克救世主教堂的神甫約翰‧普羅達波波夫替補。兩名教堂輔助人員謝苗‧茨維特和謝苗‧基列夫斯基因為行為舉止怪誕，不適合到北京，而被伊爾庫茨克的兩名小官吏伊萬‧格列別什科夫和彼得‧拉覺諾夫替換掉。〔註 68〕

在第六屆宗教傳道團前往北京的正式成員中，教堂輔助人員伊萬‧格列別什科夫和彼得‧拉覺諾夫由兩個俗人充當。在俄羅斯東正教的體系中，教堂輔助人員不在神職人員系列編制，一般凡是信仰東正教的教友都可以充當。在北京的教堂輔助人員，因為從第五屆宗教傳道團起，清朝政府拒絕教

〔註 65〕酈永慶：《早期中俄貿易研究》，載《歷史檔案》，1996 年第 2 期。
〔註 66〕班‧卡緬斯基：《俄中兩國外交文獻彙編（1619～1792 卡）》，商務印書館，1982 年，北京，第 359 頁。
〔註 67〕彼得羅夫：《俄國宗教傳道團在中國》俄文版，華盛頓，1963 年，第 54 頁。
〔註 68〕彼得羅夫：《俄國宗教傳道團在中國》俄文版，華盛頓，1963 年，第 55 頁。

堂下級人員（雜役）留在北京，因而教堂輔助人員的工作也就多了一份代替雜役打雜的性質，諸如燒水、做飯、掃院、侍花弄草等事務性工作。他們要想被列入神職人員系列，必須經過一種儀式，宣誓過後，才正式升爲修道士，然後經過苦心修煉，才有可能在等級嚴密的教會秩序中逐級陞遷。〔註 69〕

二、第六屆駐華宗教傳道團駐京後的活動

第六屆駐華宗教傳道團對第五屆駐華宗教傳道團的善後工作。第六屆駐華宗教傳道團在獲得清朝政府的許可後，隨十四等文官瓦西里・伊古姆諾夫所監護的小商隊於 1771 年 11 月 8 日抵達北京。〔註 70〕抵達北京後，修士大司祭尼古拉・茨維特就開始和第五屆傳道團修士司祭西爾維斯特・斯皮增進行教堂財產移交工作。當他接手財產時，駐北京的宗教傳道團已經積累了 12 處建築物。〔註 71〕但是，「新來的修士大司祭沒法接收任何一件保管得像樣的東西。無論是教堂，還是其它建築物都是如此。甚至連一本財產登記簿他都無法從修士司祭西爾維斯特那裡得到。」「由於沒有財產登記簿，在接收教堂及其所有的財產時也不知遇到了多少麻煩」。〔註 72〕尼古拉・茨維特像他的前任一樣，所做的第一件實質性工作就是修繕宗教傳道團人員居住的房間，然後是對俄羅斯館的奉獻節教堂的屋頂、聖尼古拉教堂的牆壁進行了修理，並在埋葬死於北京的俄羅斯人的墓地周圍建起了一道石頭圍牆。〔註 73〕這是目前所發現的有關駐京宗教傳道團修繕俄羅斯人墓地的最早記錄。

俄國來京人員死亡後的葬身之地。自俄國和中國建立起正常化的關係以來，來北京做貿易的商人、俄國外交使臣來京時的隨從、駐華宗教傳道團的成員和學生等人，在北京去世的不少。光是十四屆駐華宗教傳道團的人員截

〔註 69〕 張達明著：《俄羅斯東正教與文化》，中央民族大學出版社，1999 年 1 月第 1 版，第 53～55 頁。

〔註 70〕 維謝洛夫斯基編：《俄國駐北京傳道團史料》第一冊，商務印書館出版，1978 年 10 月第一版，第 54 頁。日期見彼得羅夫：《俄國宗教傳道團在中國》俄文版，華盛頓，1963 年，第 54 頁。

〔註 71〕 維謝洛夫斯基編：《俄國駐北京傳道團史料》第一冊，商務印書館出版，1978 年 10 月第一版，第 55 頁。

〔註 72〕 維謝洛夫斯基編：《俄國駐北京傳道團史料》第一冊，商務印書館出版，1978 年 10 月第一版，第 54～55 頁。

〔註 73〕 彼得羅夫：《俄國宗教傳道團在中國》俄文版，華盛頓，1963 年，第 55 頁。

止到 1860 年（咸豐十年）就有 43 名（神職人員 26 人，學生 17 人）。〔註 74〕
他們的葬身之地確實引人注目。蔡鴻生先生根據第一屆駐華宗教傳道團修士
大司祭伊拉里昂·列銶伊斯基死後被埋在安定門和東直門之間墓地的線索考
證，借用第八屆宗教傳道團團長索夫羅尼的敍述，認定「所有其他俄國人都
葬在這裡」。但筆者在所看到的維謝洛夫斯基所編的《俄國駐北京傳道團史
料》中文譯本中，沒有發現這句話。因爲蔡先生使用的是俄文本，筆者沒有
這樣的書，不能提出更爲準確的證據。他在考證後來的俄國人對該墓地的關
心情況時，敍述了第十一屆宗教傳道團（1830～1840）駐京期間所做的兩件
事：一是護送宗教傳道團來華的官員繪製了一幅墓地平面圖，一是該屆宗教
傳道團團長阿瓦庫姆撰寫了碑文；1850 年春，第十三屆宗教傳道團監護官
科瓦列夫斯基對該墓地又作了修葺；1900 年，該墓地被義和團搗毀，1920
年沙皇尼古拉二世及其親人的遺骨曾被運到北京存放在這塊墓地裡。〔註 75〕

　　第六屆宗教傳道團在北京沒有留下更多特別的事蹟。在時好時壞的中俄
關係的變動中，他們祇是有一次看到了 19 名從外貝加爾逃到中國的俄國人。
他們被送到北京後，請求清朝政府接收他們爲中國臣民，因爲他們忍受不了
涅爾琴斯克（尼布楚）礦山上殘酷的非人待遇。他們陳述的另外一個更重要
的理由是，俄國對傳統的東正教儀式進行了的改革，劃十字的方法與他們祖
父輩教給他們的不一樣了。他們出逃時還帶出了家口 50 人，乾隆皇帝命令將
他們一起送到了廣東省。〔註 76〕

　　這屆宗教傳道團也沒有逃過成員大量死亡的命運。等他們於 1781 年被
第七屆宗教傳道團替換時，6 個成員中只剩下了 3 人，死掉一半。修士輔祭
尼基弗爾死於 1775 年，教堂輔助人員伊萬·格列別什科夫死於 1777 年，修
士司祭尤斯特死於 1778 年。4 名學生剩下了 3 人，他們是費奧多爾·巴克舍
耶夫，阿列克謝·帕雷舍夫，阿列克謝·阿加福諾夫。學生雅科夫·科爾金
死於 1779 年。對於雅科夫·科爾金，第八屆宗教傳道團團長索夫羅尼是這
樣評價他的：「是個酒鬼和莽漢。中國婦女在自己的小孩啼哭時，就用他的
名字來嚇唬他們。他常到小酒店和小飯館去，在那裡和中國人打架；夜裏常

〔註 74〕蔡鴻生：《俄羅斯館紀事》，廣東人民出版社，1994 年 9 月第 1 版，第 44 頁。
〔註 75〕蔡鴻生：《俄羅斯館紀事》，廣東人民出版社，1994 年 9 月第 1 版，第 45 頁。
〔註 76〕彼得羅夫：《俄國宗教傳道團在中國》俄文版，華盛頓，1963 年，1963 年第
　　　　55～56 頁。

跟巡邏兵一起亂逛，打人，有一次把一個教堂輔助人員打死了。最後他酗酒死在北京」。〔註77〕如果是這樣的話，1777年死去的教堂輔助人員伊萬‧格列別什科夫就是被科爾金打死的。但不知道為什麼沒有將他及時遣返回俄國。要是非得解釋原因的話，那只能是因為兩國關繫緊張，人員、資訊被阻隔，雙方交通不通暢所致。因為第六屆宗教傳道團在京期間，清朝政府對俄國又實行了一次長達3年（1778～1780年）的閉關政策，迫使俄國政府撤換了不斷縱容屬下蠶食中國領土的伊爾庫茨克省省長和恰克圖地方官。〔註78〕

　　1782年，年屆而立之年的三名學生返回俄國後，被俄國外務委員會任命為西伯利亞總督雅科比的翻譯。這三名學生在京期間很好地學習了滿漢語，他們在漢學領域做了許多工作，成為了他們前輩列昂季耶夫的接班人。1786年，曾經是駐華學生的漢學家列昂季耶夫去世，俄國外務委員會任命回國的學生費奧多爾‧巴克舍耶夫接替他的職務。他從伊爾庫茨克返回聖彼得堡就任不到一年，就於1787年去世了。外務委員會急召在伊爾庫茨克任職的阿列克謝‧阿加福諾夫接替他。他在任期內出版了許多學術著作，主要是將滿漢語翻譯過來的作品。阿列克謝‧帕雷舍夫在西伯利亞總督那裡一直服務到1809年退休，他在漢學方面的主要成就是編撰了一本《漢滿俄語詞典》〔註79〕。考慮到阿列克謝‧帕雷舍夫的工作特點，其目的也主要是想讓更多的俄國人學會滿漢語，更加方便快捷地同中國人進行貿易。同時，客觀上也有利於兩國人民方便快捷地進行文化和思想的交流。

〔註77〕維謝洛夫斯基編：《俄國駐北京傳道團史料》第一冊，商務印書館出版，1978年10月第一版，第67頁。

〔註78〕酈永慶：《早期中俄貿易研究》，載《歷史檔案》，1996年第2期。

〔註79〕彼得羅夫：《俄國宗教傳道團在中國》俄文版，華盛頓，1963年，第56頁。中國社會科學院文獻情報中心編：《俄蘇中國學手冊》（上），中國社會科學出版社，1986年第一版，第2、67頁。

第六章　希望振興傳教事業的駐華宗教傳道團

　　十八世紀末期，清朝政府又進行了第三次閉關（乾隆四十九年～五十七年即 1784～1792 年），但這沒有影響到俄國宗教傳道團繼續進駐北京，俄國政府在此期間派出了第七和第八兩屆駐華宗教傳道團。俄國政府對於前六屆宗教傳道團在華所取得成績是不滿意的，對新一屆駐華宗教傳道團提出了更高的要求，製定了詳細的指導駐華宗教傳道團的工作計劃，但在實際生活中沒有見效。在總結前人經驗和自己親身經歷的基礎上，第八屆宗教傳道團團長索夫羅尼分析了東正教在華不受歡迎的原因，向俄國政府提出了自己對改進駐華宗教傳道團傳教布道的看法。

第一節　事與願違的第七屆俄國駐華宗教傳道團

　　俄國政府為了提高駐華宗教傳道團的功效，加強了對第七屆宗教傳道團的指導工作。第一次對傳道團中的神職人員提出學習滿漢語的要求，寄希望他們語言過關後，能夠用滿漢語宣講教義；同時，在給修士大司祭的訓令中，詳細地設計了傳教布道的步驟。但因內部矛盾所導致的混亂，第七屆宗教傳道團沒有任何成就，使俄國政府的美好願望落了空。

一、第七屆駐華宗教傳道團人員構成

　　在第六屆宗教傳道團行將駐滿期限時，俄國政府又組織了新一屆的宗教

傳道團前往北京替換第六屆宗教傳道團。第七屆駐華宗教傳道團團長由修士大司祭約阿基姆・希什科夫斯基擔任。傳道團的規模同前一屆一樣，也是由六人組成：除了修士大司祭外，還有兩名修士司祭安東尼・謝傑爾尼科夫和阿列克謝・鮑戈列波夫，修士輔祭伊茲拉伊爾，兩名教堂輔助人員伊萬・奧爾洛夫和謝苗・索科洛夫斯基。四名從莫斯科神學院選拔出來到北京學習滿漢語的學生：葉戈爾・薩烈爾托夫斯基、伊萬・菲洛諾夫、安東・弗拉迪金和阿列克謝・波波夫。他們是從莫斯科出發的。〔註1〕

　　修士大司祭約阿基姆・希什科夫斯基。阿基姆・希什科夫斯基在被提拔出任駐華宗教傳道團修士大司祭之前，在涅夫斯基修道院〔註2〕作修士輔祭。他先是在基輔神學院從低級班讀到哲學班。讀到哲學班的第二年時，從基輔來到聖彼得堡。本來是想學醫的，但由於對醫學不感興趣，就改行到了涅夫斯基修道院做了修道士，並且很快就當上了該修道院的管庫。被提升為修士大司祭後，最高聖務會議就派他到莫斯科率領已組織好的宗教傳道團到北京。1780年10月14日，修士大司祭率領第七屆宗教傳道團從莫斯科出發，於1781年3月24日到達恰克圖。在恰克圖，他和當時主管邊界事務的俄國官員弗拉索夫中校發生了點不愉快。後者向他和宗教傳道團其他成員索取了150盧布的食物運費。和前任主動向俄國政府請求提高薪水被拒不同的是，這屆宗教傳道團一次性得到了俄國政府發放的全部七年的薪水。1781年4月23日，第七屆駐華宗教傳道團進入中國國境，於同年11月2日抵達北京。〔註3〕

二、內部混亂造成一事無成

　　第七屆宗教傳道團團長、修士大司祭約阿基姆・希什科夫斯基在來北京前，於1780年4月6日接受了俄國最高聖務會議下達的訓令。〔註4〕這份訓令是在

〔註1〕　班・卡緬斯基：《俄中兩國外交文獻彙編（1619～1792年）》，商務印書館，1982
　　　　年，北京，第360頁。

〔註2〕　亞歷山大・涅夫斯基大修道院坐落於彼得堡，是1710年彼得一世時期為紀念
　　　　亞歷山大・涅夫斯基大公戰勝瑞典人而建造的，是一個龐大的建築群。這裏
　　　　有城市雕塑博物館，18世紀名人墓地和藝術大師墓地。羅蒙諾索夫、蘇伏洛
　　　　夫等人都葬於此。1797年被授予「大修道院」。張達明：《俄羅斯東正教與文
　　　　化》，中央民族大學出版社，1999年1月第1版，第57頁。

〔註3〕　維謝洛夫斯基編：《俄國駐北京傳道團史料》第一冊，商務印書館出版，1978
　　　　年10月第一版，第55～56頁。

〔註4〕　這份訓令全文收錄在維謝洛夫斯基所編《俄國駐北京傳道團史料》第一冊，

1734 年頒發給第三屆宗教傳道團團長、修士大司祭伊拉里昂‧特魯索夫在中國行動的詳細訓令的基礎上製定的（參閱本文第四章第一節第二目「修士大司祭伊拉里昂‧特魯索夫出任第三屆宗教傳道團團長」）。將近半個世紀過去了，俄國政府及其最高聖務會議頒發給新一屆駐華宗教傳道團的各項訓令基本上沒有什麼大的變化。祇是將指導宗教傳道團如何傳教方面的內容大大地豐富起來了。在新製定的這份訓令中，俄國政府和最高聖務會議第一次明確地將宗教傳道團人員來華後學習滿漢語的要求提上日程（過去只針對學生，要求他們認真學習），希望宗教傳道團人員能夠用滿漢語直接對中國人宣講教義：「一到中國就努力學會使用他們的語言，以便在合適的時機就能用他們聽得懂的語言向他們傳授福音真理。盡可能地號召那些願意信教的人虔信宗教。」〔註 5〕

最高聖務會議在訓誡宗教傳道團人員進行傳教時，給他們規定了嚴格的程式，設計了六個步驟。為了增強說服力，讓中國信徒接受東正教教義，要論證：「第一，神的存在，神創造世界的偉大、完美，神創世的全能和全智。第二，教義。第三，人罪。第四，需要贖罪，免受神的嚴厲審判。第五，需要救世主和聖誡。第六，關於教堂和聖事。」特別強調：「講述上述真理要慎重。在聽道者尚未接受，也沒有相信某一真理之前，就不要講另一條真理；在講解每一條真理時，要努力做到使後一條真理成為前一條真理的結論。」〔註 6〕

規勸教徒接受東正教教義的具體內容共有 14 條，概括起來：首先是弘揚愛的精神。要教導教徒們愛神、敬神，愛父母，愛他人，保持夫婦關係的聖潔，不偷盜搶劫貪圖他人的財物，說別人的壞話，樂善好施；其次，摒棄自己原來的信仰，誠心實意地信神。在聖像面前祈禱時，要懂得崇拜的不是聖像本身，而是聖像上畫的那個聖者；再次，要按時到教堂做祈禱，因為某種原因不能夠到教堂的，要在家中祈禱。為了讓教徒真誠信仰東正教，不能採取強迫遵守戒律的方法，「而應用耐心規勸和等待的方式達到這一點。」〔註 7〕在俄國不斷圖謀中國領土，不斷遭遇清朝政府強硬態度的抗拒，兩國關繫緊

商務印書館出版，1978 年 10 月第一版，第 89～95 頁。

〔註 5〕　維謝洛夫斯基編：《俄國駐北京傳道團史料》第一冊，商務印書館出版，1978
　　　　　年 10 月第一版，第 90 頁。

〔註 6〕　維謝洛夫斯基編：《俄國駐北京傳道團史料》第一冊，商務印書館出版，1978
　　　　　年 10 月第一版，第 90 頁。

〔註 7〕　維謝洛夫斯基編：《俄國駐北京傳道團史料》第一冊，商務印書館出版，1978
　　　　　年 10 月第一版，第 90～92 頁。

張的情況下，俄國急於摸清中國的虛實，讓宗教傳道團成員充當間諜，這份訓令也要求宗教傳道團收集有關中國國內的政治、經濟、文化、軍事等方面的情報，上報給最高聖務會議。

第七屆俄國宗教傳道團在華傳教的效果也不理想。新一屆宗教傳道團來到北京後，發現兩座教堂都已呈破敗之勢，所以，和往屆宗教傳道團初來北京時一樣，首先做的工作就是對兩座教堂進行了修理。關於東正教教徒的情況，修士大司祭約阿基姆・希什科夫斯基在給最高聖務會議的報告中說，當他第一次走進俄羅斯佐領教堂（聖尼古拉教堂）時，只看到了 12 個男人和 2 名婦女站在教堂裏，但是已經失去了做懺悔和舉行聖餐禮的習慣，而且說服他們這樣做幾乎是完全不可能的。除了住在教堂裏的四個知名的東正教教徒外，其他所有的教徒都是按照中國的禮儀生活，死後按照中國人的方式埋葬。和以往的宗教傳道團一樣，這屆宗教傳道團也是在俄羅斯佐領中傳道。即便如此，他們在俄羅斯佐領中也只發展了 21 個男子和 4 個婦女，在本土中國人中間發展了 10 人。〔註8〕

第七屆宗教傳道團在北京的時候，聖尼古拉教堂所收藏的圖書已有一定的規模，主要是俄文、斯拉夫文和拉丁文及其它語言的文字，最早的經文是俄羅斯佐領從雅克薩帶來的，已經有了 100 多年的歷史，出版的日期為 1637 年和 1642 年。〔註9〕

宗教傳道團內部各成員之間仍然存在著不和諧。這表現在：（1）新舊修士大司祭之間因工作發生的矛盾。修士大司祭約阿基姆・希什科夫斯基剛來北京後，從第六屆宗教傳道團團長尼古拉・茨維特的手中接收教堂的財產時，兩人鬧起了矛盾。衹是在尼古拉・茨維特返回俄國時，兩人才勉強言歸於好。〔註10〕（2）第七屆宗教傳道團內部成員之間的矛盾。這屆宗教傳道團內部管理混亂的程度超過了往屆。據第八屆宗教傳道團團長索夫羅尼記載，修士司祭阿列克謝・鮑戈列波夫是「修士大司祭的狡猾和兇惡的敵人。修士大司祭

〔註8〕 彼得羅夫：《俄國宗教傳道團在中國》俄文版，華盛頓，1963 年，第 58 頁。

〔註9〕 彼得羅夫：《俄國宗教傳道團在中國》俄文版，華盛頓，1963 年，第 58 頁。關於駐華宗教傳道團圖書館問題，米鎮波先生作過詳細的考證。見米鎮波：《清代北京俄羅斯東正教會圖書館的若干問題》，載《故宮博物院院刊》，1994 年第三期。

〔註10〕 維謝洛夫斯基編：《俄國駐北京傳道團史料》第一冊，商務印書館出版，1978 年 10 月第一版，第 56 頁。

曾經在我的面前流著眼淚抱怨這位修士司祭，說他極力煽動教堂輔助人員和學生反對他這個修士大司祭」，教堂輔助人員伊萬・奧爾洛夫是他的同夥，由於「不尊敬和不服從他的上司被送回俄國」。〔註11〕另一名教堂輔助人員謝苗・索科洛夫斯基，「在修士司祭阿列克謝的教唆和指使下，甚至揪掉了他的鬍子。他曾經流著淚親口對我述說過阿列克謝的許多陰謀搗亂活動」。〔註12〕

　　由於第七屆駐華宗教傳道團內部混亂，團內成員各行其是，隨心所欲地胡作非為，成為最沒有成就的一屆宗教傳道團，團內大多數成員都沒有善終。修士司祭安東尼・謝傑爾尼科夫是最早死去的一位成員。他住在南館，因為喝醉了酒，睡在熱炕上被燙傷了，醫治無效後，於1782年死在了北京。修士輔祭伊茲拉伊爾不僅酗酒，而且行為極其放蕩淫佚，在第八屆宗教傳道團換屆來北京後，於1794年2月6日在北京去世。四名學生中起碼有三名沒有好好地學習，以酗酒度日。只有一名叫安東・弗拉迪金的人活著回到俄國，受到俄國政府的嘉獎，出任滿漢語翻譯之職，被提拔為八等文官。其餘三名全都死在了中國：兩名死在北京，一名死在在返回俄國的路上。第七屆宗教傳道團離開北京走到張家口時，修士大司祭約阿基姆・希什科夫斯基於1795年5月18日夜間病死在床上。中國大夫診斷的死因是由於內臟衰竭而致。兩天後，學生阿列克謝・波波夫因為患上熱病而亡。〔註13〕

　　除了上面提到的那個提前被送回國的教堂輔助人員伊萬・奧爾洛夫外，活著回到俄國的三人是：修士司祭阿列克謝・鮑戈列波夫，一名教堂輔助人員謝苗・索科洛夫斯基，學生安東・弗拉迪金。教堂輔助人員謝苗・索科洛夫斯基在北京時也是個混混，索夫羅尼說他生活腐化「不僅遠遠超過在他以前的歷屆駐北京的教堂輔助人員和學生，並且遠遠超過了任何一個俄國人；正像所有認識索科洛夫斯基的人對我說的那樣，儘管身為基督教的信徒，而且還是在教堂裏供職的人，他的淫蕩行為和極其精於勾引女人的本領也大大超過了那些最貪淫好色的不信教的中國人。」〔註14〕

〔註11〕維謝洛夫斯基編：《俄國駐北京傳道團史料》第一冊，商務印書館出版，1978年10月第一版，第64頁。

〔註12〕維謝洛夫斯基編：《俄國駐北京傳道團史料》第一冊，商務印書館出版，1978年10月第一版，第97頁。

〔註13〕彼得羅夫：《俄國宗教傳道團在中國》俄文版，華盛頓，1963年，第59頁。
　　　　維謝洛夫斯基編：《俄國駐北京傳道團史料》第一冊，商務印書館出版，1978年10月第一版，第64、68頁。

〔註14〕維謝洛夫斯基編：《俄國駐北京傳道團史料》第一冊，商務印書館出版，1978

第二節 「亡羊補牢」的第八屆俄國宗教傳道團團長 索夫羅尼

　　索夫羅尼雄心勃勃地來到北京，準備在傳教事業上有所作爲。但傳教不力的現實使他開始深入思考駐華宗教傳道團吸收中國人加入東正教教會的有效方法。他記述了在他之前歷屆宗教傳道團在華活動的歷史，分析了各屆（包括他自己所領導的那一屆）駐華宗教傳道團的成敗得失，向政府當局提出了一套操作性強的振興駐華宗教傳道團的意見。

一、第八屆駐華宗教傳道團及其在華活動

　　十八世紀最後二十年，俄國政府派出了兩屆宗教傳道團駐華。巧合的是，這兩屆宗教傳道團在北京都駐滿了 13 年：第七屆駐華期限爲 1781～1794 年，第八屆駐華宗教傳道團的駐華期限爲 1794～1807 年。第八屆宗教傳道團在華期間，正好跨了兩個世紀，也趕上了中國兩位皇帝交接班。1796 年正月，86 歲高齡的乾隆皇帝正式將皇帝的寶座傳位給嘉慶皇帝。

　　第八屆宗教傳道團團長索夫羅尼·格裡鮑夫斯基。第八屆駐華宗教傳道團因爲它的團長、修士大司祭索夫羅尼·格裏鮑夫斯基而閃光。在俄國宗教傳道團駐華歷史上，他第一個爲後人留下了一本關於在他以前的各屆宗教傳道團駐華活動情況的著作——《關於俄國人何時開始在北京定居及北京之有俄羅斯東正教的情況報導》，被後來的俄國歷史學家維謝洛夫斯基選入其主編的《俄國駐北京傳道團史料》中。這是索夫羅尼來到北京後開始寫作，回國後流傳在民間的一份比較準確、詳細、全面地對前八屆宗教傳道團在華活動情況介紹的記錄。其中，關於他所領導的第八屆宗教傳道團在華的活動情況，以及他在向俄國政府提交的工作報告中所提出的在中國發展傳教事業的建議，記錄得比較詳細。通過這些資料，可以對連索夫羅尼的生平有一個比較準確和可靠的認知，再結合其它資料，得出這屆宗教傳道團在華的活動情況。

　　索夫羅尼·格裏鮑夫斯基出生於小俄羅斯，〔註15〕是半路出家的修道士。他最早在基輔神學院從低級班讀到哲學班，1782 年畢業後，到莫斯科學醫。

　　年 10 月第一版，第 64～65 頁。

〔註15〕小俄羅斯：位於烏克蘭境內，其居民因講自己獨特的方言而被稱爲小俄羅斯。
　　　　〔法〕亨利·特魯瓦亞著：《彼得大帝》，齊宗華，裘榮慶譯，天津人民出版社，
　　　　1983 年 7 月第 1 版，第 149 頁。

曾在莫斯科總醫院工作，因對醫學不感興趣而辭職。辭職後，從莫斯科來到莫洛昌斯克的索夫羅尼小修道院。按規定，在這裡住滿三年後，他就被接受爲修道士。又過了兩年的時間，他於 1787 年被派到莫斯科神學院去繼續深造。1790 年畢業後，被派到莫斯科帝國大學擔任神學講師。1793 年 1 月 27 日，他被諾夫哥羅德和聖彼得堡兩地的都主教加夫裏伊爾提升爲修士司祭，三天後就被提拔爲修士大司祭，擔任派駐北京的宗教傳道團團長。〔註16〕

1793 年 5 月 14 日，修士大司祭索夫羅尼也接受了最高聖務會議頒發的訓令。訓令要求他，爲了保持俄羅斯民族在中國人心目中的形象，要求他在自己的教區不做任何違反道德的事，不穿下流和容易引起別人指責的衣服，修道士們要經常刮鬍子等等。要求他們到中國後要馬上學會中國人的語言，以便順利地傳教。〔註17〕

第八屆宗教傳道團人員構成。1793 年 8 月 23 日，索夫羅尼從外務委員會領取了必要的公文，於 28 日頂著傾盆大雨上路。9 月 15 日到達喀山，接受了全體宗教傳道團成員。〔註18〕他的屬下人員有：修士司祭伊耶謝和瓦爾拉阿姆，修士輔祭瓦維拉，兩名教堂輔助人員科茲馬·庫爾金斯基和瓦西里·鮑戈羅茨基。學生四名：帕維爾·卡緬斯基，卡爾普·克魯格洛波列夫，斯捷凡·利波夫佐夫，伊萬·馬雷舍夫。

第八屆宗教傳道團於 1794 年 7 月 16 日帶著皮貨離開伊爾庫茨克前往恰克圖。9 月 2 日進入中國境內。在飽嘗了沙漠上的、特別是中國境內旅途上的千辛萬苦之後，於 11 月 27 日抵達北京。抵達北京時，修士大司祭索夫羅尼已是疾病纏身。〔註19〕這是有關宗教傳道團在來華途中狀況最詳細的記錄，從中可以看出他們是多麼不容易。

修士大司祭索夫羅尼領導的這屆宗教傳道團在北京的傳教情況也是沒有起色。爲了能夠讓中國人（包括俄羅斯佐領——所謂的阿爾巴津人）接受東正教信仰，修士大司祭索夫羅尼用盡了一切辦法，既有前人的經驗，也有自己的獨

〔註16〕 維謝洛夫斯基編：《俄國駐北京傳道團史料》第一冊，商務印書館出版，1978年 10 月第一版，第 57～58 頁。

〔註17〕 彼得羅夫：《俄國宗教傳道團在中國》俄文版，華盛頓，1963 年，第 58 頁。

〔註18〕 維謝洛夫斯基編：《俄國駐北京傳道團史料》第一冊，商務印書館出版，1978年 10 月第一版，第 58 頁。

〔註19〕 維謝洛夫斯基編：《俄國駐北京傳道團史料》第一冊，商務印書館出版，1978年 10 月第一版，第 58 頁。

創。比如，他將行洗禮時用的水由冷水改為熱水。這是索夫羅尼根據當地實際情況提出的一種對受洗儀式的改革。由於多天北京氣候寒冷，想接受東正教信仰的中國人難以忍受冷水的浸泡，從而對這種儀式望而卻步，使得索夫羅尼無法完成對想加入東正教的中國信徒洗禮。於是，索夫羅尼給最高聖務會議寫信，建議在洗禮盤中將冷水兌上熱水給新入教的教徒洗禮。這對最高聖務會議來說也是個不小的難題，經過專門開會討論，同意了索夫羅尼的想法。之後，他就放手大膽地就按照這一方法給新入教的教徒洗禮。〔註 20〕改變主要在成年人中傳教的傳統，從青年人中吸收教徒。索夫羅尼認為，中國的成年人加入東正教並不是出於真誠的信仰，而是圖謀某種利益。比如在教堂舉行盛大節日時吃免費的聖餐，領取饋贈的禮物等。因此，應將傳教的對象主要選擇在年輕人身上。年輕人輕物質利益，少世俗觀念，更容易接受異族文化。〔註 21〕

　　但縱觀索夫羅尼在華的十三年，在接受中國人入教方面也沒有取得多大的成績。在他離開北京回國時，總共只有 30 名俄羅斯佐領接受了洗禮，並且祇是有他們的名字。〔註 22〕換句話說，這些人並不是出於真誠的宗教信仰而接受洗禮。當索夫羅尼回國後，他被控傳教不力。他的後任、第九屆宗教傳道團團長雅金夫·比丘林批評他說：「從俄國出發的時候，他（索夫羅尼）就沒有具備任何足以勝任其職的才能，有的祇是一直在北京伴隨他的『了無經驗』。十三年當中，他根本就沒有做任何事情，因此，他損害了自己的身心健康，完全陷於固執和任性之中。」〔註 23〕比丘林對索夫羅尼的批評過於嚴厲了。因為在他的任期內也遇到了和索夫羅尼相同的情況，在傳教事業方面毫無作為。這一點在以後將要談到。倒是索夫羅尼在自己的工作報告中所分析的在傳教方面沒有取得成績的原因更符合客觀實際。

二、索夫羅尼為振興俄國駐華宗教傳道團的報告

　　索夫羅尼的工作報告可分為兩個部分。第一部分主要是分析駐華宗教傳道團在華期間傳教不力的原因；第二部分提出自己對改進傳教方法的意見。

　　關於俄國宗教傳道團在中國傳教不力的原因，索夫羅尼從以下五個方面

〔註 20〕彼得羅夫：《俄國宗教傳道團在中國》俄文版，華盛頓，1963 年，第 60 頁。

〔註 21〕彼得羅夫：《俄國宗教傳道團在中國》俄文版，華盛頓，1963 年，第 60 頁。

〔註 22〕彼得羅夫：《俄國宗教傳道團在中國》俄文版，華盛頓，1963 年，第 61 頁。

〔註 23〕維謝洛夫斯基編：《俄國駐北京傳道團史料》第一冊，商務印書館出版，1978
　　　　年 10 月第一版，第 11 頁。

作了分析：

第一、文化上的差異導致中國人不能認同東正教。由於駐華宗教傳道團的成員不懂滿漢語，更不瞭解中國人的風俗習慣，使中國人感到他們沒有學識。而且宗教傳道團人員蓄著長鬍子，穿著他們在國內習慣的高筒帽子和窄腰肥袖的袍子，保持著和中國人不一樣的形象，難以融入中國人中間，不能夠和中國人自由地進行思想交流。中國人對他們非常反感，經常恥笑他們。「中國人認為以這些野蠻無識之輩為師，是莫大的恥辱」，「就中國人的風尚來看，我認為是使他們改信正教的頭一重障礙。」〔註24〕

第二、駐華宗教傳道團成員文化素質低下，品質低劣，難以讓中國人信服東正教是一種好宗教。他認為，修士大司祭以下的宗教人員文化素質不高，酗酒、和中國人打架、內訌等等不良行為，影響了中國人對東正教的正確看法，這也是在中國人中間難以發展教徒的原因。他指出，「修士司祭可以隨隨便便當著那裡的居民的面及其下流無恥地指著鼻子辱罵自己的上司修士大司祭，連教堂輔助人員和學生也都可以輕易地幹出這種事來」，中國人「見到這種情形，很受影響，而且由於無知，於是就覺得俄國的宗教不好，說它既不教其信徒遵守教規，也不教他們遵守良好的秩序，所以俄國人沒大沒小，每個人都妄自尊大。」〔註25〕

第三、缺乏必要的慈善輔助設施，不能讓中國人切實感受到上帝存在的力量。索夫羅尼指出，要想讓「千千萬萬驕傲而又固執的中國人心甘情願地適應四個俄國人（修士大司祭、兩個修士司祭和一個修士輔祭——作者），仿傚俄國人的生活方式，這是永遠也辦不到的；同樣，也不能指望某個中國人在看不到將來有好處的情況下就願意學習俄文」，因為在中國「連使異教徒真正瞭解上帝的最平常的慈善機關都沒有。」〔註26〕良好的物質條件是傳教事業發展的經濟基礎，以宗教為依託的慈善機關能夠用物質手段救助人們，將上帝對人類的關愛傳達給教徒，尤其是對信奉多神教、講究實際的中國人來說，給他們看得見的物質利益，就容易吸引他們加入東正教，達到同化中國

〔註24〕 維謝洛夫斯基編：《俄國駐北京傳道團史料》第一冊，商務印書館出版，1978年10月第一版，第96頁。

〔註25〕 維謝洛夫斯基編：《俄國駐北京傳道團史料》第一冊，商務印書館出版，1978年10月第一版，第97頁。

〔註26〕 維謝洛夫斯基編：《俄國駐北京傳道團史料》第一冊，商務印書館出版，1978年10月第一版，第96頁。

人的目的。索夫羅尼的分析，不自覺地和歷史唯物主義的基本原理相吻合，抓住了問題的要害。

第四、俄國駐華宗教傳道團在華傳教不力的原因來自於客觀條件，就是皈依東正教的中國人的反覆無常。索夫羅尼拿天主教傳教士作例子，說明皈依基督教的中國人內心想法，「天主教傳教士現在還在給不少的中國人施洗，可是自從他們開始從這些中國人那裡取得保證書以來已有好幾年了，當時中國人就曾經提出書面保證：永遠信奉基督教，始終不渝地遵守羅馬教會的教條，永不崇拜偶像，永遠承認羅馬教皇爲全基督教的領袖。很顯然，天主教傳教士在從這些入教的中國人那裡取得保證書的當時就已經是深受其騙了。」〔註27〕

第五、索夫羅尼看到了中國文化中最本質性的東西，感到了在中國傳播東正教的眞正難度，那就是中國人敬皇帝、官員而不信神。在中國，「由於皇帝本人就執行最高祭司之職，大臣們則是履行祭神儀式的助手。由此可見，世俗官員也執行著祭司職務。在中國，爲民師表的頭銜只歸於皇帝和大小官吏，而他們被公認爲全體民眾的師表，也祇是就道德和世俗法律方面而言，因爲中國人和其他異教徒一樣，在供奉神靈方面沒有這樣可稱做『爲民師表』的人。」因此，任何一個中國人都不會以喇嘛、和尚和道士爲師。據此，他要求最高聖務會議考慮恢復俄國駐華宗教傳道團神職人員的眞實身份，將他們與中國的喇嘛、和尚和道士區別開來，以便讓中國人對東正教像對天主教那樣信奉。〔註28〕

基於上面所述的幾個原因，索夫羅尼提出了幾個增強駐華宗教傳道團在中國人中間發展教徒有針對性的措施：

首先，派出來華的傳道團宗教人員要有選擇，應主要考慮年紀比較輕的人員擔當聖職，而且要一專多能。這樣，他們來華後有時間、精力學習難以掌握的漢語，有利於東正教在中國的傳教事業的發展。索夫羅尼提議，「不論是修士大司祭或其屬下的宗教人員，都要從上過神學校並修完全部課程的人員中選派。儻若其中有人懂得醫學，那怕只懂得某一門醫學，這對達到傳教目的也不無好處，因爲醫生在那裡是很受尊敬的。此外，年齡最好不超過二十二歲，或至多爲二十五歲，因爲在這個歲數，還便於掌握漢語書寫和會話。」〔註29〕

〔註27〕 維謝洛夫斯基編：《俄國駐北京傳道團史料》第一冊，商務印書館出版，1978年10月第一版，第97～98頁。

〔註28〕 維謝洛夫斯基編：《俄國駐北京傳道團史料》第一冊，商務印書館出版，1978年10月第一版，第98～99頁。

〔註29〕 維謝洛夫斯基編：《俄國駐北京傳道團史料》第一冊，商務印書館出版，1978

　　其次，改變駐華宗教傳道團人員的衣著打扮，以便融入中國社會中，方便和他們進行交往，使他們從心理上接受俄國宗教傳道團人員。「由於穿著俄式修士服，中國人一見就驚奇和嘲笑，所以俄國神父連門都不能出」。他舉天主教傳教士的例子說他們爲了「便於同中國人交往並引導他們入教，一從歐洲來到中國，馬上就穿起滿清中國的全套外裝」，避免了俄國宗教傳道團人員所遭遇的尷尬。因此，他斗膽建議最高聖務會議，讓來華的俄國宗教傳道團人員「在服裝上也與中國人完全一致（否則中國人總是排斥和鄙視外國人的——原文如此），那他們就能使異教徒改信神聖的基督教了。」〔註30〕

　　再次，與他所分析的在北京缺乏慈善機關相對應，索夫羅尼提出了在北京開設神學校的設想。他仔細分析了天主教傳教士在中國傳教成功的原因，認爲天主教將傳教士中國本土化的傳教方法值得借鑒。爲此，他設計了一整套創辦神學校的方案：（1）招生對象爲赤貧兒童；（2）聘請中國教師，給入學兒童講授中國語文，也可給來華的修士大司祭和其他神職人員講授漢語；（3）由沙皇下撥一萬兩白銀，用於建造教室、學生宿舍，購買與兒童學習有關的物品；（4）當學生將漢語學習到一定程度，「就教他們誦讀和按樂譜唱俄文詩歌，以便在教堂執行教堂輔助人員的職務」，「由教會供給他們生活費」，〔註31〕從而由他們替代宗教傳道團的教堂輔助人員，就不再用從俄國專門派來教堂輔助人員；（5）對於這幫學有所成的孩子們的出路問題，即他們畢業以後有人想做神職工作的問題，可能是考慮到現實存在的困難比較大，他祇是提出神學校應該給他們開設的必要課程：俄語語法、演講術、邏輯學和必不可少的勸人爲善的神學，至於具體問題用模糊的語言表達了出來。他說：「由於我們沒有仿傚歐洲傳教士那樣在中國設立主教，將來由誰提升他們爲神職人員呢？天主教傳教士通過中國神父在中國擁有教徒二十萬。假如他們要自己直接在中國傳播基督教，即使他們的辦法再好，恐怕連使五千人改信基督教也辦不到。可見中國神父使自己的同胞改信神聖的基督教本領比俄國或羅馬神父要大得不可比擬。」〔註32〕

　　　　年10月第一版，第98頁。

〔註30〕維謝洛夫斯基編：《俄國駐北京傳道團史料》第一冊，商務印書館出版，1978
　　　　年10月第一版，第98頁。

〔註31〕維謝洛夫斯基編：《俄國駐北京傳道團史料》第一冊，商務印書館出版，1978
　　　　年10月第一版，第99頁。

〔註32〕維謝洛夫斯基編：《俄國駐北京傳道團史料》第一冊，商務印書館出版，1978

第四、對駐北京期間不聽從修士大司祭管理的宗教傳道團成員，等他們回國後給予嚴懲，「不容他們作任何辯解，就加以體罰，決不寬恕，因為除了體罰以外，任何其它懲罰，他們都不害怕。」〔註 33〕否則，在華的修士大司祭就將無法管理他們。

第五、為了增加駐華宗教傳道團傳教的有效性，最高聖務會議就要考慮「製定完全不同於現在駐北京的神職人員通常所遵守的條例。」可是一考慮到當時中國的實際情況，即「在中國法律上明文規定不許中國人與外國人（俄國人也在內）交往這一事實，也許也就無法製定出新的條例來」，索夫羅尼也顯得英雄氣短，無能為力，祇是希望最高聖務會議加大資金投入力度，以支持他提出的幾項解決傳教不力的措施。〔註 34〕

第六、關於派遣學生到北京學習的問題，索夫羅尼也提出了新的設想。他向最高聖務會議建議，「為了節省國庫開支和避免無謂的損失」，最好在靠近邊界的地方開設語言學校。如果最高聖務會議認為「除中國外，在俄國任何地方教學生上述語言都不適宜，那麼就急需為他們在北京的住房和其他不可缺少的需要，如購置足夠的圖書等，撥出一筆專款，因為中國理藩院在俄國新傳道團到達之前從不修理學生用房，而教堂經費又很有限，無論如何也不能挪作修理學生住房之用，因此，一遇雨天，宿舍漏水，學生們就無處可以容身。」〔註 35〕這個設想，既說明了學生的學習條件艱苦，又是在含蓄地對俄國政府對駐北京宗教傳道團資金投入力度不夠的一種批評。

索夫羅尼對俄國宗教傳道團駐華期間存在的傳教不力問題的原因分析和設想是在親身實踐中得出的。在當時的歷史條件下，他所提出的辦法不失為一種良策，尤其是在選派宗教傳道團人員方面的建議，不自覺地和俄國上層社會的一些有識之士不謀而合。第九屆宗教傳道團團長、修士大司祭比丘林既是這樣的人選，又是和索夫羅尼持相同觀點的人。而且，從第十屆駐華宗教傳道團開始，增加了醫生。這不能說和索夫羅尼的這份報告沒有關係。

年 10 月第一版，第 99 頁。

〔註 33〕維謝洛夫斯基編：《俄國駐北京傳道團史料》第一冊，商務印書館出版，1978年 10 月第一版，第 100 頁。

〔註 34〕維謝洛夫斯基編：《俄國駐北京傳道團史料》第一冊，商務印書館出版，1978年 10 月第一版，第 100 頁。

〔註 35〕維謝洛夫斯基編：《俄國駐北京傳道團史料》第一冊，商務印書館出版，1978年 10 月第一版，第 101 頁。

　　和前幾屆來華宗教傳道團相比，索夫羅尼這屆宗教傳道團在返回俄國時，人員也是不整。兩名修士司祭伊耶謝和瓦爾拉阿姆死在了北京：瓦爾拉阿姆死於 1802 年，伊耶謝死於 1804 年；修士輔祭瓦維拉於 1797 年死於北京。〔註36〕最早來到北京的四名學生，其中卡爾普·克魯格洛波列夫剛來北京時就因爲患上疾病無法完成學業回國，他的位置由護送第八屆宗教傳道團的監護官瓦西里·伊古姆諾夫的翻譯瓦西里·諾沃肖洛夫代替。〔註37〕重新調整後留在北京繼續學習的四名學生是：帕維爾·卡緬斯基，瓦西里·諾沃肖洛夫，斯捷凡·利波夫佐夫，伊萬·馬雷舍夫。伊萬·馬雷舍夫於 1808 年在北京去世。〔註38〕

　　雖然傳教事業沒有取得進展，但是學生的學業成績卻使修士大司祭索夫羅尼值得自豪：四個學生在學習滿語方面取得了非常優異的成績。他還說，在漢語學習方面也取得成就的兩個學生是瓦西里·諾沃肖洛夫，斯捷凡·利波夫佐夫，而對滿漢語學習達到癡迷程度的，首推帕維爾·卡緬斯基，他能夠非常自如地朗讀、書寫、和人交談及從事口語、文字翻譯工作。〔註39〕

　　就在第八屆宗教傳道團離開北京回國前，有一個被中國人限制了 17 年自由，名叫哈裏科夫斯基的俄國人來到俄羅斯館。他告訴俄國宗教傳道團的人，他於 1790 年在布哈塔爾明斯克城堡附近狩獵的時候被中國人抓到的，自此以後一直處在被囚禁的狀態。他還證實，爲了他的事，中俄兩國政府在他被囚禁的初期，通過信函來往進行過交涉，但是沒有任何結果，最後他被押送流放到甘肅省。第八屆宗教傳道團成員說，這個人仍然能夠用俄語讀和說，懂得德語，保持著東正教信仰，而在 1805 年迫害基督徒時，他還用東正教的儀式進行過祈禱。當時已在北京的第九屆宗教傳道團修士大司祭比丘林送給了他一本讚美詩集和一張聖像。兩屆宗教傳道團的成員們集資了些銀子給了他。此後，這個人就再也沒有消息了。〔註40〕

　　第八屆宗教傳道團回國。按規定，第八屆宗教傳道團應該在 1805 年結束自己的任期。由於第九屆宗教傳道團遲遲不來，只好在北京多留住兩年。他們正式返回聖彼得堡時卻已經是 1809 年了。三名學生中的瓦西里·諾沃

〔註36〕蔡鴻生：《俄羅斯館紀事》，廣東人民出版社，1994 年 9 月第 1 版，第 65 頁。
〔註37〕維謝洛夫斯基編：《俄國駐北京傳道團史料》第一冊，商務印書館出版，1978 年 10 月第一版，第 68 頁。
〔註38〕彼得羅夫：《俄國宗教傳道團在中國》俄文版，華盛頓，1963 年，第 62 頁。
〔註39〕彼得羅夫：《俄國宗教傳道團在中國》俄文版，華盛頓，1963 年，第 62 頁。
〔註40〕彼得羅夫：《俄國宗教傳道團在中國》俄文版，華盛頓，1963 年，第 62～63 頁。

肖洛夫被留在伊爾庫茨克作滿語翻譯，帕維爾・卡緬斯基（後來又回到北京擔任第十屆駐華宗教傳道團團長），斯捷凡・利波夫佐夫被俄國外務委員會留用。他們兩人留下了大量的學術著作，被保存在外務委員會亞洲司的圖書館裏。〔註 41〕修士大司祭索夫羅尼本人回國後，得到俄國政府的嘉獎、提拔，於 1814 年去世。〔註 42〕

〔註 41〕 彼得羅夫：《俄國宗教傳道團在中國》俄文版，華盛頓，1963 年，第 63 頁。

〔註 42〕 維謝洛夫斯基編：《俄國駐北京傳道團史料》第一冊，商務印書館出版，1978 年 10 月第一版，第 1 頁。

第七章　俄國駐華宗教傳道團從傳教到學習研究中國文化的轉型

　　進入十九世紀後，中俄兩國繼續保持著和平相處的態勢，但是俄國向中國擴張領土的要求日益迫切。隨著駐華俄國宗教傳道團的穩定，俄國駐華宗教傳道團的職能也在悄然發生變化，從傳教轉向全力以赴學習研究中國語言文化。這種變化經歷了一個由自發到自覺的過程。最先是由第九屆駐華宗教傳道團團長、修士大司祭比丘林推動，歷經第十屆、十一屆的過渡，到第十二屆最後完成。這種變化到十九世紀中葉最後顯示出了它的另外一層意義，即第十二屆宗教傳道團成員在俄國侵華的重大歷史事件中發揮了重要作用。

第一節　「不務正業」的第九屆駐華宗教傳道團團長比丘林

　　比丘林因為博學多才被選為第九屆駐華宗教傳道團團長。駐華初期，他想在傳教事業上有所作為，但終因俄羅斯佐領及中國人對東正教無熱情而放棄努力，轉而全身心地投入到學習研究中國語言與文化中去，開創了駐華宗教傳道團專門學習和研究中國語言文化的先河。

一、比丘林意外地被任命為駐華宗教傳道團團長

　　就在第八屆駐華宗教傳道團到期換屆的 1805 年，俄國政府將亞歷山大・涅夫斯基修道院的修士司祭阿波洛斯提升為修士大司祭，任命他為第九屆駐

華宗教傳道團團長，讓他率領新一屆駐華宗教傳道團前往北京。阿波洛斯傳道團的成員由下列人員組成：修士司祭謝拉菲姆和阿爾卡季；修士輔祭涅克塔裏；兩名教堂輔助人員瓦西里・亞菲茨基，康斯坦丁・帕洛莫夫斯基；四名學生是：外務委員會翻譯米哈伊洛・西帕科夫，辦事員列夫・齊馬伊洛夫和巴特裏基・波利特諾夫斯基，馬爾克爾・拉克羅夫斯基。〔註1〕

俄國政府在聖彼得堡給阿波洛斯宗教傳道團發放了一年的薪水和旅途用的盤纏及車馬費，其餘四年的薪水在他們抵達伊爾庫茨克後用銀子補齊。這是他們在北京駐滿一半時間的薪水。同時，他們還帶上了俄國政府給第八屆宗教傳道團發放的兩年薪水（1805年1月30日～1807年1月30日）和回國的路費。〔註2〕

19世紀初的俄國與中國之間，表面上仍然維持著和平關係。但俄國已經是蠢蠢欲動，對中國這塊大肥肉充滿了妄想。俄國國內由於農奴制的束縛，人民生活水準處在窮困狀態，日益活躍的商品生產因此受到限制。俄國急於通過擴大對外貿易，尤其是和中國的貿易活動來獲得產品銷售市場，拉動本國的商品生產，刺激本國資本主義的發展。與此同時，英國和美國等西方資本主義國家的資本家通過海路，紛紛登陸中國沿海地區，來華銷售本國的產品，俄國的對華貿易遇到了強大的競爭對手。此時的俄國已經不滿足於恰克圖一地的陸路貿易，尋求海路深入中國內地和西方國家展開競爭成為了俄國在這一時期考慮的主要問題，並開始嘗試著從海上到達中國的沿海地區進行貿易活動。1805年10月，俄國貨船「希望號」和「涅瓦號」滿載皮貨離勘察加半島南下，於12月上旬到廣州進行了大量非法貿易活動，被清朝政府當地官員扣押，經過交涉後於次年2月9日啓程回國。〔註3〕

與俄國資本尋找出路相伴隨的另一個問題是俄國對中國東北黑龍江地區的圖謀。1801年，沙皇亞歷山大一世即位。上臺後的亞歷山大繼續積極推行侵略

〔註1〕 瑪洛斯：《第九屆俄國宗教傳道團（去北京前的歷史）》，載《俄國宗教傳道團駐華史》，俄文版，莫斯科，神聖的弗拉基米爾兄弟出版社，1997г.第224頁。（以下簡稱《第九屆俄國宗教傳道團（去北京前的歷史）》，俄文版，莫斯科，1997г.）

〔註2〕 瑪洛斯：《第九屆俄國宗教傳道團（去北京前的歷史）》，俄文版，莫斯科，1997г.第224頁。

〔註3〕 蔡鴻生：《俄羅斯館紀事》，廣東人民出版社，1994年9月第1版，第173頁。中國社會科學院近代史研究所編：《沙俄侵華史》第2卷，人民出版社，1976年10月，第46～47頁。

黑龍江的政策。他特別重視「廣泛瞭解我國貝加爾湖至國境線（由斯特烈爾卡河起至恰克圖止）的軍事狀況，並作出評價，尤其要注意石勒喀河和額爾古納河匯入阿穆爾河這一帶地區的情況。此外，還要弄清楚中國在滿洲和阿穆爾河沿岸的軍事部署等。」〔註4〕1805 年夏，出使日本的列箚諾夫回國後向沙皇報告說：「黑龍江理應成為中俄兩國的邊界。如果說這個地方現在屬於柏格德汗的，那僅僅是由於我們的緘默和寬容」，建議沙皇要搶在別國之前佔領庫頁島，特別是阿尼瓦灣，並主張向庫頁島移民，以便進一步滲入和佔領黑龍江。〔註5〕1801 年，就在亞歷山大即位之初，西伯利亞總督斯特蘭德曼就向他進言，強調俄國政府應與中國就黑龍江航行等問題進行談判，如果中國人拒絕談判，就用武力迫使其就範。〔註6〕鑒於中國的國力強大，1803 年 4 月，俄國商務大臣魯緬采夫提出了一項比較現實的建議：派出一名官員出使中國，就黑龍江航行等問題進行談判。同年 11 月，俄國樞密院就派遣使臣一事通知了清朝政府。〔註7〕

　　在這樣的背景下，1805 年 2 月，俄國政府正式任命戈洛夫金伯爵為出使中國的特命全權大臣。藉口是向中國皇帝通報俄國新沙皇亞歷山大一世登基。但其主要的任務是「探討俄中兩國之間建立外交和穩定的貿易關係的可能性。」〔註8〕在同年 7 月俄國政府給予戈洛夫金的訓令中，俄國政府要求清朝政府允許在整個中俄邊界上通商，准許俄國商人在廣州貿易，在黑龍江口和廣州設置商務代表，給予俄國商隊在中國內地城市經商的權利，准予俄國派公使常駐北京。〔註9〕

〔註4〕　П・И・卡巴諾夫：《黑龍江問題》，姜延祚譯，黑龍江人民出版社，1983 年，哈爾濱，第 57 頁。

〔註5〕　П・И・卡巴諾夫：《黑龍江問題》，姜延祚譯，黑龍江人民出版社，1983 年，哈爾濱，第 53 頁。

〔註6〕　瓦西裏耶夫：《外貝加爾哥薩克》，第 3 卷，1918 年赤塔出版，第 2～3 頁。轉引自中國社會科學院近代史研究所編：《沙俄侵華史》第 2 卷，人民出版社，1976 年 10 月，第 48 頁。

〔註7〕　《十九世紀和二十世紀初的俄國對外政策》（俄國外交部檔集）1961 年莫斯科出版，第 1 集第 2 卷，第 403 頁。轉引自中國社會科學院近代史研究所編：《沙俄侵華史》第 2 卷，人民出版社，1976 年 10 月，第 48 頁。

〔註8〕　齊赫文斯基・彼斯科娃：《傑出的俄國漢學家雅金夫（比丘林）誕生 220 年》，載《俄國宗教傳道團駐華史》，俄文版，莫斯科，神聖的弗拉基米爾兄弟出版社，1997г.第 168 頁。（以下簡稱齊赫文斯基・彼斯科娃：《傑出的俄國漢學家雅金夫（比丘林）誕生 220 年》，俄文版，莫斯科，1997г.）

〔註9〕　《十九世紀和二十世紀初的俄國對外政策》（俄國外交部檔集）1961 年莫斯科出版，第 1 集第 2 卷，第 472 頁。轉引自中國社會科學院近代史研究所編：《沙

　　1805 年 7 月，戈洛夫金率領由 240 餘人組成的使團從聖彼得堡出發，「這個使團是由許多出身於名門世家的人及達官顯貴所組成。」〔註 10〕戈洛夫金使團於同年 9 月到達了伊爾庫茨克。隨同使團一同到達伊爾庫茨克的有第九屆駐華宗教傳道團。在伊爾庫茨克期間，戈洛夫金伯爵結識了比丘林。和比丘林結識後，使戈洛夫金意識到，學識淵博的雅金夫神甫是第九屆宗教傳道團團長合適的人選。戈洛夫金伯爵是一位有眼光的政治家，在他看來，俄國駐北京宗教傳道團對俄國政府來說是唯一獲得有關中國可靠情報的來源。俄國宗教傳道團人員在北京的活動不僅僅是爲了俄羅斯佐領、來華做生意的俄國商人提供宗教服務，更重要的是擔負著研究中國的語言、歷史、文化、風俗和道德等使命，而且通過宗教傳道團可以發展和清朝政府的關係。從這個角度上來說，宗教傳道團團長的選擇具有重大的意義。與此同時，修士大司祭阿波洛斯「由於行爲不愼引起了伯爵的不滿。」〔註 11〕因此，雖然派遣駐華宗教傳道團的權力在最高聖務會議和外務委員會那裡，戈洛夫金伯爵還是利用自己的地位和私人關係，向最高聖務會議的檢察長 A・K・戈利增請求，用雅金夫神甫替換能力不強的阿波洛斯，擔任第九屆宗教傳道團團長。雅金夫神甫爲了等待上面的答覆，留在伊爾庫茨克，直到 1806 年 1 月 8 日戈利增正式通知戈洛夫金，沙皇拒絕否定最高聖務會議已經作出的決議。3 月份，雅金夫神甫回到托博爾斯克。〔註 12〕

　　比丘林出任修士大司祭一職的轉機出現在俄國使團抵達中國境內的庫倫。1805 年 10 月 5 日，戈洛夫金使團抵達距離恰克圖 3 俄里遠的特洛伊茨戈薩夫斯克城堡，在這裡等待清朝政府准許入境的通知。在和清朝政府庫倫辦事大臣談判及樞密院與理藩院的交涉過程中，耽誤了兩個半月。清朝政府拒絕接受這麼龐大的使團，要求縮編隨行人員，更不允許第九屆宗教傳道團隨使團一起進入中國。〔註 13〕1805 年 12 月 20 日，在去掉使團中的科學考察人

　　　　俄侵華史》第 2 卷，人民出版社，1976 年 10 月，第 48 頁。

〔註 10〕維謝洛夫斯基編：《俄國駐北京傳道團史料》第一冊，商務印書館出版，1978年 10 月第一版，第 79 頁。

〔註 11〕維謝洛夫斯基編：《俄國駐北京傳道團史料》第一冊，商務印書館出版，1978年 10 月第一版，第 79 頁。

〔註 12〕齊赫文斯基，彼斯科娃：《傑出的俄國漢學家雅金夫（比丘林）誕生 220 年》，俄文版，莫斯科，1997ᴦ. 第 169 頁。

〔註 13〕瑪洛斯：《第九屆俄國宗教傳道團（去北京前的歷史）》，俄文版，莫斯科，1997ᴦ.第 228 頁。

員和宗教傳道團後，戈洛夫金使團於 1806 年 1 月 2 日抵達庫倫。到達庫倫後，清朝政府駐庫倫辦事大臣要求俄國使團按照中國人觀見皇帝的禮儀進行演習，行三拜九叩之禮，戈洛夫金認爲這是對俄國的侮辱，拒絕行使此禮。交涉一個多月無效後，俄國使團於 1806 年 2 月 23 日返回伊爾庫茨克。〔註14〕

　　1807 年 5 月，俄國政府終於等到了清朝政府允許俄國宗教傳道團進駐北京的通知。而早在 4 月 12 日，俄國沙皇根據戈洛夫金提出新的更換宗教傳道團團長的申請，正式任命雅金夫神甫爲第九屆駐華宗教傳道團團長。沙皇的諭旨指出，已定爲宗教傳道團團長的阿波洛斯，根據曾派往北京的戈洛夫金大使的多次報告，認爲其能力難以擔當如此重任，留在伊爾庫茨克……現任命托博爾斯克修道院的雅金夫爲駐北京宗教傳道團修士大司祭。〔註15〕1807 年 6 月 27 日，俄國伊爾庫茨克總督將這一換人消息告知了清朝政府駐庫倫辦事大臣。〔註16〕阿波洛斯被解除前往北京的宗教傳道團團長之職後，就留在了伊爾庫茨克的主昇天修道院，後來任該修道院院長，還一度擔任過伊爾庫茨克神學校的神學教師和校長。1814 年，根據他本人的請求，調至雅羅斯拉夫教區的托勒格三級主顯現修道院。〔註17〕

二、潛心研究中國語言和文化的駐華宗教傳道團團長

　　修士大司祭比丘林，原名尼基塔・雅科夫列維奇・比丘林斯基，1777 年 9 月出生於喀山省，他的父親是一個神甫。1786 年，比丘林進入喀山傳教士學校（1798 年改名爲喀山神學院）學習。在這裡，他學習了拉丁語、希臘語和法語。他傑出的工作能力，超強的記憶力吸引了宗教界高層領導的注意。1799 年畢業後，被留在本校任教，教授語法和修辭學。轉年落發爲僧，成爲修道士，取法名雅金夫。1802 年得到修士大司祭聖職，神甫雅金夫被任命爲伊爾庫茨克主昇天修道院院長和伊爾庫茨克神學校校長。在此期間，由於不

〔註14〕瑪洛斯：《第九屆俄國宗教傳道團（去北京前的歷史）》，俄文版，莫斯科，1997г. 第 230 頁。

〔註15〕齊赫文斯基，彼斯科娃：《傑出的俄國漢學家雅金夫（比丘林）誕生 220 年》，俄文版，莫斯科，1997г.第 169～170 頁。

〔註16〕瑪洛斯：《第九屆俄國宗教傳道團（去北京前的歷史）》，俄文版，莫斯科，1997г. 第 241 頁。

〔註17〕維謝洛夫斯基編：《俄國駐北京傳道團史料》第一冊，商務印書館出版，1978 年 10 月第一版，第 79 頁。

遵守修道院章程和學生之間的衝突，他被最高聖務會議於1805年解除了校長職務，剝奪了修士大司祭的聖職。隨後，就被派往托博爾斯克修道院作沒有宗教職務的修辭學教師。在戈洛夫金伯爵的再三推薦下，1807年4月12日沙皇同意任命比丘林出任駐華宗教傳道團團長職務，並恢復修士大司祭之聖職。1807年6月，雅金夫從托博爾斯克返回伊爾庫茨克。伊爾庫茨克總督致函清朝政府駐庫倫辦事大臣，通知清朝政府官員，第九屆駐華宗教傳道團準備在監護官謝苗‧佩爾烏申的護送下前往中國。〔註18〕在外務委員會給監護官佩爾烏申的訓令中，要他搞清楚戈洛夫金使團沒有去成北京的原因，中國對待恰克圖貿易的態度，瞭解中國國內的狀況及同西方國家貿易的情況，尤其是同英國的貿易的情況。在給修士大司祭雅金夫的訓令中，規定其駐華年限為10年，並給第九屆駐華宗教傳道團一次性發放了5年的薪水。〔註19〕

比丘林率領的第九屆駐華宗教傳道團，大部分是給修士大司祭阿波洛斯配備的成員。到他出任駐華宗教傳道團團長之職時，人員略有調整：來自伊爾庫茨克神學校的葉夫格拉夫‧格羅莫夫頂替了因病不能出國的巴特裏基‧波利特諾夫斯基，〔註20〕其他人員沒有變動。1807年9月17日，以修士大司祭比丘林為首的第九屆駐華宗教傳道團從恰克圖出發，經過長途艱難跋涉，於1808年1月10日來到北京。就在前來北京的路上，他學習了蒙語，並寫下了關於蒙古的遊記。〔註21〕

剛到北京的修士大司祭雅金夫雄心勃勃，想使東正教在中國的傳播上有所作為。鑒於駐華宗教傳道團成員紀律渙散，行為乖戾，不聽從修士大司祭的號令等有損俄國人形象的行為，比丘林加強了對屬下人員的嚴格管理，採取了許多懲罰措施，限制屬下人員的胡作非為。但是，比丘林所採取的加強對屬下人員管理的措施並沒有達到預期目的，起到積極的作用，反而為自己招來了許多麻煩。其屬下的宗教傳道團人員經常打報告給外務委員會，就連伊爾庫茨克省總督特列斯金和彼斯捷爾，甚至恰克圖海關關長也往聖彼得堡

〔註18〕 瑪洛斯：《第九屆俄國宗教傳道團（去北京前的歷史）》，俄文版，莫斯科，1997г. 第242頁。

〔註19〕 齊赫文斯基，彼斯科娃：《傑出的俄國漢學家雅金夫（比丘林）誕生220年》，俄文版，莫斯科，1997г. 第171頁。

〔註20〕 維謝洛夫斯基編：《俄國駐北京傳道團史料》第一冊，商務印書館出版，1978年10月第一版，第80頁。

〔註21〕 齊赫文斯基，彼斯科娃：《傑出的俄國漢學家雅金夫（比丘林）誕生220年》，俄文版，莫斯科，1997г.第171頁。

發信，告比丘林的狀。〔註22〕

　　初來北京時，比丘林不僅加強對屬下宗教傳道團人員的管理，而且還對俄羅斯佐領皈依東正教充滿希望。但他很快就失望了：他發現俄羅斯佐領信仰東正教不是爲了上帝，而是爲了得到麵包。自此，他就對傳教完全失去了信心，對自己所承擔的傳教使命置之不顧，棄之一旁，全身心地投入到了對中國的語言、歷史、文化等各個領域的研究中去。

　　1812 年，拿破崙率領法國大軍侵入俄國，俄國陷入了保衛家園的衛國戰爭中。俄國政府停止了給住在北京的俄國宗教傳道團寄來薪水。雖然清朝政府一年要給全體宗教傳道團人員發放價值 855 盧布 50 戈比的銀子和每人每年24 普特（1 普特＝16.38 公斤）的糧食，〔註23〕但對於宗教傳道團來說缺口還是很大。宗教傳道團人員向修士大司祭比丘林要求固定發放薪水。在這種情況下，比丘林不得不採取變賣宗教傳道團部分財產和典當附屬的土地、房屋充當宗教傳道團人員的薪水。

　　儘管採取這樣的措施，仍然不能夠滿足宗教傳道團的經常性開支。傳道團的成員們就各自尋找生活的出路：他們中的一部分人在學會了漢語後，當起了訴訟師，爲個人私事打官事，混幾兩散碎銀子，另一部分人做些小生意，第三種人則是陷入賭博冒險活動中去了。第九屆宗教傳道團這種財政緊缺的狀況一直持續到第十屆宗教傳道團於 1820 年 12 月來華後才得以改變。〔註24〕

　　比丘林在北京的「傳教生涯」被其所取得的科學研究成果塗上了「不務正業的光環」，這是他與以往歷屆宗教傳道團團長最大的不同之處。

　　首先，他投入了巨大的精力研究中國的各種語言，而且還要求屬下人員同自己一道學習。第十屆宗教傳道團團長彼得‧卡緬斯基在寫給最高聖務會議的報告中說：宗教傳道團的全體成員和學生，包括修士大司祭自己在內，都非常勤奮地學習漢語，學生們還同他一起學習滿語。比丘林自己在 1810 年2 月寫給最高聖務會議的信中也說到了自己學習語言的情況：「時間允許我除

〔註22〕齊赫文斯基，彼斯科娃：《傑出的俄國漢學家雅金夫（比丘林）誕生 220 年》，俄文版，莫斯科，1997r.第 177 頁。

〔註23〕麥斯尼科夫：《雅金夫神甫（比丘林）選調到科學院》，載《俄國宗教傳道團駐華史》，俄文版，莫斯科，神聖的弗拉基米爾兄弟出版社，1997r.（以下簡稱麥斯尼科夫：《雅金夫神甫（比丘林）選調到科學院》，俄文版，莫斯科，1997r.）第 200 頁。

〔註24〕麥斯尼科夫：《雅金夫神甫（比丘林）選調到科學院》，俄文版，莫斯科，1997r.第 200 頁。

了學習漢語和滿語之外，還能夠學習點蒙語、藏語和朝鮮語。」〔註25〕比丘林被認定是「第一個學習朝鮮語的俄國人。」「是一位優秀的漢語言、文化和風俗習慣的專家、傑出的學者，甚至可以有充分根據地說，是俄國朝鮮學的奠基人。他第一個將一系列、其中也包括朝鮮部分的中國古文獻翻譯成歐洲（俄語）文字。〔註26〕」但是，只有比丘林自己能夠將對語言的學習堅持下來，大部分傳道團成員由於缺乏系統的教育，對此感到枯燥，沉湎於游手好閒的生活中，白白的浪費掉大好時光。因此，他向最高聖務會議建議，以後再派宗教傳道團人員來北京時，一定要選擇在科學和藝術學院受過教育的人來做傳道團人員。〔註27〕

其次，從事書面語言的學習，編撰詞典。過了漢語口語關後，比丘林就開始將大部分時間用於書面語的學習。他認為漢語口語和書面語有很大區別，比較而言，書面語比口語更難。在學習語言時，讓他感到困難的是資料的缺乏，而首先缺的是一本適用的漢俄詞典，於是，他自己動手編撰詞典。在編撰詞典的過程中，他購買了凡是他能看到的一切資料。之後就開始研究整理，或者親眼瀏覽各種技術技巧和手工藝製作過程，弄準確每一個單字在不同的場合下使用時所表達的不同意思，以及與各種物品相關的知識。為了使自己編撰的詞典更準確，他將收集到的鳥類、植物、花草彙集在自己臥室附近的植物園中，以便研究。他在所編撰的詞典中，在每一個單字下，都概括了一些簡短的關於植物形狀和內在品質，宗教及其儀式，法令和習俗，藝術和工具等相關的知識。經過四年的努力，他編撰成了一部不大的漢俄詞典。之後在北京的十年中，對之不斷地進行補充和完善，根據《康熙詞典》進行校對。終於，在他離任回國時，編撰出了一本相當完善的詞典。〔註28〕

第三，和歐洲天主教傳教士進行學術交流。以往歷屆俄國駐華宗教傳道團在北京時也都和天主教傳教士有來往，但大都停留在淺層次的禮尚往來，交流交流感情。因為比丘林致力於對中國的研究，在他看來，來華多年的天

〔註25〕齊赫文斯基，彼斯科娃：《傑出的俄國漢學家雅金夫（比丘林）誕生220年》，俄文版，莫斯科，1997r.第171頁。

〔註26〕Т‧西姆比爾采娃：《十七世紀末——十九世紀中葉俄朝在北京的接觸（根據朝鮮使臣日記）》，載《遠東問題》（俄文），No4,1998r.

〔註27〕齊赫文斯基，彼斯科娃：《傑出的俄國漢學家雅金夫（比丘林）誕生220年》，俄文版，莫斯科，1997r.第172頁。

〔註28〕齊赫文斯基，彼斯科娃：《傑出的俄國漢學家雅金夫（比丘林）誕生220年》，俄文版，莫斯科，1997r.第173頁。

主教傳教士以外國人的眼光觀察中國幾百年，其所具有的在華經驗、學識，都對自己研究中國有幫助。因此，他和天主教傳教士建立了密切的聯繫，懷著濃厚的興趣研究天主教傳教士、漢學家的著作。在京期間，他閱讀了曾德昭、杜哈德等人的著作，加快了他對漢語的瞭解和感悟。批判地吸收了歐洲漢學家們的研究成果，正確地評價了西方漢學家們對中國風俗和禮儀的嘲笑。在自己後來成名的作品中，還抨擊西方列強對中國的掠奪政策。〔註29〕

第四、建立了和中國社會各階層人士良好的關係。掌握了漢語的比丘林，使他更容易地和清朝理藩院的官員進行交往，樹立自己的威信。因他熟悉多種語言，他經常被召喚到理藩院翻譯來自於西方各國的文件和信件。比丘林深入到北京居民中間，和當地社會的各個階層進行廣泛的接觸，瞭解中國的具體國情。〔註30〕他還和來到北京的蒙古人、滿洲人、朝鮮人、藏族人、維吾爾族人及其他地區的人士交往。〔註31〕關於比丘林和朝鮮人的交往，蘇聯學者西姆比爾采娃引用韓國學者的文章指出：「1821年4月8日，進賀──謝恩使李肇源（他的職責也包括弔唁皇帝駕崩和參加葬禮）的一個隨員叫李元默（？）（原文如此──本文作者），在俄羅斯館和雅金甫見了面，而在此之前，李元默的兒子就已和他們見過面了。綜合判斷，這發生在雅金甫向自己的繼任、第十屆傳道團團長彼得·卡緬斯基交接事務的時候。因為朴泰根說，李元默在那天看到的就是後者。」

西姆比爾采娃認為比丘林和朝鮮使臣的接觸不止這一次，「大概，比丘林和朝鮮使臣的接觸不僅僅侷限於上面提到的那些。在由他編輯的《北京敘事》中有一個允許假設的片段，即使他沒有親自去朝鮮使臣的駐地拜訪過，那麼他也會對他們的生活條件和狀況表現出一定的興趣。」〔註32〕比丘林在《北京敘事》中是這樣描述朝鮮使臣在北京的生活條件的：「每年向中國朝廷進貢的朝鮮人住在『高麗館』，或者叫朝鮮館裏。使館建築簡陋，住宿條件惡劣。前來的朝鮮人大都住在室內搭草席過冬。甚至首席使臣所佔據的地方也不過

〔註29〕 齊赫文斯基，彼斯科娃：《傑出的俄國漢學家雅金夫（比丘林）誕生220年》，俄文版，莫斯科，1997r.第177～178頁。

〔註30〕 齊赫文斯基，彼斯科娃：《傑出的俄國漢學家雅金夫（比丘林）誕生220年》，俄文版，莫斯科，1997r.第176頁。

〔註31〕 彼得羅夫：《俄國宗教傳道團在中國》俄文版，華盛頓，1963年，第64頁。

〔註32〕 T·西姆比爾采娃：《十七世紀末──十九世紀中葉俄朝在北京的接觸（根據朝鮮使臣日記）》，載《遠東問題》（俄文），No4,1998r.

是隔開的半個房間。」〔註33〕

第五、豐富的學術研究成果。比丘林在北京期間的第七個年頭，在中國先生的指導下翻譯了中國儒家古典名著《四書》，並對書中的內容作了詳盡的注釋。隨後又翻譯了一系列的漢語典籍，內容包括中國歷史、地理、政治以及醫學。〔註34〕在他任期即將屆滿 10 年的前夕，即 1816 年 12 月，他給最高聖務會議寫了一封長信，請求允許他在中國再駐上一個 10 年任期，讓他能夠充分地研究語言，更加深入地研究中國。但是，他的這種請求沒有得到最高聖務會議的批准，俄國政府於 1818 年任命了曾是第八屆宗教傳道團的學生彼得・卡緬斯基爲第十屆宗教傳道團團長。〔註35〕

比丘林的學術成果，也可以通過他回國時所攜帶的書籍、資料等看出來。1820 年 12 月，第十屆駐華宗教傳道團來到北京。在交接完工作後，比丘林率領第九屆宗教傳道團成員於 1821 年 5 月 15 日離開北京回國。回國時，他用了 15 頭駱駝、裝了 12 個箱子的滿漢文書籍、一箱手稿、一箱顏料和六大卷地圖和平面圖，共 400 普特（1 普特＝16.38 公斤）。這批書籍中包括 5 本漢語詞典、兩本滿語詞典、一部 43 卷的中國歷史、漢滿文的滿族歷史、《四書》、《三字經》、《金史》、《元史》、《遼史》等。〔註36〕比丘林回國後，將這些書籍贈給了聖彼得堡的公共圖書館和伊爾庫茨克亞洲語言學校。〔註37〕而他帶回來的這些書籍成爲了他日後進行科學研究、奠定自己在俄國漢學界和世界漢學界歷史地位的重要資源。

回國初期，比丘林的日子並不好過。因爲他在中國期間專心於科學研究，忽視了宗教事務，他被第十屆駐華宗教傳道團團長彼得・卡緬斯基告了狀。卡緬斯基在給聖彼得堡宗教當局的工作彙報中，指責比丘林將宗教傳道團搞

〔註33〕 雅金甫：《北京概況並附於 1817 年繪製的該首都地圖》，聖彼德堡，1829 年，第 50 頁。轉引自 T・西姆比爾采娃：《十七世紀末——十九世紀中葉俄朝在北京的接觸（根據朝鮮使臣日記）》，載《遠東問題》（俄文），No4,1998r.

〔註34〕 張國剛等著：《明清傳教士與歐洲漢學》，中國社會科學出版社，2001 年 5 月版，第 400 頁。

〔註35〕 麥斯尼科夫：《雅金夫神甫（比丘林）選調到科學院》，俄文版，莫斯科，1997r. 第 200 頁。

〔註36〕 麥斯尼科夫：《雅金夫神甫（比丘林）選調到科學院》，俄文版，莫斯科，1997r. 第 200 頁。張國剛等著：《明清傳教士與歐洲漢學》，中國社會科學出版社，2001 年 5 月版，第 400 頁。

〔註37〕 齊赫文斯基，彼斯科娃：《傑出的俄國漢學家雅金夫（比丘林）誕生 220 年》，俄文版，莫斯科，1997r. 第 178 頁。

得一片混亂。修士大司祭和他的屬員蔑視自己的聖事活動。為了證明修士大司祭和第九屆宗教傳道團錯誤的嚴重性，他甚至說，雅金夫神甫「學習中國語言不過是為了擺脫枯燥的、用手勢和面部表情闡釋教義的活動。」〔註 38〕俄國宗教當局認識不到比丘林從事的科學研究工作所具有的劃時代的重大意義。回國一年後，他被剝奪聖職，宣判有罪。指控的罪名是：12 年裏沒有去過教堂、變賣教堂財產、荒廢教務以及對屬下管理不善等等。1823 年 9 月 4 日，他被判終身監禁，囚禁在專門監禁神職人員的監獄——瓦拉姆修道院作普通的修士〔註 39〕。

第九屆宗教傳道團其他成員的命運。這屆宗教傳道團成員除了兩名學生馬爾克爾·拉克羅夫斯基和葉夫格拉夫·格羅莫夫死在北京外，〔註 40〕其他成員都健康地回到了俄國。回國後，除了學生外，宗教人員同修士大司祭比丘林一起被判有罪。修士司祭謝拉菲姆也被投入到了瓦拉姆修道院，在那裡留住四年。另一名修士司祭阿爾卡季被判進入韋傑斯基修道院，在那裡留住一年。〔註 41〕修士大司祭比丘林沒有修士輔祭，這名修士輔祭在來到北京後不久，就因為「品行惡劣而被勒令返回俄國。」〔註 42〕看來回國後的學生日子比較好過，有資料記載，一個名叫米哈伊洛·西帕科夫的學生，到俄國外務委員會亞洲司作了翻譯。比丘林在瓦拉姆修道院「悔過」期間，繼續從事科學研究所需要的資料，絕大部分是由他給寄過來的。〔註 43〕

比丘林因為「不務正業」而付出了代價。但歷史是公正的，他的開拓精神和在中國所進行的科學研究活動及其日後所取得巨大成就，終於被人們所發現，而他所開創的將科學研究貫穿到宗教活動中的做法，逐漸地成為了以後俄國駐華宗教傳道團活動的重要內容。

〔註 38〕 齊赫文斯基，彼斯科娃：《傑出的俄國漢學家雅金夫（比丘林）誕生 220 年》，俄文版，莫斯科，1997г.第 177 頁。

〔註 39〕 齊赫文斯基，彼斯科娃：《傑出的俄國漢學家雅金夫（比丘林）誕生 220 年》，俄文版，莫斯科，1997г.第 178 頁。

〔註 40〕 他們的卒年不詳。參見蔡鴻生：《俄羅斯館紀事》，廣東人民出版社，1994 年 9 月，第 1 版，第 66 頁。

〔註 41〕 齊赫文斯基，彼斯科娃：《傑出的俄國漢學家雅金夫（比丘林）誕生 220 年》俄文版，莫斯科，1997г.第 177 頁。

〔註 42〕 維謝洛夫斯基編：《俄國駐北京傳道團史料》第一冊，商務印書館出版，1978 年 10 月第一版，第 53 頁。

〔註 43〕 齊赫文斯基，彼斯科娃：《傑出的俄國漢學家雅金夫（比丘林）誕生 220 年》俄文版，莫斯科，1997г.第 177 頁。

第二節　傳教事業徒勞無功的第十屆駐華宗教傳道團團長——彼得・卡緬斯基

由比丘林開闢的在傳道團內部專心致志研究中國文化的創舉，受到了彼得・卡緬斯基的質疑。來華後，他下決心振興被比丘林荒廢的傳教事業，但因為俄羅斯佐領的消極，使他無功而返，沒有取得令人滿意的成就。相反，卻因奧西普・沃伊采霍夫斯基和其他宗教傳道團成員在醫學和其他方面的成就留下了亮點。

一、傳教事業受阻

俄國第十屆駐華宗教傳道團團長彼得・卡緬斯基，原名帕維爾・伊萬諾維奇・卡緬斯基，是第八屆宗教傳道團的學生。回國後，在外務委員會任滿蒙語翻譯，八等文官。在出任第十屆駐華宗教傳道團團長前，他先是被安排在亞歷山大・涅夫斯基修道院修道，在這裡晉升為修士大司祭，改名為彼得・卡緬斯基。

卡緬斯基是被沙皇亞歷山大一世親自任命為第十屆宗教傳道團團長的。就在他率領第十屆宗教傳道團出發前往北京前，沙皇亞歷山大一世親自接見了修士大司祭卡緬斯基，告訴他說，沙皇將祈求上帝保祐卡緬斯基，幫助他做出巨大功勳。在會見結束時，亞歷山大一世神秘地抬起雙眼仰望天空喃喃自語：「我親自向上帝呼籲，他就能在聖潔的山上聽到我的呼喚」，然後，再一次看了一眼卡緬斯基補充說：「我經常這樣召喚上帝，他總能聽到我的祈求。」〔註44〕沙皇親自接見駐華宗教傳道團人員，這在俄國駐華宗教傳道團史上是第一次。而卡緬斯基本人也是第一位以宗教傳道團神職人員的身份再次來華的前留學生。

因為有沙皇的垂青，這屆宗教傳道團得到了優厚的待遇，這也是以前歷屆駐華宗教傳道團不敢想的。從下面的記載中可以看出，這種優厚的待遇和第八屆宗教傳道團團長索夫羅尼・格裏鮑夫斯基的提議不無聯繫。

「沙皇陛下在說服卡緬斯基接受了這一職務後，賜給他一枚珍貴的十字架和一枚二級聖安娜勳章，並賜給他一套極好的祭服，包括一頂貴重的帽子，還賞給他大量的圖書，並飭令給所有修士司祭賞佩方挎（這些方挎根據最高

〔註44〕彼得羅夫：《俄國宗教傳道團在中國》俄文版，華盛頓，1963年，第71~72頁。

聖務會議的命令已在伊爾庫茨克頒發）。過了一些時候，還送來了賞給修士大司祭戴的十字架（這些十字架在北京也頒發給他們了），給修士大司祭、修士司祭、教堂輔助人員及學生都增加了薪俸，還爲他們派了一名醫士。所有的學生都授了官銜。醫士沃伊采霍夫斯基是直接從聖彼得堡派來的，派來時授予他九等官銜。許諾他們所有的人過一些時候都能獲得獎金。還命令全傳道團成立一個由修士大司祭主持的聖務會議。」

第十屆駐華宗教傳道團由下列人員組成：修士司祭維尼阿明·莫拉切維奇和達尼伊爾·西維洛夫，修士輔祭伊茲拉伊爾，兩名教堂輔助人員尼古拉·沃茲涅先夫斯基和阿列克謝·索斯尼茨基。四名學生是康得拉特·格裏戈裏耶維奇·克雷姆斯基，紮哈爾·列昂季耶夫斯基，瓦西里·阿勃拉莫維奇，奧西普·沃伊采霍夫斯基醫士。第十屆宗教傳道團是在八等文官、商務專員勳章獲得者葉戈爾·季姆科夫斯基監護官護送下，於 1820 年 6 月從伊爾庫茨克出發前往北京的。1820 年 12 月抵達北京。

彼得·卡緬斯基從比丘林這屆宗教傳道團手中接管的教堂財產殘缺不全：教堂因爲多年沒有舉行過聖事活動顯得荒涼，教堂聖器被典當了，鐘樓裏的座鐘被賣了，而鐘樓已經坍塌了。一心想在傳教事業上有所作爲的彼得·卡緬斯基面對如此局面，面臨著振興傳教事業的重任。

彼得·卡緬斯基在中國的傳教事業也不是很順利，在這一點上他和前幾屆宗教傳道團的同行們沒有什麼大的區別。在傳教事業方面，更多的時候他是第八屆宗教傳道團團長索夫羅尼傳教思想的實踐者。之所以選擇曾是第八屆宗教傳道團的學生的卡緬斯基作這屆宗教傳道團團長，更多的因素是俄國政府及最高聖務會議認同了索夫羅尼的傳教方法。關於這一點，大多數學者沒有注意到，沒有考慮到俄國政府和最高宗教當局這樣做的真實想法。聯繫索夫羅尼回國後提交的報告內容，及第十屆宗教駐華傳道團的所作所爲，就能夠看出其中的必然聯繫。

索夫羅尼曾向俄國政府建議，駐華宗教傳道團要在中國年輕人中間發展教徒，必須增加經費，通過舉辦慈善事業，如開辦神學校來培養本土化的傳教士。彼得·卡緬斯基這次來華傳教，基本上走的就是這條路線。當他以修士大司祭的身份返華後，「很快就注意到了阿爾巴津人，爲了在教育方面得到更持久的結果，決定對年輕一代採取行動。」首先，他開辦了宗教傳道團附屬學校，專門招收「阿爾巴津人子弟」入學。其次，在說服他們皈依東正教

的手段上也沒有超過前任慣用的方法。爲了誘導「阿爾巴津人子弟」進入學校學習知識，最初規定每月每人發給 3 個銀盧布。「這屆宗教傳道團之所以能夠表現得如此慷慨，是因爲俄國政府給他們的活動經費大大增加了，數目達到 16250 盧布，（而以往歷屆宗教傳道團的活動經費只有 6500 盧布）。這筆款項裏包括了維持學校正常運轉的費用 1500 盧布」。

雖然有金錢獎勵和修士大司祭及他的助手維尼阿明‧莫拉切維奇修士司祭的積極努力，但對已經成爲「異教徒阿爾巴津人」的教育和轉化事業推進得非常糟糕：「修士大司祭彼得只將自己的受教者 69 個人轉化成了基督徒。」曾護送第十屆宗教傳道團來華的監護官季姆果夫斯基在分析「阿爾巴津人」對宗教傳道團的傳教熱情持冷漠的態度時說：「他們（阿爾巴津人）在精神上完全遠離了俄羅斯人。雖然在他們中間有 22 人接受了洗禮，但是，這些人在血緣和國民性方面，更接近於滿洲人，以至於難以對他們進行區別；講著同一種語言，即漢語，穿著和他們一樣的衣服，並且在最基本的生活形式方面接受了貧窮的、游手好閒的、迷信薩滿教規則的滿族士兵的全部習慣。」儘管彼得‧卡緬斯基前後兩次以不同的身份在中國生活了 23 年，但他對中國人沒有產生任何感情。「與自己的前任（比丘林）不同，修士大司祭彼得既不喜歡中國，也不喜歡他的居民，對當地的一切生活秩序持否定態度。」彼得‧卡緬斯基在寫給恰克圖海關關長戈裏亞霍夫斯基的一封信中指出，戈裏亞霍夫斯基根據在恰克圖做生意的中國人所形成的對中國人看法是不准確的（很遺憾，本文作者尚未找到相關的資料證實該戈裏亞霍夫斯基所說的話。但根據卡緬斯基下面所講的可以推測，在恰克圖做生意的中國商人可能很守信譽，給戈裏亞霍夫斯基留下的印象不錯）。彼得‧卡緬斯基對中國人做出了自己嚴厲的評價：「所有生活在中國本土上的人實質上是模式化的人，如果說這個民族有什麼是人的東西的話，那麼，這些東西就在模式化的人裏。順便說說，我記得我曾寫過，在這裡，無論是父母親和孩子們之間，還是親兄弟之間，幾乎不存在信任。請相信，人類所有的善良情感都在他們的身上消失了：幾乎是整個民族，即使有的話，一百萬個人裏只有一個人能夠相信點兒什麼。」〔註 45〕這話雖然說得過於苛刻了一點，但在幾千年封建專制主義的統治下，尤其是在清朝年間，長盛不衰的文字獄所造成的思想鉗制，強化了中國人心靈上的「禍從口出」、「言多必失」的恐懼，造

〔註 45〕 **И‧Я‧**科羅斯多韋茨：**Китайцы и их цивилизация**，中國人和中國文明，聖彼德堡，1896г. 第 399 頁。

就了說話小心翼翼，行事規規矩矩，不越雷池半步的奴才人格。中國人說話的含蓄，曲折地表達自己思想的方法，「害人之心不可有，防人之心不可無」的警世名言，「有話不說半句多」的思維定勢，都是封建專制主義統治下的產物。這種產物的最大危害是使整個社會缺乏理論的創造和思想的創新，因循守舊，固步自封，坐井觀天，妄自尊大，自以爲是，萬馬齊喑，唯唯諾諾，膽戰心驚，彼此之間缺乏眞誠的聯繫，失去活力。人與人之間誠信的缺失，直到今天還在困擾著當代中國人，制約著中國社會健康地發展。呼喚誠信，竟然成爲一個有著幾千年尊誠信爲上的文明歷史古國在當今進行精神文明建設的一項重要內容。造成今天中國社會誠信缺乏的原因固然有市場經濟的負面影響，但莫不如說是封建專制主義統治給中國文化造成的硬傷，難以修復。僅此一點，在道光初期生活在北京的俄國修士大司祭彼得・卡緬斯基可以稱得上是眞正的漢學家。

二、宗教傳道團成員的漢學成就

　　雖然彼得・卡緬斯基修士大司祭在傳教方面遇到了同往屆宗教傳道團一樣的困難，但這屆宗教傳道團也因有了奧西普・沃伊釆霍夫斯基醫士也不是一無所成。

　　奧西普・沃伊釆霍夫斯基（1793～1850），出生於基輔省利波韋茨基縣釆別爾馬諾夫卡村。從基輔神學院畢業後，進入彼得堡醫學院學習，1819 年從那裡畢業。1820 年，這位剛畢業的年輕醫士便自願作爲駐華宗教傳道團醫生前往中國，學習滿漢語，同時也是索夫羅尼所提建議的實踐者。在他來到中國之後不久，就趕上了 1820～1821 年北京流行霍亂。他因在防治霍亂流行方面所起到的作用爲中國人所認識。〔註 46〕更因爲治癒道光皇帝弟弟、禮親王全昌的瘰鬁病而名聲大振。1829 年 11 月 14 日，禮親王全昌率領眾人到俄羅斯館給奧西普・沃伊釆霍夫斯基送來一塊「長桑妙術」〔註 47〕的牌匾。當天，禮親王將贈送牌匾的儀式、場面搞得非常宏大，隆重。牌匾在昂幫、皇宮裏的官員和員警官員的護送下，繞北京城一周。爲了製造更大的轟動效應，揮舞著馬鞭的士卒在護送牌匾隊伍旁跑步前進。除此以外，從皇宮到宗教傳道

〔註46〕中國社會科學院文獻情報中心編：《俄蘇中國學手冊》（上），中國社會科學出版社，1986 年第 1 版，第 23 頁。

〔註47〕蔡鴻生：《俄羅斯館紀事》，廣東人民出版社，1994 年 9 月第 1 版，第 102 頁。中國社會科學院文獻情報中心編：《俄蘇中國學手冊》（上）記載的是「鵲仙妙術」，見該書第 23 頁。

團駐地的整條道路上，鼓樂齊鳴。〔註48〕自此以後，找他求醫問藥者絡繹不絕，「其中既有達官貴人，又有貧民百姓」。沒出第八屆駐華宗教傳道團團長索夫羅尼所料，醫生「沃伊采霍夫斯基以其高明的醫術贏得了中國患者的信任，爲以後陸續來華的醫生打下了良好的基礎。」〔註49〕

　　沃伊采霍夫斯基回國後，被任命爲外務委員會亞洲司醫生。但由於他的滿漢語學得非常棒，不久就被邀請到喀山大學任教授，主持漢語教研室。1844年他又開始教授滿語。這是俄國開設的第一個滿語教研室，沃伊采霍夫斯基因此成爲俄國歷史上的第一名滿語教授。作爲中俄兩國文化交流的使者，在語言教學的實踐中，「爲了使學生不僅學到語言知識，而且能夠瞭解到使用這種語言的民族的歷史，沃伊采霍夫斯基還親自擬寫大綱，每周爲學生講授四小時滿族歷史，這對學生全面瞭解滿洲人的歷史文化自然大有裨益。」〔註50〕

　　因爲有了沃伊采霍夫斯基在北京的壯舉，第十屆俄國宗教傳道團在返回俄國途經蒙古的途中，收到了蒙古宗教界領袖呼圖克圖的送別信。據彼得·卡緬斯基自己說，早在宗教傳道團在北京時，這位呼圖克圖就和他們交上了朋友，多次到俄羅斯館拜訪俄國宗教傳道團，不止一次地聽他們做彌撒，在俄國宗教傳道團下榻處用餐。尤其是沃伊采霍夫斯基和呼圖克圖的關係更親密，教他說俄語，給他講解地理知識，在地圖和地球儀上指指點點。〔註51〕這是兩大宗教界領袖在中國會面、交流的最早記載。

　　這屆宗教傳道團回國後，除了沃伊采霍夫斯基外，其他人員的去處如下：修士司祭達尼伊爾·西維洛夫到喀山大學做漢語教授，同時，也在喀山的第一所神學校教授漢語。學生紮哈爾·列昂季耶夫斯基留在了外交部。康得拉特·克雷姆斯基曾在恰克圖的一所學校裏當教師，後來跟隨穆拉維約夫侵入黑龍江。兩名教堂輔助人員中的尼古拉·沃茲涅先夫斯基在恰克圖稅關當翻譯，並死在那裡。而另一名教堂輔助人員阿列克謝·索斯尼茨基任喀山中學附設實用漢語講習班的學監。修士大司祭彼得·卡緬斯基回國後，領了2000銀盧布的獎

〔註48〕彼得羅夫：《俄國宗教傳道團在中國》俄文版，華盛頓，1963年，第73頁。
〔註49〕宋嗣喜：《溝通中俄文化的使者——記十九世紀來華的醫生》，載《求是學刊》，1986年第1期。
〔註50〕斯卡奇科夫：《俄國中國學史綱》第196～197頁。轉引自宋嗣喜：《溝通中俄文化的使者——記十九世紀來華的醫生》，載《求是學刊》，1986年第1期。
〔註51〕彼得羅夫：《俄國宗教傳道團在中國》俄文版，華盛頓，1963年，第74頁。

金，前往下戈羅德省巴拉赫納縣的戈羅傑茨修道院繼續修道，並寫下了大量的研究中國的學術著作。〔註 52〕修士司祭維尼阿明・莫拉切維奇沒有回國，就地升爲修士大司祭，出任第十一屆俄國駐華宗教傳道團團長。其他人員不知所終。〔註 53〕不過，這屆宗教傳道團也創下了一個記錄，就是沒有人員在中國死亡。

第三節　鉤心鬥角的第十一屆駐華宗教傳道團

俄國政府對第十一屆駐華宗教傳道團人員構成再次作出調整，增加了有專業技能的成員，期望他們能夠在研究中國方面有所作爲。修士大司祭維尼阿明・莫拉切維奇的專斷作風及其他成員的互不相容，將宗教傳道團內部固有的內訌之傳統發展到了一個令人不能容忍的程度。修士大司祭維尼阿明・莫拉切維奇被中途替換掉了。在內訌不已的傳道團內部，通過個別成員的努力，也爲傳道團駐華史上留下了一些可資研究的閃光點。

一、駐華宗教傳道團人員構成的變化

俄國第十一屆駐華宗教傳道團駐華十年（1831～1840）。當他們於 1840 年離開中國的時候，正好趕上中國發生了鴉片戰爭。中國的歷史也開始進入近代。但這屆宗教傳道團在中國的十年，在傳教事業上沒有留下什麼輝煌的業績，而是以內訌不已留名於世。〔註 54〕

新一屆宗教傳道團是在武官拉迪任斯基上校爲監護官的護送下來到北京的，他來自於參謀總部。〔註 55〕由武官做護送官，這在俄國宗教傳道團駐華史上也是第一次。他曾利用「宗教人員」的身份非法闖入中國黑龍江地區刺探情報。回國後，起草了一份武裝佔領黑龍江的詳細計劃，〔註 56〕受到沙俄

〔註 52〕　他的著作目錄收錄在中國社會科學院文獻情報中心編：《俄蘇中國學手冊》
　　　　　（上），中國社會科學出版社，1986 年第 1 版，第 35～38 頁。

〔註 53〕　彼得羅夫：《俄國宗教傳道團在中國》俄文版，華盛頓，1963 年，第 74 頁。
　　　　　維謝洛夫斯基編：《俄國駐北京傳道團史料》第一冊，商務印書館出版，1978
　　　　　年 10 月第一版，第 83～84 頁。

〔註 54〕　維謝洛夫斯基編：《俄國駐北京傳道團史料》第一冊，商務印書館出版，1978
　　　　　年 10 月第一版，第 84 頁。

〔註 55〕　維謝洛夫斯基編：《俄國駐北京傳道團史料》第一冊，商務印書館出版，1978
　　　　　年 10 月第一版，第 82 頁。

〔註 56〕　中國社會科學院近代史研究所編：《沙俄侵華史》第 1 卷，人民出版社，1976
　　　　　年 10 月，第 268 頁。

當局的賞識，升任爲托博爾斯克省省長，再任奧倫堡邊務委員會長官。〔註57〕
護送官由武官擔任這一特點，反映了當時的局勢。中國在清朝政府的統治下，
經過康雍乾盛世之後，到了道光朝，清朝政府在世界格局大變動中已成明日
黃花，江河日下，國力今非昔比。對於很久以來就窺視中國黑龍江流域的俄
國人來說，感覺到機會來臨了，就借護送宗教傳道團來華的機會，派出軍事
人員偵察中國的虛實。雖然沒有資料證明俄國政府給予監護官的訓令有此一
條，但第一次派出軍事人員作護送官一事「確切證明，俄國人在軍事上對中
國感到更大興趣。」〔註58〕

　　俄國政府所派遣的宗教傳道團人員身份結構有了變化，和以往歷屆宗教
傳道團的最大不同在於多了兩名有專業特長（醫生和畫家）的世俗人員。早
在俄國第五屆宗教傳道團來華時，清朝政府就嚴格規定了俄國宗教傳道團來
華的人數和構成：一名修士大司祭，兩名修士司祭，一名修士輔祭，兩名教
堂輔助人員，四名學生。自那以後的歷屆宗教傳道團都遵循此定例更替。這
次，俄國政府破壞了這一「規矩」，少了一名教輔人員，多派出了一名學生：
畫家安東・米哈伊洛維奇・列加紹夫。除此以外，還派出了三名高級專家作
陪護。具體人員名單爲：

　　　　修士大司祭：維尼阿明・莫拉切維奇（第十屆宗教傳道團修士司祭，後
　　　　　　　　　　期爲阿瓦庫姆・切斯諾伊）

　　　　修士司祭：阿瓦庫姆・切斯諾伊　費奧菲拉克・吉謝列夫斯基

　　　　修士輔祭：波裏卡爾普・圖加裏諾夫

　　　　教堂輔助人員：格裏戈裏・米哈伊洛維奇〔註59〕

　　　　學生：波爾菲裏・葉夫多吉莫維奇・基裏洛夫（醫生）

　　　　　　　阿列克謝・伊萬諾維奇・科萬尼科

　　　　　　　庫爾梁德佐夫（史料上沒有該人名及父稱記載）〔註60〕

〔註57〕 維謝洛夫斯基編：《俄國駐北京傳道團史料》第一冊，商務印書館出版，1978
　　　　年10月第一版，第82頁。

〔註58〕 〔美〕奎斯特德：《1857～1860年俄國在遠東的擴張》，轉引自單光鼐：《沙俄
　　　　傳教士團與中俄外交關係》，載《齊齊哈爾師範學院學報》，1984年第三期。

〔註59〕 關於教堂輔助人員的人數有爭議。維謝洛夫斯基編的《俄國駐北京傳道團史
　　　　料》中只記載有一名（見該書第82頁），中國社會科學院文獻情報中心編：《俄
　　　　蘇中國學手冊》（（上），中國社會科學出版社，1986年第一版，第117頁）和
　　　　蔡鴻生所著的《俄羅斯館紀事》，（廣東人民出版社，1994年9月第1版，第
　　　　67頁。）都沒有教堂輔助人員的名字。

葉皮凡・伊萬諾維奇・瑟切夫斯基

安東・米哈伊洛維奇・列加紹夫（畫家）

護送人員：

監護官：拉迪任斯基

植物學家：邦格

天文學家：富克斯

蒙古學家：科瓦列夫斯基・奧西普・米哈伊洛維奇〔註61〕

住在北京的第十一屆俄國宗教傳道團內訌不已。修士大司祭維尼阿明是個
「狡猾、專橫的修道士」，「由於遠離俄國，他就自認為是國家的第一號要人」，
「他想把傳道團的所有人員都當作自己的傭人來看待。」〔註62〕但在本文作者
看來，維尼阿明這樣做實在是迫不得已。自從北京有了俄國宗教傳道團，傳道
團內部就一直沒有團結和諧過。但以往各屆宗教傳道團的內部衝突都是來自於
下層神職人員的「冒犯」，修士大司祭往往是被侵犯的對象。如何樹立修士大司
祭的權威，俄國政府及最高聖務會議一直沒有拿出一個有效的辦法來解決。第
八屆修士大司祭索夫羅尼就曾指出：「由於在北京的這些屬下人員認為會很長時
期地住在那裡，而且他們回到俄國也不會因這種行為而受到任何懲罰，所以他
們就特別狂暴和厚顏無恥地攻擊自己的上司，而後者卻無從得到庇護。」〔註64〕
維尼阿明是從駐華宗教傳道團修士司祭的位置上提拔上來的，他對於駐華宗教
傳道團的內情要比其他修士大司祭瞭解的多。出於對自己的保護和確立修士大
司祭權威的考慮，他對駐華宗教傳道團施以「鐵碗統治」。但他的「鐵碗統治」
殺傷力是很大的，導致宗教傳道團在傳教事業上無所作為。幾名神職人員因為
忍受不了他的專橫，先後離開北京回到了俄羅斯：「庫爾梁德采夫很快就回國去
了；科萬尼科接著也走了（係亞洲司召回的──原文如此）；波裏卡爾普也離開

〔註60〕 1830 年，帕維爾・庫爾連德采夫購買了一部脂評《紅樓夢》八十回手抄本，
並於第二年回國後交給沙俄外交部亞洲圖書館，成為第一本流落在國外的《紅
樓夢》抄本。顧平旦：《十七、十八世紀沙俄北京東正教會之真相》，載北京
史研究會編：《燕京春秋》，1982 年 5 月第一版。

〔註61〕 中國社會科學院文獻情報中心編：《俄蘇中國學手冊》（上），中國社會科學出
版社，1986 年第一版，第 117 頁。

〔註62〕 維謝洛夫斯基編：《俄國駐北京傳道團史料》第一冊，商務印書館出版，1978
年 10 月第一版，第 84 頁。

〔註64〕 維謝洛夫斯基編：《俄國駐北京傳道團史料》第一冊，商務印書館出版，1978
年 10 月第一版，第 97 頁。

了傳道團回國，爲的是讓他作下一屆傳道團的團長再返北京；費奧菲拉克特死了。維尼阿明的惡作劇終於使亞洲司再也不能容忍了，所以委託阿瓦庫姆神父於最後一段時期主持傳道團。」〔註65〕這也是駐華宗教傳道團歷史上第二次因爲修士大司祭本身的錯誤而發生的就地更換修士大司祭的事件。

除了修士大司祭和屬下人員相處不和諧外，傳道團的成員們彼此之間也是矛盾重重。「他們之間經常發生最富有戲劇性的爭吵。醫生基裏洛夫在這方面顯然扮演了主要的角色。他瞧不起傳道團中的其他世俗人員，其實他的生活也不是那麼乾淨的。」〔註66〕

二、在內訌中的成就

第十一屆駐華宗教傳道團因其成員身份多樣，專業各異，在促進中俄文化交流方面各自作出了不同的貢獻。

第十一屆駐華宗教傳道團善於和中國上層社會重要人物交往。這一點，從積極的意義上來說，爲加強中俄兩國人民的友誼做出了貢獻，傳播了俄羅斯文化。「至於在同中國人交往方面，不論是從前的還是以後的任何一屆傳道團都比不了這一屆傳道團所交往的人那樣顯赫。最大的王公大臣都經常來拜訪俄國人的寓所。儀錶堂堂、精明能幹的醫士，修士大司祭維尼阿明（他也很會與中國人周旋），還有畫家列加紹夫（北京所有的達官顯貴都到他這裡來請他畫像）都在這方面起了促進作用。」〔註67〕可見，俄國某一方面的文化開始對中國上層社會發生影響，但這種影響作用仍有侷限性。清朝政府的上層人物衹是對俄羅斯的世俗文化感興趣，而沒有表現出對俄國宗教的興趣。

這屆宗教傳道團的也有幾個成員在漢學研究方面取得了顯著成績。阿瓦庫姆·切斯諾伊出生於特韋爾省奧斯特什科夫縣羅日卡村神父家庭。在特維爾傳教士學校結業後入彼得堡神學院。1829 年畢業，獲碩士學位。在北京期間，掌握了漢、滿、蒙、藏四種語言。回國後在亞洲司任職。身後留有大量

〔註65〕維謝洛夫斯基編：《俄國駐北京傳道團史料》第一冊，商務印書館出版，1978年 10 月第一版，第 84 頁。

〔註66〕維謝洛夫斯基編：《俄國駐北京傳道團史料》第一冊，商務印書館出版，1978年 10 月第一版，第 85 頁。

〔註67〕維謝洛夫斯基編：《俄國駐北京傳道團史料》第一冊，商務印書館出版，1978年 10 月第一版，第 85 頁。

手稿，均藏在聖彼得堡國立圖書館。〔註68〕第十二屆宗教傳道團學員、著名漢學家瓦西里・帕夫洛維奇・瓦西里耶夫是這樣評價他的：「阿瓦庫姆是一位罕見的品德高尚、對中國有深刻研究、頭腦清晰的人。即使他的短處也不使人感到討厭。」〔註69〕他的短處就是喜好喝酒。

另一位在漢學方面取得成就的，是一個學生葉皮凡・伊萬諾維奇・瑟切夫斯基。他「精通漢語，滿語掌握得還好些，但他的歐洲文化修養卻不高，因為他是個布裏亞特人，似乎連伊爾庫茨克中學都沒有念完。他後來在恰克圖和伊爾庫茨克供職。」第十二屆宗教傳道團學員、著名漢學家瓦西里・帕夫洛維奇・瓦西里耶夫是這樣描述瑟切夫斯基的：「這個人很誠實，但性子比較暴躁，因而他常常做出一些不愉快的事情來。例如有一次恰克圖發生火災，員警所長趕到火災現場晚了，他就用鞭子把這位所長揍了一頓。」〔註70〕從瓦西里・帕夫洛維奇・瓦西里耶夫的敍述中，我們可以發現，在俄國駐華宗教傳道團成員中，第一次有了來自於遠東地區的被俄國征服民族的成員，同時證明，俄國的東正教對當地民族的同化情況。瑟切夫斯基主要研究中國邊界史和官制。留下5部主要著作，其中只有一部《關於中國邊界的歷史筆記》於1875年在莫斯科出版。〔註71〕蘇聯著名歷史學家 П・И・卡巴諾夫在寫作《黑龍江問題》時，曾引用過他的這部著作。

安東・米哈伊洛維奇・列加紹夫是俄國駐華宗教傳道團歷史上第一位來華的畫家。他出身在俄國奔薩省的農奴家庭，1818年獲得農奴解放證，1822年進入聖彼得堡美術學院，獲兩枚銀質獎章，1826年畢業。尼古拉一世以其出身卑微而拒絕美院委員會為其申請十四等文官職稱的要求。最後美院授予他以得獎證書和「無等級官員自由從事繪畫和不受阻撓地按照自己願望生活」的權利，得以居留聖彼得堡。〔註72〕但生活窮困無著。時逢俄國政府正著手

〔註68〕中國社會科學院文獻情報中心編：《俄蘇中國學手冊》（上），中國社會科學出版社，1986年第一版，第99頁。

〔註69〕維謝洛夫斯基編：《俄國駐北京傳道團史料》第一冊，商務印書館出版，1978年10月第一版，第84頁。

〔註70〕維謝洛夫斯基編：《俄國駐北京傳道團史料》第一冊，商務印書館出版，1978年10月第一版，第85頁。

〔註71〕中國社會科學院文獻情報中心編：《俄蘇中國學手冊》（上），中國社會科學出版社，1986年第一版，第94頁。

〔註72〕中國社會科學院文獻情報中心編：《俄蘇中國學手冊》（上），中國社會科學出版社，1986年第一版，第55頁。

組織第十一屆駐華宗教傳道團，俄國外務委員會致函美術學院，要求爲第十一屆駐華宗教傳道團推薦一、兩名繪畫的學生。要求被推薦的學生除了具備各學科基本知識之外，還需學習漢語，而在繪畫上要善於進行肖像畫和風景畫的創作。列加紹夫得知這一消息後，苦於生活無著，於 1829 年 11 月提出申請加入第十一屆駐華宗教傳道團，獲得批准，同時獲得第十四等文官官銜。美術學院院長奧列寧受俄國政府之委託，親自爲他編制了詳細的工作指令。規定列加紹夫在前往中國的途中就開始繪畫，要求他準確地在畫布上再現所看到的事物，避免因追求美觀而使人物和景物失眞。〔註 73〕同時還指示他瞭解中國丹青配方及用法，並需用彩色如實描繪中國服飾、日用器皿、樂器、兵器、建築、動植物、石碑和錢幣上的銘文等。〔註 74〕1841 年回國後，他將從中國帶回來的朱砂、靛藍、石青、白粉、赭土、鉛丹送給聖彼得堡美術學院，但被後者視爲無用之物，並拒絕了列加紹夫重回美院擔任美術教師的要求。〔註 75〕1865 年，他在聖彼得堡因貧困而死，由生前好友出錢埋葬。

在北京期間，列加紹夫努力學習漢語，辛勤繪畫。1831～1836 年，共完成肖像作品 34 件。畫面上的人物有貝勒及夫人、理藩院主事長齡、尚書禧恩、將軍，在俄羅斯館教授滿語的中國先生、俄羅斯佐領尼古拉以及一位葡萄牙傳教士畢學源。此外，他還創作了 30 幅其它形式的作品贈給中國的王公大臣。〔註 76〕

波爾菲裏・葉夫多吉莫維奇・基裏洛夫，畢業於聖彼得堡外科醫學院。在中國期間，研究中國哲學，對老子推崇備至，超過其對康得和謝林的評價。1837 年 5 月 1 日，他從北京給好友巴斯寧的信中寫道：「老子傳世的五千言，在我心目中比五千金幣更寶貴。」修士大司祭阿瓦庫姆・切斯諾伊這樣說他：「基裏洛夫對哲學家老子推崇備至，似乎認爲他不僅超過畢達哥拉斯和柏拉圖，甚至連康得和謝林也望塵莫及。」〔註 77〕由於經常爲達官與平民治病得

〔註73〕閻國棟、蕭玉秋：《第一位來華的俄國職業畫家》，載《中華讀書報》，2001
年 8 月 1 日第 23 版。

〔註74〕中國社會科學院文獻情報中心編：《俄蘇中國學手冊》（上），中國社會科學出
版社，1986 年第一版，第 55 頁。

〔註75〕閻國棟、蕭玉秋：《第一位來華的俄國職業畫家》，載《中華讀書報》，2001
年 8 月 1 日第 23 版。

〔註76〕閻國棟、蕭玉秋：《第一位來華的俄國職業畫家》，載《中華讀書報》，2001
年 8 月 1 日第 23 版。

〔註77〕蔡鴻生：《俄羅斯館紀事》，廣東人民出版社，1994 年 9 月第 1 版，第 103 頁。

以接觸廣泛的社會階層，曾獲兩次贈匾，像他的前任沃伊采霍夫斯基一樣，改善了傳道團與當地居民的關係。〔註78〕

　　基裏洛夫對中醫與中草藥進行過廣泛的研究。1840 年回國時，將大批中國植物和種籽帶回了俄羅斯。他對中國植物，特別是茶葉和藥用植物十分熱愛，特意將一些茶樹和茶樹種子帶回國，以便在俄國種植和推廣。他找不到合適的地方栽培這種植物，只好在簡陋的家庭環境中進行培植。結果證明，在俄國可以推廣這種植物。十多年後，他真的摘下了茶葉。基裏洛夫曾提出願意免費向人傳授栽培產業經驗，但可惜無人問津，政府機構對此也毫無興趣。基裏洛夫還將他收集到的大批中國植物帶回國，這些植物目前保存在聖彼得堡的植物園內。俄國科學界為了表彰他的功勳，將他收集到的、在他之前歐洲學術界一無所知的六種植物以他的名字命名。除了一般植物外，基裏洛夫還把 127 種中國藥用植物和實驗標本以及幾部中國藥理學著作和他譯成俄文的許多中醫驗方帶回俄國。他本想把這些藥用植物、藥理著作和驗方用於醫療實踐，造福俄國人民，而且依他深厚的中西醫理論知識和實踐能力，完全可以在中西醫結合上做出重大貢獻，但沙皇俄國政府因循守舊，埋沒人才，未給這位品德高尚、才華出眾的醫生提供施展才幹的機會，使他齎志而歿。〔註79〕

　　通過以上梳理，我們看到，第十一屆駐華宗教傳道團個別成員的漢學成就也是非常大的。他們在研究和學習中國文化方面填補了前人的空白，開闢了自己的研究領域，並且取得相當大的成就。但因修士大司祭維尼阿明獨裁所造成的內訌，使俄國人對這屆宗教傳道團形成了其毫無作為的認識，認為「表明自己這屆傳道團有成就的，祇是典當了一塊屬於傳道團的土地。」〔註80〕這是俄國人對該屆駐華宗教傳道團的全部評價。

第四節　群英薈萃的第十二屆俄國駐華宗教傳道團

　　第十二屆駐華宗教傳道團集中了俄國宗教傳道團駐華歷史上最優秀的人才。他們在華期間，恰是中國經歷了第一次鴉片戰爭由盛轉衰的時期，俄國

〔註78〕中國社會科學院文獻情報中心編：《俄蘇中國學手冊》（上），中國社會科學出版社，1986 年第一版，第 43 頁。

〔註79〕宋嗣喜：《溝通中俄文化的使者——記十九世紀來華的醫生》，載《求是學刊》，1986 年第 1 期。

〔註80〕И‧Я‧科羅斯多韋茨:Китайцы и их цивилизация，中國人和中國文明，聖彼得堡，1896г.第 398 頁。

政府出於國家利益的需要，讓他們專門研究中國的歷史、文化，因而，他們在漢學領域裏個個取得了非凡的成就，其中有些人在日後俄國侵華的過程中發揮了積極作用。

一、駐華宗教傳道團人員的組成

在英國軍艦隆隆的炮轟聲中，中國閉關自守的國門被打開了，中國的歷史也被翻開了新的一頁，進入了近代歷史階段。

俄國一如既往地繼續往中國派遣駐華宗教傳道團。1838 年 1 月，第十二屆駐華宗教傳道團輔祭波裏卡爾普‧圖加裏諾夫返回聖彼得堡神學院。〔註81〕不久，俄國政府命令由他組建新一屆宗教傳道團，去北京替換已經到期的第十一屆駐華宗教傳道團。1839 年 12 月 15 日，〔註82〕在中國國內局勢大動盪的背景下，俄國政府派出了以外交部亞洲司副司長尼古拉‧伊萬諾維奇‧柳比莫夫爲監護官（迄今爲止作監護官級別最高的官員）的第十二屆駐華宗教傳道團。他們駐滿了道光朝最後的十年。

第十二屆駐華宗教傳道團成員由被任命爲修士大司祭的波裏卡爾普‧圖加裏諾夫親自挑選。依據自己在中國生活和學習的經驗，他看重駐華宗教傳道團成員的個人素質，選拔有一定滿漢語基礎的人。傳道團的大部分成員是從莫斯科神學院中挑選出來的，〔註83〕他們中的大部分人後來都成爲了俄國著名的漢學家。這屆傳道團由下列人員組成：

修士大司祭：波裏卡爾普‧圖加裏諾夫

修士司祭：英若森‧涅米羅夫（聖彼得堡神學院學生），古裏（聖彼得堡神學院學生）

修士輔祭：巴拉迪‧卡法羅夫（聖彼得堡神學院學生）

學生：約瑟夫‧戈什克維奇（天文學家）〔註84〕

〔註81〕《東正教在遠東——紀念俄國宗教傳道團駐華 275 周年》，聖彼德堡，1993 年，俄文版，第 31 頁。

〔註82〕《東正教在遠東——紀念俄國宗教傳道團駐華 275 周年》，聖彼德堡，1993 年，俄文版，第 38 頁。

〔註83〕維謝洛夫斯基編：《俄國駐北京傳道團史料》第一冊，商務印書館出版，1978 年 10 月第一版，第 86 頁。

〔註84〕И‧Я‧科羅斯多韋茨:Китайцы и их цивилизация，中國人和中國文明，聖彼德堡，1896г.第 399 頁。

弗拉基米爾・戈爾斯基（聖彼得堡神學院學生）

伊萬・紮哈羅夫（聖彼得堡神學院學生）

亞歷山大・塔塔林諾夫（醫士）

科爾薩林（畫家）

瓦西里・帕夫洛維奇・瓦西里耶夫（學者來自於喀山大學語文系東方班）

這屆宗教傳道團人員組成，和以往最大的不同是，無論是修士司祭，還是修士輔祭，都是由聖彼得堡神學院的學生組成。由此，我們可以看出俄國政府對這屆宗教傳道團所寄於的希望，期盼他們在研究中國方面能為俄國政府製定對華政策有所作為。因此，這屆宗教傳道團駐華期間也在傳教方面沒有取得什麼成就，在離開北京的時候，屬於宗教傳道團名下的只有 59 名教徒。〔註85〕他們將主要的精力集中在了研究中國文化、歷史等諸多方面上。

第十二屆宗教傳道團於 1840 年 10 月 4 日抵達北京。〔註86〕宗教傳道團成員之間也有矛盾，但相對於上一屆來說要小的多。鑒於以往歷屆修士大司祭受屬下欺負的狀況，這次俄國政府賦予了修士大司祭波裏卡爾普・圖加裏諾夫很大的權力和信任。這樣，他在北京任職期間就有了相對大的權力，而他本人也是一個非常有教養的人，按理說，他本人身上所具有的這些優點本應該成為令人尊敬的理由。然而，性格上的缺陷，妨礙了他成為一個那樣的人。該屆宗教傳道團成員、後來成為著名的漢學家瓦・帕・瓦西里耶夫說他：「對待同一個人，他有時突然表示親熱，但沒過幾分鐘又突然像對待傭人一樣。虐待誰，祖護誰，他事先都有定見。」瓦西里耶夫分析說是：「害怕別人奪他的權」，是「按照亞洲司的意圖行事的。」〔註87〕

波裏卡爾普這樣做是有道理的。即使如這屆傳道團其他成員的素質如此之高，為歷屆駐華宗教傳道團所罕見，但他們彼此之間的互相傾軋也是相當厲害的。在瓦西里耶夫所留下的不多的記載中，卻清楚地描述了傳道團成員之間的矛盾故事。按照瓦西里耶夫的說法：修士司祭古裏是一個陰險的小人，是傳道團成員之間發生麻煩和糾紛的製造者。他與學生約瑟夫・戈什克維奇

〔註85〕 И・Я・科羅斯多韋茨:Китайцы и их цивилизация，中國人和中國文明，聖彼德堡，1896г.第 399 頁。

〔註86〕 《東正教在遠東——紀念俄國宗教傳道團駐華 275 周年》，聖彼德堡，1993年，俄文版，第 32 頁。

〔註87〕 維謝洛夫斯基編:《俄國駐北京傳道團史料》第一冊，商務印書館出版，1978年 10 月第一版，第 86 頁。

結成同盟，唆使畫家科爾薩林到修士大司祭波裏卡爾普那裡控告瓦西里耶夫，說瓦西里耶夫與「紮哈羅夫，還有塔塔林合謀要下毒藥謀害他。」看來，修士大司祭沒有聽信他的話，因爲波裏卡爾普「強令科爾薩林離開傳道團回國。」〔註88〕傳道團成員之間發生的糾紛就這樣被波裏卡爾普化解掉了。

二、成就不凡的駐華宗教傳道團成員

　　古裏（也譯作固裏），俗名格裏高利・普拉塔諾維奇・卡爾波夫，1814 年出生於一個神甫家庭，最早在薩拉托夫神學校接受神學教育，1836 年當上了薩拉托夫神學校拉丁語教師。他的父母希望他成爲一名神父，但他希望上大學。1836 年整整一年，他都在準備考入聖彼得堡大學的功課。就在他離開家鄉前去首都參加入學考試的前夕，他得了重病，差點死去。康復後，他發誓要將自己的一生獻給上帝的事業，並開始過修道士生活。1837 年，他穿著修道士的服裝來到聖彼得堡，考入了聖彼得堡神學院。1838 年，他被正式納入神職人員系列，改名爲古裏。1839 年，他在神學院被轉入高級班。同年 11 月，他履行了按手禮，並被賦予修士司祭一職。考試通過後，於 1839 年 12 月 15 日隨同第十二屆駐華宗教傳道團離開聖彼得堡前往中國。〔註89〕

　　在北京期間，他非常熱心於宗教傳道團工作，深得修士大司祭波裏卡爾普的器重。瓦西里耶夫說他「在波裏卡爾普手下所扮演的角色和維尼阿明在彼得手下所扮演的角色一樣。」〔註90〕修士大司祭波裏卡爾普在 1845 年 4 月 4 日寫給亞洲司的報告中，還特別表揚過他，對他傑出的組織才能和對宗教事業的執著表示贊許。〔註91〕因爲傳道團內部在研究漢學領域裏有專門的分工，他和另外一名修士司祭專門學習滿漢語和研究中國的佛、道教，翻譯中國有關這方面的著作，所取得的研究成果是《佛教徒的許願和中國人的起誓儀式》。此外，他的另外一個興趣是專門研究俄國宗教傳道團駐華的歷史，並寫出了一部專著：

〔註88〕維謝洛夫斯基編：《俄國駐北京傳道團史料》第一冊，商務印書館出版，1978
　　　　年 10 月第一版，第 87 頁。

〔註89〕《東正教在遠東——紀念俄國宗教傳道團駐華 275 周年》，聖彼德堡，1993
　　　　年，俄文版，第 38 頁。

〔註90〕維謝洛夫斯基編：《俄國駐北京傳道團史料》第一冊，商務印書館出版，1978
　　　　年 10 月第一版，第 86 頁。

〔註91〕《東正教在遠東——紀念俄國宗教傳道團駐華 275 周年》，聖彼德堡，1993
　　　　年，俄文版，第 38 頁。

《十七至十九世紀在中國的俄國教堂和希臘正教教堂》。〔註92〕

　　古裏於 1850 年 12 月隨第十二屆俄國駐華宗教傳道團返回聖彼得堡。1851 年 2 月被授予修士大司祭之職，同年十月被任命爲亞歷山大－涅夫斯基神學校校長。1853 年通過碩士論文答辯，獲得神學碩士學位。1858 返回北京，出任第十四屆（1858～1864 年）俄國駐華宗教傳道團團長。期間，他出任俄國侵略中國的急先鋒伊格那替耶夫公爵的謀士，憑藉其對中國的認識和瞭解，爲俄國瘋狂搶佔中國烏蘇裡江領土的出謀劃策，寫出了一部著作《北京傳教士團領班修士大司祭固裏給亞洲司的報告》）。〔註93〕

　　這屆宗教傳道團成員都是以勤奮學習滿漢語和研究中國文化而留名於世。尤其是弗拉基米爾‧戈爾斯基，「完全是由於孜孜不倦的學習而死的。他甚至在吐血後仍通宵達旦地學習。他不僅學習漢語和滿語，修士大司祭還要他學習藏語和蒙語，這就毀壞了他那鋼鐵般的身體。」〔註94〕戈爾斯基於 1847 年 4 月 4 日死於北京。

　　弗拉基米爾‧瓦西里耶維奇‧戈爾斯基於 1819 年 7 月 8 日出生在一個神父家庭。神學校畢業後，就成爲了聖彼得堡神學院的學生。來華前，他和其他人在神學院接受了滿漢語的教育。比丘林（第九屆駐華宗教傳道團團長）教授他們漢語，斯捷凡‧利波夫佐夫（第八屆駐華宗教傳道團學生）教授他們滿語。他們在這裡系統地學習了漢語語法、單字和常用語。更難得的是，他們在這裡都聆聽了在中國生活過的漢學大師比丘林、斯捷凡‧利波夫佐夫和其他到過中國的人物講述的關於中國的故事。1839 年 12 月 2 日，他和其他人通過外交部亞洲司的考覈而被編入第十二屆駐華宗教傳道團作學員。〔註95〕

　　關於戈爾斯基的死因，瓦西里耶夫認爲是因爲學習累死的。其實，他是患上了結核病。〔註96〕在當時那個年代，結核病對於世界來說都是今天的愛

〔註92〕中國社會科學院文獻情報中心編：《俄蘇中國學手冊》（上），中國社會科學出版社，1986 年第一版，第 38 頁。

〔註93〕中國社會科學院文獻情報中心編：《俄蘇中國學手冊》（上），中國社會科學出版社，1986 年第一版，第 38 頁。

〔註94〕維謝洛夫斯基編：《俄國駐北京傳道團史料》第一冊，商務印書館出版，1978 年 10 月第一版，第 87 頁。

〔註95〕《東正教在遠東──紀念俄國宗教傳道團駐華 275 周年》，聖彼德堡，1993 年，俄文版，第 31 頁。

〔註96〕《東正教在遠東──紀念俄國宗教傳道團駐華 275 周年》，聖彼德堡，1993 年，俄文版，第 32 頁。

滋病，不管你窮富，是沒有辦法治癒的。

戈爾斯基儘管涉入漢學研究領域時間不長，但在北京期間也取得了相當大的成就。他主要研究佛教和滿族史，留下的成果有：《論當今統治中國的清朝的始祖與滿族族名的起源》，《滿洲王室的崛起和創業》，這兩部著作於 1909年由駐華宗教傳道團在北京出版。〔註 97〕他的私人通信也被公開發表，此外就是《吳三桂傳》，《悉曇釋義》等 6 部手稿。〔註 98〕駐華期間，戈爾斯基在完成每天繁重的學習任務之餘，在派別林立的駐華傳道團內部，能夠得到心靈安慰的就是他和卡法羅夫、瓦西里耶夫的友誼了。直到今天，人們還對他的天才和勤奮懷念不已。認為要不是他過早去世，他在漢學領域裏的成就決不遜於他的好朋友卡法羅夫和瓦西里耶夫。〔註 99〕

戈爾斯基死後被安葬在北京的東正教傳教士墓地裏。墓碑用白色大理石做成。據說，這座墓碑在二十世紀四、五十年代之交還有人看見，保存得還很完整。墓碑正反兩面都刻有紀念文字。正面主要是介紹了他的出生日期和出生地，到達北京的時間和去世的日期，生前享有的封號：「永垂不朽的同事、九等文官、聖斯坦尼斯拉夫三等勳章獲得者弗拉基米爾·瓦西里耶夫·戈爾斯基，1819 年 7 月 8 日生於科斯特洛姆，1840 年 10 月 4 日到北京，1847 年4 月 14 日逝世。傳道團團長和同事立。」墓碑背面的文字寫得讓人心酸：「像一朵野花凋謝了，似一顆野草枯萎了。」〔註 100〕是啊，這些不遠萬裡，跋山涉水，穿過草原，翻越沙漠，一路上風餐露宿，忍饑挨餓，飽經寒霜酷暑，在遠離祖國和親人的異國他鄉的土地上，感情上還得承受寂寞孤獨和內部爭鬥折磨的俄羅斯人，為了一個看不見的結果，苦苦掙扎，每個人的命運很像墓碑上的文字所描寫的那樣，像野花，似野草。能否活著回到俄羅斯，全看自己的生命力如何了。〔註 101〕

〔註97〕 北京大學圖書館收藏，收在第一卷中。1852 年聖彼德堡出版了正式著作。(見《東正教在遠東──紀念俄國宗教傳道團駐華 275 周年》，聖彼德堡，1993年，俄文版，第 34 頁)。

〔註98〕 《東正教在遠東──紀念俄國宗教傳道團駐華 275 周年》，聖彼德堡，1993年，俄文版，第 34～35 頁。

〔註99〕 《東正教在遠東──紀念俄國宗教傳道團駐華 275 周年》，聖彼德堡，1993年，俄文版，第 32 頁。

〔註100〕 《東正教在遠東──紀念俄國宗教傳道團駐華 275 周年》，聖彼德堡，1993年，俄文版，第 36 頁。

〔註101〕 關於來華留學生的命運，米鎮波、蘇全有在《清代俄國來華留學生問題初探》

　　修士輔祭卡法羅夫在漢學研究方面也取得了非凡的成就。卡法羅夫・彼得・伊萬諾維奇，1817 年 9 月 17 日出生於韃靼斯坦契斯托波爾市。1838 年畢業於喀山神學校，後進入聖彼得堡神學院學習。1839 年自願參加第十二屆駐華宗教傳道團，被任命爲修士輔祭，取法號鮑乃迪（也譯作巴第，巴拉迪，巴拉第）。他先後三次來華，兩次擔任宗教傳道團團長（第十三屆和第十五屆）。第一次在京期間，從漢、蒙、藏文佛教經典中作了大量摘譯。除部分發表外，將全部手稿贈給了自己的好友瓦・帕・瓦西里耶夫。他於 1847 年回國，次年升爲修士大司祭，1850 年，以修士大司祭、駐華宗教傳道團團長的身份率領第十三屆俄國宗教傳道團到北京。他的科研成就主要是在後來的兩次駐華期間取得的，身後留下了大量的著作。〔註 102〕

　　瓦・帕・瓦西里耶夫於 1818 年 2 月 20 日出生於下諾夫哥羅德的一個軍官家庭。6 歲時進入三年制小學上學，1828 年進入下諾夫哥羅德市中學，1832 年畢業，1834 年進入喀山大學語文系東方班，在新組建的蒙古語教研室學習蒙語和滿語，成爲喀山大學教授、蒙古學俄國學派奠基人科瓦列夫斯基的學生。在喀山大學期間，他學習了蒙語、藏語和漢語，主要研究東方文化，其中他把佛教作爲自己科研的主要課題，並於 1839 年撰寫成《論佛教的哲學原理》作爲碩士畢業論文，並順利地通過了答辯，獲得蒙古語文碩士學位。由於喀山大學正準備成立藏語教研室，就決定派遣瓦西里耶夫赴中國學習，將來主持藏語教研室工作。

　　瓦西里耶夫在北京期間的學習生活遇到的困難和挫折比較多。來華前，瓦西里耶夫對未來充滿希望，給自己在京期間所要作的學習研究製定了一份比較詳細的計劃：研究佛教的歷史、佛教與其他宗教的區別、各種宗教的實質、佛教對文學、科學及政治的影響，還有藏語、漢語、中國的歷史和文學、中亞問題、學習滿語、朝鮮語和土爾克斯坦語等等。但眞的來到北京以後，各種不利於學習的條件都出現了。除了傳道團內部相互排擠、以強凌弱、剋扣經費的問題外，對於瓦西里耶夫這樣一個眞心求學的人來講，最大的痛苦莫大於自己的理想不能實現了。來京的頭三年，他沒有給自己找到藏語和漢語老師，使自己的科研計劃停滯不前，使他曾一度萌發放棄科學研究返回俄

　　（《清史研究》，1994 年，第一期）中有比較生動的事例介紹和描述。
〔註 102〕中國社會科學院文獻情報中心編：《俄蘇中國學手冊》（上），中國社會科學出版社，1986 年第一版，第 39～42 頁。

羅斯的念頭。但頑強的性格使他最終堅持了下來，他利用在中國便利的圖書資料，廣泛地涉獵了中國、印度以及藏傳佛教的典籍，就許多漢學問題進行了研究並收集了大批資料。當他從北京返回俄國時，已經從一個喀山大學的蒙古學家和佛學家成長爲一個興趣廣泛的漢學家。

第十二屆宗教傳道團唯一的一位醫生亞歷山大‧塔塔林諾夫，1817 年出生於奔薩省，1839 年畢業於聖彼得堡外科醫學院，1840 年作爲醫生自願參加第十二屆俄國駐華宗教傳道團。該人在華期間主要先以學習滿漢語言爲主。過了語言關後，就開始研究中國醫學，撰寫了一系列的醫學論文和著作：《中國人所使用的橫死原因研究方法》、《中國麻醉方法》、《中國醫學與醫生》、《論中國醫學現狀》、《中醫概念中的血液循環理論》、《中國人的生理解剖概念》、《中國醫學》、《中藥人參簡介》、《論中國醫學現狀》等。〔註 103〕此外，他還收集了大量的中國植物標本，並請中國畫師將不能夠帶回國的植物繪製成圖452 幅，製成畫冊帶回國〔註 104〕。

這屆宗教傳道團的人員有個最大的特點，就是在第二次鴉片戰爭期間，其中一部分人參與了俄國對中國的侵略活動，如伊萬‧紮哈羅夫 1849 年回國後，於 1851 年隨同科瓦列夫斯基（護送第十三屆駐華宗教傳道團來京的監護官）參加修訂《伊犁塔爾巴哈臺通商章程》的談判。1851～1864 年先後出任伊犁領事和總領事。1862 年爲勘分地界全權大臣。1864 年逼迫清朝政府在塔爾巴哈臺簽訂中俄《勘分西北界約》，攫得中國西部四十餘萬平方公里的土地。〔註 105〕

卡法羅夫爲俄國強迫清朝政府簽訂《璦琿條約》、《天津條約》更是立下汗馬功勞，正是由於他爲沙俄侵略頭目穆拉維約夫和普提雅廷提供的一系列情報，使得「俄國在西方列強向衰朽的大清帝國大肆勒索權利的行列中，無疑已是走在前面的一個了。」〔註 106〕通過《璦琿條約》，俄國從清朝政府手中奪去了外興安嶺以南、黑龍江以北 60 多萬平方公里的土地。

古裏和塔塔林諾夫在第二次鴉片戰期間，也是沙俄侵華的急先鋒。他們

〔註103〕宋嗣喜：《溝通中俄文化的使者——記十九世紀來華的醫生》，載《求是學刊》，1986 年第 1 期。

〔註104〕中國社會科學院文獻情報中心編：《俄蘇中國學手冊》（上），中國社會科學出版社，1986 年第一版，第 94 頁。

〔註105〕中國社會科學院文獻情報中心編：《俄蘇中國學手冊》（上），中國社會科學出版社，1986 年第一版，第 30 頁。

〔註106〕〔美〕奎斯特德：《1857～1860 年俄國在遠東的擴張》。轉引自單光鼐：《沙俄傳教士團與中俄外交關係》，載《齊齊哈爾師範學院學報》，1984 年第三期。

所在的南館是中俄簽訂《北京條約》之所，他們個人充當威脅、恫嚇清朝政府的談判人，親自草擬、翻譯《北京條約》的俄漢文本，利用自己嫻熟的語言技術和對中國國情的瞭解，迫使恭親王奕訢在《北京條約》上簽字，從中國手中奪去了烏蘇裡江流域 40 多萬平方公里的土地。

第八章 俄國駐華宗教傳道團促進了中俄文化交流

　　1850 年以前的中俄關係在絕大多數時間裏是相安無事的。發生在邊界地區的矛盾和衝突，以及俄國對中國領土的圖謀、侵佔，都不能掩蓋中俄兩國間的和平關係。當然，更應該注意的是，這種和平相安的關係是建立在中國自身強大的基礎上的。除去康雍乾盛世，即使如嘉慶、道光兩朝中國趨向衰落，也因爲康雍乾盛世的慣性，俄國還不敢對中國領土的野心付諸於行動，使中俄關係框定在維持傳統友好關係的範圍內。在這一背景之下，俄國駐華宗教傳道團並沒有發揮什麼壞的作用，而是起到了溝通中俄兩國文化交流的橋樑作用。自 1729 年俄國派出第二屆宗教傳道團駐華以來，以專門傳教和學習中國語言與研究中國文化的駐華宗教傳道團人員，紛紛走上了治漢學（中國學）的道路。經過一百多年的積累，在世界漢學界形成了獨樹一幟的俄羅斯漢學學派。

　　1850 年前俄國駐華宗教傳道團對中國的研究，大致經過了三個階段：首先是十七世紀通過使團來華訪問所積累下的俄國對中國輪廓性的認識；其次是十八世紀駐華宗教傳道團對中國的自發性研究；再次是十九世紀初從比丘林開始的對中國文化的自覺性研究。

　　俄國駐華宗教傳道團對中國的研究是一個從自發到自覺的過程。最初，俄國派出第一批來華留學的學生是爲了滿足兩國間外交和經貿頻繁往來的需要，以學習中國的語言文字（滿語、漢語、蒙語）爲主。學有所成歸國後，大都在外交部和恰克圖海關或伊爾庫茨克政府官員那裡作助手，當翻譯。語言是一個民族文化的表達方式，世界上沒有脫離一國或一個民族文化背景而孤立存在的語言。像中國這樣一個世界文明古國，在人類發展的歷史長河中所積澱起來的

豐富文化更有其獨特的魅力，吸引著其他文明的國家和民族的關注。俄國駐華宗教傳道團成員們對中國文化發生興趣首先是從留學生開始，他們在學習中國語言的過程中，必然要接受中國文化的薰陶，自發地研究中國，這以第二屆留學生囉索欣和第三屆留學生列昂季耶夫爲代表。他們是俄羅斯漢學的創立者、先驅者。在他們的帶動下，以後歷屆俄國駐華宗教傳道團的學生們都將研究中國文化作爲自己學習語言必不可少的一個內容。經過幾代人的努力，進入十九世紀初期，俄國駐華宗教傳道團已將研究中國文化作爲了自己在華傳教的主要內容，從比丘林開始，標誌著俄國駐華宗教傳道團對中國文化的研究進入了自覺的階段。無論是在京期間，還是回國之後，比丘林始終沒有放棄對中國文化的研究，並且由此深深地愛上了中國。正是在他的努力堅持下，開闢了俄國漢學發展的新道路，奠定了俄國漢學在世界漢學界的地位。

中俄兩國文化交流也是一個互動的過程。所謂互動是一種雙向交流。一方面，中俄雙方在交往的過程中，本身就有雙方互相瞭解、互相熟悉的性質，彼此之間通過接觸認識了對方，接納對方身上所具有的文化資訊，是一個自然的過程。如康末雍初兩國使團交往比較頻繁的時期，爲了拜訪游牧在伏爾加河土爾扈特部落，中國政府派出的幾個使團先後假道或直接到俄羅斯，深入俄國歐洲部分，駐足俄國首都，觀察俄國的風情地貌。再如在頻繁的經濟貿易活動，邊界和逃人交涉等外交往來的過程中，也是中國人認識俄羅斯文化的過程。而俄國駐華宗教傳道團長期在北京的活動，都爲中國瞭解和認識俄國提供了背景知識。另一方面，從態度上來講，有積極與消極的區分。縱觀中俄雙方進行文化交流的歷史，俄國方面一直採取積極主動與中國進行文化交流的態勢，中國方面處於相對消極被動的狀態。但在一定時期、某些方面，清朝政府也能採取一些積極的措施，主動展開認識和研究俄國。如康熙皇帝在十八世紀初，開始設立專門研究俄國的學校——內閣俄羅斯學，專門招收在京八旗子弟學習俄語（後面再作敘述）。但總的來說，中國對俄國的研究和認識不如俄國對中國，雙方在態度上是不對稱的。

第一節　十七世紀俄國對中國的認識

十七世紀俄國關於中國的知識是通過各種途徑積累起來的。蘇聯學者認爲，「兩國的關係始於十七世紀的頭十年，雖然早在十三世紀蒙古入侵時期，以

及在十五～十六世紀中亞細亞商人和歐洲地理學家那裡，就有關於中國的某些片段消息傳到俄羅斯，但祇是到了十七世紀，俄國人才彷彿從地理、政治、經濟方面發現中國，因爲正是在這個時期兩國邊界才逐漸接近起來。」〔註1〕在整個十七世紀，俄國一直是帶著探詢的目的來認識中國的，這裡既包括俄國使團、商人來華訪問和進行貿易活動，也包括俄國哥薩克在黑龍江流域的武裝侵略行爲。其中，俄國使者和商人的來華是獲得中國知識的主管道。

　　俄國使者出使中國，在十七世紀分爲三個階段：從 1608 年到 1644 年爲第一個階段；從 1645 年到 1689 年爲第二個階段；1689 年之後直至十七世紀末爲第三個階段。將之劃分爲這樣三個階段，其根據就在於第一個階段是俄國人開始尋找通向中國道路、和中國建立貿易關係的階段。其對中國的國情基本上一無所知、但堅持不斷地探索和認識。當時的中國還處在朱明王朝統治之下。第二個階段是清王朝入主中原，俄國人對中國有了進一步的認識。這個階段，既有俄國派出使團來華與中國建立和平友好相處的願望，也有俄國人侵擾中國東北黑龍江流域、殘害中國邊民、最終中俄爆發戰爭等多重複雜的關係。第三個階段是中俄關係走向正常化的開始階段。《尼布楚條約》的簽訂，確立了兩國的東部邊界，使中俄兩國進入正常的通使貿易時期。自此以後，來華的使團和商隊是俄國獲得有關中國知識的正常管道。貫穿每個階段的相同主線是中俄使者的互相往來，其中主要是俄國使者前來中國進行政治和經貿活動，有代表性的幾次使團活動分別是 1618 年的伊凡·彼特林使團，1657 年的巴伊科夫使團，1666 年的阿勃林使團，1675 年的斯帕法裏使團，1692年～1695 年的伊茲勃蘭特使團。每個使團都有自己的任務、目的，但來華的目的卻是相同的，那就是了解中國、認識中國，讓中國熟悉和接受俄國。

一、初探中國瞭解到的關於中國的知識

　　十七世紀上半葉，中俄兩國沒有直接的疆界。1581 年，俄國哥薩克越過烏拉爾山進入了地廣人稀的西伯利亞地區，開始了一系列的征服活動。在將一些相對弱小的民族征服之後，到了十七世紀初期，俄國就將其邊界推進到鄂畢河、額爾齊斯河、葉尼塞河的上游。〔註2〕但俄國的東擴和南進的步伐止

〔註1〕　《十七世紀俄中關係》第一卷第一冊，商務印書館，1978 年，北京，第 1 頁。
〔註2〕　〔蘇〕Н·П·沙斯季娜：《十七世紀俄蒙通使關係》，商務印書館，1977 年，北京，第 9 頁。

於生活在中國西北部強大的阿勒坦汗蒙古和托輝特部落的腳下。同時，俄國探索前往中國的道路也因此變得複雜起來。

關於阿勒坦汗蒙古的歷史，在中國的文獻資料記載中很難找到現成的專門研究成果。下面是作者從現有的文獻中查找到的一些關於其人其部落的零星材料，概述出一個大致輪廓。

和托輝特部落的首領，在俄國文獻中被稱爲阿勒坦汗（意爲黃金漢），名叫碩壘烏巴什洪臺吉，爲喀爾喀蒙古紮薩克圖汗的屬部，16 世紀末勢力開始強大起來，其勢力擴至葉尼塞河的吉爾吉斯人地區。〔註3〕吉爾吉斯人，在中國元代以前的史籍中先後稱爲鬲昆、堅昆、契骨、結骨、點戛斯等，唐時其地屬燕然都護府下面的堅昆都督府，元代屬嶺北行省。明時居鄂畢河和葉尼塞河上游的吉爾吉斯人先後由中國蒙古族的瓦剌部和韃靼部管轄。清時稱該族爲布魯特。今天中國境內的吉爾吉斯人稱柯爾克孜族。〔註4〕

在俄國文獻中，所謂阿勒坦汗（也譯作阿勒壇汗）蒙古，「這是指碩魯烏巴士琿臺吉（碩壘烏巴什洪臺吉的另外一種譯法——作者）（1567～1627年），即西蒙古的第一個阿勒壇汗（金帳汗）。他的統治地區，西至烏布蘇諾爾、東至胡布蘇泊（即庫蘇泊），在南方，其領地延伸到蒙古阿爾泰山前地帶」，〔註5〕他在當時「是蒙古西北部最大、最有勢力的封建主。」〔註6〕在蘇聯學者沙斯季娜的著作《十七世紀俄蒙通使關係》中，碩壘烏巴什洪臺吉直接被其稱爲碩壘阿勒坦汗，認爲「雖然蒙古的史記沒有把碩壘阿勒坦汗的名字寫入史冊，但他是蒙古第一個與俄羅斯人建立親密關係並將這種關係長期保持下來的蒙古王。」〔註7〕繼碩壘烏巴什之後，在阿勒坦汗位上還有俄木布爾德尼、羅卜藏臺吉二人留下當政的資料。〔註8〕關於碩壘烏巴什洪臺

〔註3〕 馬大正、馮錫時主編：《中亞五國史綱》，新疆人民出版社，2000 年 2 月第 1 版，第 147 頁。

〔註4〕 《沙皇俄國侵略擴張史》（上），北京大學歷史系《沙皇俄國侵略擴張史》編寫組，人民出版社，1979 年 1 月第 1 版，第 59 頁。

〔註5〕 《十七世紀俄中關係》第一卷第三冊，商務印書館，1978 年，北京，第 791 頁註釋 2。

〔註6〕 〔蘇〕Н·П·沙斯季娜：《十七世紀俄蒙通使關係》，商務印書館，1977 年，北京，第 15 頁。

〔註7〕 〔蘇〕Н·П·沙斯季娜：《十七世紀俄蒙通使關係》，商務印書館，1977 年，北京，第 16 頁。

〔註8〕 〔蘇〕Н·П·沙斯季娜：《十七世紀俄蒙通使關係》，商務印書館，1977 年，北京，第 17 頁。

吉，蘇聯學者沙斯季娜因爲沒有看到更多的蒙古文獻，不可能瞭解的更多。在蒙古文獻的記載中，碩壘烏巴什洪臺吉的部落也被稱爲外哈喇哈，經常與瓦刺蒙古發生戰爭。爲此有短篇小說《蒙古烏巴什洪臺吉傳》專門記述了十七世紀初碩壘烏巴什洪臺吉一次進攻瓦刺的戰爭中所發生的故事。〔註 9〕通過這篇小說也可以間接證明中國西蒙古各部落之間的聯繫情況。

俄國人越過烏拉爾山不久，在西伯利亞西部剛站穩腳跟，於 1604 年建立托木斯克城堡。在其進一步向南推進時，就遇到了屬於阿勒坦汗的部屬的抵抗。〔註 10〕蘇聯學者沙斯季娜沒有告訴讀者，哥薩克在向南推進的過程中遇到了怎樣的抵抗，祇是說：「當莫斯科政府獲悉有一個碩壘阿勒坦王朝後，便決定開始與它進行談判」，期望「同蒙古王建立睦鄰友好關係，其主要目的是想通過蒙王瞭解通向中國的道路。」〔註 11〕僅此一點，可以推測當時的阿勒坦蒙古比較強大，否則，俄國就會像吞併西伯利亞汗國那樣，通過武力直接兼併，並不會走建立外交關係的途徑。於是，1608 年，俄國政府派出了第一個出訪阿勒坦汗的使團，由托木斯克將軍伊凡‧別洛戈洛夫率領，前去探索通往中國的道路。〔註 12〕

使團出發後，祇是到達了吉爾吉斯王公諾姆恰和科紐泰處，沒有能夠到達阿勒壇汗和中國去。「因爲當時黑卡爾梅克人和阿拉壇皇帝打仗，並且把阿拉壇皇帝遠遠逐出他以前曾經放牧的冬季游牧地區。阿拉壇皇帝的貢民已經背離了他，並且與他交戰。」〔註 13〕沙斯季娜說蒙王是同「準噶爾人作戰。」〔註 14〕因此，他們只好於 1609 年初春返回托博爾斯克。

雖然使團沒有到達出使的目的地，但也沒有白走一趟，他們從吉爾吉斯王公諾姆恰和科紐泰處帶回來了有關阿勒坦汗和中國的消息。「阿拉壇皇帝是蒙古

〔註 9〕 葉新民、薄音湖、寶日吉根著：《簡明古代蒙古史》，內蒙古大學出版社，1990年 4 月第 1 版，第 131 頁。

〔註 10〕〔蘇〕H‧П‧沙斯季娜：《十七世紀俄蒙通使關係》，商務印書館，1977 年，北京，第 16 頁。

〔註 11〕〔蘇〕H‧П‧沙斯季娜：《十七世紀俄蒙通使關係》，商務印書館，1977 年，北京，第 16～17 頁。

〔註 12〕〔蘇〕H‧П‧沙斯季娜：《十七世紀俄蒙通使關係》，商務印書館，1977 年，北京，第 17 頁。

〔註 13〕《十七世紀俄中關係》第一卷第一冊，商務印書館，1978 年，北京，第 48 頁。

〔註 14〕〔蘇〕H‧П‧沙斯季娜：《十七世紀俄蒙通使關係》，商務印書館，1977 年，北京，第 17 頁。

人……皇帝沒有定居，騎著馬和駱駝游牧各地，他的人有二十多萬。他們的武器是弓箭。由阿拉壇皇帝那裡到中國要走三個月。……有個中國君主，據說他的城堡是石築的，城裏庭院的風格與俄國相似，庭院裏的廳堂是石築的，擺設富麗堂皇。那裡的人很多，都比阿拉壇皇帝的人強悍。中國君主皇宮中的殿堂也是石築的。城裏有君主的一些廟宇，廟裏鐘聲洪亮，廟的屋頂沒有十字架，至於廟裏信仰什麼宗教，他們不清楚。人們的生活習慣與俄國相似。中國君主的武器是火器。據說常有人從各地到他那裡去做買賣，他們平時穿的都是繡金的衣服，他們把各地各種貴重裝飾品運到他那裡。」〔註15〕從這份檔案中可以看出，在俄國人的眼中，中國是一個十分繁華的國度，同時，也發現蒙古部落和明朝的聯繫是十分緊密的。俄國人對中國的城市建築、生活習慣、宗教信仰、武器裝備、生活狀態、距離俄國遠近有了一個初步的瞭解。儘管這種瞭解是間接的，所獲得的資訊也不太準確，但彌足珍貴，它揭開了俄國認識和瞭解中國的序幕。

這次使團出使之後，直到1616年，俄國才派出第二批使團，而這次派出的使團是在英國施加壓力下成行的。1615年，英王詹姆士一世派遣自己的使臣托瑪斯·福明公爵出使俄國，向沙皇尋求友誼和親善，准許英國商人經過俄國國土前往波斯，並探明中國的情況。沙皇藉口波斯國王正與土耳其蘇丹進行戰爭，拒絕了英王的這一要求。〔註16〕英國人並不甘心，1616年，前來俄國的英國使臣約·麥裏克奉英王之命，再次向沙皇米哈伊爾·費奧多洛維奇懇請准許英商「探詢經鄂畢河由海上前往印度和中國的道路。」〔註17〕面對英國人的請求，沙皇一方面找出種種理由搪塞；另一方面，爲了取得對中國的通商優先壟斷地位，加緊開闢通往中國的道路。就在英王和沙皇就經過俄國國土開闢通向印度和中國商路之事進行交涉的時候，沙皇政府的托博爾斯克軍政長官伊·謝·庫拉金派出了兩支使團，一支以托·彼得洛夫爲首的使團前往卡爾梅克（土爾扈特部落），另一支使團以瓦·丘緬涅茨爲團長於1616年5月動身到阿拉壇汗處去。〔註18〕

〔註15〕《十七世紀俄中關係》第一卷第一冊，商務印書館，1978年，北京，第48～48頁。
〔註16〕《十七世紀俄中關係》第一卷第一冊，商務印書館，1978年，北京，第51～52頁。
〔註17〕《十七世紀俄中關係》第一卷第一冊，商務印書館，1978年，北京，第53頁。
〔註18〕《十七世紀俄中關係》第一卷第一冊，商務印書館，1978年，北京，第55頁。

這兩支使團獲得了豐富的關於中國的資訊。

彼得洛夫使團到達卡爾梅克（土爾扈特）臺吉達賴・巴加蒂爾的烏盧斯，在那裡見到了「許多阿拉壇人（阿勒坦的另一種譯法——作者）和中國皇帝的人，這些人替阿拉壇和中國皇帝徵收馬匹和駱駝實物貢。」〔註19〕阿拉壇人和中國皇帝的人邀請托・彼得洛夫一行到自己的國家去，但因為沒有沙皇的命令，沒敢前去。彼得洛夫也邀請中國人和阿勒坦汗人到俄國去，他們也拒絕了。因為他們的皇帝沒有諭旨讓他們離開卡爾梅克到任何其他國家去。〔註20〕下面是他們探聽到的有關中國方面的情報：

1、彼得洛夫使團從親眼見到的阿拉壇人和中國人那裡初步地知道了通向中國首都的道路的遠近情況：從俄國使者到過的臺吉那裡去中國，大約要走一個月，由托博爾斯克要走三個月。「中國距離卡爾梅克駐地不遠——馱載前去，一個月可到，到阿拉壇那裡，則需五個禮拜。」〔註21〕

2、瞭解到了卡爾梅克人和阿拉壇汗、中國明朝之間的關係是臣屬關係。「阿拉壇王子與中國皇帝關係密切，他在一條河邊游牧，游牧地離開中國有六天路程。阿拉壇王子的勢力及於卡爾梅克人。中國皇帝和阿拉壇皇帝每年從每個卡爾梅克臺吉那裡徵收的實物貢是二百頭駱駝，一千匹馬和羊。這些實物貢除了向小臺吉徵收外，還向較大的臺吉徵收。卡爾梅克人害怕他們。中國皇帝的名字叫大明汗。至於阿拉壇皇帝，人們不能稱說他的真名，而只稱他為阿勒壇。只有在他去世之後才能知道他的真名。」〔註22〕

3、耳聞目睹了中國和蒙古人民相同的文化和宗教信仰。「阿拉壇王子所信的宗教、所用的文字和語言都同中國一樣。現在他們正引導卡爾梅克人也信仰自己的宗教，並且傳授本國的文字。阿拉壇皇帝和中國皇帝已經引導許多卡爾梅克人信仰自己的宗教，按照自己的宗教習俗，禁止他們吃馬肉，喝馬奶。」他們親眼目睹了當地蒙古人祭祀鬼神的儀式：「他們今年在卡爾梅克國，在大臺吉那裡也親眼看到宗教儀式，那些人也祭祀鬼神。這些鬼神的塑像是銀鑄的，鍍得金光燦燦，披上絲綢外服，置於牆上，人們對這些鬼神極為敬重」，人們「穿著綢緞，向鬼神禱告。在禱告的時候，他們常常是一隻手

〔註19〕　《十七世紀俄中關係》第一卷第一冊，商務印書館，1978年，北京，第55、65頁。
〔註20〕　《十七世紀俄中關係》第一卷第一冊，商務印書館，1978年，北京，第67頁。
〔註21〕　《十七世紀俄中關係》第一卷第一冊，商務印書館，1978年，北京，第65頁。
〔註22〕　《十七世紀俄中關係》第一卷第一冊，商務印書館，1978年，北京，第64頁。

拿著小玲，另一隻手拿個小板鼓，面前放一本經書，念經一個來小時，同時
兩手敲著小鈴和板鼓，下跪著磕頭。」〔註23〕

　　4、俄國使者也探聽到了中國和其他臨近國家的交往情況，「大小船隻載
著貨物從其他許多汗國由這條河駛來……其他汗國的人，也常到他們那裡
去，估計黑阿拉伯汗國的人也常去。」〔註24〕

　　另一支瓦・丘緬涅茨使團到達了「金黃帝孔甘切伊」的駐地。關於這個
「金皇帝」，在俄國的文獻中是這樣解釋的：大概指的是「薩音諾顏汗的領地，
位於色楞格河上游喀爾凱西部一帶，在列麥佐夫的人種學圖志裏，這個國家
稱作黃蒙古。」〔註25〕這是一次成功的旅行，他們帶回了關於中國更為詳細
的情報：「他們那邊有一個中國，中國也有一個皇帝，中國皇帝的名字叫大明。
中國位於海灣之濱，城是磚砌的，繞城一周騎馬要走十天。他們中國所用的
兵器是火繩槍和大炮。常有一些大帆船航行到中國，這些船載著商人，每條
大船載二百到三百人。他們的穿戴與布哈拉人相似。由金皇帝那裡騎馬到中
國，要走一個月。途中沒有大河，地勢平坦，沒有山。」〔註26〕

　　兩支行進路線不同的使團，從不同的方面得到了幾乎相同的情報。即使
有差異，卻正好起到了相互補充的作用。雖然報告裏面充滿了錯誤，但畢竟
是俄國人在十七世紀初親自獲得的第一手關於中國的資料，這對俄國採取進
一步前往中國的行動具有決定性的意義。

　　奇怪的是，1616年12月31日，俄國貴族杜馬在關於同中國、蒙古和布
哈拉汗國交往問題的決議中作出了禁止同這些國家和地區交往的決定：「不得
同阿勒壇王子和中國交往，今後必須更切實地探聽這兩個國家的情況。」但
確定同卡爾梅克人保持交往，試圖讓他們歸順俄國。〔註27〕按蘇聯學者的觀
點，是因為當時俄國遭到多年的內部危機和波蘭──瑞典武裝干涉的破壞，
沒有足夠的力量和資金來發展與東方的貿易。〔註28〕

〔註23〕《十七世紀俄中關係》第一卷第一冊，商務印書館，1978年，北京，第65頁。
〔註24〕《十七世紀俄中關係》第一卷第一冊，商務印書館，1978年，北京，第65頁。
〔註25〕《十七世紀俄中關係》第一卷第三冊，商務印書館，1978年，北京，第794
　　　　～795頁，第6號文件註釋1。
〔註26〕《十七世紀俄中關係》第一卷第一冊，商務印書館，1978年，北京，第61頁。
〔註27〕《十七世紀俄中關係》第一卷第一冊，商務印書館，1978年，北京，第69
　　　　頁。
〔註28〕《十七世紀俄中關係》第一卷第一冊，商務印書館，1978年，北京，第5頁。

二、十七世紀初期到達北京的俄國旅行者

　　雖然俄國政府作出了不得同阿勒坦汗和中國交往的指示，但是隨同丘緬涅茨使團來到莫斯科的阿勒坦汗使臣還是引起了當時在俄國的英國批發商約翰·麥利克的興趣。因為「十七世紀初，英國人就不斷探索經陸路到達中國的可能性。」不僅「歐洲的商人，而且歐洲的外交家都對通往波斯和中國的道路情報感興趣」，「因為歐洲商人強烈希望通過莫斯科找到通往中國的通商道路。」〔註29〕

　　托博爾斯克軍政長官庫拉金指派監管員伊凡·彼特林與兩個哥薩克護送蒙古使節，並指示「他們不僅要把蒙古人送到阿勒坦汗的游牧區，而且還要設法到達中國。」〔註30〕自此，俄國人又開始了探索穿越蒙古前往中國的道路。

　　1618年5月9日，以伊凡·彼特林為首的哥薩克由托木斯克動身前往中國，他們於9月1日來到北京。彼特林一行在北京逗留了4天，沒有得到中國明朝萬曆皇帝的接見，原因是「沒有帶東西去送皇帝本人」，而「我中國的禮儀是：沒有帶禮品來的，不能覲見我大明皇帝。白沙皇哪怕是只備些微禮物，由你們這首批使臣帶來贈送我大明皇帝也好。最主要的並不在禮品薄厚，而在於白沙皇要有禮物送給我皇上。如送來禮物，我皇上也會派本國使臣攜禮品回贈你們沙皇，並會對你們這些使臣加以賞賜，准予覲見我皇上，而後送你們回國。現在我皇只能托你們帶一封國書轉交你國沙皇」。〔註31〕蘇聯學者認為這是由於中國皇帝基於傳統的中央帝國中心觀念的影響，將彼特林代表的俄國看作是一個小藩國，不是將之作為一個平等的國家來對待。〔註32〕站在現代世界文明的立場上看彼特林之行，評判中國明朝政府對俄政策的對錯，顯然有失公允。十七世紀初期的俄國，立國的歷史並不長久，在世界上並沒有什麼知名度。更何況彼特林一行不是俄國政府的正式代表，而是受託木斯克地方政府所派，主要任務祇是探尋前往中國的道路，而沒有擔負和中國建立外交關係的使命。但彼特林也沒有白跑一趟，他得到了一份明朝皇帝

〔註29〕〔蘇〕Н·П·沙斯季娜：《十七世紀俄蒙通使關係》，商務印書館，1977年，北京，第22～23頁。

〔註30〕〔蘇〕Н·П·沙斯季娜：《十七世紀俄蒙通使關係》，商務印書館，1977年，北京，第24頁。

〔註31〕《十七世紀俄中關係》第一卷第一冊，商務印書館，1978年，北京，第108頁。

〔註32〕《十七世紀俄中關係》第一卷第一冊，商務印書館，1978年，北京，第5頁。

給沙皇的國書，並獲准前來中國進行貿易的權利。〔註33〕遺憾的是，在俄國因沒有人能夠看懂這封國書，加上在明朝與俄兩國之間散居著中國外藩強大的蒙古部落，俄國和中國內地發生進一步聯繫的可能性就大大地變小了。1620年，俄國政府向其在西伯利亞的殖民城市發出新的指示：「今後若無政府指示，均不得與阿勒坦汗、中國、蒙古有任何往來。因諸國遙遠，商人亦需千里跋涉方可到達我國。阿勒坦（汗王）乃游牧汗國，國人剽悍好戰。除該國向我國屢有索要外，我國日後亦無望有利可圖。」〔註34〕

彼特林是第一位親自到達了中國首都的俄國人，親自探明了通往中國首都的道路，獲得了關於沿途的風土人情，宗教信仰，衣著飲食，城市建築，地形地貌，甚至是中國武器裝備、邊防城防和戰鬥力等寶貴的資料。在他出訪中國的過程中，無論是穿越中國蒙古地區，還是到達漢人居住區，留給他的都是富足的景象。〔註35〕「十七世紀二十年代俄國與中國通商的嘗試雖然沒有成功，但伊凡·彼特林的旅行使得俄國十七世紀在地理上有了一個極為重要的新發現。」〔註36〕

丘緬涅茨和彼特林在通往中國地理上的新發現，越來越強烈地吸引著俄國人對中國的興趣。1635 年，托木斯克軍役貴族盧卡·瓦西里耶夫和哥薩克謝苗·謝皮奧特金向外務衙門遞交申請書，請求准許他們去中國旅行。但因俄國政府沒有這方面的心理準備而作罷。〔註37〕

〔註33〕 這封國書直至 1675 年尼古拉·斯帕法裏使團來華訪問才被譯了出來：「中國萬曆皇帝。有兩人自俄羅斯來。中國萬曆皇帝曉諭兩俄羅斯人曰：為貿易而來，去後可再來。寰宇之內，爾大君主與朕大皇帝幅員廣大，兩國之間道路頗為平坦，爾等上下溝通，可運來珍品，朕亦將賜以上等綢緞。今爾等即將歸去。再來時，如係奉大君主之命，朕亟盼攜帶大君主之國書，屆時朕亦將報以國書。爾等如攜國書，朕即命以上賓之禮接待來使。朕今不便遣使訪爾大君主，因路途遙遠，且語言不通。朕今致書大君主，並向爾大君主致意。一旦朕之使者有路可去爾大君主處，朕當遣使者前往。朕身為皇帝，依本國之習慣，既不便躬親出國，亦不允本國使臣及商人出國。」（《十七世紀俄中關係》第一卷，商務印書館，第 97 頁。）

〔註34〕 〔蘇〕Н·П·沙斯季娜：《十七世紀俄蒙通使關係》，商務印書館，1977 年，北京，第 25 頁。

〔註35〕 《十七世紀俄中關係》第一卷第一冊，商務印書館，1978 年，北京，第 101～119 頁。

〔註36〕 〔蘇〕Н·П·沙斯季娜：《十七世紀俄蒙通使關係》，商務印書館，1977 年，北京，第 26 頁。

〔註37〕 《十七世紀俄中關係》第一卷第一冊，商務印書館，1978 年，北京，第 6 頁。

在十七世紀上半葉，除了彼特林一行到過中國首都外，另外還有一名哥薩克騎兵葉麥利揚·維爾申寧到過中國的內地。1641～1642 年，他隨同土爾扈特岱清臺吉的貿易商隊來到明朝時期的西寧城（青海），不僅順利地做成了生意，而且還帶回了以明朝崇禎皇帝名義給俄國沙皇寫的一封國書。〔註 38〕但由於文字上的不同，俄國人對該國書的內容同樣一無所知。語言上的障礙，成為了制約兩國關係進一步發展的攔路虎。

三、十七世紀中期俄國來華使團關於中國的知識

俄國在十七世紀上半葉，一方面經過中國外藩蒙古地區探索前往中國的道路，另一方面繞開強大的蒙古部落，向東部和東北部推進。到了十七世紀中葉，自西向東強行佔領了處在葉尼塞河中上游、鄂畢河中上游、勒拿河中上游中國蒙古封建王公的領地，將其邊界推進到了中國的土地上。當俄國人於 1632 年在勒拿河中游建立了雅庫次克城堡，使該城堡成為俄國人前往中國黑龍江流域和鄂霍次克海的主要根據地之後，俄國人又環原屬中國布裏亞特蒙古的貝加爾湖建立了一系列城堡：1648 年建立巴爾古津堡，1651 年建立伊爾庫次克，1652 年建立巴拉甘斯克堡。1654 年又在清屬茂明安等部游牧區的石勒喀河的支流上建立了涅爾琴斯克（尼布楚）。該城從 1658 年起成為獨立的將軍轄區，繼而成為俄國人進一步展開攫取中國領土的主要根據地。俄國人於尼布楚城堡建立的 1654 年，緊接著在黑龍江上游建立了阿爾巴津堡（雅克薩），將侵略勢力直接滲透到了中國的東北邊境。

就在俄國人一步步地侵佔中國北部領土的過程中，腐朽的明王朝被興起於中國東北部的少數民族滿族所建立的清王朝替代了。對中國內地所發生的這一重大歷史事件，俄國人於 1647～1648 年間，從中國喀爾喀蒙古車臣汗那

〔註38〕 這封國書同第一封國書一樣，是在尼古拉·斯帕法裏於 1675 年來華訪問時被翻譯出來：「中國萬曆汗之子朱皇帝。皇考在位時，大君主之商民曾時來通商，而今則無大君主之商民前來朕處。先皇在位時，大君主之臣民來此者皆睹天顏。朕今在位，爾之臣民卻未前來。彼等一旦前來朕處，必將視若天空之明月。爾之臣民來此，朕必欣悅，並予恩賜。爾今獻鹿角一雙，朕回贈綢緞七百幅。爾進貢珍品，朕必加倍賜予，朕命從阿霸堡送玉杯三十二盞，賜予大君主。爾大君主之使臣前來朕處者三人，朕已命約三千人自本國禮送彼等一日之程直至大河。」（班·卡緬斯基：《俄中兩國外交文獻彙編》，商務印書館，1982 年，北京，第 21 頁）關於該國書，無論是中文史料，還是俄文史料，都沒有記載它的來龍去脈。

裡，知道了點朦朧的消息，打聽到了有兩個中國：一個是柏格德王國，即已佔領中國北部的清朝的領地；另一個是舊的中國，即明朝幾個皇室在南方的殘存領地。〔註39〕但俄國人對中國內地發生的具體詳細的情況仍然是一無所知。在俄國入侵者的頭腦裏，柏格德汗猶如當地游牧民族的頭領，並沒有將之與統治中國這樣一個大國聯繫起來。1650 年 7 月 9 日，雅庫茨克軍政長官德米特裏・安得列耶維奇・弗蘭茨別科夫將軍給前來侵擾中國黑龍江流域的哈巴羅夫下達了一份訓令，竟然要求哈巴羅夫派出使者到「柏格德王公那裡去。要命使者勸說柏格德王公，率其氏族部落及全體烏盧斯牧民，歸附我全羅斯君主、沙皇阿列克謝・米哈伊洛維奇大公，充當奴僕。」〔註40〕

正當俄國人在黑龍江流域侵略騷擾的時候，沙俄政府派出的巴伊科夫使團於 1656 年 3 月 3 日來到中國首都北京，向清朝政府表達「和睦相處」的願望。清朝政府隆重地接待了俄國使團，順治皇帝派出自己的親近大臣出城迎接巴伊科夫一行，按照清朝政府的最高禮儀接待他。

巴伊科夫帶來了沙皇贈送給順治皇帝的禮物和國書，並於抵達北京的當天將禮物清單呈交給了清朝政府官員。轉天，當順治皇帝派出蒙古衙門的官員按清單向巴伊科夫索取禮物時，巴伊科夫卻推脫說，按照俄國的習慣，呈遞禮物的程式是：在沙皇接見使臣本人時，使臣先向沙皇呈遞國書，然後獻上禮物。清朝官員告訴他，你們君主有自己的禮儀，但我國皇帝也有自己的禮儀，一個皇帝不能指揮另一個皇帝。如果你是來我國做生意的，你可以拿著這些禮物去做。巴伊科夫連忙說自己是受沙皇派遣，前來向中國皇帝遞送尋求友好、親善與和睦的國書和禮物，並不是來做生意。在清朝官員的逼問之下，巴伊科夫不情願地交出了禮物。

3 月 6 日，蒙古衙門的官員來到巴伊科夫所住的賓館，要求巴伊科夫攜帶國書到蒙古衙門去。巴伊科夫以自己是受沙皇派遣來見中國皇帝的，而不是來會見蒙古衙門大臣為藉口，拒絕了蒙古衙門官員的邀請。自此以後，巴伊科夫一行開始在北京做生意，白吃白喝白住到 8 月 12 日，蒙古衙門的官員再次來到巴伊科夫的住處，告訴他說，順治皇帝準備接見他，要求巴伊科夫前去蒙古衙門學習覲見皇帝的跪拜之禮。巴伊科夫堅持說沙皇命令他以本國所

〔註39〕《十七世紀俄中關係》第一卷第一冊，商務印書館，1978 年，北京，第 9 頁。
〔註40〕《十七世紀俄中關係》第一卷第一冊，商務印書館，1978 年，北京，第 177 頁。

行之禮，站著向中國皇帝脫帽行禮，拒不聽從清朝政府官員的安排。在這種情況下，蒙古衙門的官員將禮物退還給了他，令他攜帶國書和禮物離開中國。9月4日，巴伊科夫離開北京，開始了返回俄國的旅程。雖然在張家口附近他有悔意，表示要服從清朝政府規定的禮儀，但是清朝政府拒絕接受。巴伊科夫只好帶著沒有完成的使命回國。

在這次中俄兩國政府級別交往的過程中，對雙方來說最大的困難就是沒有可以充當準確表達雙方意思的譯員。雙方談判的過程是這樣進行的：先由布哈拉商人伊爾基‧穆拉把漢語譯成蒙語，然後由托博爾斯克的哥薩克騎兵彼得‧馬利寧把蒙古語譯成俄語。經過這樣兩重翻譯，雙方所表達的意思很容易被走樣，造成了交流上的困難。蘇聯學者甚至指責布哈拉商人伊爾基‧穆拉故意使壞。〔註41〕

俄國政府對中國的懷疑。巴伊科夫出訪中國的時候，正是清朝政府極力剿滅中國南部反清勢力和清剿侵入中國黑龍江流域沙俄勢力忙得不可開交的時候，因而就把巴伊科夫一行冷落在一邊。巴伊科夫的久去不歸，使俄國政府擔心沙皇交給他的財物受損，更為主要的是沙皇俄國政府對侵入中國黑龍江流域的心虛，害怕清朝政府扣押巴伊科夫做人質，就打聽巴伊科夫的命運。當聽到中國皇帝不信任巴伊科夫的消息時，匆忙決定派出布哈拉商人謝伊特庫爾‧阿勃林攜帶一封與巴伊科夫所帶相同的國書到中國去。其中十分明確地提出了建立互利的貿易關係和和平解決黑龍江流域爭端的建議，請求清朝政府放還巴伊科夫及其所攜帶的財物。就在此時，巴伊科夫回到了俄國。巴伊科夫回來後講述了自己「被扣留」的原因是滿清政府正同漢人作戰，沒有顧得上自己。其實，在巴伊科夫到達北京的初期，「俄國人曾受到優厚的待遇，使節及其隨行人員可自由外出，任意買賣。一個月後，由於他們行為不端，經常闖入北京的妓院，滋事生非，中國才限制他們的自由，不過仍經常允許他們去街頭散步。」〔註42〕這些「有損」俄國人形象的行為，巴伊科夫既不會向政府當局報告，也不會在自己的出使報告裏記載的。因而，俄國政府就容易對中國產生誤解。

〔註41〕〔蘇〕普‧季‧雅科夫列娃著：《1689年第一個俄中條約》，貝璋衡譯，商務印書館，1973年，北京，第99頁。

〔註42〕〔英〕約‧巴德利：《俄國‧蒙古‧中國》下卷第一冊，商務印書館，1981年，北京，第1171頁。

　　巴伊科夫帶回了關於中國的政治、經濟、軍事等情報。政治、軍事方面，俄國人第一次準確地知道了中國已經改朝換代，「中華帝國汗八里城中的柏格德皇帝是蒙古族。以前則是漢族大明皇帝。蒙古人征服中華帝國時，這位大明皇帝就自縊了」，「蒙古人佔領中國都城，大約衹是十三年前的事。（現在）柏格德皇帝常常與大明皇帝的兒子打仗，兵役不斷。」〔註43〕這個消息能夠使俄國政府直接得出清朝政府對待侵入黑龍江流域的俄國人態度的結論，內亂使清朝政府無力東顧，俄國人可以放心大膽地去佔領黑龍江流域。因此，俄國政府日後派出使團時，就再也沒有提出和清朝政府就黑龍江流域問題進行談判的建議。

　　因在北京呆的時間長，巴伊科夫瞭解到的中國情況就多。他看到了一個開放的中國：「中國都城有來自許多國家的歐洲人：法蘭西人、波蘭人、西班牙人、義大利人，他們各自信仰自己的宗教，多年以來就住在那裡。」〔註44〕甚至和剛從歐洲來的荷蘭人碰過面，只不過由於語言不通沒能進行交流。傳教士和語言交流消息是俄國政府最感興趣的。以後俄國政府派往中國的使團，使臣一般兼通幾種語言，尤其是要能說會寫當時歐洲通用的語言——拉丁語。據此也可以推測，聽到歐洲傳教士在華生活是後來俄國政府派遣宗教傳道團來華的萌芽，或者說是對俄國政府派遣宗教傳道團駐華的一個啟示。

　　通過巴伊科夫的描述，展現在俄國人面前的是一個繁榮興旺的中國。「絲絨、花緞、縐綢、寶石、珍珠和白銀在中國京都汗八里是很多的」，「貂皮、狐皮、虎皮、豹皮據說在中華帝國是很多的」；〔註45〕「中國都城的人，無論男女，身材高大，也很整潔。」〔註46〕巴伊科夫「在他的敍述中特別指出中國人善於修建石橋和鋪設石頭路面的城市街道。中國的水果和蔬菜之豐富使俄羅斯人吃驚。」〔註47〕

　　巴伊科夫帶回來的消息給俄國政府留下了難忘的印象。1675 年斯帕法裏

〔註43〕《十七世紀俄中關係》第一卷第二冊，商務印書館，1978 年，北京，第 258
　　　　～259 頁。

〔註44〕《十七世紀俄中關係》第一卷第二冊，商務印書館，1978 年，北京，第 259
　　　　頁。

〔註45〕《十七世紀俄中關係》第一卷第二冊，商務印書館，1978 年，北京，第 271
　　　　頁。

〔註46〕《十七世紀俄中關係》第一卷第二冊，商務印書館，1978 年，北京，第 258
　　　　頁。

〔註47〕〔蘇〕普·季·雅科夫列娃著：《1689 年第一個俄中條約》，貝璋衡譯，商務
　　　　印書館，1973 年，北京，第 101 頁。

使團來華後，在向清朝政府提出的 12 條要求中，其中有三條是和巴伊科夫所提供的消息有關，如讓中國往俄國每年運送白銀四萬兩，以換取俄國貨物；如有寶石，也請運往俄國，以換取中國所需的貨物；請派遣若干名築橋工匠。〔註 48〕

四、聾子與盲人的對話

中俄兩國經過半個世紀的交往，彼此之間的陌生感並沒有消除。語言交流上的障礙是構成兩國正常交往困難的一個因素，但文化上質的不同是引發兩國矛盾和衝突的根本原因。

中國的富庶，勾起了俄國人與中國發展貿易的強烈興趣。在巴伊科夫和尼古拉·斯帕法裏之間，俄國派出了兩個貿易使團，嘗試著和中國建立貿易關係。就在巴伊科夫回來不久，俄國政府就決定派出伊萬·佩爾菲利耶夫和布拉哈商人謝伊特庫爾·阿勃林前往中國。1658 年，佩爾菲利耶夫和布拉哈商人阿勃林攜帶大量貨物前往中國進行貿易，並攜帶了一封致順治皇帝的國書。因爲這次他們兩人吸取了巴伊科夫的教訓，在觀見順治皇帝時按照清朝政府的禮儀叩了頭，他們在中國受到了寬待，沒有阻止他們的貿易活動。1662 年他們回來時，帶回了巴伊科夫所沒能得到的清朝政府的國書。當然，俄國人還是無人看得懂這封國書。〔註 49〕1668～1672 年，布拉哈商人謝伊特庫爾·阿勃林受命再次去北京，受到了康熙皇帝的接見，所帶去的貨物共值 4500 盧布，換回了價值 18751 盧布的中國貨物。巨大的利潤引得沙皇俄國政府興奮不已，「從商隊的這次旅行瞭解到，同中國發展貿易是具有廣大可能性的，而且同中國的貿易在經濟上對沙皇國庫是有利的。」〔註 50〕但俄國人對中國這種認識是通過和對中國文化背景有相當瞭解的布哈拉商人完成的。〔註 51〕

聾子與盲人。十七世紀下半期，清朝政府進入中國關內以後，全面繼承

〔註 48〕〔英〕約·巴德利：《俄國·蒙古·中國》下卷第二冊，商務印書館，1981年，北京，第 1492 頁。

〔註 49〕順治十七年所致沙皇的國書沒有詳細的資料記載。班·卡緬斯基的《俄中兩國外交文獻彙編（1619～1792 年）》只記錄了這麼一句話：「爾所進貢物，朕已收納，爲此特加賞恩。」（商務印書館，1982 年，北京，第 27 頁。）

〔註 50〕〔蘇〕普·季·雅科夫列娃著：《1689 年第一個俄中條約》，貝璋衡譯，商務印書館，1973 年，北京，第 106～109 頁。

〔註 51〕徐昌漢：《阿勃林和十七世紀的中俄西路貿易》，載《學習與探索》，1984 年，第 1 期。

了中國的正統觀念，而且因爲清朝政府以一個少數民族姿態入主北京，統治人口眾多的漢人，志得意滿。游牧民族文化的落後性，又決定了其對世界認識上的保守性，自認爲自己是天朝大國，不能將其它國家當作一個平等的國家對待。像俄羅斯這樣一個地處偏僻，自古不通中國的國家，祇是眾多蠻夷中的一個，根本就看不上眼，猶如一個聾子，聽不到其他民族進步的聲音。順治皇帝於順治十二年在致沙皇的敕書中這樣敕諭：「爾國遠處西北，從未一達中華。今爾誠心向化，遣使進貢方物，朕甚嘉之。特頒恩賚，即俾爾使臣賚回，爲昭朕柔遠之至意。爾其欽承，永效忠順，以副恩寵。特諭。」〔註52〕就俄羅斯來說，這個民族在 10 世紀才開始立國，13 世紀初遭到韃靼人的入侵，直到 15 世紀 80 年代才逐漸擺脫蒙古汗國的統治。自此以後，俄羅斯開始獨立於世界民族之林的過程，也就是伴隨著征服和掠奪其他民族爲己所有的過程。隨著俄國人對中國北部、東北部的侵入，俄國人也開始忘乎所以，將承繼中國大統的滿清王朝視作一個弱小民族，對有著幾千年文明歷史的中國視而不見，猶如一個盲人，竟也提出讓清朝皇帝率領全體臣民歸順俄國的要求。除了 1650 年雅庫茨克軍政長官德米特裏·安得列耶維奇·弗蘭茨別科夫將軍給前來侵擾中國黑龍江流域的哈巴羅夫下達訓令要求順治皇帝歸順俄國外，1670 年，佔據中國尼布楚的俄國長官阿爾申斯基在給前往北京談判的伊格納季·米洛萬諾夫的訓令中，也要求他向康熙皇帝指出：「望柏格德汗本人歸順於我沙皇陛下最高統治之下，永世不渝，向我大君主納貢。」〔註53〕攜帶如此傲慢詞句的米洛萬諾夫地方使團，竟被康熙皇帝親自召見，給予厚賞，護送回國，而沒有被驅逐。班第什·卡緬斯基的解釋是，清朝官員沒敢將歸順的詞句稟報康熙皇帝，或者是耶穌會教士沒敢把這樣的內容翻譯過來，要麼是康熙皇帝沒把這當回事。〔註54〕在這裡，班第什·卡緬斯基出於愛國熱情所作的推論，忽視了一個最根本的事實，這份訓令是用俄文寫就的，而當時在中國，包括爲清朝宮廷服務的西方傳教士在內，根本就沒有能夠看懂俄國文字的人。另外一個原因是，訓令是給伊格納季·米洛萬諾夫本人的命令，

〔註52〕中國第一歷史檔案館：《清代中俄關係檔案史料選編》第一編上冊，中華書局，1981 年，北京，第 18 頁。

〔註53〕中國第一歷史檔案館：《清代中俄關係檔案史料選編》第一編上冊，中華書局，1981 年，北京，第 23 頁。

〔註54〕班·卡緬斯基：《俄中兩國外交文獻彙編（1619～1792 年）》，商務印書館，1982 年，北京，第 35 頁。

當他來到中國後所看到的情景和臨行前的預想完全不一樣時，就臨時改變主意，沒有提出過。

中俄雙方演出的聾子與盲人對話的活幕劇還沒有結束。1676 年，當斯帕法裏來華就中國提出的要求俄國人停止在黑龍江流域的侵略活動，歸還逃人根特木爾的問題進行談判時，藉口俄國國內沒人看懂中國文字而沙皇沒有給他指令，拒絕談判。不僅如此，斯帕法裏蠻橫無理地向清朝政府提出 12 條款，要求清朝政府滿足。在覲見康熙皇帝的禮儀問題上，斯帕法裏也是「據理力爭」，不肯低下「昂貴的」頭顱，拜倒在清朝皇帝的腳下。這在早已習慣了主子與奴才天生就是如此的中國朝臣看來，簡直不可思議。雖然斯帕法裏爲了完成沙皇所交給的使命，最後「屈辱地」行了三拜九叩之禮，但在他的心中留下了「野蠻中國的印象」。他們是「一群野蠻人，不會以禮相待，因爲把自己的汗稱作地上的上帝，全世界的統治者，給其他君主寫信時就像老爺對奴才一樣，把送給他們的禮品叫做貢品，而把他們回贈的物品叫做賞賜。」〔註 55〕斯帕法裏帶著對中國文化的不理解、毫無所獲地返回了俄國，就連牽涉雙方利益的公文往來使用何種文字的協議都沒有達成。其中固然有俄國人對中國黑龍江流域的侵佔，收納根特木爾不還的因素在內，更爲主要的是斯帕法裏在北京期間和中國官員之間發生的文化衝突，也影響了雙方協議的達成：

「康熙十五年七月十六日丙中，命賞鄂羅斯刹漢汗禮物，並令送回根特木爾等。

議政王等奏：鄂羅斯刹漢汗既能向化，遣使請安，進貢土產，深屬可嘉；所有賞齎應行頒給。其使臣尼郭萊執拗不嫻典禮，不應給予敕書。惟曉諭來衆：既欲和好，應將本朝脫逃根特木爾等送回，另簡良使，尊中國禮者，仍行貿易，否則使臣不必往來。上從之。」〔註 56〕

兩種異質文化在戰爭中的表現。中國有句古話：不打不相識。在用了短短的半個多世紀就將亞洲北部領土兼併到自己版圖內的俄國人，碰上了正處於上陞時期的滿清王朝的中國。爲害中國黑龍江流域多年的「羅刹」，在清朝軍隊的打擊下，好日子終於走到了盡頭。在雙方的武力較量過程中，也是中俄雙方兩種不同質的文化在另一種背景下碰撞、交流的過程。在這個過程中，康熙皇帝

〔註 55〕 《十七世紀俄中關係》第一卷第三冊，商務印書館，1978 年，北京，第 611 頁。
〔註 56〕 中國第一歷史檔案館：《清代中俄關係檔案史料選編》第一編上冊，中華書局，1981 年，北京，第 41 頁。

一直堅持以和平談判爲主的立場，其文化背景是儒家的「和爲貴」、「誠爲上」思想。俄國自恃自己是基督教文明的代言人，在經濟利益的驅使下擴張領土，「作爲個人，他們的性格顯示出相似的特點——勇敢、大膽和堅忍不拔。他們都具有冒險的熱情和對戰利品的貪欲，而且達到不擇手段的程度。」〔註57〕

中俄兩種異質文化的碰撞通過兩次雅克薩戰爭反映出來。第一次雅克薩戰爭，俄國入侵者在清朝軍隊的猛烈攻擊下，很快就失去了抵抗能力，被迫投降。清朝軍隊將投降的俄國人釋放回國，以爲俄國人會感激中國人的不殺之恩，信守誠意，不會捲土重來，草草地打掃了一下戰場就後撤了，甚至連俄國人種在地裏的莊稼都沒有處理。當從雅克薩撤出來的俄國人遇到前來增援的哥薩克後，在偵知清軍已經撤退的準確消息後，就背信棄義地重新佔領了雅克薩。中國人因爲對俄國人的不瞭解，被迫進行了第二次雅克薩之戰，付出了巨大的代價。

兩種異質文化找到了交點。尼布楚談判是中俄兩國不同文化在談判桌上的碰撞，最後簽訂的條約卻又是在近代西方文明支撐下達成的妥協。十七世紀的俄羅斯，還是一個政治、經濟、文化十分落後的封建農奴制國家。在歐洲，俄國實行積極的對外擴張政策，爲了爭取海上通道，和瑞典、波蘭、土耳其不斷發生戰爭。在戰爭中，落後的俄國很難取得優勢地位。爲了改變這種落後的狀況，俄國的統治者也在不斷地向西方世界學習近代文明。野蠻、血腥的俄羅斯文化中不斷地注入西方近代文明的新鮮血液，這是俄國能同中國達成協議的一個文化背景。從中國方面來講，自明代末期開始，西歐傳教士紛至遝來，他們給中國人帶來了西方的科學、先進的文化價值理念，傳教士們以其淵博的學識贏得了中國朝野上下的歡迎。即使是在明清兩朝更替這樣的大變動中，西方傳教士們在中國的地位也沒有下降，而且還不斷地受到重用。康熙皇帝在處理和俄羅斯這個來自西方世界的國家進行談判劃界的關鍵問題時，乾綱獨斷地啟用來自西方文明世界的傳教士——葡萄牙的徐日升和法國的張誠，利用他們二人所具有的西方文明世界的知識和對清朝政府的忠誠，〔註58〕促成了《尼布楚條約》的簽訂。在這次談判中，雙方找到了

〔註57〕〔美〕喬治·亞歷山大·倫森編：《俄國向東方的擴張》，商務印書館，1978年，北京，第49～50頁。

〔註58〕關於徐日昇和張誠二人在中俄尼布楚談判中的作用，歷來有多種説法，各種肯定和否定的評價意見在中外學術界都有。參見何桂春：《〈中俄尼布楚條約〉的簽訂與耶穌會士》，載《福建師範大學學報》（哲社版），1989.4.

共同交流的語言——拉丁語，條約的最後標準文本是拉丁文。並且雙方還約定，在以後的公文往來中，拉丁文文字是雙方最重要的工作語言。

《尼布楚條約》是中俄雙方簽訂的第一個平等條約，它和後來簽訂的《恰克圖條約》一樣，是具有近代意義的、按照近代國際法劃界的成功範例。直到十九世紀中葉，條約「對於俄國再度侵入我國東北境內仍具有一定的約束力。」〔註59〕當然，條約的成功簽訂是和中國當時的綜合國力強大分不開的，決不能據此誤認爲沙皇俄國是一個遵守國際法的國家。十九世紀下半葉，隨著中國綜合國力的下降，俄國最後還是背信棄義地從中國手中強奪去了屬於中國的一百五十多萬平方公里的領土，就是明證。

五、十七世紀末中俄雙方進入正常的文化交流階段

《尼布楚條約》簽訂後的初期，清朝政府對於成功簽訂這一條約是放心的，但俄國方面卻心存疑慮。畢竟，俄國獲得在東西伯利亞立足的權利，是清朝政府讓出來的。此時，俄國剛剛更換了沙皇不久，彼得一世上臺後執行的仍是前輩的對外擴張政策，只不過重點是在歐洲和緊臨俄國的亞洲國家土耳其和波斯，對於遙遠的東方他暫時還不能夠兼顧。穩定和中國的和平關係是彼得一世對外擴張政策的重要內容。於是，1692 年，彼得一世派出了他的好友、荷蘭人伊茲勃蘭特・義傑斯（也被譯爲伊茲勃蘭特・伊臺斯）前往中國做生意。更重要的是，他還帶有一個秘密任務，「要想方設法搞清楚康熙皇帝對待尼布楚條約的態度」，命令使臣「應遵從中國的習俗，送禮物和饋贈，以便設法探悉中國皇帝對和平和兩國未決邊境問題持何態度」，〔註60〕表明沙俄政府害怕清朝政府反悔《尼布楚條約》。康熙皇帝盛情招待了伊茲勃蘭特，使他在北京的生意做得極爲順利。返回莫斯科後，伊茲勃蘭特不僅還清了債務，而且由於帶回了「柏格德汗欣然接受和約，並亟願與大君主共同恪守該和約。今後對沙皇陛下之城寨並無意侵擾……」伊茲勃蘭特因爲帶回來這一令人寬慰的消息受到了彼得一世的獎勵。〔註61〕

〔註59〕 郭成康等著：《康乾盛世——歷史報告》，中國言實出版社，2002 年 7 月第 1 版，第 211 頁。

〔註60〕 萬斯頓・加恩：《彼得大帝時期的俄中關係》，商務印書館，1980 年，北京，第 68 頁。

〔註61〕 〔荷〕伊茲勃蘭特・伊台斯，〔德〕亞當・勃蘭德：《俄國使團使華筆記（1692～1695）》，商務印書館，1980 年，北京，第 36～37 頁。

　　伊茲勃蘭特這次中國之行，也是中俄雙方文化上的一次重要接觸。葛斯頓‧加恩認為，伊茲勃蘭特雖然沒有完成彼得皇帝交給他的全部使命，但「對增加俄國宮廷的見識方面仍然對俄國宮廷是有益的。俄國宮廷已通過尼果賴（尼古拉‧斯帕法裏的另譯）慘痛地瞭解到中國朝儀的重要性，並且由於有這次經驗為指導，所以發給義傑斯的訓令是命令他遵從中國禮儀。這一次出使又發現了字斟句酌的必要性。這一教訓俄國並沒有忘卻，我們將看到俄國宮廷後來向北京派遣新的代表時，他就不想再犯同一錯誤，以免給中國以再次吹毛求疵的口實。……這樣，俄國宮廷逐漸發現有關中國事務的一些新的重要情況：必須注意北京朝廷的規矩，包括朝儀方面和公文來往方面；此外，他的使臣和書信必須嚴格使用拉丁文。」〔註62〕從中國方面來看，康熙皇帝對俄國人也有了全新的認識，對俄國人表現出了某種擔心：「鄂羅斯察漢汗遣使進貢，大學士等將鄂羅斯進貢奏章翻譯，進呈。上曰：鄂羅斯國人材頗健，但其性偏執，論理也多膠滯，從古未通中國。其國距京師甚遠，然從陸路可直達彼處……至外藩朝貢，雖屬盛事，恐傳至後世，未必不因此反生事端。總之，中國安寧，則外釁不作。故當以培養元氣，為根本要務耳。」〔註63〕遺憾的是，康熙皇帝這一具有戰略眼光的認識，並未為後人所牢記。

第二節　駐華宗教傳道團推動俄國漢學從自發走向自覺

　　中俄文化交流的自發階段持續近一個世紀，從十八世紀初到十八世紀末為止。在這期間起主導作用的是來華留學的俄國學生，他們在中國學習滿漢蒙語的過程中，受到中國文化的薰陶，自發地產生了深入瞭解中國文化的動機和興趣。因而，俄國從傳道團中產生了早期從事對中國研究的漢學家。進入十九世紀後，從駐華宗教傳道團走出的漢學家們推動俄國漢學發展到了自覺階段，他們的研究成果在俄國和歐洲都產生了巨大的影響。他們利用自己所掌握的知識為中俄雙方持續不斷的文化交流架起了一座橋樑，而中國的富裕、文明是這座橋樑的基石。

〔註62〕葛斯頓‧加恩：《彼得大帝時期的俄中關係》，商務印書館，1980年，北京，第72頁。
〔註63〕《清聖祖實錄》卷160，中華書局影印本。

一、自發階段俄國駐華宗教傳道團成員對中俄文化交流的貢獻

　　關於自發階段的定義，是指俄國政府沒有硬性規定駐華宗教傳道團人員去專門研究中國文化，完全依靠俄國駐華宗教傳道團留學生個人能力、興趣而爲俄國漢學的形成和發展奠定基礎的階段。

　　俄國政府派遣學生來華學習滿漢語的直接目的，就是爲了培養適應中俄兩國日益頻繁交往所需要的翻譯人才。當俄國和中國正式開始進行接觸的時候，俄國發現和中國交往上存在一個巨大的語言交流困難。雙方的來往文書和來華使團的談判，都需要經過在清朝皇宮裏服務的歐洲傳教士之手、之口，這對於要和歐洲諸國在中國展開競爭的俄國來說，俄國的對華交往全無秘密可言，各種國家級情報都暴露在了自己的競爭對手面前。選送合適的人才到中國，由中國培養適應兩國關係發展的翻譯人才，是一條快捷、方便之路。

　　整個十八世紀，俄國政府派出了八屆駐華宗教傳道團，學習滿漢語的任務主要由選派的學生來完成。在這八屆駐華宗教傳道團中，第一屆、第五屆沒有學生，《恰克圖條約》簽訂後派出的第二屆有 6 名，剩下的 5 屆各派出 4 名，這樣，先後共派出了 26 名學生。其中，在漢學研究方面頗有成就的人物是囉索欣（第二屆）、列昂季耶夫（第三屆）。其餘的學生，一部分病死在了中國，一部分回國後祇是簡單地從事了翻譯工作，在漢學研究領域沒有作出特別的貢獻。

　　學習和掌握中國的語言文字是眞正認識中國的必要前提。在當時的中國有兩種語言是必須掌握的——滿語和漢語。因爲清朝政府明確規定滿語爲中國的第一語言，爲正式的官方語言，漢語次之。但中國的核心文化是由漢語寫就的，要瞭解和認識眞正的中國，就必須學習漢語。可以這樣說，學習滿語是出於現實政治經濟的需要，而學習漢語是爲了研究中國文化的根本需要。俄國人爲了讓來華的學生能夠快速地掌握中國語言，一般都要讓候選來華的學生在俄國國內先接受一定程度的語言訓練。囉索欣在伊爾庫茨克蒙語學校學習過蒙語，列昂季耶夫在中國人周戈開辦的滿漢語學校接受了專門的語言訓練。正是他們有語言基礎，所以，當他們來到中國後，在中國的語言環境中，滿漢語的聽說讀寫水準提高很快，從而節約出大量寶貴的時間用於學習中國的文獻，對之加以研究，並在浩如煙海的中國文化典籍中收集有用的資料，將之帶回國，以備將來研究之用。

　　囉索欣的漢學成就。囉索欣 1717 年出生在色楞格斯克附近的希洛克村的一個神父家庭，1725～1728 年，在第二屆駐華宗教傳道團團長、修士大司祭安東

尼‧普拉特科夫斯基所創辦的伊爾庫茨克蒙語學校學習，1729 年他與另外兩名在同一所學校學習的同學舒利金和波諾馬廖夫一同來華，當時，他只有 12 歲。還是個孩子。但他應了中國的「自古英雄出少年」這句古話，在漢學領域取得了創造性的成就。當他於 1741 年返回俄國時，已是一個滿腹漢學經綸的小夥子。

在中國學習期間，他首先過的是語言關。在中國教師的幫助下，他憑藉自己的聰慧和勤奮，很快就掌握了滿漢語。1735 年，他被理藩院聘為中俄兩國往來公文的翻譯。這樣，俄國人第一次有人打入中國政府最高層，取得了中國政府的信任。俄國政府與清朝政府之間的交涉資訊自此避開了西方傳教士的耳目，被限制在了中俄兩國之間進行交流。當囉索欣回國後，在理藩院充當中俄兩國公文往來翻譯工作的是另外一名學生弗拉迪金。囉索欣和弗拉迪金在清朝政府任職的行為，出乎俄國政府的意料之外，對它來講是一種額外的收穫。正是囉索欣在理藩院任職期間，獲得了一份在當時來講非常寶貴的中國地圖。他將地圖上的地理名稱標上了俄語，於 1737 讓護送第三屆駐華宗教傳道團的郎克帶回國內，呈獻給了沙皇，並因此獲得准尉軍銜，駐華的年薪也從 130 盧布提高到 150 盧布。〔註 64〕

囉索欣在擔任內閣俄羅斯學教師期間，與俄語教師、滿洲人富勒赫一同翻譯了俄國人斯莫特利茨基寫的《俄語語法》，〔註 65〕為在內閣俄羅斯學學習的中國學生提供了一本可用的學習工具，為培養中俄兩國文化交流的人才作出了貢獻。

他利用自己在北京的便利條件，將自己親自觀察所得，記錄成冊，成為研究中國的第一手資料。他在《1730 年京報摘抄》中，摘錄了當年在中國發生的兩次日食，1730 年 9 月 19 日北京的大地震及傷亡 7 萬多人的情況，黃河決堤氾濫的消息。

囉索欣的漢學成就主要是在返回俄羅斯以後逐漸積累起來的。他的漢學成果形式，主要是以翻譯介紹中國的文化典籍為主。1741 年 3 月，回到聖彼得堡的囉索欣被外務委員會派到科學院擔任翻譯，並主持滿漢語的教學工作。自此，他作為科學院的一名成員開始了自己的漢學研究生涯。在俄國科學院期間，他

〔註 64〕張國剛等著：《明清傳教士與歐洲漢學》，中國社會科學出版社，2001 年 5 月第一版，第 388 頁。

〔註 65〕《東正教在遠東──紀念俄國宗教傳道團駐華 275 周年》，聖彼德堡，1993年，俄文版，第 12 頁。

翻譯了近 30 部滿漢文獻。〔註66〕其中代表性的有：《滿漢文的俄文轉寫》、《二十四孝》、《五卷本準噶爾叛亂平定記》、《資治通鑒綱目前編》、《中國花炮製作法》、《1714 年前往伏爾加地區晉見卡爾梅克汗阿玉奇的中國使團遊俄記》（譯自滿文圖理琛的《異域錄》）、《阿爾泰山記》（譯自《大清一統志》）、《八旗通志》（17 卷，與列昂季耶夫合作，囉索欣完成了其中的 1、2、3、6、7 卷的翻譯工作，剩下的由列昂季耶夫完成）、《三字經》、《千字文》。〔註67〕

　　囉索欣的學術命運反映了當時俄國漢學發展處在自發階段的典型特徵：其一，他的研究動機出於個人的興趣和工作需要，其成果沒有獲得官方的正式評價。囉索欣的漢學譯著成果大多數停留在手稿階段，這些譯著中只有《阿爾泰山記》，《八旗通志》正式成書出版，《1714 年前往伏爾加地區晉見卡爾梅克汗阿玉奇的中國使團遊俄記》在囉索欣於 1761 年去世後的第三年由科學院院士米勒在《學術月刊》上連載發表；其二，他對俄國漢學形成的貢獻是通過科學院的德籍漢學家實現的。俄國科學院成立之初，把持科學院大權的是德國學者，他們把囉索欣衹是視作一名爲他們提供研究資料的有能力的翻譯人員，在自己的漢學研究中大量使用囉索欣的譯著成果而不提囉索欣的名字，因而，當時在俄國學術界，囉索欣沒有引起人們的特別關注，他對俄國漢學發展的貢獻衹是在很久以後才被人們認識到；其三，沒有自己獨立的學術研究成果。在囉索欣所遺留下來的 30 部遺著中，沒有一部是自己的研究所得，更多的是爲別人作嫁衣，處在介紹中國資料的階段，還未能上陞到理性認識的程度。

　　囉索欣的翻譯成就是 18 世紀駐華宗教傳道團成員在俄國漢學界地位的反映，另一位與囉索欣同時代列昂季耶夫的情況也是如此。他比囉索欣幸運的是出版了 21 種譯作。「十八世紀俄國共出版有關中國書籍和論文一百二十一種，他的譯著即占其中五分之一。」〔註68〕其翻譯成果受重視程度由此可見一般。

　　阿列克謝・列昂季耶夫於 1716 年出生在莫斯科教堂工作人員家庭，曾在中國人周戈開辦的滿漢語學校學習，1741 年調入外務委員會工作。和囉索欣做了一年同事，於 1742 年自願以學生的身份參加第三屆俄國駐華宗教傳道

〔註66〕 B.C.麥斯尼科夫：《我國中國學的形成和發展》，載《遠東問題》，俄文版，№2 ,1974 年。

〔註67〕 中國社會科學院文獻情報中心編：《俄蘇中國學手冊》（上），中國社會科學出版社，1986 年第一版，第 80～81 頁。

〔註68〕 中國社會科學院文獻情報中心編：《俄蘇中國學手冊》（上），中國社會科學出版社，1986 年第一版，第 56 頁。

團，1743 年來到北京。在北京期間，受聘於理藩院作翻譯，並在內閣俄羅斯學任教。1755 年，他隨第四屆駐華宗教傳道團返回俄羅斯。1756 年被任命爲外務委員會亞洲司任滿語譯員，領中尉銜。1757 年被派往科學院協助囉索欣翻譯 16 卷本的《八旗通志》。1761 年囉索欣去世後，他將翻譯該書的工作做完，共譯出第 4、5、8、9、10、11、12、13、14、15、16 卷，並編輯出第 17 卷（注釋卷）。列昂季耶夫出版的的譯作主要有《名臣奏議》、《雍正皇帝傳子遺詔》、《中國思想》、《中國象棋》、《關於 1677～1689 年中國人與準噶爾人的戰爭報導》、《大清會典》、《大清律》、《大學》、《中庸》、《聖諭廣訓》、《圖理琛異域記》。但他還是遺留下了大量的手稿沒有出版。〔註69〕

在囉索欣和列昂季耶夫所翻譯的著作中，最受俄國政府關注的就是《八旗通志》。這部書是由阿列克謝・弗拉迪金於 1754 年從北京帶回來的。當弗拉迪金將此書交給樞密院後，樞密院馬上將它轉交給科學院，要求抓緊時間將其譯成俄語。這部書之所以受到重視，是和當時中俄兩國的關係分不開的。十八世紀中期，在俄國國內掀起了一股否定《尼布楚條約》是一個平等的條約的浪潮，沙俄政府已對中國的黑龍江流域提出了領土要求。經過半個多世紀的交往，俄國人已經知道佔據中國統治地位的滿族這個人口很少的少數民族。他們急切想知道，滿族是如何將一個人口眾多的漢族臣服的，其秘訣在哪裡。〔註70〕他們試圖從反映滿族發跡的歷史中尋找出答案，而《八旗通志》正好是一部反映滿族發跡史的文字材料，迎合了俄國政府的這種要求。這一舉動的背後還隱藏著一個大秘密：既然一個人口占中國總人口不足百分之一的滿族都能將中國征服，那麼像俄羅斯這麼一個幅員廣闊、技術先進、人口遠勝過滿族的民族怎麼就不能將滿族統治下的中國變成黃俄羅斯呢？如果我們將中俄（蘇）關係史放在歷史的長河中去考察，就會發現其發展的邏輯就是如此。

二、自覺階段比丘林所作的貢獻

關於俄國漢學發展的階段問題，已有的學術成果探討的不多。楊玉林先

〔註69〕 中國社會科學院文獻情報中心編：《俄蘇中國學手冊》（上），中國社會科學出版社，1986 年第一版，第 57～58 頁。

〔註70〕 「選擇這部文集翻譯不是偶然的：俄國科學界在研究滿族歷史文獻時，試圖回答一個讓瞭解中國近百年歷史的人激動不已的主要問題——爲什麼一個人口很少的滿族竟能夠臣服中國而建立一個大帝國？」見 B.C.麥斯尼科夫：《我國中國學的形成和發展》，載《遠東問題》，俄文版，№2，1974 年。

生認爲從 1855～1917 年爲俄國漢學的發展的自覺階段，之前爲自發階段。他將自覺階段的一些特徵概括爲四個方面：

第一、以國家中央機關自覺壟斷漢學研究爲開始，以國營漢學研究爲主，以民間及宗教界的漢學研究爲輔。

第二、漢學研究與滿蒙學研究並行，但專以漢學研究爲主，研究內容開始涉及到經濟基礎和自然科學。

第三、研究力量的中心由教會轉移到大學和科學院，研究方式由譯介轉向論述。

第四、由於官僚機制的僵化，研究速度相對滯緩。〔註 71〕

孫越生先生將俄國漢學在 1855～1917 年這一個時期稱之爲學院階段，以 1855 年聖彼得堡大學成立東方系這個全俄最大的中國學中心爲主要標誌，而把 1855 年前俄國宗教傳道團駐華時期的俄國漢學發展階段稱爲僧侶階段。他認爲俄國漢學發展到自覺階段的特徵：「從組織形式上說，就是中國學的教學與研究從傳教士團完全向大學教研室轉移；從內容上說，就是中國學的教學與研究從俄國封建主義官僚僧侶精神向沙俄資本主義學院精神過渡。」〔註 72〕

二位先生對俄國漢學發展階段分期的看法，基本上是一致的，分歧不大。

由於本課題研究俄國宗教傳道團駐華的日期截止到 1850 年，沒有對俄國駐華宗教傳道團及俄國漢學的發展作一個全貌性描述，衹是想借鑒二位先生的觀點來闡述俄國駐華宗教傳道團對中俄文化交流的發展所作的貢獻。在承認二位先生定論的基礎上，引申出自己的看法：從第九屆俄國駐華宗教傳道團開始，俄國駐華宗教傳道團對中國文化的研究進入自覺階段，並推動俄國漢學發展到自覺階段。基本依據是：從第九屆駐華宗教傳道團開始，修士大司祭、團長都是由神職人員兼學者擔任。表面上，他們的身份是神職人員，但因爲在中國一個多世紀的傳教活動的毫無作爲，使他們放棄了這方面的努力，他們自覺地將在北京的工作放在了研究中國上面。他們克服重重困難，使俄國政府認同了他們的做法，最終取得了俄國政府對他們的支持。經過他們的不懈努力，促使俄國國內的漢學進入到自覺的發展階段。這其中，第九

〔註 71〕 楊玉林：《俄國傳教士團與十八世紀的中俄關係》，載《齊齊哈爾師範學院學報》，1987 年第二期。

〔註 72〕 孫越生：《俄蘇中國學概況（代前言）》，載中國社會科學院文獻情報中心編：《俄蘇中國學手冊》（上），中國社會科學出版社，1986 年第一版，第 7 頁。

屆駐華宗教傳道團團長、修士大司祭比丘林居功至偉。

比丘林開闢了俄國駐華宗教傳道團駐華期間以專門學習和研究中國文化為主的先例。表現有二：一是帶頭學習滿、漢、藏、朝語和進行科學研究活動；二是督促屬下人員也以學習、研究中國語言、文化為主要活動內容。他在北京期間的學術活動，前面已經介紹過，這裡不再贅述。

比丘林促使沙俄政府認同了自己研究中國文化的學術行為。比丘林回國後，由於最高聖務會議及沙皇亞歷山大一世不能正確估價比丘林在北京從事學術活動的重要意義，反而以其 12 年裏沒有去過教堂、變賣教堂財產、荒廢教務以及對屬下人員管理不善等等罪名將之投入瓦拉姆修道院囚禁起來。在瓦拉姆修道院，比丘林沒有消沉，他利用自己從中國帶回來的書籍、資料和囚禁時的大量閒暇時間繼續從事自己的學術研究活動。自 1823 年 9 月 4 日起至 1826 年10 月 1 日止，比丘林翻譯了大量的中文資料和寫下了許多有關中國問題的手稿。而且他對自己的學術研究成果被人們認可充滿了信心。當他從瓦拉姆修道院出來後，他在瓦拉姆修道院所準備的許多學術研究著作很快就被出版了。〔註73〕

沙皇亞歷山大和最高聖務會議的腐朽昏庸，沒有遮住比丘林學術研究價值的光芒。在他被宣判監禁在瓦拉姆修道院之前，認識到比丘林學術價值的著名人士就開始向沙皇發出呼籲，請求俄國最高當局免除比丘林的「罪責」。東西伯利亞總督 M・M・斯彼朗斯基打報告給外交部長 K・B・涅謝裏羅傑，請求他在審判比丘林的在華行為時，要看到他在滿漢語方面所取得成就，要將他在學術方面的功績作為減輕比丘林罪責的一個依據。K・B・涅謝裏羅傑在給宗教事務和國民教育部長 A・H・戈利增的請求書中提出，比丘林在中國語言方面的豐富知識可以被用來培養駐華宗教傳道團的候補人員。〔註74〕儘管這些努力沒能阻止亞歷山大沙皇政府將比丘林監禁，但他們沒有放棄解救比丘林出獄的希望。其中，護送第十屆駐華宗教傳道團來華和第九屆駐華宗教傳道團返回俄羅斯的監護官 E・Φ・季姆果夫斯基一直在尋找機會解救比丘林。1825 年，沙皇亞歷山大一世去世，新沙皇尼古拉一世繼位，已經是俄羅斯外交部亞洲司第二廳廳長的季姆果夫斯基，聯合俄國著名發明家、東方學

〔註73〕 齊赫文斯基，彼斯科娃：《傑出的俄國漢學家雅金夫（比丘林）誕生 220 年》，俄文版，莫斯科，1997r. 第 180 頁。

〔註74〕 齊赫文斯基，彼斯科娃：《傑出的俄國漢學家雅金夫（比丘林）誕生 220 年》，俄文版，莫斯科，1997r. 第 179 頁。

家、科學院通訊院士希林格，以亞洲司的名義向尼古拉一世提出釋放比丘林的申請，利用比丘林豐富的滿漢語知識爲國家外務委員會服務。這次解救成功了，尼古拉一世很快批覆，將修士雅金夫‧比丘林編入了亞洲司。〔註75〕

　　比丘林的學術活動對中國文化在俄國及世界的傳播所起到了積極作用。出獄後的比丘林很快找到了發揮自己學術影響力的方式，他同聖彼得堡和莫斯科思想先進的學者、文學家保持著密切的聯繫，爲兩地的雜誌撰稿。隨之而來的是他的著作被一部部地出版，幾乎每一部著作都能夠產生轟動，引起學術界廣泛的關注。1828年，出版了他的譯著《西藏志》。這是俄國第一本專門介紹西藏的著作，書中附註了比丘林自己所作的大量注釋和評述，甚至還有一幅從成都到拉薩道路的地圖。該書出版後，很快就得到了廣泛的傳播並於1829年被譯成了法語。《莫斯科通報》、《祖國之子》和《莫斯科電訊》等雜誌，都有評論文章。《北方蜜蜂》雜誌上發表的俄國科學院通訊院士、俄國東方學鼻祖之一 ——先科夫斯基的評論文章，更是爲比丘林贏得了廣泛的讚譽。〔註76〕同年，他的兩卷本《蒙古紀事》也出版了。這本書以他於1821年從北京返回恰克圖的路上的觀察記錄爲基礎，引用了大量的漢文原始資料，給予自己的評說，書中附有清朝政府對蒙古地區統治的律例，介紹了清朝政府統治蒙古人的方法。這本書出版後，引起了俄國和歐洲學術界的激烈反響，獲得了積極評價，很快被譯成了法語、德語。〔註77〕由於比丘林在漢學、蒙古學、藏學方面的傑出成就，1828年12月，他被選爲俄國科學院通訊院士。1829年，比丘林出版了四部著作：《準噶爾和東土爾克斯坦》，這是俄國國內第一本介紹中國西北部少數民族歷史的著作，該書出版後在歐洲學術界引起的關注，用波列沃伊的話來說：「在巴黎、倫敦、維也納比我們這裡更熱烈地談論著雅金夫神甫的著作。」〔註78〕《北京記述》附有一幅比丘林親自繪製的北京平面圖，這部書當年就被譯成法語出版。《成吉思汗家族前四汗史》一書是根據中國史書典籍《元史》、《通鑒綱目》選編翻譯而成的另一部關於蒙古人歷史的著作。《三字經》成書於十八世紀，是中國人

〔註75〕　齊赫文斯基，彼斯科娃：《傑出的俄國漢學家雅金夫（比丘林）誕生220年》，俄文版，莫斯科，1997r.第180頁。

〔註76〕　閻國棟：《比丘林的中國邊疆史地研究》，載《中國邊疆史地研究》，2001年6月，第2期。

〔註77〕　齊赫文斯基，彼斯科娃：《傑出的俄國漢學家雅金夫（比丘林）誕生220年》，俄文版，莫斯科，1997r.第181頁。

〔註78〕　閻國棟：《比丘林的中國邊疆史地研究》，載《中國邊疆史地研究》，2001年6月，第2期。

專門用儒家教義來培養少年兒童道德品質的百科全書式的啓蒙著作。囉索欣曾翻譯過它，因爲沒有出版，沒有在俄國引起廣泛的關注。比丘林在翻譯該書的時候，用俄語作了詳細的注釋，並且收錄了漢語原文，變得適合俄國人閱讀。該書一出版，馬上引起了俄國人的廣泛興趣，「他將中國詩歌翻譯成俄語的大膽嘗試得到了 A・C・普希金的高度評價。」〔註 79〕

　　1828～1830 年間，除了上面提到的 6 部著作被出版以外，他還在許多雜誌上發表了多篇論文。之後的 20 年學術生涯中，俄國著名的《內務部雜誌》、《莫斯科通訊》、《莫斯科人》、《傳聞》、《莫斯科電訊》、《祖國紀事》、《俄羅斯座談》、《俄國通報》、《北方檔案》、《祖國之子》、《望遠鏡》、《北方的花朵》（文選）、《芬蘭通報》等雜誌經常刊載他的學術著作，同時，國外的一些雜誌也經常刊載他的學術文章。〔註 80〕通過上面這些刊載過比丘林文章的雜誌的數量，可以從另外一角度瞭解比丘林的學術影響力有多大了。

　　比丘林在俄國傳播中國文化的另外一些活動就是廣泛交結俄國文化界的名人。這裡所指的不是像人們通常所瞭解的那樣，去刻意地奉承、巴結、追捧文化名人，而是依靠自己在學術上的造詣贏得了別人的尊重。在 1830 年至他於 1853 年 5 月 11 日去世前，他又接連不斷地出版著作。這一時期出版的著作和譯著有：《西藏青海史》（1833）、《厄魯特人和卡爾梅克人歷史概述》（1834）、《中國，其居民、風俗、習慣與教育》（1840）、《中華帝國統計概要》（1842）、《中國的農業．附 72 種農具圖》（1844）、《中國的民情和風尚》（1848）《古代中亞各民族歷史資料集》（1851）等等。幾乎比丘林每出版一本著作，都要在俄國國內引起巨大的反響，他因此先後三次獲得傑米多夫獎金（1832～1865 聖彼得堡科學院用俄國貴族傑米多夫的捐款頒發給發表科學、技術和藝術著作者的獎金，是俄國最高科學榮譽獎）。

　　俄國著名的寓言作家克雷洛夫，科學院院士弗林，著名評論家、聖彼得堡大學教授先科夫斯基，思想家、評論家別林斯基，偉大詩人普希金，作家和音樂家奧多耶夫斯基，巴納耶夫，十二月革命黨人別斯圖熱夫等俄國文化界的精英人物，都是比丘林學術上的朋友。他們都熱切地關注比丘林的每一

〔註 79〕 齊赫文斯基，彼斯科娃：《傑出的俄國漢學家雅金夫（比丘林）誕生 220 年》，俄文版，莫斯科，1997г. 第 182 頁。

〔註 80〕 麥斯尼科夫：《雅金夫神甫（比丘林）選調到科學院》，俄文版，莫斯科，1997г. 第 207 頁。

部著作，或提中肯的建議，或讚賞，或批評。先科夫斯基建議他在著作時不
要將清朝的行政管理體制與西方國家進行對比，而要將其同中國有某些共性
的東方國家加以比較；別林斯基指出他在反對西方學者對中國的攻擊時把中
國理想化的缺點。〔註 81〕但他們更多的時候給予比丘林是掌聲。在他的影響
下，俄國偉大的詩人普希金甚至於 1830 年著手去中國旅行。雖然最後沒有成
行，但他一如既往地關注中國，和比丘林保持著密切的聯繫，閱讀比丘林出
版的每一本關於中國的著作。〔註 82〕

　　比丘林之後從駐華宗教傳道團中湧現出來的大批漢學家，都無一不和比丘
林有關。正是因為他們的存在和對中國文化的瞭解，才使俄國的漢學發展具有
可持續性。雖然沙皇對比丘林在華沒有從事宗教活動的行為進行了審判，但沙
皇政府還是採納了比丘林於 1810 年提出的改進駐華宗教傳道團的建議：提高駐
華宗教傳道團人員的素質；所有宗教傳道團人員在華期間都要從事語言文化的
學習。〔註 83〕1818 年，沙皇政府明確了宗教傳道團在華的使命，規定其任務「不
是宗教活動，而要對中國的經濟及文化進行全面研究，並應及時向俄國外交部
報告中國政治生活的重大事件」，注意搜羅圖書、寄送地圖和城市平面圖，采集
可在俄國栽培的作物種子和俄國工業適用的礦物標本。〔註 84〕在隨後下達給各
屆來華宗教傳道團的指令中，其中規定：除完成學習滿漢語這個主要任務外，
從醫學到哲學（特別強調「儒學」），從法律制度到農村經濟，均應安排專人，
分頭搜集資料進行研究。〔註 85〕在這些新的命令規定下，從第十屆俄國宗教傳
道團駐華開始，俄國政府在選派駐華宗教傳道團人員的時候，注重其個人素質。
而擔任宗教傳道團團長的人員，都是從文化教養較高的前駐華宗教傳道團人員
中選拔，無論是第十屆的卡緬斯基，第十一屆的維尼阿明，還是第十二屆的波

〔註 81〕　張國剛等著：《明清傳教士與歐洲漢學》，中國社會科學出版社，2001 年 5 月
　　　　　第一版，第 420～421 頁。
〔註 82〕　齊赫文斯基，彼斯科娃：《傑出的俄國漢學家雅金夫（比丘林）誕生 220 年》，
　　　　　俄文版，莫斯科，1997r. 第 193 頁。
〔註 83〕　最早提出這項建議的是第八屆宗教傳道團團長索夫羅尼，本文作者在前面
　　　　　已做過分析。當索夫羅尼向最高聖務會議提出自己建議的時候，比丘林已
　　　　　經在北京了，他不大可能知道索夫羅尼所講的內容。因此，他是在不同的
　　　　　時間，不同的地點，提出了和索夫羅尼相同的建議。由於有兩位修士大司
　　　　　祭的提出，比較肯定的一點是加強了俄國政府對這方面的認識，因而改變
　　　　　了決策。
〔註 84〕　蔡鴻生：《俄羅斯館紀事》，廣東人民出版社，1994 年 9 月第 1 版，第 24 頁。
〔註 85〕　蔡鴻生：《俄羅斯館紀事》，廣東人民出版社，1994 年 9 月第 1 版，第 25 頁。

裏卡爾普，及後來第十三屆的卡法羅夫，都是遵照這一指示精神執行的。他們自己不僅在漢學研究領域取得了非凡成就，而且其屬下人員回國後，也都是活躍在俄國漢學界的傑出人物。也正是由於他們的辛勤努力，推動著俄國漢學向自覺階段發展。

三、架起溝通中俄文化交流的橋樑

從 18 世紀開始，俄國駐華宗教傳道團人員爲中俄文化交流做了大量的工作，發揮了中俄兩國文化交流的橋樑作用。一方面，他們在中國時，參與清朝政府培養俄語人才；另一方面，回國後，運用自己所學到的滿漢語知識，在俄羅斯積極辦學，培養滿漢語人才。

第一，參與清朝政府的高級事務，促進中俄兩國的政治交流。清朝政府不拘嫌疑，在中方缺少俄語翻譯人員的情況下，啓用俄國宗教傳道團人員出任理藩院的翻譯工作，如囉索欣、阿列克謝・弗拉迪金和列昂季耶夫，他們都出色地完成了任務。

第二，參與內閣俄羅斯學的教學工作，爲清朝政府培養合格的俄語翻譯人才。從第一屆駐華宗教傳道團來到北京起，他們中間的一些人就參與了內閣俄羅斯學的教學工作。1708 年（康熙四十七年）成立內閣俄羅斯學後，最初是由兩名俄羅斯佐領任教。〔註 86〕由於教學水準低下，俄語教學效果不佳。1715 年，第一屆俄國宗教傳道團駐華後，修士司祭拉夫連季、教堂輔助人員約瑟夫・加果諾夫（大約在 1736 年死於北京），約瑟夫・阿法納西也夫（1717年返回俄羅斯）做過短暫的教師工作。自第二屆宗教傳道團駐華起，隨團一同來到北京的學生具有較高的文化素質和一定的滿漢蒙語水準，相對來講，他們參與後的內閣俄羅斯學教學工作較前相比，更富有成效，因而爲清朝政府辦學所倚重。在他們的幫助下，從雍正末年起，內閣俄羅斯學開始爲清朝政府提供合格的俄文翻譯。據楊玉林先生考證，從俄羅斯學出來在理藩院任職的馬查、富勒赫、烏米泰等，俱能將頻繁往來於中俄兩國的公文、函件很好地翻譯出來。〔註 87〕乾隆曾稱讚過一名叫員承寧的俄文譯員，說他「熟悉

〔註86〕一般是兼任理藩院俄文翻譯的俄羅斯佐領領催庫西瑪、雅槁、伊凡等人擔任。

〔註87〕楊玉林：《俄國傳教士團與十八世紀的中俄關係》，載《齊齊哈爾師範學院學報》，1987 年第二期。

俄羅斯文字，向來俄羅斯事件，俱能悉心妥譯。」〔註88〕乾隆末年，清朝政府曾抽調一名內閣俄羅斯學的畢業生，到新疆伊犁地區開辦俄語學校，為西北邊境培養了一批俄語譯員。〔註89〕

　　第三，為內閣俄羅斯學編寫教材。除了前面提到的囉索欣與富勒赫合作翻譯斯莫特利茨基寫的《俄語語法》為滿文外，還翻譯了十本俄文書籍。〔註90〕《俄語語法》是囉索欣、列昂季耶夫先後花了 8 年時間翻譯而成，該書手稿收藏在聖彼得堡遠東研究所圖書館。據蘇聯學者沃爾科娃發表在蘇聯《亞洲民族研究所簡報》第 61 期（1963 年）上的一篇文章《中國學生用的第一部俄語教科書》介紹，這部書共 14 冊，以滿、漢、俄文寫成，分為三個部分：第一部分是序言，為第一冊；其又分兩節，第一節介紹北京內閣俄羅斯學之成立，沿革，提到囉索欣於乾隆三年（1738 年）入學任教、翻譯該書，囉索欣走後由列昂季耶夫於乾隆十年（1745 年）入學任教，至乾隆十一年（1746 年）翻譯成書。第二節則是介紹俄語字母。第二部分是將當時在俄國國內通行的斯莫特利茨基寫的《俄語語法》教科書改變而成，共有第二至十二冊及第十四冊。第三部分為第十三冊，以《學生須知》冠名，重點介紹中國學生應該如何學習俄語的方法。通過這部書成書的簡單介紹，可以看出，囉索欣和列昂季耶夫是如何用心為教授中國學生學習付出勞動了。遺憾的是，自乾隆二十八年（1764 年）起，清朝政府再沒有聘請俄國駐華宗教傳道團成員在內閣俄羅斯學任職。之後內閣俄羅斯學的學生翻譯水準一落千丈，乃至於在道光四年（1824 年），俄羅斯學的學生「僅能以滿文章法翻寫俄羅斯字話，近日俄羅斯來文與本學抄記舊話日漸支離，遇有承翻事件，查照檔案翻寫，間有疑異，無從詢問。」〔註91〕

　　第四，回國後培養學習中國語言文化的俄國學生。最早在俄國國內開辦蒙語學校的是修士大司祭安東尼・普拉特科夫斯基，1720 年他曾作為隨團神甫隨伊茲瑪依洛夫使團來華訪問過。回國後，接到彼得一世的諭旨，在自己修行的伊爾庫茨克修道院中，籌辦起了一所學校，由他親自給教會的兒童教

〔註88〕　楊玉林先生說此事在《清高宗實錄》第 1357 卷中有記載，但本文作者沒有查到。

〔註89〕　楊玉林：《俄國傳教士團與十八世紀的中俄關係》，載《齊齊哈爾師範學院學報》，1987 年第二期。

〔註90〕　楊玉林：《俄國傳教士團與十八世紀的中俄關係》，載《齊齊哈爾師範學院學報》，1987 年第二期。

〔註91〕　中央研究院歷史語言研究所：《明清史料》，臺北，1960，庚編，第八本第 776a頁。轉引自臺灣學者王智仁碩士論文：《清代內閣俄羅斯文館之研究》，中華民國九十年六月（西元 2001 年 6 月）。

授蒙語。〔註 92〕之所以首先開設蒙語學校，一是當時在俄國境內找不到教滿語的老師；二是隨著俄國對布裏亞特蒙古的征服，部分俄國人對蒙語有了更多的瞭解；三是滿語和蒙語相通，學會蒙語有利於學習滿語。從該校派來的第一批來華的學生在北京語言的實踐也證明了這樣做的成功。俄國第一所滿語學校是由中國人周戈於 1739 年在莫斯科開辦的，存在了兩年，共培養出 4 名學生。〔註 93〕列昂季耶夫是其中取得最大成就的學生。1741 年，囉索欣從中國學成回過後，俄國科學院正式在聖彼得堡開辦了一所滿漢語學校，由囉索欣負責主持。這所學校存在了十年（1741～1751 年），囉索欣共培養了 4 名學生。〔註 94〕這是俄國第一次依靠自己的力量培養的滿漢語人才，其為俄國培養滿漢語人才的模式作了有益的探索。從 1762 年起，由列昂季耶夫負責聖彼得堡的滿漢語學校的教學工作，他也招收了 4 名學生。〔註 95〕

第五，比丘林的教學活動及其對後來宗教傳道團人員的培養。1830 年，根據東方學家、科學院通訊院士希林格的建議，比丘林來到恰克圖進行科學考察。在恰克圖，比丘林應商人的要求，開辦了一所漢語學校，招收了 10 名學生。經過一年多的時間，學生們在比丘林的調教下，取得了非常顯著的教學效果。1835 年，比丘林再次來到恰克圖，為恰克圖漢語學校恢復教學秩序。這次回到恰克圖，比丘林帶來了他剛出版的漢語語法教科書，為學校製定了詳細的教學計劃。規定學制為 4 年。第一年教授漢語語法，並同俄語語法進行對比，弄清兩者之間的差別。第二年繼續學習語法，同時進行商業內容的口語訓練。第三年重點鍛煉學員根據漢語語法規則進行擴展性對話練習的能力，翻譯程度適宜的文章。第四年除了繼續加強漢語口語訓練外，講解不同交際環境對漢語詞彙使用的意義，訓練學生書面翻譯能力。〔註 96〕比丘林這一創造性的教學計劃設計，為俄國的漢語教學法的實踐提供了寶貴的經驗。

〔註92〕班·卡緬斯基：《俄中兩國外交文獻彙編（1619～1792 年）》，商務印書館，1982
　　　　年，北京，第 111 頁註釋 1。

〔註93〕B.C.麥斯尼科夫：《我國中國學的形成和發展》，載《遠東問題》，俄文版，
　　　　№2 ,1974 年。

〔註94〕B.C.麥斯尼科夫：《我國中國學的形成和發展》，載《遠東問題》，俄文版，
　　　　№2 ,1974 年。

〔註95〕中國社會科學院文獻情報中心編：《俄蘇中國學手冊》（上），中國社會科學出
　　　　版社，1986 年第一版，第 56 頁。

〔註96〕中國社會科學院文獻情報中心編：《俄蘇中國學手冊》（上），中國社會科學出
　　　　版社，1986 年第一版，第 186～187 頁。

1838 年，在他離開恰克圖返回聖彼得堡後，恰克圖學校的教學任務就交給了回國的第十屆駐華宗教傳道團學生康得拉特‧克雷姆斯基完成。克雷姆斯基從 1831 年起就開始在恰克圖漢語學校負責主持該校的教學等工作，在比丘林的幫助下，他找到了教育俄國兒童學習漢語的方法，之後他一直堅持沿用比丘林的教學方法和教材，培養出了一批批適合中俄兩國發展需要的翻譯人才。

比丘林的教學活動，並不止於恰克圖漢語學校。俄國駐華宗教傳道團「第十一班至第十三班入華前的短期集訓，比丘林每次都是亞洲司指定的導師。」〔註 97〕像第十二屆俄國駐華宗教傳道團戈爾斯基、卡法羅夫、紮哈羅夫、古裏等一批揚名於俄國漢學發展史上的人物，都受到過比丘林滿漢語的教育，聆聽過比丘林的教誨。〔註 98〕而他所編輯的多部俄漢詞典，成為了俄國人學習漢語的必備工具書；他所翻譯的《三字經》由於是俄漢對照，19 世紀 30～40 年代一直是喀山大學的漢語教材，同時成為聖彼得堡大學 50 年代的教科書；他為恰克圖漢語學校的學生編著的《漢語語法》，直到 1908 年，俄國駐華宗教傳道團仍將它作為最好的漢語參考書而使用。〔註 99〕

第六，俄國駐華宗教傳道團人員推動俄國漢學教育向學院制方向發展，他們在喀山大學和聖彼得堡大學先後成立的東方系的過程中發揮了中流砥柱的作用。

喀山大學成立於 1804 年，1807 年開始建立東方系，下設阿拉伯波斯語教研室、突厥韃靼語教研室和蒙古語教研室。在該校校長、數學家洛巴切夫斯基的倡導下，1837 年成立漢語教研室，聘請第十屆駐華宗教傳道團修士司祭達尼伊爾‧西維洛夫為第一任教研室主任和漢語教授。1844 年，又聘第十屆宗教傳道團的隨團醫生沃伊采霍夫斯基到喀山大學任漢語教研室主任。同年，喀山大學成立俄國第一個滿語教研室，他又開始在喀山大學教授滿語。沃伊采霍夫斯基因此成為俄國歷史上的第一名滿語教授。1851 年，第十二屆駐華宗教傳道團學員瓦‧帕‧瓦西里耶夫任滿漢語編外教授。1855 年，除了講授蒙古語外，東方系停辦，合併到聖彼得堡大學東方系。

聖彼得堡大學成立於 1819 年。1855 年 8 月 27 日舉行東方系成立大會，

〔註 97〕 蔡鴻生：《俄羅斯館紀事》，廣東人民出版社，1994 年 9 月第 1 版，第 78 頁。
〔註 98〕 《東正教在遠東——紀念俄國宗教傳道團駐華 275 周年》，聖彼德堡，1993 年，俄文版，第 31 頁。
〔註 99〕 張國剛等著：《明清傳教士與歐洲漢學》，中國社會科學出版社，2001 年 5 月第一版，第 406 頁。

其主要的班底來自喀山大學東方系。第一任東方系主任爲通訊院士 A・K・卡澤姆別克，第一任漢語教研室和滿語教研室主任爲瓦・帕・瓦西里耶夫（不久滿語教研室併入漢語教研室），同時兼授滿語達十二年之久。1868 年，由紥哈羅夫繼任滿語教授。滿漢語教研室講授漢語和中國文學史，滿語和滿文學史，有權授予東方語文科學碩士和博士學位。1864 年漢滿班改爲漢滿蒙班，學生除漢語必修外，可從滿蒙語中選修一種。除了瓦西里耶夫外，先後在聖彼得堡大學任教的滿漢語教授中，屬於駐華宗教傳道團知名的人物有斯卡奇科夫，佩休羅夫，紥哈羅夫等人。〔註 100〕

四、清朝政府對中俄兩國文化交流的作爲

在中俄兩國的互相交往過程中，清朝政府不完全是處在被動的位置上的，同樣存在認識俄國文化及其他方面的渴望，採取了能夠採取的措施對俄國展開研究，也取得了一定的研究成果。

設置專門機構。十八世紀初期，在中俄兩國頻繁的貿易往來和因之而來的公文交涉中，出於認識和瞭解俄國的需要，康熙皇帝於 1708 年，即康熙四十七年設立內閣俄羅斯文館，〔註 101〕專門招收在京的滿蒙八旗貴族子弟入學，任用俄羅斯佐領做教師，教授這些貴族子弟學習俄語。從此，拉開了學

〔註100〕 關於兩所大學東方系發展情況的資料來源，參見中國社會科學院文獻情報中心編：《俄蘇中國學手冊》（上），中國社會科學出版社，1986 年第一版，第104〜105 頁。

〔註101〕 關於清朝政府設立內閣俄羅斯館的時間問題，學術界另外有不同的看法。蔡鴻生先生認爲是在乾隆二十二年，即 1757 年設立。蔡鴻生：《俄羅斯館紀事》，廣東人民出版社，1994 年 9 月第 1 版，第 224 頁。蘇渭昌先生在《關於同文館的若干史實》（載《南開學報》，1981 年第 4 期）也持相同的看法。而內閣俄羅斯館的稱謂也有多種不同的形式：俄羅斯學、俄羅斯館、京城（師）俄羅斯學、俄羅斯文館、內閣俄羅斯學等等。但《清實錄》記載：「學習俄羅斯文字，原爲翻譯往來文移之用。康熙年間立學，設教習二人，將俄羅斯佐領庫錫瑪、雅槁挑取。學生額二十四名，由八旗學生挑取，後因俄羅斯佐領下，無堪充教習之人，即以官學生暫行管理。應請立定章程，五年一考，列一等者作八品，二等者作九品，教習缺出即以考授八品官學生奏請充補，候升主事。以學生優劣，定教習黜陟，歸內閣、理藩院管理」。《大清高宗純（乾隆）皇帝實錄》（臺北：新文豐出版公司，1978），卷五三九，頁 23a-23b。本文所引用的設立內閣俄羅斯館的時間及註釋轉引自臺灣學者王智仁碩士論文：《清代內閣俄羅斯文館之研究》，中華民國九十年六月（西元 2001 年 6 月）。

習研究俄國的序幕。這一機構一直存在到 1860 年，歷經康雍乾嘉道咸六朝，在同治初期被同文館所取代。在雍正末年、乾隆年間也曾取得過一定的成就，培養過合格的俄語翻譯人才，但後來逐漸走向衰落。雍正十三年，蒙古鑲蘭旗副都統多爾濟曾提出建議，要仿傚俄國派遣駐華留學生的方法，派遣中國學生到俄國去學習：「由俄羅斯學校內，揀選學習略懂者四名，與今來之俄羅斯使臣同遣，勤習伊等語文三年而回。如此，翻譯由俄羅斯國來文，不致遺謬。」〔註102〕嘉慶二十五年，當時庫倫辦事大臣曾建議將北京內閣俄羅斯文館遣至庫倫，借與俄羅斯人經常接觸的機會，以提高學生的俄語水準。〔註103〕以上這些頗具創造性的建議，一概沒有得到皇帝的應允，從而錯過了讓內閣俄羅斯文館發揮重大作用的機會。至道光朝（1845 年），俄國回贈中國 357 號總共近 810 本（幅）的書籍，涉及天文、地理、歷史、政治、經濟、財政、教育、文學、軍事、音樂等方方面面。〔註104〕不僅道光朝，而且在後來的幾個朝代也沒有人能將它們翻譯過來。直至今天，殘存的幾本書也祇是將它們作為特藏束之高閣，看來也沒有將它們翻譯過來的打算。中國就是這樣一次次錯過深入瞭解世界的機會，直至被痛擊的時候，才會警醒。

借中國使團出使俄國瞭解俄國。1712 年，清朝政府第一次派遣圖理琛使團，假道俄羅斯探望游牧在伏爾加河下游的土爾扈特部落。使團臨行前，康熙皇帝特別叮嚀：「俄羅斯國地方風俗甚壞，婦女不端者多，爾等隨役不可無禮妄行，須嚴加約束」，這是中國人按照中國文化中的「婦道」標準，評判俄羅斯婦女行為的最早記載，說明康熙皇帝對俄國已經有了一定的認識；而更要留意「俄羅斯國人民生計、地理、形勢等」〔註105〕的囑咐，表達了康熙皇帝希望認識俄國的急迫心情。圖理琛使團回國後所寫的《異域錄》遊記，對俄國風俗習慣、地理人情、山川道路、宗教信仰等方面作了細緻的描述。這是中國人第一次在文字上對俄國所作的全面詳細的介紹。法國歷史學家加恩給予了高度的評價。說他：「中國人第一次直接認識西伯利亞，以及俄國的一般情況。歷史家圖理琛

〔註102〕第一歷史檔案館編：《雍正朝滿文朱批奏摺全譯》，黃山書社，1996 年。第 2492 頁。

〔註103〕轉引自臺灣學者王智仁碩士論文：《清代內閣俄羅斯文館之研究》，中華民國九十年六月（西元 2001 年 6 月）。

〔註104〕關於俄國回贈中國書籍的原因，過程，內容，書籍的結局等，羽離子先生在其《俄羅斯首次對清政府贈書始末》（載《近代史研究》，1991 年第 4 期）中有詳細的研究。

〔註105〕圖理琛：《異域錄》，載《小方壺齋輿地叢鈔》，杭州古籍書店。

以中國人特有的精細和其他爲克進職責所必要的品質，並出於重新得寵的願望，巧妙地完成了他所肩負的瞭解輿地概況的特殊使命。他所繪製的地圖從任何方面來說，都不亞於當時西歐的地圖，有時在準確性方面甚至超過西歐的地圖，儘管地圖的尺寸較小而且資料較爲簡略。」〔註106〕

圖理琛使團西行，也是中俄文化碰撞的過程。圖理琛一行給俄國人帶去了中國傳統文化中「仁」的觀念和大國官員風範。當使團乘船沿額爾齊斯河進入託博爾斯克河逆水向圖敏行進的過程中，負責拉縴的是被俄羅斯征服的原蒙古部落的塔塔拉族人（現譯爲韃靼族）。他們一路上非常辛苦，但還要經常遭受俄羅斯護兵的鞭撻。圖理琛看不下去，就制止了俄羅斯護兵的行爲：「自厄爾齊斯河向西南入託波爾河，逆流越九宿，於二十三日至圖敏。途中皆塔塔拉之人挽縴。岸旁林木嚴密，無縴路，俱行泥水中。兩足、肌膚破損，血水淋漓，俄羅斯兵丁猶加笞楚催促。余不忍視，呵責方止。」〔註107〕在整個西行過程中，清朝使團考察了俄國的風俗習慣，尤其是認識到了東正教在俄羅斯人生活中的地位：「婚嫁用媒妁，娉娶之日，往叩天主堂，誦經畢方合巹。殯殮有棺，俱送至廟內。葬埋起墳墓，無喪禮。」〔註108〕「自伊國王以至庶民，歸入俄羅斯教之各種人，及男婦童稚，每年按四季大齋四次。每季或四十三十餘日不等。平素皆按七齋戒，七日內戒肉食二日。」〔註109〕

管界大臣對俄羅斯的認識。恰克圖互市以後，清朝政府在庫倫設置辦事大臣，專門處理邊界對俄貿易問題。由於經常和俄國人打交道，他們對俄國文化的瞭解要比內地人瞭解得更客觀些。這方面的代表人物尤以乾隆年間的松筠爲突出，他在《綏服紀略》〔註110〕中，通過記述和俄國各色人等打交道的過程，描述了俄國人的文化特徵，對其歷史地理等狀況也作了一些介紹。

通過俄國駐華宗教傳道團近距離地認識和瞭解俄國人。在康熙皇帝爲什麼要接受俄國宗教傳道團來華的問題上，中外學術界一般的看法是清朝政府和俄國政府條件交換的結果，即俄國政府允許清朝使團假道俄羅斯前往土爾扈特，清朝政府接受俄國宗教傳道團駐華。當將這一事件放在中俄兩國文化

〔註106〕葛斯頓‧加恩：《彼得大帝時期的俄中關係》，商務印書館，1980年，北京，第128～129頁。
〔註107〕圖理琛：《異域錄》，載《小方壺齋輿地叢鈔》，杭州古籍書店。
〔註108〕圖理琛：《異域錄》，載《小方壺齋輿地叢鈔》，杭州古籍書店。
〔註109〕圖理琛：《異域錄》，載《小方壺齋輿地叢鈔》，杭州古籍書店。
〔註110〕松筠：《綏服紀略》，載《小方壺齋輿地叢鈔》，杭州古籍書店。

交流的宏觀背景下考察的話，即使有這方面的因素，但也不是全部。在中國的文化傳統中，中國皇帝及大臣沒有出訪他國的先例，這在明朝萬曆皇帝 1619 年給彼特林的敕諭中清楚地表達過這樣的意思。斯帕法裏來華訪問時，在宮廷服務的耶穌會教士就向他指出，「這裡的人不瞭解別國的風俗，他們建國以來沒有派過使臣出國。」〔註 111〕1693 年，伊茲勃蘭特使團來華後，提出讓清朝政府派遣商人攜帶無數紋銀、貴重寶石及俄國人未曾見之珍奇物品與各種藥品等赴俄通商，遭到拒絕：「查我大典僅有外國向我國奏書、納貢、遣使、貿易之例，並無中國向外國遣使貿易之處。故此事亦毋庸議。」〔註 112〕康熙皇帝能夠派出使團出訪土爾扈特部落，是因為土爾扈特是中國臣民的一部分。因為沒有其他更好的辦法到達土爾扈特，只好假道俄羅斯。自《尼布楚條約》簽訂以來，康熙皇帝出於維護兩國友好關係的考慮，對俄國人提出的任何要求都是無條件滿足的，甚至是超條件的滿足。另外一個方面，康熙時期，在中國的歐洲傳教士也很多，有很多人甚至在宮廷服務，康熙皇帝通過他們瞭解了西方世界。對於俄國這麼大的一個近鄰，康熙皇帝更是希望能夠瞭解它的。考慮到康熙皇帝的執政能力，他自信接受一個小小的俄國宗教傳道團對中國是構不成任何威脅的。更為重要的是，通過駐京的俄國人來近距離地瞭解俄國及俄國文化，既能維護中國政治文化傳統，又能達到瞭解世界的目的，更符合清朝政府的統治利益。

五、在中俄文化交流互動中看中國文化的優勢

從中俄文化互動中看俄國派遣宗教傳道團有來華學習中國文明之目的。俄國變成現在世界文明的國家不是一蹴而就的，它是在彼得一世學習世界先進文化政策的指導下，歷經幾百年的努力，並在蘇聯時期加速革新，才一點一點地蛻變而成現在這個樣子的。十七、十八世紀的俄國，文化上還難以承載世界先進文明。當時，歸順〔註 113〕或官方派遣來華的俄國人目無法紀，在

〔註 111〕《十七世紀俄中關係》）第一卷第三冊，商務印書館，1978 年，北京，第 594 頁。
〔註 112〕中國第一歷史檔案館：《清代中俄關係檔案史料選編》第一編上冊，中華書局，1981 年，北京，第 154 頁。
〔註 113〕指俄羅斯佐領。「康熙皇帝賜予被帶至北京的阿爾巴津人以三年的絕對自由，從而使這群獵人變得比野獸還要兇惡，他們成了一群強盜、酒鬼和不可思議的暴徒。一句話，他們簡直放蕩淫佚至無以復加的地步。」維謝洛夫斯基編：《俄國駐北京傳道團史料》第一冊，商務印書館，1978 年 10 月第一版，第 27 頁。

北京幹下了種種惡行。據陳康祺《郎潛紀聞二筆》卷九云：「康熙間，俄羅斯貢使入京，仁聖令選善撲處有力者在館侍侯。凡俄國一使一役出外，必有一善撲者隨之。俄人雖高大強壯，而兩股用布束縛，舉足不靈，偶有擾民，善撲者從後踢之，輒仆地不能起，以此凜然守法。」〔註114〕對自己國民的素質，彼得一世是清楚的。他在 1700 年頒發的諭旨中，特別強調要在修士大司祭和修道院院長中挑選「仁慈、有學識和樂善好施」的人充當駐華宗教傳道團成員。在國內，彼得一世積極倡導改革，特別強調在俄羅斯人精神生活中起主導作用的神職人員，必須有受過專門教育的素質。〔註115〕但生活在當時世界先進文明的國家，駐華的俄國宗教傳道團人員表現出來的行為卻是野蠻、落後的。他們不僅內部打架，還和北京當地人發生鬥毆事件，甚至衝進清朝政府機關——理藩院行兇。所以，十九世紀末二十世紀初的俄國漢學家維謝洛夫斯基說道：俄國駐華宗教傳道團人員的上述行為「與其說是給這一機構罩上了一層陰影，還不如說是對很久以前那段時期作了一個鑒定：當時外來文明的漂亮外衣仍然掩蓋不住我們祖先的尚未開化的粗野性格。」〔註116〕

康雍乾時代的中國，國家統一，經濟發展、文化繁榮，其富庶、繁榮、文明的形象不僅使周邊國家稱服，而且在整個世界都有很高的地位和美好的形象。經濟的發展對中國樹立在世界的地位起了決定性的作用。有資料表明，當時中國的製造業在整個世界經濟中具有特殊重要的地位，綢緞、生絲、瓷器、茶葉等獨步世界的商品不僅銷往南洋、日本、中亞等傳統國家和地區，而且遠銷歐美。在 18 世紀末，中國在世界製造業總產量所占的份額仍超過整個歐洲 5 個百分點，大約相當英國的 8 倍、俄國的 6 倍，日本的 9 倍。中國的國民生產

〔註114〕轉引自蔡鴻生：《俄羅斯館紀事》，廣東人民出版社，1994 年 9 月第 1 版，第 19 頁。

〔註115〕1721 年，彼得一世繼 1700 年對教會的改革之後，繼續對教會進行改革，成立了國家宗教事務局；同時，設立了一個由沙皇任命的、幾名主教組成的「神聖教務委員會」（也有的翻譯成為最高教務會議、最高聖務會議）。新的宗教機構從此掌控在沙皇的手中，頒佈了一份《宗教事務管理條例》。特別規定，沙皇是俄國東正教會的「最高牧首」，凡東正教信徒須聽命於他。1724 年 1 月 31 日，彼得一世又下了一道補充敕令，其中特別規定，不學無術、愚昧無知的人不得任神職；神甫和祭司的子弟必須上希臘人辦的學校學習拉丁文，否則，不能接替父輩的職位。陳之驊主編：《俄國沙皇列傳》，東方出版社，1999 年 6 月第 1 版，第 77、78 頁。

〔註116〕維謝洛夫斯基編：《俄國駐北京傳道團史料》第一冊，商務印書館，1978 年 10 月第一版，第 13 頁。

總值在世界總份額中占到將近 1/3，類似於今天美國的國民經濟生產總值在世界上的地位。德國學者貢德・弗蘭克在《白銀資本──重視經濟全球化中的東方》證實，直到十九世紀前，「作為中央之國的中國，不僅是東亞納貢貿易體系的中心，而且在整個世界經濟中即使不是中心，也佔據支配地位。」〔註117〕

　　中國富庶、繁榮、文明的形象通過在華的歐洲傳教士、經商貿易的商人、旅遊者的通信、被描述成一個神話般的傳說。在西方人的眼中，來自中國的精美絕倫的絲綢、瓷器、漆器、服裝、傢具，以至轎子、壁紙、摺扇等商品，無不承載著東方古國文明的資訊，掀起了 18 世紀的「中國熱」。儒家經典經過傳教士之手，被翻譯成了歐洲文字，公眾的興趣和上流社會的時尚一時鐘情於古老中國的文化藝術。歐洲的大思想家如德國的萊布尼茨，法國的伏爾泰、魁奈等都對中國的社會、政治、文化、學術及民眾的道德，以至帝王官員的品行才幹給予高度評價。萊布尼茨認為，「中國和歐洲兩大文化，分處地球的兩端，在那一個特定的時期發生接觸，互相裨益，實出天意」，「西方理論及思辨之系統（數學、天文學、邏輯玄學），當然超過東方；但中國的實用哲學及政治道德，無疑要比我們優越。孔子的垂教，對於公私生活秩序所起的良好影響，令人詫異。」〔註118〕伏爾泰說，中國是「舉世最優美、最古老、最廣大、人口最多，治理得最好的國家」，「一省一縣的文官被稱為父母官，而皇帝則是一國的君父。這種思想在人們心中根深蒂固，把這個幅員廣大的國家組成一個大家庭。正因為全國一家是根本大法，所以中國比其他地方更把維護公共利益視為首要任務。因此，皇帝和官府始終極其關心修橋鋪路，開鑿運河，便利農耕和手工製作。」〔註119〕法國 18 世紀 60 年代重農學派的創始人魁奈把中華文明當作自己立論的基礎，認為中國是依照自然法則建國的典範。他說：「幅員遼闊的中華帝國的政治制度建立在科學和自然法的基礎之上，這種制度是對自然法的發揚」，「因而能夠防止君主作惡，能夠保證他在合法的行政管理中擁有做好事的最高權力。」〔註120〕

〔註117〕郭成康等著：《康乾盛世──歷史報告》，中國言實出版社，2002 年 7 月第 1
　　　　版，第 6 頁。

〔註118〕〔德〕利奇溫著：《十八世紀中國與歐洲文化的接觸》，轉引自余三樂：《早期
　　　　西方傳教士與北京》，北京出版社，2001 年 9 月第 1 版，第 327 頁。

〔註119〕轉引自郭成康等著：《康乾盛世──歷史報告》，中國言實出版社，2002 年 7
　　　　月第 1 版，第 9 頁。

〔註120〕轉引自郭成康等著：《康乾盛世──歷史報告》，中國言實出版社，2002 年 7
　　　　月第 1 版，第 9 頁。

在中西文化交流的大背景下，康雍乾時代所展示出中國的這種盛況，對於經濟文化相對落後的俄國來說，具有相當大的吸引力。瞭解中國和認識中國，學習中國的文化，就成了俄國人的一種自覺行動。

1703 年 8 月，彼得一世創辦的第一張報紙《新聞報》刊登消息說，有一大批中國貨運抵俄羅斯。該報甚至還說，彼得一世想建一座港口城市——聖彼得堡，是爲了吸引更多的中國貨能夠方便地運到俄國。聖彼得堡的奧拉尼斯巴烏姆和皇村都曾按照中國風格修建了園林和建築。〔註121〕鑑於俄國當時沒有研究中國的專家，胸懷大志的彼得一世適應當時世界潮流，專門花高薪聘請當時歐洲一流的研究中國的學者。他於 1725 年從德國挖來了德國歷史學家和語文學家、歐洲第一部漢語詞典的編者拜耶爾，受聘於 1724 年成立的俄國科學院，讓他主持古代和東方語言教研室的工作。正是在這裡的專門研究使拜耶爾成爲了俄國第一位院士級漢學家。〔註122〕

中國文化對葉卡捷琳娜二世的吸引力。蔡鴻生先生指出，在俄國女皇葉卡捷琳娜二世統治的 18 世紀後半期，在俄國貴族中間也出現了一股「中國熱」：「物質文化方面，崇尚中國的建築風格（如亭子、拱橋）和室內擺設（如花瓶、屏風）；精神文化方面，則宣揚儒家的政治理想和道德標準，鼓勵有關孔孟之道的譯述事業。」〔註123〕葉卡捷琳娜二世的這種熱情是和 18 世紀歐洲資產階級啓蒙思想家們對中華文明的推崇是分不開的。當時歐洲興起的啓蒙運動已經波及到俄國，也興起了一股啓蒙熱，她政變登基「也得到過啓蒙思想薰陶的貴族知識分子的支持」。〔註124〕對此，她不是採取鎮壓的措施，而是採取欺騙手段，將自己打扮成了啓蒙運動的同情者，極力和法國的啓蒙學派建立聯繫，將他們希望建立開明專制社會的希望寄託在自己的身上，以博得自己是「開明君主」的美名。從而，她就將啓蒙思想家們推崇的中國政治文明在俄國推展開來。但不管怎樣說，葉卡捷琳娜二世的這一行爲，推動了俄國人對中國文化的熱情。

因此，當我們追蹤俄國宗教傳道團駐華的足跡時，決不能忽視當時中華

〔註121〕參見米鎮波、蘇全有：《清代俄國來華留學生問題初探》，載《清史研究》，1994年第 1 期。

〔註122〕中國社會科學院文獻情報中心編：《俄蘇中國學手冊》（上），中國社會科學出版社，1986 年第一版，第 5 頁。

〔註123〕蔡鴻生：《俄羅斯館紀事》，廣東人民出版社，1994 年 9 月第 1 版，第 74 頁。

〔註124〕陳之驊主編：《俄國沙皇列傳》，東方出版社，1999 年 6 月第 1 版，第 127 頁。

文明對俄羅斯文化的優越性或吸引力。也只有這樣才能對俄國派遣來華留學生學習滿漢語以及駐華宗教傳道團研究中國的動機作出更加合理性的解釋，而不能僅僅停止在是爲了刺探中國情報、爲了滿足中俄兩國間日益頻繁的經濟活動作翻譯這個層面上。

結束語

　　清朝前期，俄國駐華宗教傳道團歷經十二屆，長達 135 年（1715～1850年）。其在華活動大致可以分為兩大時期：以傳播宗教為主和以研究中國為主兩個時期。具體地講，前八屆駐華宗教傳道團在華活動以傳播宗教為主要活動內容，兼以留學生學習中國語言文化為輔，橫跨幾乎整個十八世紀；進入十九世紀後，自第九屆駐華宗教傳道團始，鑒於傳播宗教效果甚微的現實，修士大司祭比丘林改變了駐華宗教傳道團活動的方式，將駐華宗教傳道團在華活動的主要內容，從以傳教為主轉向以學習研究中國語言文化為主。這一時期，是俄國漢學形成和發展最重要的時期。在十八世紀留學生囉索欣、列昂季耶夫等人已有研究中國成果的基礎上，十九世紀後的駐華宗教傳道團，完成了從翻譯介紹到專門論著兼翻譯介紹的轉變，在量上有了擴張，在質上有了新的飛躍，形成了獨樹一幟的俄羅斯漢學學派。

　　俄羅斯佐領（阿爾巴津人）是大清帝國的臣民，其在京的宗教活動不能與俄國駐華宗教傳道團的在華傳教活動相提並論。中華文明所具有的完整性，使俄國駐華宗教傳道團在中國人中間的傳教活動收效甚微，其傳教的對象只能選擇同出一脈的俄羅斯佐領身上。但隨著時間的推移，俄羅斯佐領逐漸融入了中華文明之中。俄國駐華宗教傳道團雖然奮力拯救殘存在他們身上的「俄羅斯意識」，並藉此吸引其他中國人加入到東正教教徒的行列中。縱觀清朝前期俄國宗教傳道團駐華史，最有效果的一次是第五屆傳道團，因其駐華時間長達 17 年，發展的教徒就多一點，但也不過 200 多中國人（包括俄羅斯佐領），其他各屆都沒有超過百人。

　　清朝政府對待俄國駐華宗教傳道團的態度是友好的。俄國派遣宗教傳道

團駐華的理由有二：俄羅斯佐領和來京做貿易的俄國商人提供宗教服務。俄羅斯佐領的存在，是俄國得以定期派遣宗教傳道團駐華的一個理由。當清朝政府將中俄貿易限制在邊境地區以後，爲來京做生意的俄國商人提供宗教服務的理由就消失了。清朝政府接受俄國宗教傳道團駐華的原因，只有在清朝政府爲了維護兩國和平友好關係中去解釋。當第一屆駐華宗教傳道團團長去世以後，清朝政府主動要求俄國政府派出第二屆宗教傳道團。在俄國宗教傳道團駐華史上，雖然清朝政府對俄國宗教傳道團有過一點監督，但這種監督並沒有做徹底。《恰克圖條約》簽訂後，從法律上肯定了俄國宗教傳道團駐華的合法性，清朝政府出資爲俄國宗教傳道團修建俄羅斯館和館內教堂，無一例外地提供膳食、零花錢，允許俄國不間斷地派遣宗教傳道團和留學生，爲他們提供生活和學習上的方便。

俄國駐華宗教傳道團令人佩服的一點就是爲了國家利益的頑強執著的獻身精神。在中俄兩國關係時好時壞的背景下，他們忍辱負重，在並不適宜俄羅斯人生存的環境中，克服了生活和精神上種種難以想像的困難，其中許多人將肉體和靈魂留在了中國的土地上。以此爲代價，爲俄國換來了一個瞭解和認識中國的據點。

內部不團結是歷屆俄國駐華宗教傳道團的頑症，儘管俄國政府想盡了種種辦法，採取了種種措施，但效果都不理想。這一頑症所產生的後果是影響了當時中國人對俄國人的客觀評價，制約了東正教在中國廣泛傳播的可能性。

俄國駐華宗教傳道團推動了俄國對中國的認識，促進了中俄兩國的文化交流。駐華宗教傳道團在華期間學習語言文化的同時，本身就是一個認識和瞭解中國的過程，正是因爲他們對中國的研究形成著作成果在俄國廣泛地受到關注，推動了俄國對中國的深入瞭解。中國也因爲有了駐華宗教傳道團的存在，在和俄國保持接觸的過程中，不斷地積累對俄國的知識。

在清朝前期，中俄兩國的關係處在一個相對和平友好的狀態中。這種狀態得以維持的根本原因在於當時中國綜合國力的強大，從而能夠將俄國不斷地蠶食和圖謀中國領土，收納逃人等等的行爲限制起來。這一點對於準確把握清朝前期的中俄關係的走勢非常重要。

附 錄

表：清朝前期歷屆俄國駐華宗教傳道團起止表

駐華宗教 傳道團	起止時間	修士大司祭	備　　註
第一屆	1715〜1728	伊拉里昂·列梨伊斯基	1718 年 4 月 26 日死於北京。
第二屆	1729〜1735	安東尼·普拉特科夫斯基	被囚禁押解回國。
第三屆	1736〜1745	伊拉里昂·特魯索夫（前期） 拉夫連季·博布羅夫尼科夫 （後期）	兩人都死於北京。伊拉里昂·特魯索夫於 1742 年 4 月 21 日病亡。拉夫連季·博布羅夫尼科夫於 1744 年 4 月 24 日去世。
第四屆	1745〜1755	格爾瓦西·林采夫斯基	1755 年回國。
第五屆	1755〜1771	阿姆夫羅西·尤馬托夫	1771 年 6 月 1 日死於北京。
第六屆	1771〜1781	尼古拉·茨維特	順利回國。
第七屆	1781〜1794	約阿基姆·希什科夫斯基	1795 年 5 月 18 日阿基姆·希什科夫斯基回國時死於張家口。
第八屆	1794〜1807	索夫羅尼·格裏鮑夫斯基	順利回國。
第九屆	1807〜1821	雅金夫·比丘林	順利回國。
第十屆	1821〜1830	彼得·卡緬斯基	曾是第八屆宗教傳道團的學生。
第十一屆	1830〜1840	維尼阿明·莫拉切維奇（前期） 阿瓦庫姆·切斯諾伊（後期）	
第十二屆	1840〜1850	波裏卡爾普·圖加裏諾夫	順利回國。

參考文獻

（一）俄國檔案文件

1. РУССКО－КИТАЙСКИЕ ОТНОШЕНИЕ В ⅩⅦ ВЕКЕ(Материалы и документы 1608～1683)，ТОМ1.十七世紀俄中關係（資料與文件 1608～1683），卷 1，Издательство 《НАУКА》，Москва，1969.

2. РУССКО－КИТАЙСКИЕ ОТНОШЕНИЕ В Ⅶ ВЕКЕ(Материалы и документы 1686～1691)，ТОМ2.十七世紀俄中關係（資料與文件 1686～1691），卷 2，Издательство 《НАУКА》，Москва－1972.

3. РУССКО－КИТАЙСКИЕ ОТНОШЕНИЕ (ОФИЦИАЛЬНЫЕ ДОКУМЕНТЫ 1689～1916)，俄中關係（官方文件 1689~1916），Издательство Восточной литературы .Москва，1958.

4. РУССКО－КИТАЙСКИЕ ОТНОШЕНИЕ В ⅩⅧ ВЕКЕ（МАТЕРИАРЫ И ДОКУМЕНТЫ 1700--1725），ТОМ1.十八世紀俄中關係（資料與文件 1700～1725），卷 1，Издательство 《НАУКА》.Москва－1978.

5. Издание Пекинской Духовной мисси 北京宗教傳道團出版物：ТРУДЫ ЧЛЕНОВ Российской Духовной Миссии в Пекине.駐京俄國宗教傳道團成員著作集.Типография Успенского Монастыря при Российской Духовной Миссии.俄國宗教傳道團烏斯賓斯基修道院印刷所印製.1909,1910 年。

（二）俄國學者著作及論文

1. И・Я・КОРОСТОВЕЦ：Китайцы и их цивилизация.中國人和中國文明.санкт-петербург,1896г.

2. В・П・ПЕТРОВ：Российская Духовная миссия в Китае.俄國宗教傳道團在中國.Washington D.C.1963г.

3. СБОРНИК СТАТЕЙ：ИСТОРИЯ РОССИЙСКОЙ ДУХОВНОЙ МИССИИ В КИТАЕ，俄國宗教傳道團駐華史.Москва. Издательство Свято － Владимирского Братства .1997г.

4. Священник Дионник Поздняев：ПРАВОСЛАВИЕ В КИТАЕ（1900～1997гг.）東正教在中國.Москва. Издательство Свято － Владимирского Братства.1998 г.

5. Восточный факультет санкт-петербургского государственного университета, санкт-петербургская духовная академия：ПРАВОСЛАВИЕ НА ДАЛЬНЕМ ВОСТОКЕ——275летие российской духовной миссии в китае. 東正教在遠東——紀念俄國宗教傳道團駐華 275 周年.санкт-петербург. АНДРЕЕВ И СЫНОВЬЯ .1993г.

6. К.А.СКАЧКОВ：ПЕКИН В ДНИ ТАЙПИНСКОГО ВОССТАНИЯ.太平天國起義期間的北京.Издательство Восточной литературы .Москва－1958г.

7. С.Врадий：Профессор китаеведение А.В.Рудаков 中國學教授魯達科夫（紀念弗拉迪沃斯托克東方研究所創立 100 周年）（К 100--летию создания во Владивостоке Восточного института）. Проб∧емы Дальнего Востока.№5,1999г.

8. А.Селищев：Контакты русских и корейцев;俄國人和朝鮮人的接觸（在 1860 年）（1860－е годы）.Проб∧емы Дальнего Востока.№4,2000г.

9. Т.Симбирцева：Российско-корейские контакты в Пекине конце ⅩⅦ——середине ⅩⅧ вв（по дневникам корейских послов）.十七世紀末——十九世紀中葉俄朝在北京的接觸（根據朝鮮使臣日記）.Проб∧емы Дальнего Востока.№6, 1998г.

10. В.С.Мясников：Становление и развитие отечественного китаеведения 我國中國學的建立與發展.Проб∧емы Дальнего Востока.№2 ,1974г.

（三）外國文獻著作中文譯本

1. 〔法〕葛斯頓・加恩：《彼得大帝時期的俄中關係》，商務印書館，1980年，北京。

2. 〔俄〕尼古拉・班蒂什・卡緬斯基編著：《俄中兩國外交文獻彙編（1619～1792 年）》，商務印書館出版，1982 年，北京。

3. 〔蘇〕蘇聯科學院遠東研究所編：《十七世紀俄中關係》，上下卷共 7 冊，商務印書館，1978 年，北京。

4. 〔英〕約・巴德利著：《俄國・蒙古・中國》上卷第一冊，吳持哲，吳有剛譯，商務印書館，1981 年，北京。

5. 〔英〕約・巴德利著：《俄國・蒙古・中國》下卷第二冊，吳持哲，吳有剛譯，商務印書館，1981 年，北京。

6. 〔俄〕維謝洛夫斯基編：《俄國駐北京傳道團史料》，第一冊，北京第二外國語學院俄語編譯組譯，商務印書館出版，1978 年 10 月第一版。

7. 〔荷〕伊茲勃蘭特·伊臺斯，〔德〕亞當·勃蘭德：《俄國使團使華筆記（1692～1695）》，北京師範學院俄語翻譯組譯，商務印書館，1980 年，北京。

6. 〔蘇〕普·季·雅科夫列娃著：《1689 年第一個俄中條約》，貝璋衡譯，商務印書館，1973 年，北京。

7. 〔俄〕А·П·瓦西里耶夫：《外貝加爾的哥薩克〈史綱〉》，第一卷、第二卷，徐濱，許淑明等譯，商務印書館出版，1977 年 12 月第一版，北京。

8. 〔俄〕瓦西里·帕爾申：《外貝加爾邊區紀行》，北京第二外國語學院俄語編譯組譯，商務印書館，1976，北京。

9. 〔蘇〕Н·П·沙斯季娜：《十七世紀俄蒙通使關係》，北京師範大學外語系七三級工農兵學員、教師譯，商務印書館，1977 年，北京。

10. 〔蘇〕普·季·雅科夫列娃著：《1689 年俄中條約》，貝璋衡譯，商務印書館，1973 年，北京。

11. 〔俄〕А·布克斯蓋夫登男爵著：《1860 年北京條約》，王瓊、李嘉穀、陶文釗合譯，商務印書館，1975 年，北京。

12. 〔俄〕科羅斯托維茨著：《俄國在遠東》，李金秋、陳春華、王超進譯，商務印書館，1975 年，北京。

13. 〔俄〕根·伊·涅維爾科伊著：《俄國海軍軍官在俄國遠東的功勳》，郝建恒，高文風譯，商務印書館，1978 年，北京。

14. 〔俄〕П·И·卡巴諾夫：《黑龍江問題》，姜延祚譯，黑龍江人民出版社，1983 年，哈爾濱。

15. 〔美〕喬治·亞歷山大·倫森編：《俄國向東方的擴張》，楊詩浩譯，嚴四光校，商務印書館，1978 年，北京。

16. 〔美〕弗·阿·戈爾德：《俄國在太平洋上的擴張（1641～1850）》，陳銘康，嚴四光譯，1914 年，美國克利夫蘭出版。

17. 〔美〕孔飛力：《叫魂——1768 年中國妖術大恐慌》，陳兼，劉昶譯，上海三聯書店出版，1999 年 1 月第 1 版。

18. 〔法〕亨利·特魯瓦亞著：《彼得大帝》，齊宗華 裘榮慶譯，天津人民出版社，1983 年 7 月第 1 版。

（四）中文檔案文獻資料

1. 《清世祖實錄》，《清聖祖實錄》，《清世宗實錄》，《清高宗實錄》，《清仁宗實錄》，《清宣宗實錄》。中華書局影印本。

2. 《小方壺齋輿地叢鈔》，杭州古籍書店。

3. 中國第一歷史檔案館編：《康熙朝滿文朱批奏摺全譯》，中國社會科學出

版社，1996 年。

4. 中國第一歷史檔案館編：《雍正朝滿文朱批奏摺全譯》，黃山書社，1996 年。

5. 中國社會科學院文獻情報中心編：《俄蘇中國學手冊》（上、下），中國社會科學出版社，1986 年第一版。

6. 中國第一歷史檔案館：《清代中俄關係檔案史料選編》（第一編、第三編共 5 冊），中華書局，1981 年，北京。

7. 〔清〕張鵬翮等著：《奉使俄羅斯日記——中國近代內亂外禍歷史故事叢書》，廣文書局印行。

8. 〔清〕何秋濤：《朔方備乘》，中國邊疆叢書第二輯，文海出版社印行。

9. 〔清〕魏源撰：《聖武記》（上、下卷），中華書局出版，1982 年 2 月第一版。

10. 〔清〕李剛己輯錄：《教務紀略》，上海書店，1986 年 8 月出版。

11. 《鄧小平文選》第 3 卷。中共中央文獻編輯委員會編輯，人民出版社，1993 年。

12. 白新良著：《乾隆傳》，遼寧教育出版社，1990 年 7 月第 1 版。

13. 鄭天挺主編：《清史》（上編），天津人民出版社，1989 年 3 月第 1 版。

14. 郭成康等著：《乾隆皇帝全傳》，1994 年 8 月第 1 版，北京，學苑出版社。

15. 郭成康等著：《康乾盛世——歷史報告》，中國言實出版社，2002 年 7 月第 1 版。

16. 佟冬主編：《沙俄與東北》，吉林文史出版社，1985 年 8 月第一版。

17. 第一歷史檔案館編：《歷史檔案》，1981 年創刊以來的期刊。

18. 樂峰：《東正教史》，中國社會科學出版社，1999 年版。

19. 蔡鴻生：《俄羅斯館紀事》，廣東人民出版社，1994 年 9 月第 1 版。

20. 陳之驊主編：《俄國沙皇列傳》，東方出版社，1999 年 6 月第 1 版。

21. 張國剛等著：《明清傳教士與歐洲漢學》，中國社會科學出版社，2001 年 5 月第一版。

22. 中國社會科學院中國邊疆史地研究中心編：《清代理藩院資料輯錄》，全國圖書館文獻縮微中心出版，1988 年 10 月版。

23. 米鎮波：《清代北京俄羅斯東正教會圖書館的若干問題》，載《故宮博物院院刊》，1994 年第三期。

24. 米鎮波、蘇全有：《清代俄國來華留學生問題初探》，載《清史研究》，1994 年第一期。

25. 閻國棟：《比丘林的中國邊疆史地研究》，載《中國邊疆史地研究》，2001 年 6 月第 2 期。

26. 閻國棟，蕭玉秋：《第一位來華的俄國職業畫家》，載《中華讀書報》，2001年8月1日第23版。

27. 酈永慶，宿豐林：《乾隆年間恰克圖貿易三次閉關辨析》，載《歷史檔案》，1987年第3期。

28. 酈永慶：《早期中俄貿易研究》，載《歷史檔案》，1996年第2期。

29. 郝建恒主編：《中俄關係史譯名詞典（俄漢對照)》，黑龍江教育出版社，哈爾濱，2000年版。

30. 何桂春：《〈中俄尼布楚條約〉的簽訂與耶穌會士》，載《福建師範大學學報》（哲社版），1989年4月。

31. 徐昌漢：《阿勃林和十七世紀的中俄西路貿易》，載《學習與探索》，1984年第1期。

32. 葉新民，薄音湖，寶日吉根著：《簡明古代蒙古史》，內蒙古大學出版社，1990年4月第1版。

33. 傅孫銘：《十八世紀中俄關係的主流及其性質》，載《東北師大學報》（哲學社會科學版），1984年第二期。

34. 單光鼐：《沙俄傳教士團與中俄外交關係》，載《齊齊哈爾師範學院學報》，1984年第一期，第三期。

35. 杜立昆：《俄國東正教傳入天津經過》，載《天津文史資料選輯》（總七十五輯），天津人民出版社，1997年10月第1版。

36. 杜立昆：《俄國東正教傳入天津前後》，載《天津文史資料選輯》（第二輯），天津人民出版社，1979年2月第1版。

37. 杜立昆：《白俄在天津》，載《天津文史資料選輯》（第九輯），天津人民出版社，1980年2月第1版。

38. 天津市政協秘書處編印：《東正教是沙俄侵華的別動隊》，1977年4月。

39. 顧平旦：《十七、十八世紀沙俄北京東正教會之真相》，載北京史研究會編：《燕京春秋》，1982年5月第1版。

40. 王慶成：《清代西教在華之環境——康雍乾道咸朝若干稀見文獻考釋》，載《歷史研究》，1997年第6期。

41. 中國社會科學院近代史研究所編：《沙俄侵華史》（1～4卷），人民出版社，1976年10月。

42. 張達明著：《俄羅斯東正教與文化》，中央民族大學出版社，1999年1月第1版。

43. 傅孫銘：《十八世紀中俄關係的主流及其性質》，載《東北師大學報（哲學社會科學版)》，1984年第2期。

44. 陳之驊主編：《俄國沙皇列傳》，東方出版社，1999年6月第1版。

45. 曹增友：《傳教士與中國科學》，宗教文化出版社，1999 年 8 月第 1 版。

46. 馬大正，馮錫時主編：《中亞五國史綱》，新疆人民出版社，2000 年 2 月第 1 版。

47. 宋嗣喜：《溝通中俄文化的使者——記十九世紀來華的醫生》，載《求是學刊》，1986 年第 1 期。

48. 楊玉林：《俄國傳教士團與十八世紀的中俄關係》，載《齊齊哈爾師範學院學報》，1987 年第二期。

49. 羽離子：《俄羅斯首次對清政府贈書始末》，載《近代史研究》，1991 年第 4 期。

50. 解立紅：《論康熙帝北部邊防的軍事戰略》，載《清史研究》，1992 年第 3 期。

51. 《沙皇俄國侵略擴張史》（上），北京大學歷史系《沙皇俄國侵略擴張史》編寫組，人民出版社，1979 年 1 月第 1 版。

52. 余三樂著：《早期西方傳教士與北京》，北京出版社，2001 年 9 月第 1 版。

53. 臺灣淡江大學俄羅斯研究所碩士班碩士王智仁論文：《清代內閣俄羅斯文館之研究》，民國 90 年 6 月（西元 2001 年 6 月）。

後　記

　　終於可以爲前面的研究工作劃一個停頓號了，但在求學求知的道路上是不會有休止符的。當我敲擊鍵盤寫後記的時候，內心並不感到輕鬆，要做的事情太多了。我捫心自問，自己還能走多遠？

　　在南開大學歷史學院讀博士期間，我有幸聆聽到了學術界各位名家的教誨。先生們的學識爲我所景仰，也成爲了我趕超的目標。快到中年，目標才鎖定，艱難在等待著我，前面的路並不輕鬆。

　　我是個很不自信的人，常常懷疑自己的能力能否做出學問。每當此時，導師白新良先生總是給予熱情的鼓勵和悉心的指導，校正我的認知，鼓起我的勇氣。論文寫出來後，杜家驥先生在百忙之中閱讀初稿，更正了文中所犯的常識性錯誤，彌補我的知識結構中的欠缺。

　　米鎮波先生是一位研究中俄關係史的先行者，也是我求學道路上的另一位良師。在他的幫助下，我熟悉了專業俄語翻譯，瞭解到了自己所從事研究領域的狀況，並從他那裡獲得了許多寶貴的俄文資料，使我在選定治學目標的道路上少走了許多彎路。

　　現在北大讀博的李偉麗學友，是南開大學歷史學院已故王永祥先生的碩士生。我是通過米鎮波先生認識她的。熱情開朗的李偉麗學友，和我所選課題方向不謀而合。她以無私的胸懷將自己收集到的資料提供給我，也感動著我。

　　現在天津師範大學藝術學院任教的烏克蘭朋友 Валя 與 Мария 是一對夫婦，他們及其家人在烏克蘭爲我收集過資料，在此表示眞誠的感謝。

　　中國第一歷史檔案館的朱金甫先生就我所研究的課題和我面談過，中國中俄關係史協會副會長劉存寬先生通過電話對我進行過指導，中國社會科學

院歷史所的陳祖武先生對我進行過勉勵，天津師範大學馬列部董四代教授對我研究的課題給予關注和鼓勵。學術界先輩們對晚輩關心愛護的風範，讓我銘記在心，沒齒不忘。

　　周喜峰、陳曉東、楊效雷和我同出師門，經常在一起切磋學問，使我獲得了不少靈感。同學兼同事蕭立軍也給予了我精神上的支持。

　　有這麼多的良師益友幫助我，對我寄於厚望，我沒有理由停止研究的腳步，我將繼續前行。